WHY TO HOW

교직적성
심층면접

중등 교사 임용 2차 시험 대비

| 2020 기출문제 완벽 분석
| 심층면접 관련 핵심주제 및 예상문제 제시

WHY TO HOW 교직적성 심층면접

PREFACE

심층면접의 중요성이 더욱 강조되고 있다.

교사로서의 자질과 역량을 평가자가 직접 관찰하여 평가하는 것이 2차 시험의 가장 중요한 취지라고 볼 수 있다. 2차 시험의 여러 관문 가운데 심층면접은 교육 현장에서 일어날 수 있는 여러 가지의 상황에 대하여 교사로서의 적성, 교직관, 인격 및 소양과 관련한 교육적 지식을 바탕으로 자신의 입장을 논리적으로 말하는 것을 평가하는 관문이다. 이는 축적된 교육적 지식을 단순히 말로 풀어내는 재생능력을 평가하는 차원이 아닌, 교사로서 갖추어야 할 총체적이고 종합적인 능력을 평가하는 고차원적인 과정이라 하겠다. 심층면접 점수에서의 큰 편차로 인해 최종당락이 좌우되는 경우가 많으므로 철저하고 확실하게 대비를 해야 할 것으로 보인다.

심층면접에 대비하려면

학교현장에서의 실제적인 상황을 문제로 제시하고, 이를 해결하기 위한 교사의 대처 방안을 묻는 것이 최근 심층면접 출제의 흐름이다. 따라서 출제가 예상되는 주제나 문제에 대하여 배경지식을 충분히 쌓아야 하며, 이를 적절하게 언어적으로 표현하는 능력을 키워야 한다. 또 교육학적인 이론과 전공 교과목에 대한 지식을 교육 현장에 적용할 수 있는 문제해결력을 길러야 한다. 교육과 관련된 사회적 현상과 최근 이슈에 관심을 기울여야 하며 '내가 그 상황에 직접 관여되어 있다면'이라는 가정을 끊임없이 해보는 것이 중요하다.

교재의 특징

이 책은 2020 교직적성 심층면접 문제와 예시 답안을 함께 제시하여 교육청별 최신 교육 방향을 파악할 수 있도록 하였다. 이후 핵심 주제를 학교, 교사, 학생, 학부모, 교육과정운영, 상황별 생활지도로 나누어 제시하고 그에 따른 예상 문제를 함께 제시하여 면접을 준비하는 과정에 도움이 되도록 구성하였다.
좋은 교사가 되기 위해 고민하고 아파하며 성장해가는 예비교사들에게 이 책이 도움이 되기를 바란다.

이 책이 나오기까지 수고해준 이들이 많다. 연구원 민아, 조교 지은, 예솜, 수빈, 예전 조교이자 현직 교사인 정석원 선생님, 배움출판사 사장님을 비롯한 직원 분들, 그리고 사랑하는 아내와 딸 서현, 모두에게 고마움을 전한다.

이경범

이경범 교수님과 교육학 교수와 학생으로 인연을 맺은 지 올해로 17년이 되었습니다. 항상 사람 냄새나는 교수님이어서 좋았고 함께 집필할 수 있어 영광이었습니다. 학교 현장의 경험과 분위기를 책에 녹여내려 노력했습니다. 학교는 참 즐거운 곳입니다. 적어도 저에게는 그랬습니다. 교육에의 열정과 학생에 대한 사랑으로 즐거운 교단에 함께하실 선생님들을 기다리고 있겠습니다. 여느 해보다도 집필에 노력과 시간을 많이 쏟은 책인 것 같습니다. 코로나19 바이러스로 인해 수험생활에 힘드셨을 예비 선생님들께 큰 도움이 되었으면 좋겠습니다. 일년 내내 마스크 쓰고 고생한 우리 학생들에게 큰 힘을 불어 넣어주실 활기 넘치는 예비 선생님들을 응원합니다. 더불어 합격을 진심으로 기원합니다.

롤 모델이자 때론 친구같은 이경범 교수님, 깔끔한 편집으로 책을 살려주신 배움출판사 직원 분들과 이지은 조교님, 매일 나를 감동시키는 고마운 청주여고 2학년 9반 학생들, 사랑하는 아내, 그리고 눈에 넣어도 아프지 않을 두 아들 우담이와 은율이에게 감사함을 전합니다.

정석원

CONTENTS

PART 1

면접시험 개요

1. 시험소개 — 8
2. 심층면접 — 23

PART 2

기출문제

1. 2020 평가원 — 40
2. 2020 경기도 — 66
3. 2020 서울시 — 106
4. 2020 강원도 — 141
5. 2020 세종 — 159
6. 2020 인천 — 193

PART 3

핵심내용 정리

1. 학교   211
2. 교사   230
3. 학생   257
4. 학부모   269
5. 교육과정운영   279
6. 상황별 학생지도   291

PART 4

예상문제

1. 예상문제   328
2. 예상문제 예시답안   352

참고문헌   384

WHY TO HOW 교직적성 심층면접

PART 1

면접시험 개요

1. 시험소개
2. 심층면접

1 시험소개
CHAPTER

1. 2차 시험 개요

시험 과목	시험 시간
• 교직적성 심층면접 • 교수·학습 지도안 작성 • 수업능력 평가(수업실연, 실기·실험)	• 시·도 교육청 결정

※ 비교수교과(보건, 사서, 전문상담, 영양)는 교수·학습 지도안 작성, 수업능력 평가 제외
※ 2차 시험은 시도별, 과목별로 시험 과목 및 배점이 상이할 수 있으니, 시·도 교육청의 안내 사항을 확인하기 바람
※ 2차 시험에서 2016학년도까지는 최하 점수가 80점(100점 만점)이었지만 2017학년도부터 60점으로 낮춤

2. 지역별 시험 출제 범위 및 내용

지역		구상 시간	평가 시간	평가문항 유형
서울		15분	15분	구상형 2문항, 즉답형 1문항+추가 질문 2문항
경기도	면접	10분	10분	구상형 2문항, 즉답형 2문항+추가 질문 1문항
	토의	40분	42분(6인)	구상형 1문항
강원도		15분	15분	구상형 1문항, 즉답형 3문항
대구광역시		20분	25분	한국교육과정평가원 출제 4문항(구상형 3문항, 즉답형 1문항) + 대구교육청 자체출제 구상형 3문항
인천광역시		20분	20분	구상형 2문항, 즉답형 2문항
세종특별자치시		15분	15분	5문항 내외(구상형, 즉답형)
충청북도		15분	15분	구상형 3문항, 즉답형 1문항 + 충북교육청 자체출제 즉답형 1문항
평가원		10분	10분	구상형 3문항, 즉답형 1문항
		부산광역시, 울산광역시, 대전광역시, 경상남도, 경상북도, 제주특별자치도, 충청남도, 광주광역시, 전라남도, 전라북도		

❶ **서울특별시**

〈2021학년도 기준 서울특별시 제2차 시험 출제 범위 및 배점〉

시험과목	출제 범위 및 내용			배점			비고
				일반교과	실기·실험교과	비교과	
실기·실험 평가	체육	공통종목	육상, 체조, 수영, 구기 (교육청에서 배구, 농구, 핸드볼 중 1종목 선정)	·	30	·	해당 교과
		선택종목	응시자가 축구, 무용 중 1종목 선택				
	음악	① 청음, ② 시창, ③ 양악가창, ④국악가창					
	미술	실기 I	소묘				
		실기 II	주제가 있는 다양한 표현				
		※ 주제 및 대상(개체)은 당일 제시					
	전문교과	전기	① 전기기기, ② 옥내제어/동력제어				
		전자	① 전자회로, ② 마이크로프로세서, ③ 전자캐드				
		기계	① 기초제도, ② 용접, ③ 절삭가공				
	과학교과	물리 화학 생물 지구과학	기본실험	실험(기본실험) 기초(수행)능력 평가			
			심화실험	실험 심화 (수행)능력 평가			
	※ 세부 평가내용은 제1차 시험 합격자 발표 시 공고함						
교직적성 심층면접	• 교원으로서의 적성, 교직관, 인격 및 소양 • 학생과의 소통·지도능력 [외국어 과목은 일정 부분을 해당 외국어로 실시]			40	40	100	
교수·학습 지도안 작성	• 교수·학습 지도안 작성 [외국어 과목은 해당 외국어로 실시]			15	10	·	비교과 제외
수업실연	• 수업실연 [외국어 과목은 해당 외국어로 실시]			45	20	·	비교과 제외
계(배점)				100	100	100	

※ 실기·실험 평가의 세부 내용 중 일부는 코로나19 감염병 추이 및 사회적거리두기 단계에 따라 방역지침 준수를 위하여 변경될 수 있으며, 미술과목의 경우 사회적거리두기 단계에 따른 방역지침 준수를 위하여 인체모델이 제시되지 않을 수 있습니다.

▶ 면접 문항 및 평가 영역(2020학년도 기준)

	구상 시간	평가 시간	평가문항 유형
교과	15분	15분	구상형 2문항, 즉답형 1문항+추가 질문 2문항
비교과	15분	15분	구상형 2문항, 즉답형 1문항+추가 질문 2문항

▶ 면접 시간 관리 지침(2020학년도 기준)

구상형 2문항에 대한 답변은 6분 이내로 하고 평가관의 추가 질문에 대한 답변을 3분 이내에 하며, 즉답형 1문항에 대한 답변은 3분 이내로 하고, 평가관의 추가 질문에 대한 답변을 3분 이내에 하며, 시간 관리는 응시자 본인의 책임입니다.

❷ 경기도

〈2021학년도 기준 경기도 제2차 시험 출제 범위 및 배점〉

시험과목	출제 범위 및 내용			배점			비고
				일반교과	실기교과	비교수교과	
수업능력평가 (수업실연 및 수업나눔)	• 교원으로서의 학습지도 능력과 의사소통 능력 ※ 외국어 과목의 경우, 수업실연은 해당 외국어로 실시하며, 수업나눔은 한국어로 실시			60	30	·	비교수 교과 제외
교직적성 심층면접 (집단토의 및 개별면접)	• 교원으로서의 적성, 교직관, 인격 및 소양 ※ 외국어 과목의 경우, 집단토의는 한국어로 실시하며, 개별면접은 일정부분 해당외국어로 실시			40	40	100	
실기평가	체육	필수	육상, 구기(필드형, 네트형)	·	30	·	해당 교과
		선택	무용, 마루운동 중 택 1				
	음악		청음, 피아노치며 노래부르기, 단소, 장구치며 노래부르기				
	미술		서양화, 한국화, 조소, 디자인				
	※ 세부 평가내용은 제1시험 합격자 발표 시 공고함						
계(배점)				100	100	100	

▶ 평가 개요(2020학년도 기준)

구분	집단토의	개별면접	비고
구상시간	40분	10분 이내	
평가시간	42분 이내(6인 기준) ※ 집단토의 6인 미달 시 토의시간 축소	10분 이내(구상형 2문제, 즉답형 2문제 8분, 자소서 관련 추가질의 2분)	
평가문항	토의주제 1문항(구상형)	5문항 (구상형 2문항, 즉답형 2문항, 추가질의 1문항) * 추가질의 1문항은 자기성장소개서의 진위여부 확인	
내용	집단토의 주제는 실제 학교에서 발생할 수 있는 문제 상황으로 제시	개인별 심층면접	

▶ 평가 영역

구분	집단토의	개별면접
내용	① 문제해결능력 ② 창의력 ③ 의사소통능력 ④ 실천전략 및 협업능력	① 교직관 및 교직수행계획 ② 경기교육의 이해 ③ 교직을 위한 성장 노력 ④ 자질 및 태도

▶ 심층면접(개별면접) 시간 운영 및 진행방법(2020학년도 기준)

내 용	시 간	비 고
입실, 인사, 착석	8	평가위원의 멘트에 다라 구상형, 즉답형 문항 답변 (초과시 벨 1회 울림) 문항별 답변시간은 수험생 스스로 안배
구상형(사전제시) 2문항 답변		
즉답형(책상비치) 2문항 답변		
추가 질문 및 답변	2	
퇴실, 채점 및 정리		감독관에게 문제지를 제출 후 퇴실
계	10	

▶ 집단토의 시간 운영 및 진행 방법(2020학년도 기준)

내 용	시간[분]				비 고
	6인	5인	4인	3인	
입실, 인사, 착석	1	1	1	1	본인 관리번호에 맞게 착석(빠른 번호순으로 1번부터 착석)
기조발언	6	5	4	3	관리번호순으로 개인별 1분 이내 발언
자율토의	28	23	18	13	1회 발언 2분 이내, 연속발언 금지, 발언권 경합 시 자율조정
정리발언	6	5	4	3	기조발언 역순으로 개인별 1분 이내 발언
퇴실, 채점 및 정리	1	1	1	1	
계	42	35	28	21	**참여인원에 따라 토의조별 토의시간 상이**

※ 자기성장소개서

- 교직을 위한 성장노력과 자질 및 태도와 관련한 작성 주제를 사전에 선정 공지하여 작성한 소개서 내용을 면접 시 참고 (A4 2페이지)
- 작성 내용 확인을 위한 질의 응답 실시

❸ **부산광역시, 울산광역시, 대전광역시, 경상남도, 경상북도(평가원 출제)**

〈2021학년도 기준 제2차 시험 출제 범위 및 배점〉

시험과목	출제 범위 및 내용	배점			비고
		일반교과	실기교과	비교수교과	
교직적성 심층면접	• 교원으로서의 적성, 교직관, 인격 및 소양 [외국어 과목은 일정부분을 해당 외국어로 실시]	40	40	100	
교수·학습 지도안 작성	• 교수·학습 지도안 작성 [외국어 과목은 해당 외국어로 실시]	15	10	·	비교수 교과제외
수업실연	• 수업실연 [외국어 과목은 해당 외국어로 실시]	45	20	·	비교수 교과제외
실기평가	※ 세부 평가내용은 제1차 시험 합격자 발표 시 공고함. 　과목별 평가내용은 각 시·도 교육청 자료 참고	·	30	·	해당교과
계(배점)		100	100	100	

▸ 면접 문항 및 평가 영역(2020학년도 기준)

구상 시간	면접 시간	평가문항 유형
10분	10분	구상형 3문항, 즉답형 1문항

❹ 충청남도(평가원 출제)

⟨2021학년도 기준 충청남도 제2차 시험 출제 범위 및 배점⟩

시험과목	출제 범위 및 내용			배점				비고
				일반교과	음미체교과	과학교과	비교수교과	
교직적성 심층면접	• 교원으로서의 적성, 교직관, 인격 및 소양 [외국어 과목은 일정부분을 해당 외국어로 실시]			50	15	40	100	
수업실연	• 수업실연 [외국어 과목은 해당 외국어로 실시]			50	15	30	·	비교수교과 제외
실기평가	음악	청음, 가창, 국악(장구), 기악		·	70	30	·	해당교과
	미술	수채화, 수묵담채화, 시각디자인, 조소 (평가영역별 각 3시간 30분씩 2일간 실시됨)						
	체육	평가영역	평가내용					
		육상	허들, 높이뛰기 중 1					
		수영	개인혼영 100m(자유형, 평영, 배영, 접영)					
		체조	매트운동					
		경쟁	축구, 농구, 배구 중 1					
		활동	배드민턴, 탁구 중 1					
	※ 체육교과의 선택종목 선정은 시험실기 기관에서 정함 ※ 세부 평가내용은 제1차 시험 합격자 발표 시 공고함.							
계(배점)				100	100	100	100	

▸ 면접 문항 및 평가 영역(2020학년도 기준)

구상 시간	면접 시간	평가문항 유형
10분	10분	구상형 3문항, 즉답형 1문항

❺ 충청북도(평가원+자체출제)

〈2021학년도 기준 충청북도 제2차 시험 출제 범위 및 배점〉

시험과목	출제 범위 및 내용	배점 일반교과	배점 실기교과	배점 비교수교과	비고
교직적성 심층면접	• 문제해결능력, 교직소명의식, 가치관 및 판단, 능력 인성 및 태도, 충북교육정책의 이해 [외국어 과목은 일정부분을 해당 외국어로 실시]	50	50	100	
수업실연	• 수업실연 [외국어 과목은 해당 외국어로 실시]	50	20	·	비교수교과 제외
실기평가	음악: 청음, 범창·범주, 국악(단소), 시창 미술: 일러스트레이션 체육 필수: 육상, 체조, 수영 체육 선택: 구기, 무용 중 택1 ※ 세부 평가내용은 제1차 시험 합격자 발표 시 공고함	·	30	·	해당 교과
계(배점)		100	100	100	

▶ 면접 문항 및 평가 영역(2021학년도 기준)

구상 시간	면접 시간	평가문항 유형
15분	15분	구상형 3문항, 즉답형 1문항, 즉답형 1문항(자체출제)

⑥ 광주광역시(평가원 출제)

〈2021학년도 기준 광주광역시 제2차 시험 출제 범위 및 배점〉

시험과목	출제 범위 및 내용	배점 일반교과	배점 실기교과	배점 비교수교과	비고
교직적성 심층면접	• 교원으로서의 적성, 교직관, 인격 및 소양 [외국어 과목은 일정부분을 해당 외국어로 실시]	40	40	100	
수업실연	• 수업실연을 통하여 교사로서의 의사소통 능력과 학습지도 능력을 평가 [외국어 과목은 해당 외국어로 실시]	60	30	·	비교수 교과 제외
실기평가	**체육** — 필수: 농구, 체조, 100m 달리기, 수영(평영 50m) / 선택: • 축구, 무용 중 택1 — 축구: 트래핑·리프팅, 드리블, 슛 — 무용: 한국무용, 현대무용, 발레 중 택1 **음악**: 청음, 시창, 가창, 범주범창, 국악 **미술** — 공통실기: 인체소묘 / 전공실기: 수채화, 수묵담채화, 시각디자인, 조소 중 택1 ※ 코로나 19 확산여부에 따라 일부 평가분야가 면제될 수 있으며, 실기평가의 세부 내용은 제1차 시험 합격자 발표 시 공고 예정	·	30	·	체육, 음악, 미술
계(배점)		100	100	100	

▶ 면접 문항 및 평가 영역(2020학년도 기준)

구상 시간	면접 시간	평가문항 유형
10분	10분	구상형 3문항, 즉답형 1문항

❼ 전라남도(평가원 출제)

〈2021학년도 기준 전라남도 제2차 시험 출제 범위 및 배점〉

시험과목	출제 범위 및 내용	배점 일반교과	배점 실기교과	배점 비교수교과	비고
교직적성 심층면접	• 교원으로서의 적성, 교직관, 인격 및 소양 [외국어 과목은 일정부분을 해당 외국어로 실시]	50	50	100	
수업실연	• 수업실연 [외국어 과목은 해당 외국어로 실시]	50	10	·	비교과 교수 제외
실기평가	음악: 가창, 응용반주, 청음, 국악기연주(가야금, 단소, 소금 중 1종 택일) 미술: 소묘(3절지) 체육: 육상, 구기, 체조 ※ 코로나19 감염우려 등으로 체육(수영) 종목은 2021학년도 실기평가에서 한시적으로 제외	·	40	·	
계(배점)		100	100	100	

▶ 면접 문항 및 평가 영역(2020학년도 기준)

구상 시간	면접 시간	평가문항 유형
10분	10분	구상형 3문항, 즉답형 1문항

❽ 강원도

〈2021학년도 기준 강원도 제2차 시험 출제 범위 및 배점〉

시험과목	출제 범위 및 내용		배점			비고
			일반교과	실기교과	비교수교과	
교직적성 심층면접	• 교원으로서의 적성, 교직관, 인격 및 소양 [외국어 과목은 일정부분을 해당 외국어로 실시]		55	50	100	자체출제
수업실연	• 수업실연 [외국어 과목은 해당 외국어로 실시]		45	20	·	평가원 출제 비교수 교과제외
실기평가	음악	청음	·	30	·	자체출제
		• 8마디의 단선율 듣고 적기(음원파일 활용)				
		가창				
		• 2015개정 중·고등학교 교과서 수록곡 중 추첨을 통하여 서양악곡 1곡, 국악곡 1곡을 선택하여 노래 부르기 ※ 서양악곡-피아노반주, 국악곡-장구반주				
		기악				
		• 피아노와 장구를 제외한 악기(국양악기) 5분 이내 연주 - 악기 및 연주곡 자유 선택(단, 국악 병주 금지)				
	미술	석고상이 있는 정물(소묘)				
	체육	육상	60M 허들 자세 및 기록			
		체조	마루운동			
		수영	• 개인혼영 100M [영법 2종목] - 배영, 평영, 자유형(크롤) 중 택2 - 교육청에서 해당연도 추첨을 통해 선정·공고, 시행 ※ 휴식 없이 연속 실시			
		구기	• 배구, 농구, 핸드볼 중 택1 - 교육청에서 해당연도 추첨을 통해 선정·공고, 시행			
	※ 세부 평가내용은 제1차 시험 합격자 발표 시 공고함.					
계(배점)			100	100	100	

▶ 면접 문항 및 평가 영역(2020학년도 기준)

구상 시간	면접 시간	평가문항 유형
15분	15분	구상형 1문항, 즉답형 3문항

❾ 세종특별자치시

〈2021학년도 기준 세종특별자치시 제2차 시험 출제 범위 및 배점〉

시험과목	출제 범위 및 내용	배점			비고
		일반교과	실기·실험교과	비교수교과	
교직적성 심층면접	• 교원으로서의 적성, 교직관, 인격 및 소양 [외국어 과목은 일정부분을 해당 외국어로 실시]	50	50	100	전교과
수업실연	• 수업실연 [외국어 과목은 해당 외국어로 실시]	50	20	·	비교수교과제외
실기평가	음악 • 피아노 연주 및 가창(피아노 반주 포함) • 장구 치며 민요 부르기 • 시창 • 청음	·	30	·	해당교과
	미술 • 수채화, 전통회화(수묵채색화), 조소, 디자인				
	체육 • 수영 : 자유형(크롤), 평영, 배영, 접영 중 2개 • 육상 : 트랙, 도약 영역 중 1개 • 체조 : 맨손체조, 매트운동, 뜀틀운동 중 1개 • 구기 : 농구, 축구, 배구, 탁구, 배드민턴 중 1개 ※ 교육청에서 당일 지정				
	과학교과 • 전공별 해당 교과*에 대한 탐구주제 수행능력 평가 – 생물, 지구과학 ※ 2021학년도 시험에서는 물리, 화학 미선발				
	※ 세부 평가내용은 제1차 시험 합격자 발표 시 공고함.				
계(배점)		100	100	100	

▸ 면접 문항 및 평가 영역(2020학년도 기준)

구상 시간	면접 시간	평가문항 유형
15분	15분	5문항 내외(구상형, 즉답형)

⑩ 대구광역시

<2021학년도 기준 대구광역시 제2차 시험 출제 범위 및 배점>

시험과목	출제 범위 및 내용		배점			비고
			일반교과	실기·실험교과	비교수교과	
교직적성 심층면접	• 교원으로서의 적성, 교직관, 인격 및 소양 [외국어 과목은 일정부분을 해당 외국어로 실시] ※ 2021학년도 인문정신소양평가 문항 출제 대상도서 선정 : 3종(난중일기, 갈매기의 꿈, 명심보감)		60	40	100	
수업실연	• 수업실연 [외국어 과목은 해당 외국어로 실시]		40	20	·	비교수교과 제외
실기·실험 평가	과학교과	• 중등교육과정과 관련된 실험 ※ 물리, 화학, 생물, 지구과학	·	40	·	해당교과
	음악	• 청음 • 시창 및 피아노반주 • 소금				
	미술	• 평면조형 • 입체조형				
	체육 공통	• 육상(허들 60m) • 구기(배구 – 토스, 스파이크) • 수영(자유형-50m, 크롤영법)				
	체육 남	• 체조 (마루운동 – 무릎 펴 앞구르기 후 뒤굴러 물구나무서기 한 후 손 짚고 앞돌기)				
	체육 여	• 체조 (마루운동 – 무릎 펴 앞구르기 후 손 짚고 옆돌기 한 후 손 짚고 앞돌기)				
	전문계교과 기계	• 선반 가공 • 밀링 가공 및 조립작업				
	전문계교과 조리	• 한식조리 • 양식조리				
	전문계교과 상업	• 회계실무 • 사무관리				
	정보·컴퓨터	• 프로그래밍 – 사용언어 : C – 개발도구 : Dev-C++(오픈소스기반 개발도구)				
	※ 세부 평가내용은 제1시험 합격자 발표 시 공고함					
계(배점)			100	100	100	

▶ 면접 문항 및 평가 영역(2021학년도 기준)

구상 시간	면접 시간	평가문항 유형
2020학년도 – 20분 2021학년도 – 공고 예정	25분	한국교육과정평가원 출제 4문항 (구상형 3문항, 즉답형 1문항), 대구광역시교육청 출제 구상형 3문항

PART 1 | 면접시험 개요

⑪ 인천광역시

〈2021학년도 기준 인천광역시 제2차 시험 출제 범위 및 배점〉

시험과목	출제 범위 및 내용		배점			비고
			일반교과	실기교과	비교수교과	
교직적성 심층면접	• 교원으로서의 적성, 교직관, 인격 및 소양 [외국어 과목은 일정부분을 해당 외국어로 실시]		50	50	100	
수업실연	• 수업실연 [외국어 과목은 해당 외국어로 실시]		50	20	·	비교과 교수 제외
실기평가	음악	청음, 피아노 반주하며 노래부르기, 장구 반주하며 민요부르기	·	30	·	해당교과
	미술	• 공통 : 소묘 • 선택 : 같은 주제 다양한 표현 한국화, 서양화, 디자인, 조소(부조) 중 택1				

	체육	• 공통
		  - 육상 : 허들
		  - 수상 : 수영
		  - 구기 : 농구,배구,핸드볼,축구
		      중 2종목 추첨(교육청 추첨)
		  ※ 1차 합격자 발표일에 발표예정
		• 선택(택 1, 남녀구분없음)
		  - 체조 : 기계체조
		  - 무용 : 창작무용				

	기계	범용선반, 범용밀링				
	전자	전자회로 조립 및 측정, 프로그래밍				
	화공	일반화학실험, 화공기초실험				
	※ 세부 평가내용은 제1차 시험 합격자 발표 시 공고함.					
계(배점)			100	100	100	

▶ 면접 문항 및 평가 영역(2020학년도 기준)

구상 시간	면접 시간	평가문항 유형
20분	20분	구상형 2문항, 즉답형 2문항

⑫ 전라북도(평가원 출제)

〈2021학년도 기준 전라북도 제2차 시험 출제 범위 및 배점〉

시험과목	출제 범위 및 내용		배점			비고
			일반교과	실기교과	비교수교과	
교직적성 심층면접	• 교원으로서의 적성, 교직관, 인격 및 소양 [외국어 과목은 일정부분을 해당 외국어로 실시]		40	40	100	
수업실연	• 수업실연 [외국어 과목은 해당 외국어로 실시]		60	20	·	비교수 교과제외
실기평가	음악	청음	단선율 8마디, 3문제	·	40	·	
		피아노 반주와 가창	• 2015 개정 교육과정 중·고등학교 교과서에 실린 양악곡을 피아노 반주하며 노래하기(반주 없이 단선율(가락) 악보만 제시)				
		장구 반주와 가창	• 2015 개정 교육과정 중·고등학교 교과서에 실린 국악곡을 장구 반주하며 노래하기(제시된 3곡 중 추첨한 1곡) – '장구 채' 개인 준비				
		국악기 연주	• 자유 선택한 국악기로 자유곡 한곡을 3분 동안 연주(소금, 대금, 피리, 단소, 해금, 가야금, 거문고, 아쟁 – 단, 개량단소 불가) – '국악기' 개인준비				
	미술		• 인체소묘(연필) – 종이 2절지, 소요시간 4시간				
	체육		• 기초 종목 – 육상(100m), 수영(자유형) • 영역형 종목 – 농구, 축구 • 네트형 종목 – 배구				
	※ 세부 평가내용은 제1차 시험 합격자 발표 시 공고함.					
계(배점)			100	100	100	

▸ 면접 문항 및 평가 영역(2020학년도 기준)

구상 시간	면접 시간	평가문항 유형
10분	10분	구상형 3문항, 즉답형 1문항

⑬ 제주특별자치도(평가원 출제)

〈2021학년도 기준 제주특별자치도 제2차 시험 출제 범위 및 배점〉

시험과목	출제 범위 및 내용			배점				비고
				일반 교과	IB학교 구분선발	실기 교과	비교수 교과	
교직적성 심층면접	• 교원으로서의 적성, 교직관, 인격 및 소양 [외국어 과목은 일정부분을 해당 외국어로 실시] [IB학교 구분 선발은 일정 부분을 영어로 실시]			50	70	40	100	
수업실연	• 수업실연 [외국어 과목은 해당 외국어로 실시]			50	30	30		비교수 교과제외
실기평가	체육	필수	육상, 체조			30		해당교과
		선택	농구, 축구, 배구, 배드민턴 중 택 2					
	음악		청음, 피아노 반주하며 노래 부르기, 장구 치며 민요 부르기					
	미술	필수	소묘					
		선택	수채화, 수묵담채화, 기초디자인, 조소 중 택 1					
	※ 세부 평가내용은 제1차 시험 합격자 발표 시 공고함.							
계(배점)				100	100	100	100	

▸ 면접 문항 및 평가 영역(2020학년도 기준)

구상 시간	면접 시간	평가문항 유형
10분	10분	구상형 3문항, 즉답형 1문항

CHAPTER 2. 심층면접

1. 개요 및 유형

① 개요

교직 심층면접은 교육 현장에서 일어날 수 있는 임의의 주제나 문제에 대하여 교사로서의 적성, 교직관, 인격 및 소양과 관련한 교육적 지식을 바탕으로 자신의 입장을 논리적으로 말하는 것이다.

② 유형

- 구상형 : 면접 전에 주어진 문제를 정해진 시간에 미리 생각해 보고 그에 대해 답하는 유형
- 즉답형 : 주어진 문제에 대해 잠시 생각한 후 즉각적으로 답하는 유형
- 집단토의형(경기)
- 자기성장소개서 관련 질문(경기)
- 인문정신소양능력평가(대구)

2. 최근 기출 정리

2020학년도 기출문제		
지역	유형	문제
평가원	구상형	A 교사가 직면한 문제점 3가지와, 해결방안을 각각 1가지 씩 말하시오. (수행평가가 너무 많고, 이번주에만 4개가 몰려있으며, 수행평가를 왜 하는지 모르겠다며 선택형 중심의 평가를 요구하는 상황)
평가원	구상형	현우의 문제에 대처하기 위해 A 교사에게 필요한 자질 2가지를 말하고, 자신이 A 교사라면 어떻게 대처할지를 말하시오. (잦은 지각과 결석을 지속하는 현우에게 A 교사는 지각과 결석이 지속되면 유급될 것이라 충고했지만, 현우의 지각은 계속되고 있는 상황)
평가원	구상형	학교 상황에서 ⊙과 ⓒ에 해당하는 사례를 각 1가지 씩 제시하고, ⊙, ⓒ과 관련한 자신의 교육관을 말하시오 "말을 물가에 데려갈 수는 있어도, 물을 억지로 먹일 수는 없다" ⊙ 스스로 물을 먹을 때까지 기다려야 한다. ⓒ 억지로라도 물을 마시도록 해야 한다.
평가원	즉답형	1) A 교사와 B 교사 중 함께 일하고 싶은 부장교사는 누구인가? 그 이유는? 2) 자신이 선호하지 않는 부장교사와 일을 하다가 업무상 갈등이 생겼다면 어떻게 대처할 것인가? 그 이유는 무엇인가? (A 부장교사 : 업무처리를 함에 있어서 직접 만나고 얼굴을 맞대고 회의하는 것을 선호하며, 공동으로 일하는 것을 추구함 B 부장교사 : 온라인 메신저로 소통하는 것을 선호하며, 개별적으로 업무를 추진하는 것을 선호함)
평가원 비교과	구상형	봉사활동 동아리를 운영하는 A 교사가 당면한 문제 2가지와, 관련한 지도방안을 각각 1가지씩 말하시오. (학생들이 교외봉사활동을 하지만, 기관에 계신 분들을 배려하지 않고 장난치고 떠들며, 몇몇 학생들은 매번 지각하고 봉사활동 시간만 채우면 된다고 생각하는 상황)
평가원 비교과	구상형	다음의 A 교사와 B 교사 중 본인과 더 가깝다고 생각하는 교사와 그 이유를 말하고, 이러한 교사가 되기 위해 본인이 지금까지 한 노력을 3가지 말하시오 (A 교사는 '비교과 교사는 수업보다는 다양한 활동을 통해 학생들의 생활지도를 하는 것이 중요하다'라고 생각하며, B 교사는 '비교과 업무도 중요하지만 교사라면 수업을 해야 한다'라고 생각하는 상황)
경기도	구상형	다음 문제점을 해결하기 위한 방안을 3가지 말하시오. (A 고등학교에서 급식소에 대한 설문조사 결과 학생들이 질서를 지키지 않는다는 의견이 대다수임. 또한 급식시간에 새치기 등이 자주 발생하고 좁은 공간에서 학생들 간 신체적 충돌이 생기기도 함.)
경기도	구상형	학생 A에 대한 구체적인 해결방안을 제시하시오. 1. 기초학력진단평가에서 '기초학력미달' 판정받음 2. 학교생활에 흥미가 없고 학교 오는 것을 싫어함 3. 손목에 상처가 있어 물어보니 자해를 했다고 말함
경기도	즉답형	개인정보보호법 위반 여부와 판단의 이유를 사례별로 말하시오. 1. 학생 상담을 위해 학생의 개인정보를 교무수첩에 수기로 기록함 2. 담임교사가 학부모회를 조직하고 대표 학부모에게 연락망을 전달한 경우 3. 교사가 학급 게시판에 '가장 잘한 학생 이*범', '노력이 필요한 학생 정*원' 등으로 개인정보를 고려해 한 글자를 *표기해 게시한 경우
경기도	즉답형	협동학습 중 발생할 수 있는 문제점과 해결방안을 말하시오.

지역	유형	내용
경기도 비교과	구상형	설문조사 결과 서로 협력하는 학생 중심 공간 활용이 제대로 이루어지지 않는다는 반응이 많다. 협력과 성장이 발생하도록 특별실을 구성하기 위한 방안에 대해 말하시오.
	구상형	자신의 전공과 연계하여 학교축제에서 교육공동체와 함께 운영할 프로그램의 명칭, 내용, 목표를 말하시오.
경기도	즉답형	현재 학교에서 일어나는 학교 폭력은 신체적 폭력보다 정서적 폭력이 늘어나는 추세이다. 정서적 폭력을 예방할 수 있는 방안을 말하시오.
	즉답형	학기 초, 신입생에게 학교 적응을 돕기 위한 안내문을 제공할 때, 포함될 내용을 전공과 관련하여 말하시오.
경기도	집단 토의	학교 민주시민교육의 방향에 대해 다음의 사항을 포함하여 토의하시오. - 학교 민주시민 교육의 방향에 대한 자신의 생각 - 자신의 교과와 연계한 학교 민주시민교육 실천 방안 - 학교에서의 민주시민교육 실천 방안
경기도 비교과	집단 토의	진로교육에 대해 다음의 사항을 포함하여 토의하시오. - 현재 이루어지고 있는 학교 진로교육 방향에 대한 본인의 생각 - 전공과 연계한 실체적인 진로교육 실천 방안 - 학생 중심 진로교육 활동
서울	구상형	다음 사례에서 교사들의 지도방식에 있어서의 문제점과 해결방안을 각각 제시하시오. [A] 백혈병에 걸렸다 치료받고 복귀한 학생에게 교사는 도우미 학생을 붙여주고, 체육시간에 열외시키는 등 많은 편의를 봐주지만, 학생은 학교생활에 적응하지 못함 [B] 교사가 열의를 갖고 평소 관심이 있던 환경문제를 주제로 학생들의 협력종합예술활동(뮤지컬)을 지도함. 학생들의 연습시간을 정해주고 역할 분담을 정해주는 등 열정적으로 지도하였지만 학생들은 좀처럼 신나보이지 않음.
	구상형	서울시 인성교육 시행 계획에 의거하여 다음의 개선방안을 3가지 말하고, 자신의 교과와 연계하여 인성교육을 시행할 수 있는 방안을 1가지 말하시오. (A 고등학교는 학생들의 인성교육을 위해 학기별로 1회 씩 전교생을 대상으로 강사를 초빙하여 강당과 교실에서 강연을 함) 추가질문 : 인성교육을 위해 교사가 갖추어야 할 가장 중요한 자질이 무엇인지 말하고, 그 자질을 함양하기 위해 자신이 해왔던 노력에 대해 말하시오.
	즉답형	다음 중 어느 학생에게 우선적 지원을 해줄 것인지를 자신의 교육관과 함께 말하고 어떻게 조언해줄지 말하시오. A 학생 : 게임은 잘 못하지만 노력하여 유명한 프로게이머가 되어 돈을 많이 벌고 싶다고 함 B 학생 : 큰 꿈이 없고 아르바이트 하며 소소한 행복을 찾으며 살겠다고 함 추가질문 : 즉답형에서 선택하지 않은 학생에게는 어떻게 조언해줄 것인지 말하시오.
서울 비교과	구상형	[A]를 읽고 전공과 관련한 인성교육 방안 2가지를 말하고, [B]와 관련하여 자신이 교사가 되어야 하는 이유를 경험과 함께 말하시오. [A] 협력적 인성이 중시되고 있다. 경쟁이 아닌 협력하여 문제를 해결하는 것과 더불어 사는 삶의 가치를 학생들에게 교육해야 한다. [B] 학생은 교사를 보며 가치관을 형성한다. 교사는 지적, 사회적인 역량 뿐 아니라 학생의 자아개념 또한 키워줄 수 있어야 한다.
	구상형	당뇨병 학생의 원활한 학교생활을 위한 학생과, 학부모, 교사의 역할에 대해 각각 3가지씩 말하시오. 추가질문 : 보건 수업 중 한 학생이 다리를 접질렀다고 수업 중인 교실에 들어왔다. 이에 대해 어떻게 대처할지 그 이유와 함께 말하시오.
	구상형	학교폭력 피해 학생이 Wee Class에만 있으려 한다. 상담교사로서 어떻게 학생에게 이야기할지 시연하고, 학생과 학부모에게 해줄 수 있는 상담 방안을 3가지 말하시오.

지역	유형	문항
강원도	구상형	1-1. 학교폭력 사안을 학교장 자체해결제로 처리하기 위한 사안의 조건을 4가지 제시하시오. 1-2. 학교폭력 학교장 자체해결제를 도입하게 된 배경을 2가지 제시하고, 담임교사로서 학교폭력을 예방하기 위해 생활교육을 할 수 있는 방안을 2가지 제시하시오.
	즉답형	강원도교육청에서 시행하는 '돈 안드는 교육' 정책을 4가지 제시하시오.
	즉답형	다음 상황에서 A 학생을 지원하기 위해 교사가 할 수 있는 방안을 4가지 제시하시오. (다문화가정 학생인 A는 행복중학교로 전학을 왔다. 언어소통에 어려움이 있어 친구들과 잘 어울리지 못하고, 수업에 흥미가 없어 잘 참여하지 않는다. 특히 수학과목에 어려움을 겪고 있다.)
	즉답형	교사가 행하고 있는 평가의 문제점과 개선방안을 각각 제시하시오. 모둠별 평가 시 모든 모둠원의 점수를 똑같이 채점함 수업시간에 평가해야 할 학생들의 활동이 끝나지 않아 수행과제를 내주어 제출하도록 함 학생들의 자가평가 자료만 평가에 반영함
세종 특별자치시	구상형	(세종 고등학교에는 4명의 동교과 교사가 있으며, A 교사는 교직경력 5년에 연구회업무를 맡고 있으며 임신 5개월째임. B 교사는 10년 경력에 3학년 담임임. C 교사는 22년 경력에 학생부장을 맡음. D 교사는 신규교사에 2학년 담임을 맡게 됨. 1, 3 학년은 8반, 2학년은 6반으로 구성되어 있으며 각 24, 18, 24시수를 필요로 함) 1-1. 과목별 시수를 협의할 때 고려해야 할 점 3가지를 말하시오. 1-2. 교과별 시수를 구분하고 그 이유를 말하시오.
	구상형	사회가 혼란스럽고 유대감이 약화되면서 여러 문제가 발생하는데 학교에서도 학교폭력, 게임중독, 자살 등의 문제가 많이 발생하고 있다. 2-1. 세종시의 스마트환경을 활용하여 수업할 수 있는 방안 3가지를 말하시오. 2-2. SNS 활성화에 따른 갈등 유형 3가지를 말하시오. 2-3. SNS상 갈등을 해결할 방안을 교사, 학부모, 교육청 차원에서 각각 2가지씩 말하시오.
	구상형	(김 교사는 권장도서 목록을 학생들에게 주고 독후감을 써오면 생기부에 기록해준다고 말하였지만 학생들은 다 읽지 않고 발췌독을 하거나 인터넷 독후감을 그대로 긁어오는 문제점을 보임) 3-1. 독서교육의 목적 3가지를 말하시오. 3-2. 김 교사가 진행한 독서교육의 문제점 3가지를 말하시오. 3-3. 독서교육 방안을 계획-실행-평가 차원에서 말하시오.
	즉답형	1-1. 미세먼지의 발생원인 2가지를 말하시오. 1-2. 고농도 미세먼지 상황시 교사가 대처해야 할 내용 3가지를 말하시오. 1-3. 학교교육과정과 연계한 환경교육방안 3가지를 말하시오.
	즉답형	2-1. 선거연령 하향에 대한 자신의 찬반 여부를 말하고 그 이유를 3가지 말하시오. 2-2. 학생들이 올바른 정치의식을 갖출 수 있도록 하기 위한 지도 방안 3가지를 말하시오. 2-3. 학생 자치 활성화 방안에 대해 3가지 말하시오.
세종 특별자치시 비교과	구상형	2-1. 자유학년제를 통한 진로 연계 동아리 운영 시, 계획, 실행, 평가 단계에서 수행해야 할 과제를 각 3가지 씩 말하시오. 2-2 동아리 운영 후 교사가 학생생활기록부를 기록할 때 유의해야 할 사항에 대해 말하시오.
	구상형	3-1. 다문화 학생 지도 시 교사의 역할과 갖추어야 할 역량을 각 3가지 씩 말하시오. 3-2. 학교 차원에서 다문화 학생에 대한 지원(지도) 방안을 3가지 말하시오.
인천광역시	구상형	제시문을 읽고 교육이 나아가야 할 방향 3가지와 단위학교에서 구체적인 실천 방안에 대해 2가지씩 제시하시오. (A : 인공지능의 발달, B : 4차 산업혁명으로 인한 직업의 등장과 소멸이 가속화 됨. C : 다문화사회의 문제점을 해결하기 위해 상호문화 교육 프로그램의 필요함)
	구상형	다음 학교 조직의 문제점을 말하고 문제점을 해결하기 위한 방안을 3가지 말하시오. (A 교사가 회복적생활교육을 실시하자고 주장하지만, 시간이 오래 걸리고 복잡하기에 기존 방식으

| | 즉답형 | 인천광역시 교육감이 선정한 사자성어 이택상주(麗澤相注)의 교육적 가치를 찾고 교사로서의 실천 방안 5가지를 말하시오. |
| | 즉답형 | 추구하는 이상적인 학생상을 말하고 이를 반영하여 2020년 3월 2일 입학식 날 학생들에게 할 첫 인사말을 하시오.(수험생의 이름은 말하지 말 것) |

2019학년도 기출문제		
지역	유형	문제
평가원	구상형	김 교사가 처한 2가지 문제점과 그 문제들에 대한 각각의 해결책을 말하시오. (뒷 자리의 학생들은 교사의 지속적 지도에도 불구하고 계속 잡담을 하며 수업에 참여하지 않으며 민수는 그 아이들을 신경쓰지 말고 수업 진도나 나가자고 교사에게 재촉하는 상황)
	구상형	통일이 된 지 3년째에 본인에게 함경도로 전보 요청이 온다면 응하겠는지 말하시오. 또한 통일된 한반도의 교사로서 어떠한 교직관을 가지고 임할 것인지 말하시오.
	구상형	첨단기술의 발달로 인해 대화하는 로봇이 등장하고 있다. 이때, 인간과 로봇 중 누가 수업을 해야 할 것인지를 이유와 함께 말하고, 그 이유에 해당하는 자신의 교직관을 가지고 교육을 한다면 학생들을 어떻게 성장시킬 수 있을지 말하시오.
	즉답형	1) A교사와 B교사 중 성실성 측면에서 본인은 누구와 더 비슷한지 그 이유와 함께 말하시오. 2) 교사의 역량과 관련하여 해당 교사를 비판적으로 논하시오. 3) 두 교사 중 한 명과 협력수업을 해야 한다면 어느 교사와 함께 하겠는지 선택하고 합리적 근거를 말하시오. (A교사는 학생들과 의사소통을 잘하고 수업준비 시간은 적지만 타고난 유창성을 발휘해 아이들이 수업에 집중하게 만듦. B교사는 동료교사와의 관계가 좋고 수업준비시간은 길지만 실제 수업에서 발휘되지 않고 학생들이 수업을 지루해 함)
	구상형	대학진학률이 저조한 A고등학교가 학생들의 의사와 반하여 교과중심 방과후학교를 개설하려고 하고 학생들은 진로관련 방과후학교 수강을 희망하고 있다. A고등학교의 문제점과 해결책을 각각 1개씩 말하시오.(비교과)
	구상형	독서토론 동아리 지도교사를 맡게 되었다. 학생들의 의사소통 능력을 배양하기 위해 본인이 지금까지 해온 노력과 그것을 통해 배운점, 그리고 앞으로의 자신의 부족한 점을 보완할 계획에 대해 말하시오.(비교과)
경기도	구상형	학생들은 수업 내의 협동학습에 열심히 참여하지 않고 학급 내에서 자신의 이해에 도움이 되는 일에는 열심히 참여하지만 학급 전체에 도움이 되는 일에는 열심히 참여하지 않는다. 다른 선생님에서도 수업에서 협력이 잘 안 이루어진다고 이야기한다. 이러한 학급 분위기를 개선하기 위한 방안에 대해 말하시오.
	구상형	고3 수학능력시험 이후나 학년말 고사 이후 해당기간을 '자기개발기간'으로의 전환을 모색하고 있다. 인성교육, 꿈과 흥미, 창의성, 진로교육 등을 실시하기 위해 수업시간에 구체적으로 무엇을 할 것인지 계획을 말하시오.
	즉답형	학생들의 민주시민 자질을 길러줄 수 있는 방안에 대해 이야기하시오.
	즉답형	독서교육의 필요성에 대해이야기하고 교과와 연계한 독서교육 실시 방안에 대해 이야기하시오.
	구상형	경기도는 모든 학생이 건강하고 안전하게 생활하며 안심하고 교육활동을 전념할 수 있는 교육환경을 위한 정책을 실행중이다. 안전한 학교를 위해 교사로서 할 수 있는 것을 자세히 말하시오.(비교과)
	구상형	교육과정 혹은 생활교육을 주제 본인의 전공과 관련한 전문적 학습공동체를 운영할 때, 본인의 전공과 관련하여 어떠한 주제로 운영하고 싶은지, 어떻게 진행할 것인지 구체적인 운영방안을 제시하시오.(비교과)

	즉답형	학부모의 학교 참여를 증진시키기 위한 방안을 제시하시오.(비교과)
	즉답형	일주일에 2-3회 두통을 호소하며 보건실을 찾아온다. 또한 점심은 결식하고 있다. 하루종일 피곤해하며 우울해하는 모습을 보이고 도서관 앞에 혼자 보내는 시간이 많다. 담임교사에게도 자신의 상황을 이야기 하진 않는 교사에게 어떻게 대처할 것인가?(비교과)
	집단 토의	혁신교육 3.0 시대를 맞이하여 학생들이 미래 사회의 주체로서 도전, 혁신을 할 수 있어야 한다. 경기혁신교육의 비전인 '행복하게 배우고 함께 성장하는 학습공동체'와 4가지 인간상 '배움을 즐기는 학습인', '실천하는 민주시민', '소통하고 공감하는 감성인', '함께하는 세계인'을 미래 교육에서 어떻게 구현할 수 있을지 방안을 말하시오.(교과)
	집단 토의	교육생태계 확장으로 인한 교육경험으로 학생이 얻을 수 있는 삶의 역량, 확장의 필요성, 학교에서 수행할 수 있는 방법을 말하시오.(비교과)
서울	구상형	보이텔스바흐 협의의 원칙을 반영한 서울형 민주시민교육 논쟁수업에서 교사의 역할 3가지를 말하시오.
	구상형	고등학교 1학년 담임교사로서 다음과 같은 유형의 학생들에게 적합한 지도방안과 그 이유를 설명하시오.(불확실한 진로, 학습흥미없음, ADHD, 특수교육대상자)
	즉답형	기능주의 교육관과 갈등주의 교육관 각각의 의미를 이야기하고, 교육 현실을 고려하여 본인이 긍정적으로 생각하는 교육관의 한계점 2가지를 이야기하시오. 추가질문: 서울시 교육청에서 추구하는 정의로운 차등의 의미에 대해서 이야기하고 교사로서 정의로운 차등을 시행할 2가지 방안에 대해 이야기하시오.
	구상형	동아리 활동주제를 세계시민교육과 관련하여 학생들과 선정하고 이를 위하여 학생이 직접 예산편성 및 운영과정에 참여하고 학교 의사결정과정에 적극적으로 참여할 수 있도록 돕기 위한 활동을 전공과 관련하여 말하시오(비교과)
	구상형	다음의 상황에서보건교사가 A학생에게 시행한 응급처치에 해당하는 내용에 대해서 이야기하시오. 또, 학생B에게는 어떻게 지도할 것인지 3가지로 이야기하고, 화난 학부모에게 대응할 방안을 3가지 이야기하시오.(학생 A, B가 놀다가 A가 머리를 다쳤고 B가 지혈을 하며 보건실에 온 상황. 학부모는 119로 이송을 하지 않았다며 화를 내고 있는 상황임) 추가질문 : 자주 보건실을 찾아오고 약을 수시로 받아가는 학생이 있다. 이 학생을 어떻게 지도할 것인지 3가지로 답하시오.
강원도	구상형	야구경기장에 세 명의 학생이 있다. 야구를 관람하려 하는데 앞이 보이지 않게 펜스가 있었다. 세 명에게 동일한 받침대를 주었다. 학생 A는 키가 커서 받침대가 없어도 펜스너머가 보여서 관람할 수 있었다. 학생 B는 받침대에 올라가니 펜스너머가 보여서 관람할 수 있었다. 학생 C는 키가 작아 받침대에 올라가도 펜스 너머가 보이지 않았다. 1-1. 교육 형평성의 측면에서 공교육의 문제점을 1가지 말하고, 개선 방안을 3가지 제시하시오. 1-2. A교사의 입장에서 아래 학급의 교육 방안을 4가지 제시하시오. A교사의 학급에는 다양한 배경을 가진 학생들이 생활 하고 있다. 다문화 가정의 학생 (4명), 기초학력 부진 학생(3명), 특수교육 대상자 학생(장애 학생 1명)등의 학생이 섞여 있다. 학급의 학업성취도 수준편차가 매우 심한 문제점을 보이고 있다.
	즉답형	다음 특징을 가진 학교에 적합한 교육과정 운영방안을 4가지 제시하시오. 학년 당 인원수는 20명 도시와 1시간 이상 떨어진 농촌에 위치 다교과 지도가 가능한 교원이 부족함
	즉답형	강원도 교육청의 청소년 민주주의 교육 정책을 4가지 제시하시오.
	즉답형	다음 상황에서 A교사에게 부족한 역량을 2가지 제시하고, 동료교사로서 A교사에게 할 수 있는 조언을 2가지 제시하시오. (A교사가 맡고 있는 학급에 B학생이 학교폭력으로 인해 강제전학을 왔다. B학생은 교사를 무시하고

		말을 잘 듣지 않았는데, 시간이 갈수록 다른 학생들도 이에 동조하여 점점 학급 분위기가 흐려지고 있다. 다른 동료교사들은 A교사의 학급의 수업 분위기가 좋지 않다며 항의를 하고 A교사와 다툼이 있었다.)
세종 특별자치시	구상형	A학교의 모습(전입생이 많고 맞벌이 가정이 많으며 외동으로 자라는 학생도 많음) 1-1. 이러한 유형의 학교가 갖는 장점과 단점을 3가지씩 제시하시오. 1-2. 언급한 단점들을 보완할 수 있는 방안에 대해 3가지 말하시오.
	구상형	사회가 혼란스럽고 유대감이 약화되면서 여러 문제가 발생하는데 학교에서도 학교폭력, 게임중독, 자살 등의 문제가 많이 발생하고 있다. 2-1. 사회문제를 개선하기 위해 학교에서 할 수 있는 3가지 방안을 말하시오 2-2. 이 상황에서 교사가 학생들을 돕기 위해 갖추어야 할 3가지 역량을 말하시오.
	구상형	3-1. 진로교육을 위해 교과 교사로서 할 수 있는 3가지 방안을 말하시오. 3-2. 진로교육을 할 때, 계획-실행-평가 단계에서 어떻게 할 수 있을지 말하시오.
	즉답형	교사가 지각도 잦고 자신의 업무에 쫓겨 임장지도에 소홀하여 학급 분위기가 좋지 않고 학교폭력도 있는 상황이다. 학생들은 교사가 무슨 수업을 하는지 모르겠다는 학생들도 많고 평가에 있어서도 예전에 냈던 이론적 지식만 평가하여 지겨워하는 반응을 보이고 있다. 1-1. 위 상황에서 나타난 문제점을 2가지 제시하시오. 1-2. 각 문제점을 해결하기 위한 방안을 2가지씩 제시하시오.
	즉답형	2-1. 세종시 4대 정책방향에 대해 설명하시오. 2-2. 학생들의 예술과 문예정책을 활성화하는 방안에 대해 학교, 교육청, 지역사회 측면에서 각 2가지씩 제시하시오.
	구상형	A학생의 경우 친한 친구도 없고 학교도 다니기 싫어하는 상태이다. 더욱이 아침도 먹지 않고 오는 A학생은 친구가 없기에 급식도 먹지 않고 있다.(비교과) 2-1. A학생에 대한 지도방안을 3가지 제시하시오. 2-2. A학생을 지도하기 위해 필요한 교사의 역량을 3가지 제시하시오.
	구상형	3-1. 공동교육과정으로 학생들이 자율적으로 자신들의 수강 과목을 선택하게 되는 상황이다. 이때 학생들이 자신의 과목을 선택했을 때 자신의 교과관련 전문성을 신장시킬 수 있는 방안을 3가지 제시하시오.(비교과) 3-2. A 교사가 남들이 기피하는 업무를 맡았다. 이를 해결하기 위한 업무능력신장 방안을 3가지 제시하시오.
인천광역시	구상형	다문화 가정의 A학생이 SNS에 올린 글을 보고 A학생이 처한 문제와 생활지도 방안을 각각 5가지씩 제시하시오. 부모님은 늦게까지 일하시느라 밤까지 혼자 지내게 되어 너무 외롭다. 친구들도 나를 다문화 학생이라는 이유로 이상하게 보는 것 같다. 점심시간에 함께 밥을 먹을 친구가 없으면 밥도 먹지 않는다. 인터넷에서 자해를 하면 스트레스가 풀린다는 글을 보았다. 자해를 하면 기분이 나아질까? 나를 위로해줄 수 있는 건 온라인 게임뿐이다.
	구상형	교사와 학생 간 소통이 없고 배움중심수업이 일어나지 않는 수업 광경을 묘사함. A교사와 B교사의 수업에 대한 설명이다. 공통적으로 나타나는 문제점을 찾고 이를 해결하기 위한 방안 5가지 이야기하시오.
	즉답형	다음 글을 읽고 학생들을 어떻게 교육할지 말하시오. 담임교사로서 학기 초 학급 규칙을 정하려 하자 학생들이 "선생님, 저희는 선생님이 정해주신 규칙을 따르는 것보다 저희들이 규칙을 정해서 스스로 지키고 싶어요."라고 건의하였다.
	즉답형	다음과 같은 상황일 때 학부모에게 어떻게 대응할지 말하시오. 학부모가 연락이 와 어제 자녀가 학교 수업이 끝나고 운동장에서 축구를 하다가 무릎을 다쳤는데 아무런 조치도 없이 집에 보낸 것이 화가 난다고 하신다. 또한 학부모에게도 이러한 사실에 대해 알리지 않은 것도 속상해 하고 있다

2018학년도 기출문제		
지역	유형	문제
평가원	구상형	A 학생의 문제원인 2가지와 담임교사로서 A 학생을 지도할 수 있는 방안을 원인에 따라 각각 1가지씩 말하시오.(다문화학생이 서툰 한국어 능력과 문화적 차이로 인해 친구를 사귀지 못하고 학급 내 고립된 상황)
	구상형	다음은 어떤 교사의 수업에 대한 학생들의 반응이다. 이러한 학생들의 의견을 대할 때 교사에게 필요한 자질을 이야기하고 이러한 자질을 기르기 위해 어떤 노력을 해왔는지, 그리고 교사가 되었을 때는 어떤 노력을 할 것인지에 대해 말하시오.(학습자 중심 수업을 펼치고 있으나 학생들은 수업에 대한 불만이 가득한 상황)
	구상형	최 교사의 성찰일지를 보고 '학습자'에 대한 자신의 인간관을 말하고 박 교사의 의견에 찬성, 반대 입장을 밝히고 입장에 대한 근거를 자신의 교직관과 관련하여 설명하시오.(박 교사는 교원평가에 학생들의 성적이라는 항목으로만 평가해야 한다고 주장하고 최 교사는 그것에 반대하는 상황)
	즉답형	1-1. 본인이 연구부장이라고 생각하고 위와 같이 행동한 이유를 설명하시오. 1-2. 연구부장의 행동에서 교사로서 부족한 인성에 대해 말하시오. 1-3. 본인이 신임교사인 최 교사라면, 위와 같은 상황에 어떻게 대처할지를 말하고 이유를 밝히시오.(협력업무에 있어 같은 팀이지만 연구부장은 최 교사와 협의하지 않고 혼자서 업무를 처리함. 최 교사는 연구부장의 상황을 이해하면서도 속상해함)
	구상형	A 학생의 입장이 되어 화가 난 이유에 대해 설명하고, 자신이 김 교사라면 A 학생을 어떻게 지도할 것인지 방안 2가지를 설명하시오.(A학생은 김 교사에게 담임교사가 평소 잔소리를 많이 하고 자신의 핸드폰을 뺏었다며 담임교사에 대한 험담과 욕을 하는 상황)(비교과)
	구상형	당신이 강 교사라면 학생들의 갈등상황에서 가장 먼저 조치할 상황을 이야기 하고 그 행동과 관련한 교사의 자질 2가지를 설명하시오.(강 교사는 처리해야 할 공문이 많아 바쁜 상황이지만 운동장에서 학생들이 갈등이 발생하여 웅성웅성하며 모여 있는 모습을 본 상황)(비교과)
경기도	구상형	경기도는 2018년부터 고교학점제를 시범운영하여 확대해 나갈 것이다. 고교학점제를 실시하면 일어날 학생의 성장과 학교의변화에 대해 선생님의 생각을 말하시오.
	구상형	사이버 폭력의 증가로 인해 갈등이 일어나고 학급 공동체 문화가 저해되는 동시에, 교사는 학급운영에 어려움을 겪고 있다. 담임교사로서 사이버 폭력 예방방안과 존중과 배려의 학급 문화를 위한 실천 방안에 대해 말하시오.
	즉답형	교육과정-수업-평가-기록의 일체화를 위해 교사로서 구체적인 실천방안에 대해 말하시오.
	즉답형	학업중단 위기 학생이 학업을 계속 이어갈 수 있도록 담임교사로서 어떤 노력을 기울일 것인지 말하시오.
	구상형	열악한 농어촌 지역에서 '학생들이 만들어가는 꿈의 학교'를 통해 학생들에게 기대되는 효과를 말하고, 선생님은 학생들에게 어떤 도움을 줄 수 있을지 구체적인 방안을 말하시오.(비교과)
	구상형	본인이 A 교사라면 B학생을 어떻게 지도할지에 대해 말하고, 본인이 A교사의 동료교사라면 생활지도 전문성 신장을 위해 어떤 도움을 줄 것인지 말하시오.(A교사가 수업이 시작했지만 친구와의 갈등 때문에 교실에 들어가기를 거부하는 B학생을 발견한 상황)(비교과)
	즉답형	자신의 전공과도 관련 없고 관심도 없던 자율동아리 담당교사를 맡아달라며 학생들이 부탁을 했다. 이러한 상황에서 담당 교사를 맡을지, 맡게 된다면 어떻게 운영할 것인가?(비교과)
	즉답형	비교과 교사들과 함께 1일 체험형 진로프로그램을 맡는다면 무슨 활동을 할 것인지 자신의 전공과 관련시켜 구체적인 운영방안을 말하시오.(비교과)
	집단토의	교육주체들의 고민에 대한 해결방안과 '꿈이 성장하는 교육'을 실현하기 위한 교사의 역할을 토의해 보시오.(학생은 미래 직업에 대한, 교사는 학생들에게 다양한 학습경험을 줄 수 있을지, 학부모는 지역인프라를 활용한 교육에 대한 고민을 하고 있는 상황)

지역	유형	문항
서울	집단토의	다음 교사들의 대화를 참고하여 자신의 교과와 관련한 학생 중심 수업 활성화 방안에 대해 토의하시오.(A 교사는 학생중심의 다양한 교육활동 운영을, B 교사는 동료교사 및 학부모와의 소통과 협력을, C 교사는 전문성 함양을 위한 교육공동체와의 협력을 강조하는 상황)(비교과)
	구상형	[A]를 고려하여 [B]학급 운영의 문제점과 개선방안을 각각 3가지씩 이야기하시오. ([A]는 통합교육에 대한 설명임, [B]학급의 청각장애 특수교육 학생에 대한 교사의 배려가 다른 학생들에게는 역차별로 비춰지는 상황)
	구상형	[A]를 참고하여 [B]의 교사와 학생의 입장을 각각 설명하고, 평화로운 학교문화를 조성하기 위한 방안을 3가지 제시하시오.(A는 공리주의에 대한 찬반에 대한 내용임, B에는 지갑도난사건이 발생하여 생활지도 담당교사가 평소 불량한 태도로 주의를 받은 적이 있는 학생에게 확실한 증거가 없는 상황에서 벌점을 부여하고, 학생은 이에 불복하여 국가인권위원회에 제소한 상황)
	즉답형	교육관과 관련된 그림 4개를 보고 교육적으로 추구해야 할 그림과 경계해야 할 그림을 각각 선정하고 그 이유를 설명하시오.(4개의 그림에는 공통적으로 토끼와 거북이가 있음. 그림 A에서는 둘이 같은 출발선에, 그림 B에서는 거북이의 출발선이 앞에, 그림 C에서는 토끼의 출발선이 앞에, 그림 D에서는 둘이 같은 결승선에 놓여 있음) 추가질문: 자신이 경계해야 할 교육관으로 선정한 그림의 장점과 활용방안에 대해 설명하시오.
	구상형	1-1. A~E 학생들에게 필요한 덕목을 제시하고 그 이유를 설명하시오. 1-2. 위의 학생들 모두, 혹은 1명을 대상으로 하는 동아리 운영 계획을 전공과 관련하여 설명하시오.(목적, 대상, 상세활동 4회차, 평가와 피드백 방안을 포함할 것) (A는 자기중심적이고, B는 자기주장이 없고, C는 신체적 허약함을 타인에게 자주 표현하고, D는 타인을 배려하지 않고 E는 타인의 시선을 걱정하여 식사를 하지 않는 학생임)(비교과)
	즉답형	A 교사와 B교사의 반 중, 한 학급을 선택하여 학생들의 느낄 수 있는 어려움을 이유를 들어 3가지 말하고, 그 학급의 비자발적 학생을 상담할 시 발생 가능한 어려움과 해결방안을 구체적으로 말하시오.(A 교사 - 하여가, B 교사 - 단심가)(상담전공) 추가질문 : 선택한 학급에 외부강사 없이 학급 단위 집단 상담 프로그램 운영 방안에 대해 구체적으로 말하시오.
	즉답형	A 학생은 몸이 허약해 평소에 보건실을 자주 방문한다. 특히 오늘은 보건실에서 휴식 중에도 숙면을 취하지 못하고 있지만 담임선생님께서 A의 조퇴를 허락해주지 않는다. 제시된 내용을 근거로 향후 지도 방안에 대해 설명하시오.(학생의 인권에 대한 내용과 학교규칙 준수와 교원의 교육활동을 방해하면 안 된다는 법령이 제시됨) 추가질문 : 학생이 특정 선생님과의 마찰로 그 수업시간에만 지속적으로 보건실로 올 때 지도방안
강원도	구상형	1-1. (가)에서 (다)의 상황에서 학생들에게 필요한 민주시민으로서의 자질과 각 상황을 해결하기 위한 교사의 대처방안을 각각 말하시오.((가)는 체인지메이커 학생들이 구체적인 문제해결에 어려움을 겪는, (나)는 학급회의시 해외 아이들보다 우리나라의 어려운 아이들을 먼저 도와야 한다는 갈등이, (다)는 학급자치회 활동시간에서 협의내용과 관련 없는 내용을 자꾸 이야기하는 학생들에 대한 내용이 언급됨) 1-2. 상황 (나)를 해결하기 위해 교사가 토론수업을 진행함. 토론 과정에서 발생한 문제점과 이유를 각각 4가지 이상 설명하시오.
	즉답형	2018 강원교육청에서 학교단위 중점 추진사업 '3+2' 중 '3'에 해당하는 중학교 중점사업에 대해 설명하고 세부추진방안을 4가지 말하시오.
	즉답형	마을과 학교 간 소통을 증가시킬 수 있는 중앙공원의 교육적 활용방안을 4가지 말하시오.
	즉답형	변화하는 생활교육에 대한 개념을 설명하고 강원도교육청에서 시행하고 있는 프로그램을 4가지 말하시오.
대구광역시	구상형	1-1. A학생에게 교사가 취해야 할 대응방안 2가지를 제시하시오. 1-2. B학생에게 교사가 취해서는 안 되는 대응방안 2가지를 제시하시오.

		1-3. 교사가 A와 B학생을 지도하며 심리적 회복을 돕기 위한 2가지 방법을 말하시오. (A학생은 수업 중 교사의 말을 방해하고 반항함. B학생은 수업시간에 자고 반항하며 다른 학생들을 폭행함)
	구상형	2-1. '이방인'의 주인공 뫼르소가 이방인으로 취급받은 이유를 (가)를 근거로 제시하시오. 2-2. 뫼르소의 이방인적 행동을 뫼르소의 어머니와 관련하여 말하시오. 2-3. (라)의 다문화 학생에 대한 편견을 극복할 수 있는 다문화 교육 방안을 (가)~(다)의 핵심가치와 관련하여 2가지 제시하시오. ((가)는 자유론, (나)는 에밀, (다)는 열하일기의 내용이 적혀있음)
세종 특별자치시	구상형	1-1. 축제 담당교사로서 학생에 대한 지원방안을 3가지 제시하시오. 1-2. 학생들이 축제를 통해 얻을 수 있는 교육적 효과를 3가지 제시하시오. (최근 축제를 학생들이 기획함. 또한 학부모 및 지역공동체와 연계하는 축제가 많다는 글이 제시됨)
	구상형	2-1. 교육과정-수업-평가-기록 일체화를 위한 방안을 각 영역별로 제시하시오. 2-2. 이러한 일체화의 효과를 3가지 제시하시오.
	구상형	3-1. 이러한 민원이 제시되었을 때 교사의 해결방안을 제시하시오. 3-2. 민원 처리에 있어 교사가 주의해야 할 사항을 3가지 제시하시오. (시험채점과 성적기록이 마무리 된 상황에서 학부모가 찾아와 정답으로 처리되지 않은 선택지를 정답으로 인정할 수 있는 근거를 제시하며 민원을 제기함)
	즉답형	초임교사로서 고3 진로지도를 위한 능력과 전문성을 신장시키기 위한 방안 5가지를 제시하시오.
	즉답형	세종 창의적교육과정의 편성과 운영에 있어 고려해야 할 점 5가지를 말하시오.
	구상형	4차 산업혁명 시대에서 교육이 나아가야 할 방향 5가지를 말하시오.(비교과)
	구상형	체험학습의 목적 2가지를 말하고, 일정 수립과 안전한 체험학습을 위해 고려해야 할 사항을 각각 3가지씩 말하시오.(비교과)
인천광역시	구상형	다음 교사의 학생 활동 중심 수업에 대한 개선점을 1) 수업설계 측면과 2) 수업운영 측면에서 각각 3가지씩 말하시오.
	구상형	2-1. 담임교사의 입장이 되어 A학생과 A의 학부모에 대한 상담활동을 각각 3가지씩 제시하시오. 2-2. 위 상황을 동료교사와 협력하여 해결하기 위한 방안 3가지를 말하시오. (A학생은 기본생활습관이 형성되지 않았고, 수학 외 시간에는 잠만 자며, 친구들에게 폭언을 하고 대인관계 기술 미숙으로 친구가 없음. 학부모는 객관적으로 아이를 바라보고 있지 못함)
	즉답형	자신이 교사가 되었을 때 사용할 급훈을 말하고 그것의 교육적 의의를 설명하시오.
	즉답형	신규교사로서 다음 상황에 대한 해결방안 3가지를 말하시오. (업무에 대해 주변 교사에게 물어도 잘 가르쳐주지 않고, 업무분장이 불분명하고 신규교사에게 어려운 업무가 집중되는 관행에 화가 난 상태임)
전라북도	즉답형	수능 이후 학생들의 흥미와 관심을 높이고 학생들을 성장시킬 수 있는 교육과정 운영방안 5가지를 말하시오.
	즉답형	아래와 같은 상황에서 학교폭력을 예방하고 행복한 학급을 만드는 방안에 대해 5가지 말하시오.(자폐학생 포함 30명인 학급에서 학교폭력 증가로 학생, 학부모간 갈등이 심화되고 있음)

		2017학년도 기출문제
지역	유형	문제
평가원	구상형	다음의 상황을 보고 민수의 문제 행동의 원인을 2가지 말하시오. 그리고 각 원인에 대한 담임교사의 해결책을 각각 1가지씩 말하시오. (낮은 학습 동기와 진로 및 진학에 대한 구체적인 계획이 부재한 상태이다.)
	구상형	다음 글에서 학생의 의견을 토대로 하여 A 교사가 가져야 할 공통된 핵심 역량이 무엇인지 말하시오. 또한 그 역량을 향상시키기 위해 자신이 해온 노력과 향후 계획을 각각 1가지씩 말하시오.
	구상형	A 교사(소통하고 공감하는 교사)와 B 교사(수업 전문성을 갖춘 교사)는 교육에 대한 자신의 소견을 서로 이야기하였다. 두 교사의 소견을 보고 1) 자신이 되고자 하는 교사를 선택하여 말하고, 2) 그렇게 생각한 이유를 자신의 교사상에 비추어 이야기하시오.
	즉답형	1) A 교사가 평소 그렇게 행동한 이유를 A 교사의 입장이 되어 말하시오. 2) 자신의 경험에 비추어서, A 교사의 행동을 교직 윤리 의식의 측면에서 비판하시오. 3) 당신이 ○○고등학교의 교장이라면 내년도 업무분장에서 A 교사를 연구부장에 임명할 것인지 입장을 밝히시오.
	구상형	급식실에서 점심식사 중 A학생에게 4명의 학생이 다가와 식판을 뒤집고, 무시하는 말을 하였다. 다른 학생들은 그 장면을 목격하고도 가만히 보고만 있는 상황이다. 그 장면을 목격한 교사로서 학생들을 3가지 유형으로 나눠 각 유형에 대한 대처방안을 말하시오.
	구상형	김 교사에게 필요한 자질이나 태도 2가지를 말하고 각각을 향상시키기 위한 계획을 1가지씩 말하시오. (비교과 교사인 김 교사는 자신은 수업과 관련 없기에 수업 관련 협의회에 참석하지 않아도 된다고 생각하는 상황)
경기도	구상형	다음 상황을 읽고, 학생들에게 필요한 미래 핵심역량과 학급 담임으로서 할 수 있는 구체적인 지도 방안을 말하시오. (학급 아이들끼리 서로 협력하지 않아 고민)
	구상형	안전교육 7대 요소 중 하나를 선택하고 교과와 연계하여 학생 참여형 활동을 구성하여 제시하시오.
	즉답형	경기 교육청이 올해 실시하는 자유학년제와 관련하여 지필고사 부재에 따른 학력저하를 우려하는 학부모를 설득하시오.
	집단토의	다음 상황을 토대로 학교 교육비전을 도출하시오. 1. 학교 : 신도시에 위치한 개교 2년차 고등학교 2. 학생 : 학교 폭력에 시달리고 있음 3. 교사 : 교육에 대한 열정이 있음 4. 학부모 : 대부분 맞벌이를 함
	구상형	학교에서 교사 회의를 통해 등교 시 교복을 착용하는 것을 교칙으로 정했다. 그런데 한 학생이 체육복을 입고 등교했다. 이때 대처 방안을 학생과의 대화 형식으로 답변하시오. (비교과)
	구상형	학생들의 성찰을 위한 동아리 활동을 하고자 한다. 동아리 운영 방안에 대해 말하시오. (비교과)
	즉답형	교사의 전문성 신장을 위한 방안을 말하시오.
서울	구상형	[A]를 참고하여 [B]의 김 교사의 문제점을 제시하고, 김 교사의 문제를 해결하기 위한 구체적인 수업 혁신 방안 3가지를 제시하시오.
	구상형	지문 [A]에서 교사 '나'의 의견(교복 자율화 찬성)에 대한 타당성을 제시하시오. 그리고 [B]를 읽고 미래 핵심 역량을 함양하기 위한 생활지도 방안을 2가지 제시하시오.
	즉답형	다음 중 자신의 교사상을 골라 그 이유를 말하고, 교과 지도와 창의적 체험활동 지도와 관련지어 지도 방안을 각각 1가지씩 말하시오. [A] 교사가 학생들에게 적극적으로 개입하여 변화를 이끌어주어야 한다. [B] 교사가 학생들이 배우는 과정에 있어서 시행착오를 인정하고 학생들의 성장을 기다려주어야 한다.
	구상형	다음 상황(결핵 환자 발생 학급)을 읽고, A 학생에게 할 수 있는 지도 방안과 학생과 학부모의 민원

		을 해결하기 위한 방안을 자신의 전공과 연계하여 말하시오. (비교과)
강원도	구상형	교과 통합형 수업을 꺼려하는 동료교사들의 참여를 유발하기 위한 방안 4가지를 말하시오.
	구상형	교과 통합형 수업을 진행하였다. 그러나 일부 학생은 자신이 좋아하는 과목만 참여하고, 다른 과목은 참여하지도 않고 성취도도 낮다. 교과 통합형 수업 운영 시 나타난 학생들의 낮은 참여도와 학업 성취도를 증진시키기 위한 방안 4가지를 말하시오.
	즉답형	올해 강원도 교육청의 선진국형 교실복지 3대 핵심 사업과 평가 혁신 방안에 대해 4가지 말하시오.
	즉답형	생활지도에서 생활교육으로 변화하고 있다. 관계 중심 생활 교육 관점에서 학생들 간의 갈등을 해결하기 위한 방안 4가지를 말하시오.
	즉답형	아이들이 꿈 없이 살아간다. 진로에 관심이 없는 학생들을 지역사회와 연계하여 지도하는 방안 4가지를 말하시오.
대구광역시	구상형	1. 담임으로서 B 학생(자살징후)에 대한 위기관리 방안 3가지를 제시하시오. 2. C학생의 바른 인성 회복을 위한 맞춤형 교육 프로그램 3가지를 제시하시오.
	구상형	1. (가)에 나타난 ○○고등학교의 문제 상황을 해결하기 위해, (나)에서 찾을 수 있는 인성 요소를 2가지 제시하시오. ※ 인성 요소 : 〈인성교육진흥법 핵심가치·덕목〉과 〈대구교육 행복가치〉에 제시된 요소임 2. (가)의 ○○고등학교가 배움을 즐기는 행복교육이 가능하도록 교실 수업 개선을 실현하기 위한 방안 3가지를 질문 1번에서 찾은 인성 요소와 연계하여 제시하시오.
세종특별자치시	구상형	1-1) 자유학기제의 문제점 2가지와 해결방안 2가지를 제시하시오. 1-2) 자신이 자유학기동아리 담당교사라 할 때 다음 조건에 맞추어 동아리 운영 계획을 말하시오. ① 동아리 이름 ② 동아리 활동 실천 계획 ③ 진로와 연계된 부분
	구상형	2-1) 교사와 학생에게 학급규칙이 갖는 의미에 대해 각각 2가지씩 이야기하시오. 2-2) 박 교사가 위의 문제를 해결하기 위한 방안을 3가지 이야기하시오.
	구상형	3-1) 전문적 학습 공동체의 효과적인 실행을 위해 본인이 노력할 점 2가지를 제시하시오. 3-2) 제시된 상황 속의 수업이 김 교사에게 주는 의미 2가지를 말하시오.
	즉답형	4-1) 제시된 그래프 자료를 토대로 올바른 교사 분위기를 조성하기 위한 방안 2가지를 제시하시오. 4-2) 업무 회의 모습에서 보이는 문제점을 해결하기 위한 방안을 2가지 제시하시오.
	즉답형	학생들을 민주시민으로 양성하기 위한 방안 3가지를 제시하시오.
인천광역시	구상형	1-1) 위 상황의 원인을 교사와 학생 관계, 교사와 학부모 관계에서 교사 측면으로 각각 3가지씩 제시하시오. 1-2) 위와 같은 상황에서 적절한 학부모 대응 방법을 3가지 제시하시오. 1-3) 위와 같은 상황에서 학생과의 관계를 개선하기 위한 방법을 구체적으로 3가지 제시하시오.
	즉답형	1-1) 안전한 학교 환경을 조성하여 안전사고를 예방하기 위해 학교 운영 계획에 포함되어야 할 3가지를 말하시오. 1-2) 안전한 현장 체험 학습을 위해 학생들에게 실시할 안전 교육에 포함해야 할 3가지를 말하시오.
	즉답형	미래형 학력 신장을 위한 미래형 핵심 역량 3가지와 이를 지도하기 위한 방법 3가지를 말하시오.
	즉답형	토론 중심의 교사 문화가 교사 조직에 미치는 긍정적 변화 3가지를 말하고, 토론 문화에 필요한 교사의 자세 3가지를 말하시오.
전라북도	즉답형	학습공동체 내에서 교원의 전문성 신장을 위한 방안을 5가지 이상 말하시오
	즉답형	전북형 평가제도가 안착되기 위한 방안을 5가지 이상 말하시오.

2016학년도 기출문제		
지역	유형	문제
경기	구상형	경기도 정책인 전문적 학습공동체의 의의에 대해 말하고 본인이 참여하고 싶은 전문적 학습공동체 제시 및 구체적인 실현방안을 말하시오.
	구상형	경기도 정책인 행복한 학교는 학생이 자신의 삶의 의미와 가치를 학생 스스로 발견하고 핵심역량을 체득하는 배움의 학교를 의미한다. 이를 실현하기 위한 학급 내 실현방안을 말하시오.
	구상형	교직관, 교과전문성을 바탕으로 학생 진로교육을 어떻게 실행할 것인지 말하시오.
	구상형	교과직무를 통하여 학교부적응 위기 청소년을 어떻게 발견하고 도울 것인지 말하시오.
	즉답형	본인의 실패경험과 극복방안, 그를 통해 얻은 것과 앞으로의 교직생활에 어떤 도움이 될지 말하시오.
	즉답형	학부모의 관심이 낮은 학교에 근무할 때, 학부모를 학교공동체에 참여시킬 수 있는 방안에 대해 말하시오.
	즉답형	삶에서 공동체 경험을 통해 배운 것을 교직에서 어떻게 발휘할 것인지 말하시오.
	집단토의	다음은 동학년 교사들의 협의 시간 내용이다. 문제해결을 위한 공통적인 실천방안을 제시하시오.
	집단토의	경기핵심과제인 '안전한 학교'를 만들기 위해 구성원 전체가 참여하여 공동으로 실천 가능한 방안에 대해 토의하시오.
서울	구상형	인성교육이 필요한 이유에 대한 설문조사를 보면 긍정적 자아개념, 낮은 학습동기 및 무력감 때문에 필요하다는 답변이 있다. 이러한 정서적 문제를 해결하기 위한 수업방안과 평가방안 2가지를 각각 구체적으로 제시하시오.
	구상형	다음 상황에서 A 교사의 입장에서 면접관을 B 교사라고 가정하고 설득해보라. (사고력과 창의성을 측정할 수 있게 문제를 수정해야 한다는 A 교사의 입장과 문제는 이상없다는 B 교사의 입장)
	구상형	활발하던 A(기초수급자, 조손가정)가 소극적 교우관계, 아침결식과 점심 폭식, 약물복용, 폭력성 등 여러 가지 문제를 보인다. 이에 대하여 자신의 전공과 관련지어 A의 문제를 진단하고 교사로서 지도방안 2가지를 구체적으로 제시하시오.
	구상형	다음 상황에서 A 교사의 입장에서 B 부장교사를 설득하시오. (진로 관련 상설동아리를 개설하고자 하는 A 교사와 학교 원칙에 어긋난다는 B 교사의 입장)
	즉답형	서울시의 '교복 입은 시민' 정책과 관련하여 학생자치 활성화의 필요성을 설명하고 그 예를 2가지 들고, 그 구체적인 방법과 지도방안에 대해 말하시오.
	즉답형	교직만족도가 낮아지는 이유, 자신의 교과 중 어려운 점, 필요한 자질, 당신의 교직관과 관련지어 당신이 교사가 되었을 때 겪을 것으로 생각되는 어려움, 그리고 해결방안에 대해 논하시오.
평가원	구상형	다음과 같은 상황에서 최 교사의 문제점 2가지와 이에 대한 해결방안 2가지를 말하시오. (경력 많은 이 교사의 수업진도계획을 그대로 따르고, 진도를 겨우 끝내며, 수업의 요점을 파악하기 어려운 상황)
	구상형	다음과 같은 상황에서 개인 학생들에게 관심을 가져야 하는 이유를 교사의 사명과 관련지어 말하고, 박 교사에게 필요한 역량을 학습지도 측면과 생활지도 측면으로 각각 1가지씩 말하시오. (집단 지도를 하고, 수업에 따라가지 못하는 학생과 따라가는 학생이 수업을 받으며, 문제학생에게만 관심을 주는 상황)
	구상형	아래 두 교사 중 어떤 교사의 지도 방식을 더 선호하는지 이유와 함께 밝히고, 이와 관련하여 자신이 되고 싶은 교사상이 무엇인지 말하시오. (A 교사에 경우 벌점을 주고 훈육을 하고, B 교사에 경우 문제행동을 왜 보이는지 알고자 하고 교칙에 대해 설명하며, 학생에게 의미를 되새겨보도록 설득하는 입장)
	즉답형	(B는 개별과제를 수행하고, 혼자 발표하고 싶다고 주장하는 입장) 1) 당신이 생각하는 모둠별 협동학습의 취지를 고려하여 B를 비판하시오. 2) 자신이 B라고 가정하고, 자신이 그러한 행동을 한 입장과 이유를 말하시오. 3) 자신이 이 과목의 교수라고 했을 때, 발표기회를 부여할 것인지 아닌지를 그 이유를 들어 말하시오.

	즉답형	신규교사가 새로 부임한 학교에 갔더니 4년 근무한 교무행정사가 신규교사들에게 반말을 하고 업무 협조도 잘 하지 않는다. 신규교사가 할 수 있는 조치로 4가지를 말하시오.
	즉답형	소규모 학교의 학생들은 자존감이 낮다. 아침에 20분간 담임시간이 있다. 담임교사로서 이 시간에 학생들의 정서순화, 자신감 제고, 성취동기 유도 등을 할 수 있는 프로그램 4가지를 말하시오.
전북	즉답형	민주적인 학교를 만들기 위해 노력한다. 학생들의 학교 참여를 활성화시킬 수 있는 방안 5가지 이상을 말하시오.

2015학년도 기출문제		
지역	유형	문제
평가원	구상형	(교사가 B 학생에게 교통사고로 다리를 다친 A 학생을 돕도록 설득해야 하는 상황) B 학생에게 A 학생을 도울 수 있도록 대화하는 상황을 가정하고 답하시오.
	구상형	이 교사는 지적 성장을 위해 끊임없이 노력하여 최근에는 학생들을 가르치기에 충분한 수준에 도달했다고 생각한다. 강연과 관련하여 이 교사에 대한 자신의 생각을 말하고, 자신이 되고 싶은 교사상을 말하시오. (교학상장과 관련된 강연 제시)
	구상형	다음과 같은 상황에서 교사의 해결방안 4가지를 말하시오. (B 교사가 A 학생에게 자존심 상하는 말을 하여 담임교사가 조치해야 할 상황)
	구상형	초임교사인 김 교사가 학기 말에 작성한 자기반성이다. 이를 토대로 김 교사에게 필요한 역량 3가지를 제시하시오. (무단결석을 한 A 학생에 대해 미리 지도했다면 좋았을 텐데 방관한 것 같아 마음에 걸림, 우울증 증세를 겪는 학생을 상담할 때 너무 스스로 문제를 해결하려고 한 것 같음, 학생들에게 감정을 직접적으로 드러내지 않으려고 언행을 조심했으나 학생들과 멀어진 기분임)
	구상형	사회배려계층 자녀에게 지급하는 보조금 신청을 하려 했으나 바쁜 상황이다. 따라서 동료 교사가 담임교사에게 반장에게 맡길 것을 조언하고, 담임교사는 반장에게 사회배려계층 지원 방법에 대해 알려주고 조사하라고 하였다. 이때의 문제점과 해결방안에 대하여 두 가지씩 답하시오.
	구상형	교사로서 신경 써야 하는 부분이 많다. 교과전문성, 동료와의 협력, 학부모 관계, 학생지도 이들 중 세 가지를 골라 구체적 계획을 서술하시오.
대구	구상형	1) 학교폭력 가해학생에게 적용 가능한 프로그램 4가지를 말하시오. 2) 생활기록부에 입력한 기록을 일정 기간이 지난 후에 삭제할 수 있다. 근거가 되는 법률의 이름을 말하고, 그 기간을 법률에 근거하여 답하라.
	구상형	(영희는 A 대학에 입학하지 못하면 미래는 행복하지 않을 것이라고 말하며 자퇴하고 싶다는 상황) 1) 영희에게 REBT 이론을 적용해서 무엇을 무엇으로 바꾸어야 하는가. 2) 영희의 말을 대화형식으로 논박하라. 3) 자퇴생이 많이 생겨나서 국가에서 추진하는 정책이 무엇인지 말하라.
전북	즉답형	학급 내 A 학생 외 4명으로 인하여 학급 생활을 하는 데 불편함을 느끼는 학생의 학부모로부터 항의 전화가 왔다. 이때 학부모에 대한 대응방안을 말하시오.
	즉답형	교실에서 한 학생이 쓰러졌다고 어떤 학생이 알려왔다. 이때 교사가 할 수 있는 학교 내 안전체계 방안을 말하시오.

MEMO

WHY TO HOW 교직적성 심층면접

2 PART

기출문제

1. 2020 평가원
2. 2020 경기도
3. 2020 서울시
4. 2020 강원도
5. 2020 세종
6. 2020 인천

1 CHAPTER | 2020 평가원

각 시·도 교육청에서 지역 현황이나 시책에 맞춰 출제하는 지엽적인 문제들과는 달리 한국교육과정평가원 출제 지역에서는 전반적인 교사상, 교육관 등 교육자로서의 올바른 가치관을 가지고 있는가에 대한 문제를 주로 출제하는 경향을 보인다. 'A 교사와 B 교사 중 자신과 비슷한 교사를 선택한 후 선택하지 않은 교사에 대해서는 어떻게 행동할지 말하시오'라는 문제를 통해 수험생의 교사상과 교육관을 측정하고, 상대 교사의 행동을 이해, 공감하거나 갈등을 해결할 수 있는가에 대한 역량도 지속적으로 평가하고 있다. 최근 3년 간 가장 많이 출제된 영역은 교사 자질, 교사론, 교사 역량, 전문성 신장 방안 등 교사로서의 기본 소양과 노력을 묻는 문항들이 압도적으로 많았으며 배움중심수업과 회복적 생활교육에 대해서도 꾸준히 출제되고 있다. 특이한 점은 '~능력을 키우기 위해 수험생 본인이 기울여온 노력에 대해 말하시오'라는 수험생의 평소 교사가 되기 위한 노력에 대해 묻는 문제가 최근 2년 연속으로 출제되었다는 것이다. 또한 기존의 즉답형 문항이 3가지 질문을 포함하였던 반면, 작년에는 2가지 질문을 포함한 새로운 유형이 출제되었다는 것도 눈여겨볼 점이며, 이러한 유형이 앞으로 지속적으로 출제될 가능성에 대해서도 고민해 보아야 할 것이다.

2020 교육부

❶ **교육 비전**: 국민이 체감하는 교육혁신, 미래를 주도하는 인재양성

❷ **주요업무추진계획**

국민 체감			미래 준비	추진전략
포용 (국가 책임교육)	혁신 (미래인재 양성)	공정 (교육 공정성 강화)	미래 (미래교육시스템 준비)	소통, 협업, 과학화, 규제혁신
• 유아-초등 안심 교육 • 소외계층 맞춤형 지원 • 교육비 부담 경감 • 안전한 학교 구현	• AI·첨단분야 인재 양성 • 맞춤형 교육을 위한 학교 혁신 • 고등교육 경쟁력 강화	• 서열화된 고교체제 개편 • 대입제도 공정성 강화 • 고졸 취업 활성화 • 사학 혁신 • 교육 형평성 제고	• 미래형 교육체제 기반 마련 • 평생직업체제 구축을 위한 일-학습-삶 연계 강화 • 인구구조 변화에 대응한 교육정책 방향 마련 • 교육 거버넌스 개편	• 국민체감형 현장소통 활성화 • 범부처 사회정책 협업 강화 • 데이터를 활용한 교육행정의 과학화 • 고등교육 규제 혁신

1) [포용] 교육에 대한 국가책임을 강화하겠습니다.

> "함께 잘사는 나라"를 위해 사회경제적 양극화로 인한 교육기회 및 결과의 불평등 해소 필요
> → 유아부터 청소년, 대학생까지 생애단계별 지원을 확대하고, 더욱 촘촘한 교육안전망 구축

유아-초등 안심교육	• 사립유치원K-에듀파인 전격도입 • 돌봄 서비스 내실화 • 학부모 안심학년제 • 등·하굣길 안전 • 기존 교실의 복합형 공간으로의 혁신

소외계층 맞춤형 지원	• 기초학력 지원 학생 • 특수학교 확충 및 장애학생 취업 지원 • 다문화학생 적응 지원 • 탈북학생 진로·직업교육 강화 • 학업중단 대응방안 수립 및 학력 취득 기회 확대
교육비 부담 경감	• 유치원비 안정화 • 교육급여 개편방안 수립 • 고교 무상교육 확대 • 학자금 대출금리 인하 및 장학금 확대 • 저소득층의 평생학습 기회 보장을 위한 평생교육바우처 지원 확대
안전한 학교 구현	• 학교안전 종합관리지원 방안 마련 • 미세먼지 관리 • 학교 내 유해요소(석면) 제거 • 학교폭력 예방교육 및 피해학생 보호 강화 • 학교장 자체해결제와 학교폭력대책심의위원회 안착 지원

2) [혁신] 혁신을 선도하는 미래인재를 양성하겠습니다.

> 급변하는 미래 사회에 대응하여 새로운 가치를 창출하고, 변화를 선도할 수 있는 미래인재 양성 필요
> → 학교 환경 조성 및 교육 방법 내용 혁신과 함께, 지역 발전을 선도하고 산업수요에 맞는 인재양성

AI·첨단분야 인재양성	• 초·중·고 AI교육 기반 조성 • AI·첨단분야 전문인재 집중 양성 • 스마트 학교환경 조성
맞춤형 교육을 위한 학교 혁신	• 미래교육 인프라 혁신 • 교육혁신 주체로서의 교원 역량 강화 • 고교학점제 추진 및 일반고 역량 강화 • 미래사회에 필요한 민주시민교육 강화
고등교육 경쟁력 강화	• 지자체-대학 협력기반 지역혁신 • 대학 연구역량 강화 및 고급인력 양성 • 미래 산업변화를 선도하는 인재 양성 • 교육·연구 성과의 확산 제고 • 글로벌 인적교류 촉진 및 교육한류 확산

3) [공정] 교육 공정성 강화로 신뢰를 회복하겠습니다.

> 교육 공정성 강화를 통한 교육에 대한 국민의 신뢰 회복은 교육개혁 성공을 위한 핵심 선결조건
> → '19년 마련한 교육 공정성 강화 정책을 현장에 안착시키고, 체감할 수 있는 변화 창출

서열화 된 고교체제 개편	• (자사고·외고·국제고)일반고로 일괄 전환을 위한 초·중등교육법 시행령 등 개정 • (과학고·영재학교)학생 선발방식 개선방안수립
대입제도 공정성 강화	• 수능위주전형 확대 권고 및 사회통합전형 법제화 • 전형자료 공정성 확보

고졸 취업 활성화	• 교육 경쟁력 제고 • 안전한 현장실습 • 원활한 취업 지원 • 사회안착 및 역량개발 지원
사학 혁신	• 교육신뢰회복추진단 운영 • 사립대 종합감사 및 감리 강화 • 사학비리 근절을 위한 행정 입법과제 우선 개정 • 공영형 사립대 운영모델 개발
교육 형평성 제고	• 교육복지 강화 • 교육형평성 지표 개발

4) [미래] 미래교육시스템을 선제적으로 준비하겠습니다.

> 학령인구 감소 등 인구구조의 변화, 4차 산업혁명 등 산업구조 변화에 적극적·선제적 대응 필요
> → 미래사회에 필요한 인재 양성을 위한 미래형 교육시스템으로 전환을 준비하여 우리 교육의 질적 도약 추진

↓

미래형 교육체제 기반 마련	• 교원전문성 강화를 위한 종합대책 수립 • 2022 개정 교육과정 마련 착수 • 미래형 수능 및 대입제도 마련 착수
평생직업교육체제 구축을 위한 일-학습-삶 연계 강화	• 평생교육시설 평가인증제 도입 • 평생학습계좌제를 기반한 평생학습 종합정보시스템 구축 • 온라인 석사과정 확대 및 역량 학위제 도입 검토
인구구조 변화에 대응한 교육정책 방향 마련	• 인구구조 변화에 대응하여 교육시스템 재구조화를 위한 교육정책 마련
교육 거버넌스 개편	• 일관성 있는 교육정책 수립을 위한 국가교육위원회 설치 지속 추진 • 시·도교육청, 단위학교로 단계적 이양을 통한 교육자치 실현

5) [추진전략] 소통, 협업, 과학화, 규제혁신

> 교육현장의 변화를 가시화하고, 국민이 체감할 수 있는 성과 창출을 위해 효과적 추진전략 필요
> → 국민과의 소통, 부처 간 협업, 교육행정의 과학화, 고등교육 규제 혁신을 통해 확실한 제도개혁 추진

↓

국민체감형 현장소통 활성화	• 찾아가는 교육정책 서비스 운영 • 학부모 모니터단 확대 • 국민참여제도 확산 • 주요 정책 수립 시 국민 참여 확대 방안을 계획에 포함하여 추진
범부처 사회정책 협업 강화	• 관계부처, 전문가 국회 간 논의체계 확립 • 포용국가 사회정책 지표 개발 및 대국민 인식조사
데이터를 활용한 교육행정의 과학화	• 빅데이터 및 AI 기술을 활용한 교육정책 수립 • 수요자 맞춤형 교육정책 수립 활성화
고등교육 규제 혁신	• 고등교육 규제 혁신방안 수립 및 대학이 체감할 수 있는 과감한 혁신 추진 • 현장의견에 기반한 고등교육 중장기 발전방향 및 재정 확충 방안 논의

평가원 교과

> **구상형1**
>
> 1. 다음 제시문은 A 교사가 수행평가에 대한 학생들의 의견을 종합한 내용이다. 다음을 읽고 A 교사가 당면한 문제점 3가지를 제시하고, 당신이 A 교사라면 이러한 문제점을 어떻게 해결할 것인지 각각 1가지씩 말하시오.
>
> 학생1: 수행평가를 수업 중에도 하긴 하지만 수행평가가 너무 많아서 힘들어요.
> 학생2: 이번 주 수행평가 과목이 4개나 돼서 너무 힘들어요.
> 학생3: 수행평가를 왜 해야 하는지 모르겠어요. 그냥 선택형 중심의 평가가 좋아요.

01 출제근거

[공정] 교육 공정성 강화로 신뢰를 회복하겠습니다
↓
대입제도 공정성 강화

과제	세부사업
전형자료 공정성 확보	• 교과 세부능력 및 특기사항 기재 필수화, 학생부 기재 금지사항 검증 강화

02 문제분석

❶ 수행평가의 특징

성장 과정에 대한 지속적인 평가	수행평가는 단편적 영역에 대해 일회적으로 평가하기보다는 학생 개개인의 변화와 발달 과정을 종합적으로 평가하기 위하여 지속적으로 이루어지는 것을 강조합니다.
과정과 결과를 함께 평가	수행평가는 교수·학습의 결과뿐만 아니라 과정도 중시하는 평가로, 학생의 성장과 발달을 중시합니다.
의사소통·협업 등의 능력 강화	수행평가는 모둠 활동 등을 통하여 의사소통과 협업 등의 능력을 강화시킬 수 있습니다
실제 상황과 유사한 맥락에서의 평가	수행평가는 실제 발생할 수 있는 문제 상황과 유사한 형태로 구성되어야 합니다.
능동적 학습 활동 유도	수행평가는 학생들이 문제의 정답을 선택하는 것이 아니라, 스스로 답을 구성하거나 행동으로 나타냄으로, 능동적인 학습 활동을 유도합니다.
정의적 특성 평가를 통한 전인교육의 추구	수행평가는 학생의 인지적인 영역뿐만 아니라 정의적인 영역에 대한 종합적이고 전인적인 평가를 중시합니다.

❷ 수행평가 실시에 대한 문제점 및 보완 대책

1) 학생, 학부모의 평가 과정·방법 등의 공정성에 대한 의의 제기 예방

   - 교과협의회를 통한 수행평가의 명료한 평가 기준 설정 및 이에 따른 공정한 평가 실시
   - 매 학기 초 수행평가 계획 수립·심의·결재 및 사전 공지
   - 평가 계획에 평가 요소 및 채점기준을 상세하게 명시하여 객관성·신뢰성 확보
   - 점수화가 가능한 영역의 점수만 반영: 태도 등의 평가항목 지양
   - 실연(實演) 또는 작품 평가 시 평가 현장의 여러 학생 앞에서 평가
   - 수행평가 결과 즉시 공개 및 이의신청 기회 부여
   - 수행평가 성적일람표 결재(학교장) 및 학생 졸업 후 1년 이상 보관

2) 수행평가 시행 횟수 과다 및 시기 집중 예방

   - 교과협의회 및 학업성적관리위원회를 통해 횟수 및 실시 시기의 적절한 안배로 학생의 부담 경감
   - 중간고사 및 기말고사 기간 직전에 집중되는 경우 지양

3) 가정 여건에 따른 과제 수행의 차이, 수행평가 과제 대행 아르바이트 성행 등 수행평가가 빈부 격차 및 사교육 수혜 여부에 따른 학력차를 조장한다는 민원 예방

   - 학생·학부모의 부담이 최소화되도록 과제물 위주의 평가를 금지하고 정규수업을 활용하여 평가 실시
   - 수업을 통해 학습되지 않은 내용에 대한 평가 지양, 교내 자료실의 확충 및 개방으로 빈부격차 및 사교육 수혜 여부에 따른 영향을 최소화

4) 전문교과 실기과목과 체육·예술(음악/미술) 교과에서 100% 수행평가로 교과학습발달상황평가 실시 가능

   - 교과학습발달상황의 평가는 지필평가와 수행평가로 구분하여 실시
   - 다만 고등학교의 실험·탐구·연구를 중심으로 하는 과목과 전문교과Ⅱ 및 체육·예술(계열) 교과(군)의 실기를 중심으로 하는 과목 등 특수한 경우는 시교육청의 학업성적관리지침에 의거하여 학교별 학교학업성적관리규정으로 정하여 수행평가만으로 실시할 수 있음

03 예시답안

구상형 1번 문제에 대한 답변 드리겠습니다.
세 학생의 반응에서 알 수 있는 수행평가에 있어서의 문제점과 해결책 3가지를 각각 말씀드리겠습니다.

① 우선 학생 1의 경우 수행평가의 잦은 실시에 대해 부담을 갖고 있습니다. 이를 해결하기 위해 교과 재구성이나 교과협의회를 통하여 수행평가의 횟수를 조정하고 핵심 성취수준에 맞는 수행평가만 실시하여 학생들의 부담을 줄일 수 있습니다.

② 학생 2의 경우 수행평가가 한주에 몰리는 것에 부담을 갖고 있습니다. 이를 해결하기 위해 학기 초 교과협의회를 통해 특정 시기에 여러 교과의 수행평가가 집중되지 않도록 교과간 협의를 해야 합니다. 또한 일회성 수행평가보다는 학생의 수업활동이 누적되고 교사의 피드백을 통한 수행의 결과들이 향상될 수 있는 과정 중심의 수행평가가 교과별, 시기별로 잘 계획된다면 특정 시기에 수행평가가 몰리는 경향을 줄일 수 있을 것입니다.

③ 학생 3의 경우 수행평가가 쓸모없다고 여기며 지식 위주의 평가를 선호하고 있습니다. 이러한 학생에게는 수행평가는 의사소통, 협업 능력을 강화해주며, 실제 상황과 유사한 맥락을 평가하며 전인교육을 추구하기에 학생의 성장과 발달을 돕는다는 수행평가의 목적과 취지를 학생들에게 설명해주는 것이 좋은 방안일 것입니다.

이상입니다.

> **구상형 2**
>
> 다음 제시문에서 현우의 문제에 대처하기 위해 A 교사에게 필요한 자질 2가지를 말하고, 이와 관련하여 당신이 A 교사라면 어떻게 대처할 것인지 2가지를 말하시오.
>
> 현우는 현재 잦은 지각과 결석으로 학교 생활에 불성실한 모습을 보이고 있다. 이에 담임 교사인 A 교사가 현우를 불러 "현우야, 이렇게 지각과 결석이 계속되면 유급당할 수 있어."라고 말했다. 하지만, 현우는 다음날에도 지각(결석)을 했다.

01 출제근거

[포용] 교육에 대한 국가 책임을 강화하겠습니다	
과제	세부사업
소외계층 맞춤형 지원	• 학업중단 대응방안 수립 및 학력 취득 기회 확대

02 문제분석

❶ 교사에게 필요한 인성적 자질(인간중심교육 이론적 측면)

1) 진실한 교사

   인간적인 교사는 순수하고 현실적이어야 하며 개방적이고 정직해야 한다.

2) 하나의 인간으로 존중하는 교사

   ① 대상을 존중한다는 것은 그를 현재 있는 그대로 받아들인다는 것이며 대상으로 하여금 현재가 아닌 다른 사람이어야 한다는 요구가 들어 있어서는 안 된다는 것이다.
   ② 이러한 존중에는 로저스가 말한 다른 사람에 대한 칭찬, 즉 다른 사람의 감정, 견해, 개성에 대한 칭찬과 다른 사람에 대한 호의가 포함되어 있다.
   ③ 이는 또한 다른 사람에 대한 관심, 즉 다른 사람에 대한 따뜻한 감정과 개인으로서의 본래의 모습을 인정하는 것이어야 한다.
   ④ 이는 다른 사람을 신뢰하는 것을 의미하며 또한 다른 사람을 하나의 가치 있는 사람으로 인식하는 것을 의미한다.

3) 공감적 이해를 갖는 교사

   ① 공감적 이해란 교사가 자신을 타인의 입장으로 바꾸어 놓고 거기서 진행되는 사실에 대해서 민감하게 지각하고 느끼게 되는 것을 말한다.
   ② 즉, 특정한 대상이 가진 태도와 개념, 신념과 가치를 그 타인에 의해서만 지각되는 방식으로 알아보려는 시도라고 할 수 있다.

③ 교사의 공감성은 타인의 감정에 대해서 어떤 판단을 내리지 않고 경청하게 하고 반응하게 한다.
④ 이러한 비판단적인 교사의 태도는 타인으로 하여금 자기 자신을 보다 긍정적으로 수용하게 한다.

❷ 학교 오기 싫어하는 학생 이렇게 도와주세요

1) 학교 오기 싫어하는 학생을 도와주는 방법

학생의 마음상태를 이해하고 공감하기	• 학생이 학교에 안 오는 것이 아니라 못 오는 경우일 수도 있으므로 학생의 행동에 대하여 질책하지 말고 이야기를 잘 들어주며 학생 이해하기 예 "○○이가 요즘 계속 학교를 못 오고 있으니 ○○이에게 무슨 일이 있는건 아닌지 선생님은 걱정이 되는구나.", "어떤 부분 때문에 학교 오는 것이 힘든지, 그리고 선생님이 어떻게 도와주면 좋을지 말해줄 수 있겠니?"
학생의 긍정적 행동과 변화에 대한 관심과 칭찬	• 학생들이 많은 곳에서 비난하거나 부정적 평가 등을 하는 것보다는 학생이 잘 하고 있는 행동에 먼저 관심 갖기 • 칭찬을 하기 위해서는 학생에게 관심을 갖고 꾸준히 관찰하며 좋은 점을 발견하도록 노력하기 • 학생의 작은 변화를 진심으로 칭찬하면 학생은 교사를 신뢰하고 스스로도 노력을 하게 됨 예 "어떻게 그런 변화가 일어날 수 있었니?", "○○이가 오늘은 제 시간에 왔구나. 정말 기특하다. 잘했어.", "그 변화가 다시 한번 일어나게 하려면 어떻게 해야 할까?"
긍정적 표현을 사용한 해결방안 제시	• '~하지마'보다는 '~을 멈추고, ~했으면 좋겠다'라는 긍정적인 표현을 사용하면서 해결 방안을 함께 제시 예 "선생님은 ○○이가 제 시간에 학교에 왔으면 좋겠어"
학생의 현재 상황 파악 및 목표 수준 탐색	• 일반적으로 학생들은 감정의 느낌의 정도를 주관적으로 표현하며 문제에 대해서도 애매모호하고 추상적으로 설명함 • 이에 문제 상황과 목표수준 및 본인의 노력에 대하여 구체적인 탐색을 통해 객관적으로 살펴보게 하기

2) 학생이 실제 어려움이 있어 등교를 못하는 경우

친구관계의 어려움	• 친구관계 문제는 학생의 성격과 대인관계 기술의 부족으로 만성적일 수 있으나 특정한 사건으로 인해 갈등 상황에 빠졌을 수도 있음
우울증으로 인한 어려움	• 우울증을 겪고 있는 학생은 무기력함으로 인해 학교 오기를 힘들어 할 수 있음 • 우울증으로 인해 등교를 못하는 학생의 경우 전문기관에 의뢰하여 도움을 받도록 함
인터넷, 스마트폰 과의존으로 인한 어려움	• 인터넷과 스마트폰에 빠진 학생들은 지나치게 몰입하여 취침시간이 늦어지고 아침에 일어나 등교하는 것이 어려워지기도 함 • 가정에서의 지도가 중요하므로 학부모 상담을 통해 가정과 학교가 함께 지도하는 것이 좋음
학교폭력으로 인한 어려움	• 학교폭력 피해를 당하고 있는 학생은 두려움으로 인해 원인을 숨기고 혼자 고민하며 학교 오기를 힘들어 할 수 있음

03 예시답안

구상형 2번에 대한 답변 드리겠습니다.
현우의 문제점에 대처하기 위해 교사에게 필요한 자질 2가지와 교사로서 노력해야 할 점을 각각 말씀드리겠습니다.

① 우선 공감적 이해를 갖는 인성적 자질을 갖춰야 합니다. 교사는 학생의 마음 상태를 이해하고 공감하며 학생의 감정에 대해 판단을 내리지 않고 경청하고 반응해야 합니다. 학생이 자주 지각하는 현상에만 집중하여 혼을 내고 비판하거나, 지각과 결석으로 인한 불이익만 강조하지 않고, 학생이 왜 늦을 수 밖에 없는지, 현재 갖고 있는 어려움은 무엇이 있는지를 알아보려는 열정이 필요합니다. 만약 학생이 실제적인 어려움이 있어 등교를 못하고 있는 것이라면 교사로서 적극적으로 그 문제 원인의 해결에 도움을 주어야 합니다.

② 또한 학생을 하나의 인간으로 존중하는 인성적 자질을 갖춰야 합니다. 교사는 따뜻한 감정을 가지고 상대방에 대한 신뢰를 보이며 그 학생이 얼마나 가치 있는 학생인지를 말해줘야 합니다. 인간 대 인간으로서 학생의 현재 상황을 잘 들어주고 학생의 긍정적 행동과 변화에 대한 관심과 칭찬을 통해 교사가 학생과 깊은 유대관계를 맺는다면 학생은 교사를 신뢰하고 스스로 노력을 할 수 있도록 변화할 수 있을 것입니다.

이상입니다.

> **구상형3**
>
> 다음 제시문을 읽고, 1) 학교 상황에서 ㉠과 ㉡에 해당하는 사례를 각각 1가지씩 제시하고, 2) ㉠, ㉡과 관련하여 자신이 추구하는 교육관을 설명하시오.
>
> "말을 물가에 데리고 갈 수는 있어도, 물을 억지로 먹일 수는 없다."
> ㉠ 스스로 물을 먹을 때까지 기다려야 한다.
> ㉡ 억지로라도 물을 마시도록 해야 한다.

01 출제근거

[혁신] 혁신을 선도하는 미래인재를 양성하겠습니다

↓

맞춤형 교육을 위한 학교 혁신

과제	세부사업
고교학점제 추진 및 일반고 역량 강화	• 학생 맞춤형 교육과정 다양화, 농어촌 교육여건 개선 등 일반고 역량을 강화하고 고교학점제 도입을 위한 기반 마련

02 문제분석

❶ 교육관

발달적 교육관	• 발달적 교육관에서는 모든 학습자에게 적절한 교수-학습방법만 제공한다면, 누구나 교육목표에 도달할 수 있다고 전제한다. 그래서 모든 사람에게 적절한 학습의 기회를 제공하여 가능한 모든 학습자가 의도한 바의 교육목표를 달성하도록 하는 데 교육정책과 교육활동의 중점을 둔다. • 발달적 교육관에서는 모든 학생이 가능한 한 의도한 바의 수업 목표를 달성할 수 있도록 적절한 학습방법을 제공하기 위한 진단에 초점을 둔다. 일정한 학습 후에 학습결과의 평가에 있어서도 주어진 수업목표를 어느 정도 달성하였는가를 판단하는 수업목표 달성도의 판단에 평가의 초점을 둔다.
인본주의적 교육관	• 인본주의적 교육관에서는 교육을 인성적 성장, 통합, 자율성을 꾀하고 자아 및 타인 그리고 학습에 대한 건전한 태도를 형성해 가는 자아실현의 과정이라고 본다. 그러므로 학습자의 자율적이고 적극적인 학습에의 참여를 촉구하는 방향으로 이루어 질 때 교육목표에 도달 할 수 있다. • '자아실현의 가능성 개발', 즉 인간의 본성과 욕구에 부합시켜 인간을 사랑하고 깊이 있게 느끼며 내면의 자아를 확장하고 창조함으로써 스스로 배우는 자아실현의 가능성을 개발하는 데 목표를 두고 있다.

❷ 주형과 성장에의 비유

구분	주형의 비유	성장의 비유
비유 내용	• 교육의 과정: 장인이 재료를 틀에 부어 물건을 만들어 내는 과정 • 교사: 장인 • 학생: 재료	• 교육의 과정: 식물의 성장 • 교사: 정원사 • 학생: 식물
강조점	• 교사의 역할 • 교육내용	• 학생의 잠재능력, 흥미 • 교육방법
대표적 형태	• 로크의 교육관 • 행동주의 교육관	• 루소의 교육관 • 진보주의 교육관

03 예시답안

구상형 3번에 대한 답변 드리겠습니다.
학교 상황에서 ㉠과 ㉡에 해당하는 사례와 관련한 저의 교육관을 말씀드리겠습니다.

① 학교에서 학습에 흥미가 없는 학생들의 경우 억지로 책상 앞에 앉혀놓는 것이 아니라 학생으로 하여금 자신의 꿈을 살피게 하고 흥미가 생겼을 때 큰 성장과 발달을 하는 경우가 많습니다. 이러한 경우가 ㉠의 말이 스스로 물을 먹을 때까지 기다리는 것과 같습니다. 이를 위해 교사는 학생들로 하여금 내적 동기를 유발시킬 수 있는 다양한 교수방법을 사용하고, 다양한 진로프로그램을 제공하여 학생들이 자신의 흥미와 적성에 따라 스스로 진로를 설정하도록 지도할 뿐만 아니라, 학생들이 자신의 동기와 희망에 따라 스스로 학습목표를 세우고 자기주도적으로 학습할 수 있도록 도와야 합니다.

② 그러나 경우에 따라서 학생으로 하여금 억지로라도 물을 마시게 해야 하는 경우도 있습니다. 학생이 성장배경으로 인한 학업 결손을 보이거나 일탈행동을 할 경우 교사는 적극적으로 이러한 상황을 개선해야 할 것입니다. 이는 ㉡의 억지로라도 물을 마시도록 해야 하는 경우에 속할 것입니다. 구체적인 사례로는 학습 의욕이 없는 기초학력 미달 학생을 교사가 주도적으로 개입하여 지도하거나 학교폭력 등 문제점을 보이는 학생에게 강한 생활지도를 하는 방법들이 이에 속합니다.

(㉠을 선택한 경우) 저의 교육관은 ㉠의 교육관에 가깝습니다. 교사는 정원사와 같다고 생각합니다. 아동이라는 식물을 잘 자라게 하는 것은 아동 자신이며 정원사인 교사는 단지 식물을 잘 자라날 수 있도록 환경을 조성하는 것이 역할입니다. 식물의 성장이 식물의 고유한 특성과 자연법칙에 따라 이루어지듯이 교육 역시 아동의 특성과 잠재능력을 발달단계에 따라 자연스럽게 발현해가도록 도와야 한다고 생각합니다.

(㉡을 선택한 경우) 저의 교육관은 ㉡의 교육관에 가깝습니다. 교사는 학생이라는 재료를 올바른 교육이라는 틀에 부어 훌륭한 물건을 만들어 내는 장인이라고 생각합니다. 즉, 모든 학습자에게 적절한 교수-학습방법만 제공한다면, 누구나 교육목표에 도달할 수 있기에 교사는 교육과정에서 주도적 역할을 하여 학생을 올바른 방향으로 성장, 발달할 수 있도록 적극적으로 인도해야 한다고 생각합니다.

이상입니다.

평가원 비교과

구상형1

다음을 읽고, 봉사활동 동아리를 운영하는 A교사가 당면한 문제 2가지와 이와 관련된 지도방안을 각각 1가지씩 말하시오.

학생들이 교외 봉사활동을 하고 있다. 하지만 학생들은 기관에 계신 분들을 배려하지 않고 장난치고 시끄럽게 떠들고 있다. 또한 몇몇 학생은 봉사활동에 매번 지각하고, 봉사활동 시간만 때우면 된다고 한다.

01 출제근거

[혁신] 혁신을 선도하는 미래인재를 양성하겠습니다
↓
맞춤형 교육을 위한 학교 혁신

과제	세부사업
미래사회에 필요한 민주시민교육 강화	• 19년 개발한 민주시민교육 공통기준(안)을 기반으로 교육과정 분석 및 민주시민 교육 현장 확산

02 문제분석

❶ 프로젝트 봉사활동

개념	• 프로젝트 봉사활동이란 학생이 스스로 봉사활동의 목표를 정하고 계획을 수립하여 과제를 수행, 기록, 보고하는 봉사활동이다.
도입 취지	• 봉사활동은 성적중심의 입시위주 교육을 탈피하여 인성교육의 효과를 가지는 중요한 활동이다. 교육부는 봉사활동을 통해 실천적 인성 교육을 실시하도록 정책을 추진하여 왔다. • 하지만 아직 현장에서는 형식적인 봉사활동이 이루어져 그 본래의 취지를 무색하게 하고 있다. • 이에 자기주도적인 봉사활동으로 바른 인성을 함양하는 프로젝트 봉사활동을 도입하게 되었다.
특징	• 기존 봉사활동보다는 좀 더 목표지향적이며, 교과수업이나 직업진로교육과 연계된 능동적, 자발적, 자기주도적 봉사활동이다. • 프로젝트 봉사활동에는 주제가 있고, 이야기가 있고, 목표가 있다. • 자신의 특기나 진로와 관련된 활동으로 구성하여 향후 진학과 진로에 연계할 수 있다.
필요성	• 프로젝트 봉사활동은 학생들이 개인 또는 팀 단위 과제를 해결하는 과정, 즉 프로젝트를 스스로 수행하는 능동적 활동을 통해 문제해결력을 키우고 바른 인성을 함양시킨다.

❷ 진행 절차

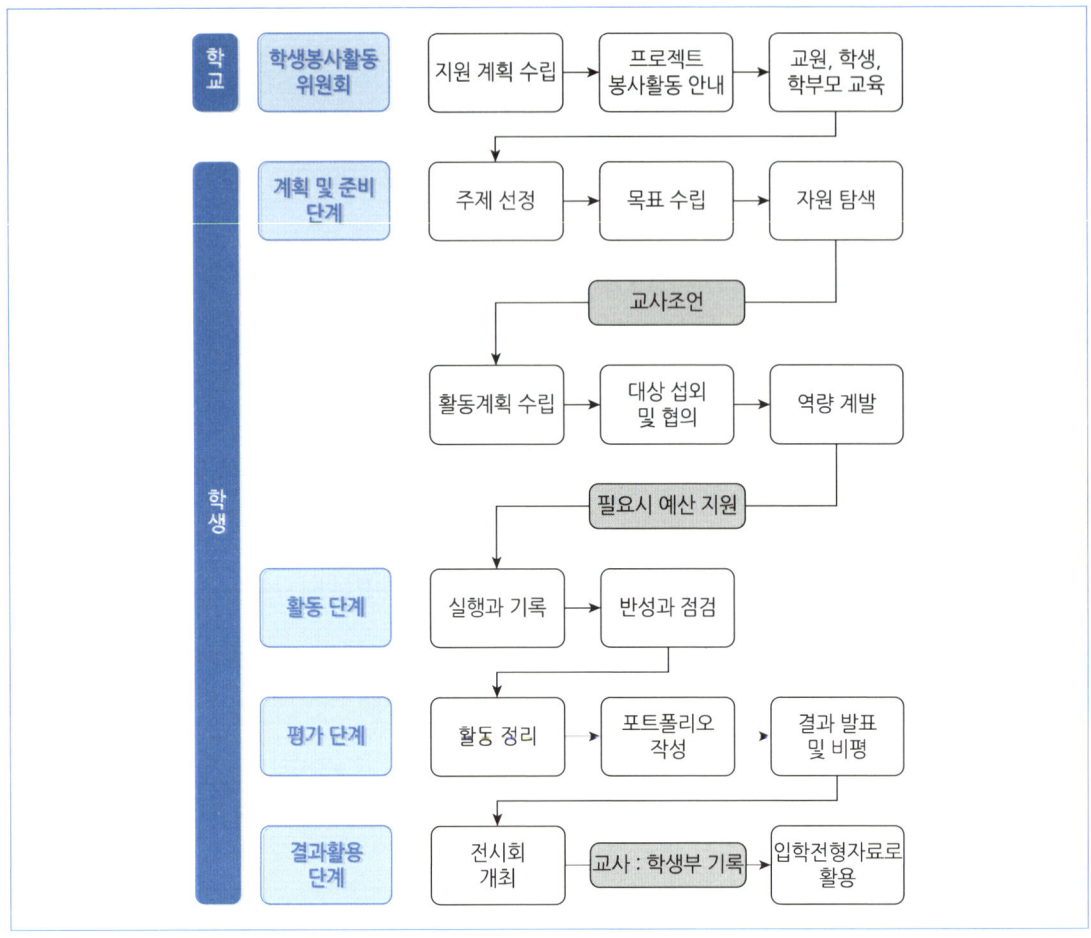

1) 계획 및 준비 단계

절차	활동
주제 선정	• 자신이 하고 싶고, 잘 할 수 있는 봉사활동이 무엇인지 찾는다. – 봉사활동 관련 홈페이지 등을 이용하면 다양한 분야를 찾아볼 수 있다. • 프로젝트 봉사활동의 주제를 선정한다. • 가급적이면 자신의 직업진로와 관련된 주제를 선정한다.
목표 수립	• 프로젝트를 통해 달성하고자 하는 목표가 무엇이고 원하는 최종 산출물이 무엇인지 결정한다.
자원 탐색	• 내가 사는 지역사회에 어떠한 문제가 있는지 생각해 본다. • 관련 봉사활동의 자료를 수집한다. • 팀 활동의 경우 팀원들과 자료를 공유하고, 수집된 자료를 분석하고 검증하여 정리한다.
활동계획 수립	• 활동 계획을 수립하고 활동 계획서를 작성한다. • 선생님께 계획서를 보여드리고 검토를 받는다. • 개인이 아닌 팀 단위로 활동을 할 경우에는 봉사단장을 선출하고 조직을 구성한다
대상 섭외 및 협의	• 봉사활동 장소 및 대상을 알아본다. • 관계기관과 장소 등을 미리 방문하고 무슨 도움을 필요로 하는지 협의한다.

역량 계발	• 봉사활동을 위한 사전 학습을 한다. • 필요시 전문가에게 교육을 받는다. – 전국 247개소에 설치된 지역 자원봉사센터에서는 봉사활동을 위한 전문적 교육기회를 제공하고 있다.

2) 활동 단계

절차	활동
실행과 기록	• 수립한 계획에 따라 봉사활동을 실행한다. • 봉사활동 상황을 일지에 기록한다. • 봉사활동 중 발생하는 문제점이나 어려움을 기록한다.
점검과 반성	• 봉사활동을 하면서 느낀 점(성과와 반성)을 차시별로 기록한다. • 봉사활동에 대하여 중간 발표회를 개최하고 활동 상황을 상호 점검한다. • 앞에서 느낀 봉사활동 수행상의 문제점을 어떻게 개선할 것인지를 구상한다.

3) 평가 단계

절차	활동
활동 정리	• 봉사활동 결과를 정리한다. • 프로젝트 봉사활동의 목표가 어느 정도 달성되었는지 기록한다. • 목표 달성의 수준을 분석한다. 목표달성이 미흡했다면 그 이유는 무엇인지 기록한다. 성공적이었다면 그 요인은 무엇인지 기록한다.
포트폴리오 작성	• 봉사활동 포트폴리오를 작성한다.
결과 발표 및 비평	• 봉사활동을 하면서 느낀 점(성과와 반성)을 차시별로 기록한다. • 봉사활동에 대하여 중간 발표회를 개최하고 활동 상황을 상호 점검한다. • 앞에서 느낀 봉사활동 수행상의 문제점을 어떻게 개선할 것인지를 구상한다.

4) 결과 활용 단계

절차	활동
전시회 개최	• 포트폴리오 전시회 개최
입학전형자료로 활용	• 포트폴리오 재정리 • 상급학교 입학전형에 전형자료로 제출

03 예시답안

구상형 1번에 대한 답변 드리겠습니다.

① 우선 A교사가 직면한 문제점 2가지를 말씀드리겠습니다. 첫 번째로는 학생들이 목표없이 봉사활동에 형식적으로만 참여하여 기관에 계신 분들을 배려하지 않고 장난만 치고 있고, 두 번째로는 시간이 지나도 매번 지각하는 등 개선점을 보이지 않는 것입니다.

② 이러한 문제점을 자기주도적으로 실시하는 프로젝트 봉사활동을 통해 해결할 수 있는 지도방안에 대해 말씀드리겠습니다. 우선 형식적인 봉사활동을 개선하기 위해 봉사활동을 계획함에 있어 자신이 하고 싶고 잘 할 수 있는 봉사활동을 탐색하고 프로젝트를 통해 달성하고자 하는 목표와 최종산출물을 학생들 스스로 정하게 하겠습니다. 활동계획서를 스스로 작성하고 봉사활동에 대한 사전교육을 통해 역량을 개발한다면 기관에 있는 분들을 배려하며 성실히 봉사활동에 임할 수 있을 것입니다. 두 번째로, 봉사활동에서 매번 지각하고 개선점이 보이지 않는 문제점을 해결하기 위해 봉사활동을 하며 느낀 점을 차시별로 기록하며 중간발표회를 통해 점검과 반성의 기회를 갖게 하겠습니다. 또한 봉사활동이 끝난 후 봉사활동에 있어서의 문제점을 어떻게 개선할지를 구상하도록 하여 점차 개선되는 봉사활동이 될 수 있도록 지도하겠습니다.

이상입니다.

> **구상형2**
>
> 다음의 A 교사와 B 교사 중 본인과 더 가깝다고 생각하는 교사와 그 이유를 말하고, 이러한 교사가 되기 위해 지금까지 본인이 해 온 노력을 3가지 말하시오.
>
> A 교사는 '비교과 교사는 수업보다는 다양한 활동을 통해 학생들의 생활지도를 하는 것이 중요하다.'고 생각한다. 반면, B 교사는 '비교과 업무도 중요하지만 나도 교사로서의 열정이 있다. 교사라면 모두 수업을 해야 한다.'고 생각한다.

01 출제근거

[혁신] 혁신을 선도하는 미래인재를 양성하겠습니다

↓

맞춤형 교육을 위한 학교 혁신

과제	세부사업
교육혁신 주체로서의 교원 역량 강화	• 수업 전문성 및 다교과 지도 역량 등을 제고하기 위해 교·사대 교육과정을 개편하고, 교육 실습 기관 및 운영형태 다양화

02 문제분석

❶ 교사의 역할

① 중등학교교사는 국·공·사립 중등학교에서 교육과정에 따라 학생들에게 교과목을 가르치고 생활을 지도하는 업무를 수행한다.
② 단순히 지식을 전달하는 사람이 아니라 인생에서 가장 중요한 시기인 청소년기를 보내는 학생에게 가치관을 확립해 주는 안내자의 역할을 한다.
③ 학교의 교육 계획과 수업 시수 등을 고려하여 자신이 전담하는 과목의 학습안을 설계하고, 교과서를 비롯해 시청각 자료 등 다양한 교재를 활용하여 수업을 진행한다.
④ 학생들의 다양한 고민을 상담하고 필요한 경우 학부모와도 상담을 하며, 진로지도를 비롯한 생활지도를 한다.

❷ 교원능력개발평가 평가영역·요소·지표

1) 보건교사

평가 영역	평가 요소	평가지표	평가지표 개요
학습 지도		※ 수업을 담당할 경우 일반교사의 평가지표와 동일(이 경우, 아래 학생지원 영역의 보건교육 요소는 중복되므로 제외)	

평가 영역	평가 요소	평가지표	평가지표 개요
생활 지도 (학생 지원)	학생건강 증진사업	학교보건 기본계획	학교보건 기본계획을 적절한 절차에 따라 수립, 실행 및 평가하는가에 대한 평가
		학생건강검사	학생들의 건강과 관련하여 계획한 대로 검사를 실시하고 그 결과를 적절하게 활용하는가에 대한 평가
		질병예방관리	질병에 대한 정보를 시기적절하게 제공함으로써 학생들의 질병예방을 위해 노력하는가를 평가
	보건의료 서비스	응급환자관리	응급환자 발생 시 대처 요령에 대한 업무지침을 적절하게 수립하고 그에 따라 응급환자 발생 시 대처하는가에 대해 평가
		일반 건강 및 의료상담	학생들에게 건강에 대한 상담을 제공하고 적절한 의료서비스를 제공하는가에 대한 평가
		요양호 학생관리	통상질환을 가지고 있거나 요보호가 필요한 학생들을 파악하고 그들에게 적절한 조취를 취하는가에 대한 평가
	보건교육	보건 교육 계획	보건교육내용과 특성에 맞는 수업계획과 설계를 하고 그에 따른 교과내용 연구를 하는가에 대한 평가
		보건 교육 운영	학교교육과정에 의거한 보건교육을 충실히 하는가에 대한 평가
		보건 교육 평가	보건교육내용에 대한 학생들의 이해 정도를 확인하고 그 결과를 파악할 수 있는 평가의 실시 여부 평가

2) 영양교사

평가 영역	평가 요소	평가지표	평가지표 개요
학습 지도			※ 수업을 담당할 경우 일반교사의 평가지표와 동일
생활 지도 (학생 지원)	영양교육	영양교육 및 식생활 지도	학생들의 고른 영양섭취를 위한 영양교육 및 식생활지도와 식습관 및 식생활 예절 등에 대한 지도를 지속적으로 실시하고 있는지에 대한 평가
		식생활 정보제공 및 상담	건강증진 및 질병예방을 위한 다양하고 유익한 식생활 정보를 제공하고 영양상태에 문제가 있는 학생들을 대상으로 적절한 상담을 실시하는가에 대한 평가
	위생 및 안전관련 지도	조리실 종사자 지도 및 감독	조리실 종사들에게 조리작업, 개인위생, 작업위생 및 안전관리에 대한 지도를 실시하는가에 대한 평가
		식재료 공급업체 지도 및 감독	정기적으로 식재료 공급업체에게 품질 및 위생 등과 관련된 기준을 공지하고, 이에 대한 지도를 철저하게 실시하는지에 대한 평가
		시설 및 기기 관리	급식 시설 및 기기가 항상 청결하게 유지되고, 조리실 및 식당의 화재 및 폭발 등의 사고를 예방하기 위해 정기적으로 안전점검을 실시하는가에 대한 평가
		검식 실시 및 위생 관리	최적의 상태에서 음식을 제공하기 위해 배식 전에 조리된 음식의 맛, 온도, 상태 등을 확인하는지에 대한 평가
	식단 작성	영양소 및 열량 분석	다양한 영양소를 포함하고 적절한 열량을 갖춘 식단을 계획하는지에 대한 평가
		맛과 다양성	단조롭지 않고 다양한 맛있는 제철 음식을 제공하려는 노력이 식단에 반영되었는지에 대한 평가
	식재료 선정 및 검수	식재료의 예산 편성·집행	합리적인 예산편성 및 집행을 통해 식재료를 구매하는가에 대한 평가
		식재료 검수기준 이행	식재료가 주어진 기준에 적합한지를 매일 확인하여 기록하고, 식재료에 대한 문제가 발생한 경우 적절한 조치를 취하는가에 대한 평가

3) 사서교사

평가 영역	평가 요소	평가지표	평가지표 개요
학습 지도		※ 수업을 담당할 경우 일반교사의 평가지표와 동일	
생활 지도 (학생 지원)	도서관 경영	도서관 이용의 활성화	학교도서관 이용의 활성화를 위해 창의적인 계획을 수립하고, 편리한 도서관 이용, 서비스의 질적 개선, 도서관 홍보를 위한 프로그램 개발을 위해 다양한 노력을 하였는가에 대한 평가
		경영계획 및 관리	효과적인 학교도서관 경영계획을 수립하고, 학교도서관 시설, 예산, 기기, 비품 등을 적절하게 관리 및 운영할 수 있는가에 대한 평가
		인적자원 관리	학교도서관 인적자원의 범위, 역할, 책임을 이해하고 학교도서관 경영을 위해 각종위원회와 세부조직(도서반, 학부모 도우미 등)을 구성 및 활용하고, 리더십을 바탕으로 교육공동체와 적극적으로 협력체계를 구축하는가에 대한 평가
	정보자료 관리	정보서비스 (도서대출 및 반납)	교사 및 학생에게 효과적으로 정보를 제공하며, 필요한 경우에 교수매체를 설계 및 제작하여 제공하는가에 대한 평가
		자료조직 및 장서관리 (장서점검)	다양한 접근점으로 정보자료에 접근할 수 있도록 분류체계와 목록규칙을 적용하여 정보자료를 조직하고 관리하는가에 대한 평가
		정보시스템 운영 및 활용	학교도서관 정보시스템을 효율적으로 관리, 운영하여 디지털 도서관 서비스 제공과, 교수-학습 과정 운영을 위하여 정보자료를 제공하고 있는가에 대한 평가
	교육 및 수업지원	도서관 이용자 교육	학교의 상황에 적합한 도서관 이용 프로그램을 계획하고, 체계적으로 도서관 이용 수업을 전개하는가에 대한 평가
		도서관 활용수업 및 협동수업	도서관 자료와 각 교과의 교육과정을 연계하여 교과수업을 지원하고 있는가에 대한 평가
		독서교육	학습자의 발달단계를 고려한 독서교육과 독서자료와 교과학습을 연계한 학습독서를 전개하며, 다양한 독서 관련 행사를 전개하고 있는가에 대한 평가
		정보활용교육	정보활용교육의 목적, 내용, 방법을 이해하고, 교수-학습 원리를 적용하여 수업을 설계하고 전개할 수 있는가에 대한 평가

4) 전문상담교사

평가 영역	평가 요소	평가지표	평가지표 개요
학습 지도		※ 수업을 담당할 경우 일반교사의 평가지표와 동일	
생활 지도 (학생 지원)	상담계획	연간 계획 및 홍보	상담실 활동에 대한 연간계획을 수립하여 성실히 이행하는가에 대한 평가
		실태 분석 및 활용	전체 학생 대상과 위험군에 속하는 학생들에 대한 심도있는 실태조사를 하며, 조사한 내용을 바탕으로 상담대상자를 파악하여 상담 계획을 수립하고, 필요한 검사의 실시 및 그 결과에 대해 분석하고 활용하는가에 대한 평가

상담수행	상담전략 수립	상담요구에 따라 개인상담, 집단상담 및 사이버상담 등 각 상담에 적합한 상담전략을 수립하여 상담하는가에 대한 평가
	개인상담	적절한 상담목표를 수립하고 상담 절차를 구조화하여 개인 상담 요구에 맞게 성실하게 상담을 수행하고 상담일지를 기록, 관리하는가에 대한 평가
	집단상담	학생들의 발달과정을 고려하고, 학생들의 요구를 반영하여 학교실정에 맞게 흥미있고 다양한 집단상담프로그램을 개발하여 성실하게 실시하는가에 대한 평가
	사이버상담	사이버 상담방을 효율적으로 구축 관리하고 사이버 상담을 홍보하며, 사이버 상담에 대한 응답을 즉각적으로 실시하는가에 대한 평가
추수관리	추수지도	개인상담, 집단상담, 사이버 상담 실시 후 상담에 대한 추수지도 계획을 수립하여 실시하며 필요할 때 즉시 개입하여 상담을 실시하는가에 대한 평가
	연계지도	외부 전문기관과의 다양한 연계 및 학교 내의 학생 의뢰교사나 타 부서와의 협력 관계가 유기적으로 이루어지고 있는가에 대한 평가

03 예시답안

구상형 2번에 대한 답변 드리겠습니다.

[A교사와 더 가까운 경우 (영양)]
① 저는 A교사와 더 가깝다고 생각합니다. 교실에서 학생에게 지식을 전달해주는 것도 교사의 역할이지만 학생이 올바로 성장, 발전할 수 있도록 제반 여건을 조성해주는 것도 교사의 역할이라고 생각합니다. 영양교사로서 고른 영양 섭취를 위한 영양교육과 식생활 예절등에 대한 지도를 하는 것은 물론이고, 조리시설과 위생 및 안전에 대한 지속적인 지도 감독, 그리고 맛과 다양성, 그리고 영양소와 열량을 분석한 식단을 작성하고 깨끗하고 건강한 먹거리를 위한 식재료 선정 및 검수를 통해 학생이 즐겁고 건강하게 학교생활을 영위하여 배우고 성장할 수 있도록 돕는 것도 교사로서 해야 할 매우 중요한 역할이라고 생각합니다.
② 이를 위해 저는 대학교 시절 동아리 장으로 활동하며 사람들을 아우르는 능력을 키웠고, 전공 수업과 스터디 모임을 통해 영양있는 식단을 구성하는 법을 익혔습니다. 또한 농산물 시장에서 아르바이트를 하며 좋은 채소와 육류를 구분하는 방법을 배우기 위해 노력했습니다. 이러한 노력을 바탕으로 저는 학생들을 후방에서 지원하는 영양교사가 되기 위해 최선을 다 할 것입니다.

[B교사와 더 가까운 경우 (영양)]
① 저는 B교사와 더 가깝다고 생각합니다. 중등학교교사는 국·공·사립 중등학교에서 교육과정에 따라 학생들에게 교과목을 가르치고 생활을 지도하는 업무를 수행합니다. 교사가 학생들과 가장 많은 시간을 보내는 것은 수업시간입니다. 수업을 통해 지식을 전달할 뿐 아니라 학생에게 가치관을 확립해 주기도 합니다. 비교수 과목이기에 학교에서 정규수업이 개설되지 않을 수도 있지만, 창체 수업이나 방과후 학교 수업을 통해서 학생들을 직접 가르치고 그들과 함께 교실에서 수업을 통해 함께 숨쉬며 올바른 영양 지식과 가치관을 심어주고 싶습니다.
② 이를 위해 저는 대학시절 전공과 관련된 서적을 읽으며 영양 교과 지식을 넓혔고 같은 과 친구들과 멘토링 활동을 통해 가르치는 기술을 높였습니다. 무엇보다도 동아리 활동 및 독서를 통해 학생들에게 좋은 영향을 줄 수 있는 가치관과 성격을 기르기 위해 노력했습니다. 이러한 노력을 바탕으로 저는 학생들에게 수업을 통해 지식을 전달해주고 좋은 가치관을 심어주는 교사가 되기 위해 최선을 다 할 것입니다.

이상입니다.

> **즉답형1**
>
> 다음 제시문을 읽고, 즉답형 2문항에 대하여 답하시오.
>
> A 부장교사: 업무처리를 함에 있어서 직접 만나서 얼굴을 맞대고 회의하는 것을 선호하며, 공동으로 일하는 것을 추구한다.
> B 부장교사: 온라인 메신저로 소통하는 것을 선호하며, 개별적으로 업무를 처리하는 것을 추구한다.
>
> 1) A 부장교사와 B 부장교사 중 함께 일하고 싶은 부장교사는 누구인가? 그 이유는 무엇인가?
> 2) 자신이 선호하지 않는 부장교사와 일을 하다가 업무상 갈등이 생겼다면 어떻게 대처할 것인가? 그 이유는 무엇인가?

01 출제근거

※ 교육부 주요업무추진계획 상 해당 근거 없음

02 문제분석

❶ 분업과 협업

	분업	협업
장점	• 빠른 일처리가 가능하다 • 자신의 전문분야 일을 계속해서 하기에 숙련도가 증가한다	• 혼자서는 하기 어려운 일을 해낼 수 있다 • 집단 지성을 통해 창의적인 아이디어를 만들어낼 수 있다 • 팀워크를 통해 즐겁게 일을 할 수 있다
단점	• 자신의 일만 하다보면 더 넓은 범위의 일 전체를 보는 시야가 줄어들 수 있다 • 다른 분야의 업무는 처리하지 못한다 • 협동심이 감소한다	• 일처리에 있어 분업보다 시간이 오래 걸린다 • 구성원들의 의견이 다를 때 갈등이 발생할 수 있다

❷ 학교에서의 의사소통 변화

① 학교조직에서 주로 활용되는 의사소통 매체의 종류는 정보통신의 발달로 크게 변화하고 있다.
② 기존의 대면 의사소통, 회람, 게시판 등의 오프라인 매체의 활용도는 낮아지고 있는 반면 업무포털, 나이스, 업무관리시스템, 에듀파인, 자료집계 등 인스턴트 메신저, 인터넷, 전화, 전자메일 등 온라인 매체의 활용은 활발해지고 있는 추세이다.

❸ 메신저 소통의 장·단점

장점	• 수시로 시간과 공간에 상관없이 의견을 나눌 수 있다. • 상대방이 자리에 없더라도 돌아올때까지 기다리거나 헛걸음 할 필요 없이 신속하게 업무를 처리할 수 있다. • 대화 내용이 기록에 남기 때문에 사소한 아이디어조차 놓치지 않을 수 있고, 시간이 지나서도 찾아볼 수 있다. • 문서, 파일, 영상 등 멀티미디어 정보 공유가 가능하다 • 대면, 통화에 비해 부담이 적고 편해 자유롭게 의견을 나눌 수 있다.
단점	• 커뮤니케이션 이론인 '메라비언의 법칙'에 따르면 의사소통에서 언어적인 말이 차지하는 비중은 7%정도밖에 되지 않고 그 외 표정, 손짓, 목소리, 억양, 크기 등 비언어적인 소통이 90% 이상이다. 메신저를 통한 소통은 언어적인 내용의 전달에는 유리하지만 비언어적인 내용을 전달할 수 없는 단점이 있다. 특히 정확한 감정의 전달이 이루어지기 어렵다. • 업무 내용이 명확하게 문서로 전달되고 처리 이력이 기록되는 이메일, 메신저는 효과적인 업무 도구이지만 대면 접촉이 주는 소통과 공감을 대체할 수 없다.

❹ 대면 의사소통의 장·단점

장점	• 직접적인 말을 수단으로 하여 정보의 전달이나 메시지를 전달함으로서 대면성이 갖는 즉시성, 신속성, 융통성을 갖는다. • 표정, 목소리, 억양, 손짓 등을 활용하여 소통력과 공감력을 향상시킨다.
단점	• 상대방이 부재시, 의사소통이 어렵고 대화자들 간 같은 시간, 같은 공간에 있어야 하는 제약이 있다. • 의사소통의 오해와 착각을 일으킬 수 있다.

❺ 학교에서 갈등을 해소하는 듣고 말하는 방법

① 교육현장의 교사 및 교직원들이 효과적인 의사소통 방식을 익히는 것은 매우 중요하다.

② 이런 점에서 교사 양성 교육이나 각종 교사 연수를 활용해 교사들이 '나 전달법(I-messsage)'이나 '비폭력 대화(non-violent communication)' 등 효과적인 의사소통 방식을 익히는 것은 갈등 대응에 큰 도움이 된다.

③ 갈등 상황의 의사소통에서 가장 중요한 것은 경청이다. 자신의 억울함과 속상함을 듣는 이가 이해하고 공감한다고 느낄 때 갈등 당사자의 부정적 감정은 가라앉기 때문이다.

④ 또한 나 자신의 갈등을 묘사할 때, 상대를 자극하지 않고 자신의 상황을 차분하게 전할 수 있다면 갈등을 증폭시키지 않고 해결 국면으로 유도하는 데 훨씬 유리하다.

03 예시답안

즉답형 1번에 대한 답변 드리겠습니다.

[A교사를 선택한 경우]
① 저는 면대면 의사소통과 협업을 선호하는 A부장교사와 함께 일하고 싶습니다. 면대면 의사소통은 직접적인 말을 수단으로 하여 정보의 전달이나 메시지를 전달함으로서 대면성이 갖는 즉시성, 신속성, 융통성을 갖고 표정, 목소리, 억양, 손짓 등을 활용하여 서로 소통하고 공감하며 일할 수 있을 것 같습니다. 뿐만 아니라 협업을 통해 집단지성을 발휘하여 창의적인 아이디어를 만들어낼 수 있고 팀워크를 통해 즐겁게 일을 할 수 있기에 저는 A부장교사와 함께 일하고 싶습니다.
② 만약 제가 업무상 B부장교사와 갈등이 생긴다면 B부장교사의 의사소통 방식을 활용하여 소통하겠습니다. 온라인 메신저, 즉 글이라는 매개체의 특성을 활용하여 신중하고 잘 선택된 조심스러운 어휘를 사용하여 메시지로 저의 마음을 표현하겠습니다. 이후 B부장님께서 생각을 정리하실 시간을 가진 후 상대방의 의견을 잘 경청하고 나 전달법과 비폭력 대화를 사용하여 갈등상황을 해결하도록 하겠습니다.

[B교사를 선택한 경우]
① 저는 메신저를 통한 의사소통과 분업을 선호하는 B부장교사와 함께 일하고 싶습니다. 메신저를 통한 의사소통은 수시로 시간과 공간에 상관없이 의견을 나눌 수 있고 상대방이 자리에 없더라도 돌아올 때까지 기다리거나 헛걸음 할 필요 없이 신속하게 업무를 처리할 수 있습니다. 메신저를 이용한다면 면대면 의사소통보다 자유롭게 자신의 의견을 펼칠 수 있을 뿐만 아니라 대화 내용이 기록에 남기 때문에 사소한 아이디어조차 놓치지 않을 수 있고, 시간이 지나서도 찾아볼 수 있는 장점을 가지고 있습니다. 또한 분업을 통해 빠른 일처리가 가능하고 자신의 전문 분야 일을 계속해서 하기에 숙련도가 증가하는 장점을 가지고 있기 때문에 B부장교사와 함께 일하고 싶습니다.
② 만약 업무상 A부장교사와 갈등이 생긴다면 A부장교사의 면대면 의사소통 방식을 활용하여 소통하겠습니다. 직접 찾아뵈어 서로 얼굴을 맞대고 진심어린 표정과 말투, 목소리로 진정성 있는 대화를 하겠습니다. 이때 상대방의 말을 경청하고 나 전달법과 비폭력 대화를 사용하여 상대방을 공감하고 이해하는 인상을 드리고 저의 생각을 차분하게 전달하여 갈등상황을 해결할 수 있도록 하겠습니다.

이상입니다.

TIP 임용 합격생들이 들려주는 면접TIP

- 합격생1(2019 대전 교과): 사실 수업실연 때 늦은 번호를 뽑아서 늦게 끝나는 바람에 면접 문제는 제대로 보지 못하였고 학교 가서야 한 시간 정도 보았는데, 평소에 수석교사이신 큰외삼촌께서 항상 자신의 성격과 교직관을 뚜렷하게 갖고 있으라고 말하셨습니다. 그리고 수업상황에서 문제가 생길 경우, 어떻게 대처할 것인지를 항상 생각하라고 하셨습니다. 그래서 TV를 보든, 길을 지나가든, 카페에서 공부를 하거나 뭐.. 기타 등등 안좋은 사건이 일어나면 학생에게 일어난 일이라고 생각하여 내가 교사이고 우리반 학생이 저렇게 한다면 나는 어떻게 대처할 것인가를 생각했습니다. 면접 1번 문제는 상황에서 어떻게 대처하는지, 문제를 파악하고 있는지를 묻는 것 같았고, 2번 문제는 통일을 빙자한 교육관을 묻는 문제라고 생각합니다. 그리고 3번은 인간 교사로서 로봇보다 나은 점, 즉, 자신이 지식 전달만이 아닌 어떤.. 인간적인 교육을 할 수 있는지, 그를 통해 어떤 학생을 만들어 내고 싶어하는지 묻는 것 같았습니다. 그리고 즉답형은 극단적인 예였지만, 충분히 교직 현장에서 있을 수 있는 사람으로 2가지 예를 들어 자신의 성향을 보고 또한 고칠 점을 알고 있는지, 그리고 어떤 교사와 협력을 할 것 인지를 묻는 것인데, 구상을 하면서 느낀 점은 교직관을 딱 세워놓아야 한다. 그로 인해 파생되는 생각을 매일 해야 하고, 올바른 교육관을 가지기 위해 열심히.. 교육학을 배워야한다. 저는 항상 교수님이 말씀해 주시는

그녀와 나의 참인격적인 만남을 제 교직관으로 하고 있기 때문에, 뭐든 근거 있고, 인간적으로 다가갈 수 있다는 장점을 살려 말이 되게끔 면접을 마무리했습니다. 제가 합격을 할지 안할지는 모르겠지만, 아무것도 지식이 없던 저에게 교수님께서 하신 말씀을 (걸러 듣기는 했지만) 통해 저는 제 교육 철학을 세우고 교직관을 만들 수 있었습니다. 만약에 합격 못하면... 아마 수업실연 때문이오... 그리고 뭔가 질문에 막힘없이 답을 할 수 있었던 건, 그냥 제가 학생을 좋아하고 빨리 만나러 가고 싶어서 대답을 잘했던 듯! ㅋㅋㅋㅋㅋㅋㅋㅋㅋㅋ

- 합격생2(2019 부산 교과): 이번 면접은 교직관과 교사의 역할 등을 접목하여 설명해야 하는 문제가 많았습니다(2, 3, 4?). 그렇기 때문에 왜 교사가 되고 싶은지 어떤 교사가 될 것인지 등 여러 측면에서 생각해보고 여러가지 교직관 틀을 만들어두는 것도 좋을 거 같았어요.

- 합격생3(2019 부산 교과): 지역에 따라 다르겠지만 구상실 들어갈 때 볼펜을 색깔별로 2개 이상 가지고 가서 구상지를 작성했습니다. 예를 들면 기본으로 파란색으로 답을 적고 중요 단어만 빨간색으로 표시해놓으면 면접실에서 답을 할 때 구상지를 보는 횟수를 줄일 수 있습니다.

- 합격생4(2019 부산 교과):
  ① 구상실
    초안지 없어요. 문제지에 여백 거의 없어요. 깨알 글씨로 키워드만 적어야 되요. 형광펜 빨간펜 다 쓸 수 있어요. 타이머는 숫자 엄청 크고 10분에서 내려와요. 타이머 시작할 때와 끝날 때 삐- 소리 나요.
  ② 면접실
    관리번호는 타이머 누르시는 샘이 말씀해주세요. 타이머가 왼쪽에 있어서 고개를 돌려야 보여요. 저는 타이머를 정면에 두고 연습해서 불편했어요. 저 2차 처음인데 (2분이내) 이거 보고 놀랐어요. 원래 2분으로 연습하긴 했지만 문제지에 2분 이내 적혀있으니까 2분 넘으면 감점인가 싶어서요. 한 문항 당 2분 이내로 연습하시고 즉답형은 충분히 생각하세요. 4분이내 거든요. 즉답형은 2분 생각. 2분 답변 하면 되는 듯 해요. 저 평소 연습 때는 답변 천천히 했는데 면접 때는 빨라져서 시간이 1분 넘게 남았어요. 그래서 마지막 즉답 3) 수업 협력에 대한 다짐을 주저리 주저리 얘기했어요. 평소에 천천히 연습하시길 추천해요.
  ③ TIP : 교직관, 인간관, 교사역할, 교사역량, 교사의무, 교사책임 이런 거 잘 외우는게 좋겠어요.

- 합격생5(2019 전북 교과): 자신감 있는 목소리로 하는게 중요한 거 같아요. 표정은 웃으면서 자신감 있게! 평가원 기출 유형은 다 비슷하니 평가원 기출을 정리해서 시험장에 3장으로 들고 들어가는게 좋았어요!

- 합격생6(2019 전북 교과): 자체 출제 문제가 없는 평가원 지역인 전북으로 지원했습니다. 시계는 카운트다운 식이었고, 평가원 문항은 교수님께서 강의 때에도 말씀하셨듯이 대체적으로 상식으로 답할 수 있는 문항들이 출제되었기 때문에 시간이 부족하다고 느끼지는 않았습니다. 올해 문항들을 보면 대체로 교직관을 묻는 교직적성 검사 같은 느낌이었습니다. 하지만 2차 대비 할 때 핵심 주제들에 대해서 각각 고민하고 모범답안(?) 혹은 우선순위를 생각해 두었던 것이 짧은 구상시간에 답변을 구조화하는데 많은 도움이 되었던 것 같습니다. 모쪼록 제가 복기한 내용이 다음 시험을 준비하는 예비교사 분들과 그분들을 조력해주시는 교수님께 도움이 되기를 바랍니다. 감사합니다.

- 합격생7(2019 충남 교과): 경범쌤! 저 사회과 ○○○이에요! :) 복기 꼭 해오기로 약속 하고 시뮬레이션 때 칠판에도 적고 나갔던게 아픈 거거서 하루 쉬자마자 바로 약속 지켰습니당 ㅎ_ㅎ 제가 기억나는 한 최대한 적으려고 했어요! 도움이 되셨으면 좋겠네용! 합격하면 꼭 찾아뵈러 갈게요! ^_^

- 합격생8(2019 제주 비교과): 문제들을 보았을 때 모두가 저의 교직관이 나타나는 문제들이었다고 생각했습니다. 1번부터 4번까지 어느 정도의 통일성을 가지고 교사로서 추구하는 방향, 구체적인 노력, 경험 등을 물어본다고 느꼈습니다. 교직관과 관련하여 평소 자신의 경험, 생각, 교육 철학적 관점을 정리해 놓아야 짧은 시간에 문제를 답할 준비를 할 수 있을 것 같습니다. 저의 답변 방향: 1번에서는 유지경성- 학생이 진로 탐색을 통해 자기만의 뜻을 세워야 일반적인 교육과정 속에서도 유의미한 학습이 될 것, 2번: 공감, 개방적 질문을 평소 자녀양육에서 습관화 함, 하브루타, 칼비테 관련 서적 읽어옴. 전문적 학습공동체를 통해 교수학습, 생활지도, 보건교사로서 갖추어야 할 전문성 함양하도록 노력할 것, 3번 문항에서

헤르바르트를 떠올렸고, 인공지능을 도덕적으로 운영할 수 있는 교육의 방향성, 배우는 방법을 배우는 공간, 공동체를 경험하는 공간으로서의 학교가 되어야 하며 그러한 역할로서 인간 교사가 해야 함. 그래야 진정한 인성을 갖춘 창의 융합형 인재가 양성될 것 이런 식으로 답했습니다.. 무엇보다 면접 보고나서 든 생각은 "이경범 교수님 감사합니다"였습니다. 1차 교육학 공부를 열심히 할 수록 2차도 유리하다는 생각을 했고 또 2차에 나올 주제들을 1차 때도 다뤄주셔서 너무 감사했습니다.

- 합격생9(2019 충남 비교과): 충남의 경우 구상형 3번까지 끝나더라도 면접관들이 따로 즉답형에 대한 이야기를 하지 않으셨습니다. 그래서 즉답형 읽고 답하겠다고 이야기 한 후 즉답형 문항 확인 후 답변을 했습니다. 대기실에서는 종이 서적은 허용이 되어 구상실에 들어가기 전까지는 자유롭게 공부할 수 있었습니다. 수험표나 공문에는 간식이 허용된다고 했으나 실제 대기실에서는 음료 외에는 허용되지 않는다고 하여 늦게 면접을 본 수험생들은 배가 고파서 힘들어 했습니다. 아침을 든든하게 챙겨 먹고 오는 것이 좋을 것 같습니다. 경험과 관련한 문항들이 많아서 자신의 경험을 교직관과 연결해서 생각해 보는 시간이 필요할 것 같습니다. 그동안 열심히 면접 준비를 한다고 했는데 면접 문항들이 어렵게 느껴졌습니다. 문항별로 답변은 다 했고, 시간도 지켰지만 준비 했던 내용의 반도 제대로 이야기 하지 못한 것 같아서 아쉬움이 많이 남습니다.

- 합격생10(2019 충북 비교과): 교수님 1월이라 바쁘신데 시뮬레이션 반까지 진행해 주시고 정말 감사드립니다. 그때 경험이 실전에 정말 도움이 되었어요!! 자신감 엄청 부족한 상태로 갔는데 용기 주셔서 감사드려요ㅠ 2차 준비 하면서 여러 스터디도하고 그러다 보니 이런저런 자료를 참고했는데, 시험을 보고나니 교수님 자료하나만 제대로 하고 갔으면 좋겠다는 생각이 듭니다. 아무튼 조금 핀트나간 것 빼고 나름 안정적으로 한 것 같아요! 미리 교수님 앞에서 해본 게 진짜 중요했던 것 같아요. 교수님, 2차 준비하면서 처음 뵙게 된 게 참 아쉬워요. 1월부터 교육학 커리 쭉 따라갔는데 미리 교수님 수업을 알아보는 정보력이 없던 제 눈을 탓해야죠. 흑흑 아무튼 교수님 수업 늦게라도 듣게 되어 감사합니다.

- 합격생11(2020 충북 교과) 경범쌤~~ 인강 수강생 김○○이라고 합니다. 선생님 덕분에 2년 내내 교육학 즐겁게 공부할 수 있었어요! 선생님 보는건 좋지만.........이제 그만 보고싶어요...ㅠㅠ 올해는 합격해서 내년에는 쌤과 만나지 않았으면 하는 간절한 마음입니다 ㅋㅋ 스터디원들과 함께 짜낸 평가원지역 면접문제 복기입니다. 운 좋게 스터디원 중 한분이 상담 과목이라 교과, 비교과 모두 복기할 수 있었어요! 책 만드는데 도움이 되셨으면 좋겠습니다! 새해 복 많이 받으세요♡

- 합격생12(2020 충북 비교과) 저는 정말 2년 가까이 이경범 교수님과 1,2차 준비를 했었습니다. 불안한 마음에 다른 수험생들이 많이 본다는 책을 샀지만 같은 기출문제의 해설을 보고 너무 실망하여 바로 처분하고 교수님 강의와 책에만 집중 했었습니다. 다른 책으로 공부하는 수험생들과 스터디를 해보니 답변의 수준 차이가 확연히 나더라구요. 그들은 모 수험서에 넘버링 되어있는 것을 달달 외워서 대답하니 모두 답변이 동일하고 답변의 근거를 모르니 새로운 문제에 적용하는 것을 어려워하였습니다. 저는 철저하게 교수님을 따랐습니다. 심층면접 교재 답은 안보고 혼자 답안 생각해보고 근거와 관련된 자료 읽고, 교육부 자료를 열심히 찾아 답안의 소스를 만들어 갔습니다. 1차 시험도 그랬지만 저는 절대 외우려고 하지 않았습니다. 내면화 시키려고 계속 읽고 생각했습니다. 그리고 2년 간 교수님의 강의를 들으면서 제가 왜 교사를 하려는지, 나는 어떤 교사가 될 것인지 수없이 제 자신에게 물어보고 생각한 덕분에 교육관과 관련된 질문은 아주 수월하게 생각할 수 있었습니다. 교수님이 강조하신 부분이나 스터디원과 연습했던 부분에서 예상했던 문제도 나왔지만 그렇지 않은 문제에서는 적잖게 당황하고 정신줄을 잠깐 놓을 뻔도 했지만 '이건 상식이다. 조금만 생각하면 된다'고 끝까지 교수님 믿고 답변까지 모두 잘 끝냈습니다.

- 합격생13(2020 충남 교과) 저는 관리번호 2번을 뽑았기 때문에 10시도 되기 전에 나왔어요. 앞 번호라서 빨리 끝나고 수업실연을 준비할 수 있다는 점에서 좋았는데, 한편으로는 너무 앞 번호라서 더 긴장됐던 거 같아요. 그래도 지금 생각하면 빨리 끝내서 더 좋았던 것 같아요. 빨리 끝내고 나왔는데도 너무 피곤해서 숙소에 돌아와서 한숨 잤거든요. 구상실에서는 내려가는 스톱워치였어요. 내려가는 것과 올라가는 것 다 연습했는데, 내려가는 것이 확실히 어렵긴 했어요. 저는 문제 중에서 가장 어렵다고 생각했던 것이 2번에서 자질을 말하는 것인데, 경범쌤 책에 있는 교사의 자질을 외워도 문제랑 연결을 잘 못 하겠더라구요...자질의 문제가 항상 나오는 걸 알고 있으면서도.. 이 부분을 꼭 외워서 문제랑 연습하는 것이 필요할 것 같아요. 그래도 이전에는 항상 시험장만 들어가면 아는 지식이 없어서 3분 씩 남고 그랬는데, 경범쌤을 만나서 그래도, 옛날보다는 지식이 조금은 늘었나봐요. 10분을 다 채우고 나왔어요. 제 이야기를 잘 들어줬길 바라면서 합격을 기도합니다!

- 합격생14(2020 전남 교과) 실제 구상지에서 구상형 문제들 사이에 여백이 매우 좁습니다. 글씨체가 보통인 제게 구상지는 답을 기재할 여백이 매우 부족하다고 느껴졌습니다. 시뮬레이션할 때도 이를 반영하여 미리미리 연습하면 좋을 듯합니다. 구상지에는 구상형 3개와 즉답형 제시문이 들어가 있습니다. 즉답형 제시문을 읽고 저는 대강 어떤 문제가 나올 지 예상하여 실제로 답변할 때 문제를 보고 30초도 안 지나서 답변을 하였습니다. 결국 시간이 너무 남아버렸고 꼼꼼하게 즉답형 답변을 하지 못한 것 같아서 후회가 되었습니다. 미리 예상이 되더라도 시간 여유가 충분하다면 제시문을 한번 더 꼼꼼히 읽고 답변드리는 게 좋을 것 같습니다. 너무 30초안에 답변드려야한다는 강박은 버리고, 제대로된 답변 그리고 후회없는 답변을 드릴 수 있도록 충분히 생각할 시간을 가지는 게 좋다고 생각합니다. 제시문과 문제를 읽고 생각하는데 1분정도가 괜찮다고 생각합니다. 저는 모든 답변을 다하고 포부까지 말했는데도 3분 이상이 남았습니다. 이번 문제가 매우 평이했기에 답변시간은 각자의 역량에 따라 달랐다고 생각합니다. 최대한 꽉 채워 답변드리는 게 좋습니다. 전남은 면접관이 5명, 수업실연 심사관들도 5명이셨으며 모든 분들이 열정적으로 경청하시며 저를 지켜보셨습니다. 딴짓하시는 분들 한분도 안 계셨습니다. 모든 면접관들과 눈을 마주쳐도 떨지않고 침착하게 자신이 하고픈 말을 하는 연습이 필요합니다. 저는 연습때마다 면접태도에 대해 모든 선생님들께 칭찬을 들었을만큼 태도가 좋았고, 실제 시험장에서 시간도 여유가 있었음에도 불구하고 모든 심사관분들께서 상당히 적극적으로 경청하셔서 엄청 당황스러웠고 입가가 떨렸습니다. 전남 보시는 분들은 적극적인 자세로 면접관분들과 눈을 마주치며 연습하는 것이 필수라고 생각합니다. 저는 면접 전과 후 인사드릴 때 그리고 마지막으로 포부를 말할 때 웃으면서 하고, 답변드릴 때는 진중한 태도로 임했습니다. 구상형은 1-1,1-2 형태로 나오지 않으며 즉답형은 무조건 4-1,4-2 이런 형태로 나오는 게 현재 평가원 추세입니다. 만약에 대비하여 4-3까지 출제된다 생각하고, 즉답형 답변 들어갈 때 3분정도는 남기고 들어가는 연습을 하시면 좋을 듯 합니다.

- 합격생15(2020 충남 비교과) 면접관 5명이 계셨는데 생각보다 분위기는 경직되지 않았으나 면접관과의 거리가 다소 가까워 눈 맞추고 말하는데 긴장을 했었던 것 같습니다. 평가원은 예상했던데로 교사상이나 교사로서 자질, 다른 교직원들과 갈등상황에서 어떻게 대처할 것인지의 문제가 주를 이루는 것 같습니다. 평소 이런 상황에서 어떻게 할 것인지 생각해 두신다면 면접준비하는 데에 많은 도움이 될 것 같습니다.

- 합격생16(2020 전북 보건) 구상실에서 개인 볼펜을 쓸 수 없었고, 대기실에서는 면접 책을 허락하지 않고 종이와 볼펜만 주셔서 당황하였습니다. 그리고 '이상입니다.'를 맨 마지막에만 하라고 유의사항을 말해주셔서 대기할 동안 연습했습니다. 저는 한 문제 끝나고 '이상입니다'를 하는 것으로 연습했었거든요. 작년 평가원 기출은 자신의 의견을 묻는 문제가 많았는데 올해는 뭔가 답이 좀 있는 듯한 문제였다는 생각이 들었어요. 저는 특히 구상형 3번에서 ㄱ은 요즘 강조되는 고교학점제가 생각났고 ㄴ은 갑자기 본질주의가 생각나면서 기초학력프로그램으로 답을 하였습니다. 경범쌤의 강의를 들은 게 정말 도움이 많이 되었습니다. 제 말이 답일지는 모르겠지만 제가 말할 게 단시간 내에 생각날 수 있었던 건 다 경범쌤 덕분입니다. 시험 끝나고 바로 기억을 하려고 노력했는데 그래도 불완전한 복기가 된 것 같습니다. 그래도 조금이나마 제가 도움이 될 수 있다면 좋겠습니다.

- 합격생17(2020 충북 상담) 저 대략적인 면접과정을 말씀 드리자면, 면접 대기실에서 수험표 번호대로 관리번호를 뽑습니다. 관리번호 순서가 되면, 구상실로 가서 10분 간 구상을 합니다. 구상실에 커다란 빨간색 글씨의 디지털 시계가 있었고 시간이 다되면 삐빅하고 소리가 났어요. 이 디지털 시계는 면접실에도 있었구요! 구상 후에는 바로 옆 면접실로 가서 10분간 면접을 봅니다. 후기에 나와있던 대로 5명의 면접관 선생님들 중 한 분은 계속 저를 보고 웃어주셨고, 두 분 정도는 평가지를 봤다가 저를 봤다가 해주셨습니다. 나머지 한 분은 엄청나게 뭘 적으시고 한 분은 그냥 잘 안보셨던 것 같구요~ 정말 저는 말도 안되게 인사하려구 고개 숙일 때부터 온 몸이 떨려가지구 놀랬어요. 그런 경험이 처음이라…ㅠㅠ 너무 떨려서 대답하다가 안되겠어서 중간에 심호흡을 한 번 크게 하고 대답하구 그랬어요~ 그나마 웃어주시는 선생님 덕분에 눈은 계속 마주치고 조금은 자신감 장착해서 말해보려 했었던 것 같아요~ (그래도 염소처럼 막 떨렸지만요…ㅜㅜ) 그만큼 엄청 떨리니 가능하면 1~2주 전에 청심환 같은거 약국에서 사서 한번 드셔보시는 것이나 낯선 분들과 게릴라 스터디? 많이 해보시면 좋을 것 같아요! 그리고 면접실 들어가기 전까지 머릿속으로 이미지 트레이닝을 계속 하시면서 '저 분은 평가자가 아니다. 내 능력과 실력을 제대로 알아봐주는 사람이다.' 생각하세요. 면접실에서는 쳐다봐주시고 웃어주시는 선생님에게 초점을 맞춰서 마인드 컨트롤 하시구요~ '난 잘하고 있다. 잘하고 있다.' 안 쳐다봐주시는 분은 오히려 안 쳐다봐주시니까 시선을 나누어서 면접관 선생님들을 볼 때, 허공을 보게 될 수 있어 좋은 점도 있어요! 제 개인적으로 식겁했던 것은 구상실

에서 답을 안 적어놨던 부분을 30초 남겨두고 발견했던 점이었어요. 그래도 다행스럽게 그때라도 발견해서 시간 끝나고 구상실에서 일어나 면접실로 이동하는 동안 그것만 생각해서 대답을 하긴 했었네요. 그러니까 대답해야하는 가지수를 늦게라도 발견할 수 있도록, 문제를 읽으면서 꼭 대답해야하는 부분은 동그라미나 밑줄 등으로 자신만의 표시를 해두세요! 아, 그리구 저는 충북에서 시험을 봤는데, 대기실에서 책이나 자료를 볼 수 있게 해주셨고, 구상실에 자신이 가져온 펜을 가져갈 수 있었습니다. 인사하고 관리번호 말하는 것은 교육청별로 다르니, 시험보기 전에 꼭꼭 홈페이지에서 2차 면접 유의사항도 살펴보시구 가세요! 생각보다 평가원 문제는 나름 비슷한 유형으로 계속 나오고, 다른 시도교육청에 비해 평이하니, 자신의 경험이나 교육관 등을 잘 정리하시면 충분히 잘 볼 수 있으리라 생각합니다! 긍정의 마인드로, 자신감을 가지고, 포기하지 않으시면 됩니다! 2021을 준비하시는 선생님들을 응원합니다! 파이팅!

- 합격생18(2020 경남 교과) 면접의 문항자체는 평이하고 어려운 부분은 없었다라고 생각합니다. 다만 평소에 면접책의 예제문항에서 한 문항 당 딸린 보기를 3~4개로 연습하다 실제 시험에서 2개로 제시되니 평소에 연습한 것보다 시간이 많이 남아 당황스러웠습니다. 평가원 지역은 꾸준히 교육관 교직관 신념 등이 제시되는 것으로 보아 반드시 모든 문항에 통용될 수 있는 신념 하나를 정해두고 들어가는 것이 편할 것 같습니다. 경남지역에서는 시간이 0부터 시작하지 않고 10에서 다운으로 내려가는 방식이었습니다. 공지되어있지 않은 부분이라 차후에 연습할 때 알아두면 도움이 될 것 같습니다. 평가원의 경우 대기실에서 책을 통해 자료를 공부하는 것 보다는 자신의 신념이나 교육관을 다시 정비하고, 제시되어 있는 시계를 이용해서 가상의 문제를 4개 이용하여 10분에 맞게 대답하는 이미지 트레이닝이 더 효율적일 것으로 보입니다. 실제로 문항자체가 연습문제보다 적고 긴장하면 말이 빨라지는 것이 일반적이라 시간이 남는 경우가 많습니다.

- 합격생19(2020 대전 교과) 교직관, 교사상, 교육관, 학생관, 갈등상황시 대처방안(학생간, 학생과 교사간, 교사간, 교사와 학부모간)에 대해서 미리 대답을 준비해놓고 제가 정말 학교를 갔을 때 어떤 교육을 할지를 항상 상상하며 준비했습니다. 다행히 이번문제는 미리 준비한 답안 안에서 충분히 답변할 수 있었던 것 같습니다. 면접실에서는 문열고 들어가는 순간부터 면접이라고 생각하며 인사, 걸음걸이 모두 예의바르게 하기위해 노력했고, 답변할 때는 최대한 웃으면서 시선처리도 균형있게 하기위해 노력했습니다. 답변을 다 마친후에는 자리에서 일어나 인사하고 의자정리까지 하고 나왔습니다. 문을 열기 직전에는 다시 뒤돌아 목례하고 나왔습니다.

- 합격생20(2020 부산 교과) 부산에서는 면접 구상실에 들어갔을 때 검정색 볼펜만 사용하라고 해서 당황했습니다. 저는 색깔 볼펜으로 연습을 했었거든요. 두 가지 경우 모두 고려해서 연습해야 할 것 같아요. 그리고 올해는 면접실이 그렇게 덥지 않았습니다.(작년에는 덥고 건조했었거든요)

2 CHAPTER | 2020 경기도

경기도교육청은 교육 전 분야에 걸친 주제를 균형 있게 출제하는 경향을 보인다. 최근 3년 간 회복적 생활교육, 배움중심학습, 학교 부적응 학생 지도, 민주시민교육, 진로교육, 학부모 참여, 교육생태계 확장, 사이버폭력 예방 방안이 2문제 이상 출제되었고, 그 이외에도 다양한 영역을 다루기에 교육 전 분야에 걸친 광범위한 이해와 학습이 요구되어진다. 시책과 신년사를 완벽하게 숙지하고 면접에 임하는 것이 좋으며 출제 문항 수에 비해 평가 시간이 짧아 시간 배분이 매우 중요하다. 자신이 아는 바를 잘 구조화시켜 간단명료하게 말하는 바를 평소 훈련해보는 습관이 필요하다.

2020 경기교육

① **교육비전**: '행복하게 배우고 함께 성장하는 학습공동체'
② **정책방향**: '교육다운 교육', '학교다운 학교'
③ **기본계획**

행복한 배움	학교자치	안전한 학교	교육행정 혁신
• 학생중심 교육과정 • 학교혁신 심화	• 학교운영의 민주화 • 시민교육	• 교육복지 강화 • 건강한 교육환경 조성	• 현장공감 지원행정 • 교육자치 강화

1) 행복한 배움

> 모든 학생이 삶의 가치와 의미를 스스로 발견하고 성장할 수 있는 교육을 행복한 배움으로 실현하겠습니다.

• **학교의 모습**
- 학생의 학습경험을 다양화하며, 배움이 일어나는 학교
- 삶에서 중요한 문제를 발견하고 해결하는 역량을 키우는 학교
- 체육·예술과 문화체험을 지역사회와 함께 나누는 학교

↓

학생중심 교육과정	학생주도 학습 강화	• 역량기반 교육과정 • 배움중심수업 • 성장중심평가 • 프로젝트 활동 활성화 • 학생주도 체험학습
	교육과정 다양화	• 특색있는 교육과정 운영 • 성장배려학년제 활성화 • 자유학년제 내실화 • 고교학점제 기반 조성
	진로·직업교육 강화	• 맞춤형 진로교육 • 삶을 설계하는 직업교육

학교혁신 심화	혁신교육 지역화	• 혁신학교 확대, 발전 • 성장하는 마을교육공동체 • 학교-지역사회 협력 강화
	미래교육 기반 조성	• 미래학교 모델 개발 및 적용 • 미래형 학습환경 조성
	교직원 성장지원	• 교직원 성장단계별 지원

2) 학교자치

학교 구성원 모두가 참여와 소통으로 함께 결정하고 책임지는 학교자치를 구현하겠습니다.

- **학교의 모습**
  - 공동의 비전과 목표를 공유하고 민주적 학교문화를 조성하는 학교
  - 학교운영에 함께 참여하여 결정하고 책임지며 성장하는 학교
  - 서로의 권리를 존중하고 협력하며, 민주적인 삶을 실천하는 학교

↓

학교운영의 민주화	민주적 학교문화 조성	• 민주적 소통과 관계 회복 • 인권존중 문화 확산 • 교권과 교육활동 보장
	학교자치 시스템 강화	• 학교자치 내실화 • 교직원 학교운영 및 정책 참여 확대 • 학부모 학교 참여 확대
시민교육	실천하는 시민육성	• 실천중심 시민교육 활성화 • 청소년교육의회 활성화 • 평화통일교육 확산 • 다문화 어울림교육 활성화 • 기후변화 대응 교육

3) 안전한 학교

모든 학생이 안전하게 생활하며 안심하고 교육활동에 전념할 수 있도록 안전한 학교를 만들겠습니다.

- **학교의 모습**
  - 단 한 명의 학생도 교육에서 소외되지 않고 배움에 평등한 학교
  - 교육공동체가 건강하고 안전하게 생활하는 학교
  - 다양한 위기상황에서 문제를 해결하는 힘을 기르는 학교

↓

교육복지 강화	학습안전망 강화	• 기초학력 보장 • 학업중단 예방 지원 • 대안교육 지원 강화 • 평생학습 지원
	교육 격차 해소	• 특수교육 지원 확대 • 교육복지 정책 내실화
건강한 교육환경 조성	생활속 건강교육 내실화	• 지역연계 G-스포츠클럽 운영 지원 • 실천중심 건강보건교육 강화 • 맞춤형 교육급식 지원

	학교안전 내실화	• 체험 중심 안전교육 • 학교시설, 교육환경 안전 강화 • 사이버 정보 보호
	위기대응 시스템 구축	• 아동학대, 학교폭력 예방 • 학교위기대응 안전망 강화

4) 교육행정 혁신

> 학교의 권한과 책임을 강화하고 소통하는 행정으로 학교를 지원하도록 교육행정을 혁신하겠습니다.

- **교육행정의 모습**
  - 교육자치·분권을 강화하고 책임감 있게 실천하는 교육행정
  - 현장중심 정책으로 교육공동체가 공감하는 교육행정
  - 학생중심 교육과 학교의 성장을 맞춤 지원하는 교육행정

현장공감 교육행정	현장지원 시스템 개선	• 지능정보기술 활용 기반 구축 • 온라인 통합지원시스템 운영
	맞춤형 교육 여건 조성	• 현장중심 학교시설 관리 • 지원중심 교육행정
교육자치 강화	학교자치 지원 강화	• 각종 규제 정비 및 관행 개선 • 역량중심 인사혁신 • 정책-예산-평가 선순환
	교육공공성 강화	• 유아교육 공공성 강화 • 고교평준화 확대 • 사학 공정성 확보 • 청렴성과 책임성 강화 • 경기교육 정책 홍보 강화

경기도 교과

구상형1

- 다음 글은 어느 담임 교사의 교단일기이다. 이러한 문제를 해결하기 위한 방안을 3가지 말하시오.

  A 고등학교에서 실시한 학교 급식소에서 학생들이 질서를 지키는가에 대한 설문조사 결과 학생들과 교사들 모두 그렇지 않다는 응답이 대다수였다. 또한 급식시간에 새치기 등이 자주 발생하고 좁은 공간에서 학생들 간 신체적 충돌이 생기기도 하여 학생들의 불만이 높아지고 있다.

01 출제근거

경기기본정책3. 안전한 학교	
↓	
건강한 교육환경 조성	
과제	세부사업
학교안전 내실화	• 학교시설, 교육환경 안전 강화

02 문제분석

❶ 특별실(도서실, 체육관) 및 급식실의 역할과 기능(교과교실제에서의 생활지도, 한국교육개발연구원)
① 도서실이나 체육관은 단순한 수업 외에도 휴식이나 자기계발, 친구들과의 교류, 동아리 활동 등을 위한 공간으로 사용될 수 있는 복합공간이다.
② 급식실은 통상적으로 점심시간에만 개방되고 있지만, 한정된 시간 안에 전교생이 모두 이용하는 과정에서 자칫하면 학생들 사이에 많은 갈등이나 충돌이 일어날 수 있다는 점에서 지속적 관리가 필요한 공간이다.

❷ 특별실(도서실, 체육관) 및 급식실에서 발생 가능한 대표적인 문제 유형

시설에서의 각종 일탈행동	• 일부 학생들이 체육관을 아지트화 하여 일반 학생의 접근을 차단하고 일탈행동을 함 • 급식실 이용 시 줄을 서지 않고 새치기하기 • 학습 교구나 도서의 훼손 및 도난 사고 발생
시설 이용 시 안전사고 및 학생 간 충돌	• 비슷한 시간에 학생들이 한꺼번에 몰리면서 좁은 공간에서 학생 간 신체적 충돌이 생길 수 있으며, 이로 인해 갈등이 심화되기도 함 • 체육관이나 급식실 이용 시 부주의로 인한 신체 부상
시설 이용 시 불편 호소	• 수용할 수 있는 인원이 적어 학생들이 원활하게 시설을 이용할 수 없는 경우 • 편안하고 안전한 환경 조성의 미흡

❸ 문제점의 예방 및 해결 방안

교사들의 관리감독 활동	• 급식실의 경우에도 영양교사가 음식이나 시설 관리에 대한 일차적인 책임을 맡고 있으며, 교사들이 학생들에 대해 직접적인 관리감독을 하는 경우는 흔치 않습니다. • 그러나 이러한 시설들은 학생들의 이용률이 높은 만큼 안전사고와 각종 문제행동이 일어날 수 있는 위험성도 높은 교육활동의 장이며, 이 장소에서 학생들의 생활을 관리 감독하는 것은 교사의 당연한 책임입니다. • 외국의 경우, 급식실이나 체육관 등이 개방되는 시간에는 매일 순번을 정해 활동하고 있으며, 이 때에는 "Duty"라는 표시가 되어 있는 목걸이를 하고 시설에서 학생들의 문제행동을 즉각적으로 지도하고 있습니다. • 물론 학교의 사정에 따라 과도한 업무와 수업시수로 인해 교사가 관리 감독하는 것이 실질적으로 불가능한 경우도 있을 것입니다. • 중요한 것은, 이러한 장소에서의 관리감독이 '모든 교사의 책임'이라는 점을 전 교사가 충분히 인식하는 것입니다. • 학교의 여건에 따라, 교사의 직접적인 지도가 불가능한 경우에는 학생자치회나 자원봉사자, 배움터 지킴이를 활용하여 체육관과 급식실의 관리 감독을 하도록 합니다.
학생들의 주인의식과 자발적 참여가 필요	• 교사들의 철저한 지도 감독은 꼭 필요한 것이지만, 이에 못지않게 학생들의 자율적 관리 노력도 매우 중요합니다. • 학생들에게 관리감독의 의미와 필요성을 충분히 이해시키고, 학생자치회를 통해 자율적으로 학생들이 참여하여 활동하도록 합니다. • 급식실의 경우에는 자원봉사 학생을 선발하여 봉사점수나 상점을 부여하며 급식실 도우미로 활용할 수도 있을 것입니다.
시설 이용 학생 수를 적정 수준으로 유지할 수 있는 방법 모색	• 시설 사용을 원활하게 하고 안전사고나 학생들 간의 갈등을 방지하기 위해서는 사용 인원을 적정 수준으로 유지할 수 있는 방법이 요구됩니다. • 예를 들어 급식실은 점심시간 초반에 학생들이 몰리면서 혼잡해지고, 안전사고 위험이 커질 수 있습니다. • 또한 고학년과 저학년이 동시에 배식을 받게 되면서 급식소가 너무 붐비기도 하고 선배가 후배를 괴롭히거나 위협하는 행동을 하기도 합니다. • 따라서 세 개 학년이 시차를 두고 급식소에 오도록 시간 안내를 할 필요가 있으며 필요에 따라 각 반의 급식소 이동 시간을 달리하는 것도 좋은 방안이 될 수 있습니다. • 이 경우 고학년 배식을 먼저 하는 것도 불필요한 후배 괴롭힘을 줄이는 방법이 될 수 있습니다.
시설 사용 규칙을 게시하고 꾸준히 안내	• 급식실은 특히 많은 학생들이 이용하기 때문에, 사용 규칙을 지켜야 보다 안전하고 편리하게 이용할 수 있습니다. • 따라서 학년 초에 모든 학생들을 대상으로 시설 사용 규칙에 대한 안내를 철저히 할 필요가 있습니다. • 이러한 사용규칙은 교내 방송이나 게시판을 통하여 공지될 수 있으며, 학생들이 이를 숙지할 수 있도록 일정기간 동안 집중적으로 안내되어야 합니다. • 학년 초에 시설 사용 규칙을 강조하고 이에 대한 지도를 실시하면, 안전사고의 예방과 효율적 이용에 많은 도움이 됩니다. • 여기서 잊지 말아야 할 것은 규칙이 간단해야 한다는 것입니다. 홈베이스와 교과교실, 급식실, 도서실, 체육관, 운동장, 복도와 계단 등 모든 장소의 이용에 대해 지나치게 많고 다양한 규칙이 주어지면 오히려 어떤 규칙도 지켜지지 않을 가능성이 높기 때문입니다. • 따라서 가급적 모든 장소에서 통할 수 있는 중요하고 보편적인 규칙을 3가지 정도 선정하여 이를 먼저 지도하고, 나머지 세부 사항을 추가적으로 다루는 것이 효과적입니다.

03 예시답안

구상형 1번에 대한 답변 드리겠습니다.
A고등학교에서 급식시간에 학생들이 질서를 지키지 않고 신체적 충돌이 생기는 등의 문제를 해결하기 위한 방안을 3가지 말씀드리겠습니다.

① 우선 교사들의 관리감독이 필요합니다. 급식시간 역시 학생들에게 배려와 양보, 그리고 질서 준수라는 인성역량을 키울 수 있는 교육시간이기에 영양교사만이 아닌 전 교사에게 관리감독의 책임이 있다는 의식을 가지고, 순번을 정하고 책임감 있게 지도해야 합니다. 관리감독이 '모든 교사의 책임'이라는 점을 전 교사가 충분히 인식하고 교사의 직접적인 지도가 불가능한 경우에는 학생자치회나 자원봉사자, 배움터 지킴이를 활용하여 체육관과 급식실의 관리 감독을 해야 합니다.

② 두 번째로 학생들의 주인의식과 자발적 참여 역시 필요합니다. 학생들에게 관리감독의 의미와 필요성을 충분히 이해시키고 학생자치회를 통해 자율적으로 학생들이 참여하여 활동하도록 합니다. 급식실의 경우에는 자원봉사 학생을 선발하여 봉사점수나 상점을 부여하며 급식실 도우미로 활용할 수도 있을 것입니다.

③ 세 번째로는 시설 이용 학생 수를 적정 수준으로 유지하는 방안을 모색하고 시설 사용 규칙을 게시하고 꾸준히 안내해야 합니다. 구체적으로 말씀드리자면 급식실은 점심시간 초반에 학생들이 몰리면서 혼잡해지고, 안전사고 위험이 커질 수 있습니다. 또한 고학년과 저학년이 동시에 배식을 받게 되면서 급식소가 너무 붐비기도 하고 선배가 후배를 괴롭히거나 위협하는 행동을 하기도 합니다. 따라서 세 개 학년이 시차를 두고 급식소에 오도록 시간 안내를 할 필요가 있으며 필요에 따라 각 반의 급식소 이동 시간을 달리하는 것도 좋은 방안이 될 수 있습니다. 이 경우 고학년 배식을 먼저 하는 것도 불필요한 후배 괴롭힘을 줄이는 방법이 될 수 있습니다. 더불어 시설 사용규칙을 교내 방송이나 게시판을 통하여 공지하고, 학생들이 이를 숙지할 수 있도록 일정기간 동안 집중적으로 안내해야 합니다.

이상입니다.

> **구상형2**
>
> 다음은 학생 A와 상담한 내용이다. 학생 A에 대한 구체적인 해결방안을 제시하시오.
>
> - 4월 24일: 기초학력진단평가에서 '기초학력미달' 판정받음
> - 5월 30일: 학교생활에 흥미가 없고 학교 오는 것을 싫어함
> - 6월 7일: 손목에 상처가 있어 물어보니 자해를 했다고 말함

01 출제근거

경기기본계획3. 안전한 학교			
교육복지 강화		건강한 교육환경 조성	
과제	세부사업	과제	세부사업
학습안전망 강화	• 기초학력 보장 • 학업중단 예방 지원	위기대응시스템 구축	• 학교 위기대응 안전망 강화 – 심리적 위기학생 지원

02 문제분석

① 경기도교육청 기초학력 보장 정책

1) 지원 방향
   ① 행동·정서·학습에 대한 돌봄을 받는 학교체제 구축
   ② 따뜻한 학습, 행복한 성장의 토대 마련을 위한 협력적 보장체제 구축
   ③ 학습소외가 없는 학교를 위한 학생맞춤형 기초학력 프로그램 운영

2) 기초학력 보장 정책의 개요

협력적 기초학력 보장체제 구축	• 교육과정 연계 기초학력 보장 계획 수립 및 시행 [학교] • 기초학력 보장을 위한 현장 지원 장학 [교육지원청] • 학습소외가 없는 학교를 위한 맞춤 정책 [도교육청]
기초학력 조기 개입 및 보정	• 3R's(읽기, 쓰기, 셈하기) 기초학습부진 진단검사 및 보정 • 초등학교 입문기(1~2학년) 진단 검사 및 보정 • 진단-보정 시스템 활용 기본학력 향상 평가
학교별 기초학력 보장 프로그램 운영	• 두드림 학교 운영 • 학생 맞춤형 기초학력향상 프로그램 운영 • 혁신 공감학교 선택과제 기초학력 보장 프로그램 운영 • 집중프로그램, 학교맞춤형 기초학력 보장 프로그램 운영
1:1 맞춤형 종합 지원 학습종합클리닉센터 운영	• 경기학습종합클리닉 거점 및 집중 지원 센터 운영 • 학교로 찾아가는 1:1 맞춤형 상담 지원

	• 단위학교 기초학력 보장 지원(연수 및 난독 진단 치료지원) • 방학중 한글 해득 프로그램 운영 지원
기초학력 부진학생 지도 교원 역량 강화	• 학습부진아 이해를 위한 원격 직무연수 운영 • 기초학력 지도 전문가 과정 직무연수 운영 • 기초학력 사업 담당자 역량 강화

3) 기초학력 보장 추진체계

단위학교 학습지원팀 (위원회)* 운영

- **목적**: 단위학교 중심 학습부진학생 지도·지원의 체계화 및 협력적 학습문화 조성
- **구성**: 교장, 교감, 담임/교과 및 비교과 교원, 학부모 등
- **운영**: 학습부진학생 선별·진단, 맞춤형 처방, 프로그램 운영 관련 의사결정 및 사례 협의

*두드림학교에서 운영하는 '두드림팀' 해당

선별·진단

- **학습부진학생 선별**
  - □ 3Rs 지원 학생 선정 진단
    - 3Rs(읽기·쓰기·셈하기) 진단 활동
    - 입문기 진단 활동(초1~2학년)
  - □ 교과학습 지원 학생 선정 진단
    - 진단활동 : 종합적, 지속적 진단활동

- **학습부진 수준·원인 진단**
  - □ 학습수준 파악
    - 꾸꾸사이트/진단–보정시스템 활용
    - 학습저해요인/학습유형
  - □ 학생상담, 학부모 면담 등

원인에 따른 맞춤형 지원

- **학습수준을 고려한 학습지도**
  - 학습부진 가능성이 높은 학생에 대한 학습부진 예방
  - 정규수업 시 지도(개별지도, 소집단 지도, 또래 멘토링 등)
  - 방과 전·후 지도(개별지도, 소집단 지도 등)

- **학습부진 해소를 위한 지원**
  - 정서행동의 어려움을 해소하기 위한 각종 상담
  - 부진학생의 자존감 향상 및 효과적 학습코칭
  - 각종 계발 및 체험학습 지원
  - 건강 돌봄 지원

학교구성원 역량강화
- 온/오프라인 연수
- 기초학력 워크숍
- 전문적 학습공동체

학교 내 사업 연계
- 두드림학교/돌봄/방과후 연계
- 다문화/탈북학생지원 연계
- 혁신공감학교 선택과제 등

학교 밖 전문가/기관/프로그램 연계
학습종합클리닉센터, Wee센터, 지역아동센터, 특수교육지원센터, 병원, 클리닉 등

❷ 학교 오기 싫어하는 학생을 도와주는 방법

학생의 마음상태를 이해하고 공감하기	• 학생이 학교에 안 오는 것이 아니라 못 오는 경우일 수도 있으므로 학생의 행동에 대하여 질책하지 말고 이야기를 잘 들어주며 학생 이해하기 예 "○○이가 요즘 계속 학교를 못 오고 있으니 ○○이에게 무슨 일이 있는건 아닌지 선생님은 걱정이 되는구나.", " 어떤 부분 때문에 학교 오는 것이 힘든지, 그리고 선생님이 어떻게 도와주면 좋을지 말해줄 수 있겠니?"
학생의 긍정적 행동과 변화에 대한 관심과 칭찬	• 학생들이 많은 곳에서 비난하거나 부정적 평가 등을 하는 것보다는 학생이 잘 하고 있는 행동에 먼저 관심 갖기 • 칭찬을 하기 위해서는 학생에게 관심을 갖고 꾸준히 관찰하며 좋은 점을 발견하도록 노력하기 • 학생의 작은 변화를 진심으로 칭찬하며 학생은 교사를 신뢰하고 스스로도 노력을 하게 됨 예 "어떻게 그런 변화가 일어날 수 있었니?", " ○○이가 오늘은 제 시간에 왔구나. 정말 기특하다. 잘했어.", "그 변화가 다시 한번 일어나게 하려면 어떻게 해야 할까?"
긍정적 표현을 사용한 해결방안 제시	• '~하지마'보다는 '~을 멈추고, ~했으면 좋겠다'라는 긍정적인 표현을 사용하면서 해결방안을 함께 제시 예 "선생님은 ○○이가 제 시간에 학교에 왔으면 좋겠어"
학생의 현재 상황 파악 및 목표 수준 탐색	• 일반적으로 학생들은 감정의 느낌의 정도를 주관적으로 표현하며 문제에 대해서도 애매모호하고 추상적으로 설명함 • 이에 문제 상황과 목표수준 및 본인의 노력에 대하여 구체적인 탐색을 통해 객관적으로 살펴보기

❸ 교사가 자해 행동을 하는 학생을 도와주는 방법

학생에게 믿음 주기	• 학생의 감정을 수용함 • 교사가 학생을 걱정하고 있고 도우려고 한다는 사실을 알게 함 • 학생의 자해 행동이나 스트레스 상황에 대해 비판하지 않는 태도로 이야기를 들어줌 • 학생이 죄책감이나 수치심을 갖게 하는 것은 도움 되지 않음
학생과 스트레스에 대한 대처 방안 탐색하기	• 대처 방안 없이 그냥 멈추라고 말하지 않음 • 스트레스를 감소시킬 수 있는 방법을 함께 찾아 봄 • 대인관계 기술을 향상시킬 수 있도록 도움

협력체계 구축하기	• 학교 안에서 협력체계 구축하기
	  - 학생의 자해에 대하여 알게 되었다면 교사 혼자서 대처하지 말고 학교 관리자, 학년부장, 전문상담교사, 보건교사 등 동료 교사들과 어떻게 할 지 논의하기
	• 심각한 자해 행동에 대처하기
	  - 학생의 자해 행동이 심각할 경우 매우 장기간에 걸쳐 교사의 도움이 필요할 수 있음을 이해하고 동료 교사들과 논의하기
	  - 학교위기관리위원회를 열어 학생을 돕기 위한 방안을 모색할 필요가 있음

학보모와 협력하기	• 일반적인 학부모의 반응
	  - 충격을 받고 현실을 부정하고 싶어 함
	  - 공감, 연민, 슬픔 등 다양한 감정이 교차함
	  - 자녀를 충분히 사랑하고 돌보지 못했다는 죄책감을 느낌
	  - 자녀가 학부모에게 힘든 점을 숨겼다는 생각에 분노, 좌절, 무기력감을 느끼고 자녀를 비난함

	– 그 사실을 선생님이 먼저 알게 되었다는 점에 화가 나거나 부끄러워 선생님을 공격하기도 함 • 학부모의 마음 이해하고 공감하기 – 교사는 학부모의 반응에 같은 어른으로서 공감함 – 교사도 학생을 돕기 위한 조력자로서 노력하겠다는 점과 가정에서도 상황에 적절한 관심을 기울여 주시길 바란다는 점을 전달해야 함
전문기관에서의 치료	• 심리치료 : 인지행동치료(CBT), 변증법적 행동치료(DBT), 문제해결치료(PST) • 가족치료 : 가족들로부터의 지지체계를 형성하고 해결방법 탐색을 도움 • 약물치료

> **TIP** 교사가 피해야 할 태도
>
> – 대안 없이 자해를 멈추라고 말하지 않음
> – 학생이 죄책감을 갖지 않도록 함
> – 일방적으로 학생에게 훈계하듯 이야기하지 않음
> – 학생의 자해 행동을 비웃거나 조롱하듯 대하지 않음
> – 가혹하고 장기간의 벌칙으로 느껴지는 제한은 피하도록 함
> – 학생이 누릴 수 있는 권한을 박탈하거나 강압적으로 자해 행동을 막는 것은 바람직하지 않음

1) 협력체계 구축하기
   ① 학교 안에서 협력체계 구축하기
      – 학생의 자해에 대하여 알게 되었다면 교사 혼자서 대처하지 말고 학교 관리자, 학년부장, 전문상담교사, 보건교사 등 동료 교사들과 어떻게 할 지 논의하기
   ② 심각한 자해 행동에 대처하기
      – 학생의 자해 행동이 심각할 경우 매우 장기간에 걸쳐 교사의 도움이 필요할 수 있음을 이해하고 동료 교사들과 논의하기
      – 학교위기관리위원회를 열어 학생을 돕기 위한 방안을 모색할 필요가 있음

2) 학보모와 협력하기
   ① 일반적인 학부모의 반응
      – 충격을 받고 현실을 부정하고 싶어 함
      – 공감, 연민, 슬픔 등 다양한 감정이 교차함
      – 자녀를 충분히 사랑하고 돌보지 못했다는 죄책감을 느낌
      – 자녀가 학부모에게 힘든 점을 숨겼다는 생각에 분노, 좌절, 무기력감을 느끼고 자녀를 비난함
      – 그 사실을 선생님이 먼저 알게 되었다는 점에 화가 나거나 부끄러워 선생님을 공격하기도 함
   ② 학부모의 마음 이해하고 공감하기
      – 교사는 학부모의 반응에 같은 어른으로서 공감함
      – 교사도 학생을 돕기 위한 조력자로서 노력하겠다는 점과 가정에서도 상황에 적절한 관심을 기울여 주시길 바란다는 점을 전달해야 함

3) 전문기관에서의 치료
① 심리치료 : 인지행동치료(CBT), 변증법적 행동치료(DBT), 문제해결치료(PST)
② 가족치료 : 가족들로부터의 지지체계를 형성하고 해결방법 탐색을 도움
③ 약물치료

03 예시답안

구상형 2번에 대한 답변드리겠습니다.

① 우선 A학생은 기초학력 미달 판정을 받을 정도로 학업 결손이 심한 학생입니다. 이를 위해 학습수준을 고려한 학습지도를 해야 합니다. 정규수업 시 개별지도, 소집단 지도, 또래 멘토링 등을 실시하고 방과 전·후에는 개별지도나 소집단 지도 등을 실시할 수 있습니다. 또한 학습부진 해소를 위해 정서행동의 어려움을 해소하기 위한 각종 상담을 실시하거나 자존감을 향상시켜 학습에 자신감을 갖고 임할 수 있도록 도와야 합니다.

② 또한 A군이 학교에 오는 것을 싫어하는 것을 해결하기 위해 마음상태를 이해하고 공감하며 학생의 마음의 문을 열겠습니다. 혹시라도 학교를 오기 싫어하는 특정한 이유가 있는지 파악하여 문제의 원인을 해결할 수 있도록 도와야 할 것입니다. 또한 학생의 긍정적 행동과 변화에 대해 관심을 갖고 칭찬한다면 학생도 교사를 신뢰하고 학교에 오려는 노력을 할 것입니다. 더불어 자신의 현재 상황과 목표 수준을 객관적으로 파악하게 도와줌으로써 스스로 학교에 오려는 의지를 갖도록 해야 할 것입니다.

③ 이어서 손목에 있는 상처로 자해를 했다는 것을 알게 된 후에는 학생과 당황하지 않고 차분하게 자해에 대해 이야기 해야 합니다. 학생에게 믿음을 주기 위해 학생의 감정을 수용하고 교사가 학생을 걱정하고 도우려고 한다는 사실을 알게 할 것입니다. 학생과 스트레스에 대한 건전한 대처방안을 탐색해보고 이후 학교 안에서 협력체계를 구축하여 관리자, 학년부장, 전문상담교사, 보건교사 등과 대책을 논의하고 학부모와도 협력하여 학생을 도와야 할 것입니다. 상황이 심각하게 진행된다면 전문기관과도 연계하여 심리치료나 가족치료, 약물치료도 병행할 수 있을 것입니다.

이상입니다.

WHY TO HOW 교직적성 심층면접

> **즉답형1**
>
> 개인정보보호법 위반 여부와 판단의 이유를 사례별로 말하시오.
>
> 1) 학생의 상담을 위해 학생의 개인정보를 교무수첩에 수기로 기록한 경우
> 2) 담임교사가 학부모회를 조직하고 대표 학부모에게 연락망을 전달한 경우
> 3) 교사가 학급 게시판에 '가장 잘한 학생 이*범', '노력이 필요한 학생 정*원' 등으로 개인정보를 고려해 이름 중 한 글자를 *표기해 게시한 경우

01 출제근거

경기기본계획3. 안전한 학교 ↓	
건강한 교육환경 조성	
과제	세부사업
학교안전 내실화	• 사이버 정보 보호

02 문제분석

❶ 개인정보의 정의 및 원칙

1) 개인정보의 정의

"개인정보"란 ①살아있는 ②개인에 관한 ③정보로서 성명, 주민등록번호 및 영상 등을 통하여 개인을 ④알아볼 수 있는 정보(해당 정보만으로는 특정 개인을 알아볼 수 없더라도 ⑤다른 정보와 쉽게 결합하여 알아볼 수 있는 것을 포함한다)를 말한다.

2) 개인정보보호의 원칙(법 제3조)
   ① 명확한 목적으로 적법하고 정당하게 최소 수집
   ② 처리 목적 내에서 적합하게 처리, 목적 외 활용 금지
   ③ 처리 목적 내에서 정확성·완전성·최신성 보장
   ④ 정보주체의 권리침해 가능성 등을 고려하여 안전하게 관리
   ⑤ 개인정보 처리사항 공개 및 열람청구권 등 정보주체의 권리보장
   ⑥ 정보주체의 사생활 침해 최소화 방법으로 처리
   ⑦ 가능한 경우, 개인정보의 익명처리
   ⑧ 개인정보처리자의 책임과 의무 준수, 정보주체의 신뢰성 확보

❷ 개인정보 보호법

Q1. 담임교사가 업무용 수첩에 수기로 작성한 학생 개인정보의 경우 동의서를 받아야 하는가?
- 개인정보처리자는 법령 등에서 정하는 소관 업무의 수행을 위하여 불가피한 경우는 동의 없이 개인정보를 수집할 수 있으며 그 수집 목적의 범위에서 이용할 수 있습니다.
- 위의 사항은 「초·중등교육법」 제25조(학교생활기록), 「초·중등교육법 시행령」 제36조의5(학급담당교원)의 법률에서 정한 업무를 수행하기 위하여 불가피한 경우로 보여지며, 이런 경우 정보주체의 동의를 구하지 않더라도 수집이 가능하다고 할 수 있습니다.
- 개인정보보호법 제15조에 따르면 개인정보처리자는 개인정보를 수집한 목적 내에서 이용할 수 있습니다. 학교의 교사는 공공기관인 학교의 구성원으로서 법령 등에서 정하는 소관 업무의 수행을 위해 상담 등을 통하여 학생의 개인정보를 수집할 수 있을 것입니다. 여기서 학생의 개인정보 수집목적은 담임으로서 소속 반 학생의 지도를 위한 것이라고 보아야 할 것입니다.
- 하지만 이러한 경우라도 학생지도와 교육목적을 넘지 않는 범위 내에서 수집되어야 할 것입니다.

Q2. 학년 초 학급 아동에 대한 개인 신상을 조사하여 그 중 집 전화번호, 부모님 휴대폰 번호를 정리한 비상연락망을 만들어 아동들에게 배포하는데 이 경우 법에 위반되지 않는가?
- 개인정보보호법 제18조 제2항에 따라 '다른 법률에 특별한 규정이 있는 경우'에는 정보주체 또는 제3자의 이익을 부당하게 침해할 우려가 있는 때를 제외하고는 개인정보의 목적 외 제3자 제공이 허용됩니다.
- 교원이 학생과의 비상연락을 위해 학생의 집 전화번호, 부모의 휴대폰 번호 등을 수집·이용하는 경우 「개인정보 보호법」 제15조 및 제17조, 「교육기본법」 제16조제2항에 따라 정보주체의 동의 없이 개인정보를 수집·이용할 수 있을 것입니다.
- 다만 학생의 연락처 등 개인정보를 타학생 또는 타학생 가정에 배포하기 위해서는 개인정보 수집·이용 및 제공 목적을 알리고 동의를 받아야 합니다.

Q3. 인터넷 게시물에 예컨대 홍라고 게시하는 경우에 해당 학교에 성이 홍 씨인 직원이 한 명이면 이것도 개인정보에 해당한다고 하는데, 그렇다면 이 경우 ***라고 이름 석 자를 모두 *로 처리하면 되는가?**
- '개인정보'는 살아 있는 개인에 관한 정보로서 성명, 주민등록번호 및 영상 등을 통하여 개인을 알아볼 수 있는 정보(해당 정보만으로는 특정 개인을 알아볼 수 없더라도 다른 정보와 쉽게 결합하여 알아볼 수 있는 것을 포함)를 말합니다.
- 개인정보의 특징은 "살아있는 개인", "쉽게 결합하여", "특정인의 식별" 조건이 만족하면 개인정보가 됩니다.
- 또한, 특정 개인을 알아볼 수 없도록 홍**으로 비식별 조치를 하더라도 재식별 되어 개인을 알아볼 수 있으면 개인정보입니다. 게시하는 글의 내용에 따라 개인정보 침해로 이어 질 수 있으므로, 게시 여부를 신중하게 판단하시기 바랍니다.

03 예시답안

즉답형 1번에 대해 답변 드리겠습니다.

① 첫 번째로 학생의 상담을 위해 학생의 개인정보를 교무수첩에 수기로 기록한 경우는 개인정보보호 위반이 아니라 생각됩니다. 담임교사는 공공기관인 학교의 구성원으로서 학생의 지도라는 법령 등에서 정하는 소관 업무의 수행을 위해 학생지도와 교육목적을 넘지 않는 범위 내에서 학생의 개인정보를 수집할 수 있을 것이기 때문입니다.

② 두 번째, 담임교사가 대표 학부모에게 학부모회의 연락처를 전달한 경우는 개인정보보호법 위반이라고 생각됩니다. 교사가 학생, 학부모와의 비상연락을 위해 학생의 집 전화번호, 부모님의 휴대폰 번호를 수집하는 것은 동의 없이 가능하지만, 이러한 정보를 학부모회 대표에게 전달하기 위해서는 부모님들께 개인정보 수집·이용 및 제공 목적을 알리고 동의를 사전에 받아야 하기 때문입니다.

③ 세 번째로, 이름 중 한 글자에 *표시를 하여 게시물을 게시한 경우도 개인정보법 위반이라고 생각됩니다. 비록 한 글자를 지웠지만 학급의 인원이 몇 명 안되기에 재식별 되어 그 개인을 알아볼 수 있을 것이기에 개인정보 위반입니다. 또한 노력이 필요한 학생이라고 공적으로 게시하여 개인의 사생활을 침해할 사안이 있기에 개인정보 침해로 이어질 위험을 가지고 있을 것입니다.

이상입니다.

즉답형2

협동학습 중 발생할 수 있는 문제점과 해결방안을 말하시오.

01 출제근거

경기기본계획1. 행복한 배움

↓

학생중심 교육과정	
과제	세부사업
학생주도 학습 강화	• 배움중심수업

02 문제분석

❶ 협동학습의 장점

① **교과에 대한 지식 증대** : 혼자서 학습해서 얻은 지식보다 여러 사람이 협동해서 얻게 되는 지식이 클 수밖에 없다.
② **학습자들의 과제도전 기질, 성향, 태도 개발** : 다소 위험부담이 따르는 일이다 싶어도 여럿이 하다보면 기꺼이 도전하는 동기가 형성된다.
③ **구성원을 통한 학습** : 학습자들은 구성원들을 통해 다른 사람의 자원, 즉 그 사람의 능력, 성향, 기질, 태도, 시간 등을 활용하는 것을 배운다.
④ **역할분담의 학습** : 구성원들이 무슨 일이든지 나누어 하다 보면 이러한 역할분담을 소중히 여기게 된다.
⑤ **자신과 타인에 대한 이해** : 소집단활동을 통해 자신에게도 장점과 약점이 있고, 다른 사람에게도 장점과 약점이 있다는 것을 알게 되어 사람에 대한 이해가 확장된다.
⑥ **자신의 자원관리** : 협동학습을 통해 학습자들은 자신의 자원, 즉 자신의 시간, 에너지, 능력, 성질 등을 스스로 관리하고 통제할 수 있게 된다.

❷ 협동학습의 단점

① 과정보다는 결과를 중시하는 풍토가 조성될 수 있다.
② 소집단 내에서 특정 학습자나 리더가 어떤 것을 잘못 이해하고 있을 때, 다른 사람들이 그대로 따라갈 우려가 있다.
③ 학습과정이나 학습목표보다는 집단과정만을 더 소중히 생각하는 경향을 초래할 수 있다.
④ 교사에게 의존하는 경향이 감소하는 대신, 또래에게 의존하는 경향이 커질 우려가 있고, 특히 모든 것을 집단으로 하려는 경향이 생길 수 있다.
⑤ 부익부현상, 자아존중감 손상, 봉 효과, 집단 간 편파문제 등이 발생할 수 있다.

③ 협동학습의 단점 해소방안

부익부 현상 방지	• 각본을 통한 역할분담을 하거나 집단보상을 강조, 또는 협동기술을 증진시키는 방법 등이 있다. • 각본협동 : 두 명의 학생이 짝을 지어 정해진 순서에 따라 교대로 자료를 요약하고 그 내용을 서로 점검·논평해주는 교수–학습방법이다.
자아존중감 손상	• 자아존중감 손상이 우려되는 학습자는, 협동학습을 시작하기 전이나 중간에라도 협동학습기술을 습득시키는 방안이 필요하다.
집단 간 편파 문제	• 집단 간 편파 : 상대집단이나 외집단의 구성원에게 적대감을 가지며, 자기가 속한 내집단의 구성원에게 더 호감을 느끼는 것으로 외집단 차별과 내집단 편애를 말한다. • 해결방안 : 주기적인 소집단 재편성이나 초등학교의 경우에는 과목별 소집단 편성이 필수적이다.

03 예시답안

즉답형 2번에 대해 답변 드리겠습니다.
협동학습 중 발생할 수 있는 문제점과 해결방안을 함께 말씀드리겠습니다.

① 첫 번째로 부익부현상이 발생할 수 있습니다. 이를 해결하기 위해 각본을 통해 역할분담을 하거나 집단보상을 강조하는 방법을 사용할 수 있습니다.
② 두 번째로 자아존중감 손상의 문제가 발생할 수 있습니다. 자아존중감 손상이 우려되는 학습자는 협동학습을 시작하기 전이나 중간에라도 협동학습기술을 습득시키는 것이 필요합니다.
③ 마지막으로 집단 간 편파 문제가 발생할 수 있습니다. 상대집단이나 외집단의 구성원에게 적대감을 가지며, 자신이 속한 내집단의 구성원에게만 호감을 가질 수 있습니다. 이를 해결하기 위해 주기적으로 소집단을 재편성해야 합니다.

이상입니다.

경기도 비교과

> **구상형1**
>
> 교사들과 학생들에 대한 설문 결과 서로 협력하는 학생 중심 공간 활용이 제대로 이루어지지 않는다는 반응이 많다. 협력과 성장이 일어나도록 특별실을 구성하기 위한 방안에 대해 말하시오.

01 출제근거

경기기본계획1. 행복한 배움	
↓	
학교혁신 심화	
과제	세부사업
미래교육 기반 조성	• 미래형 학습환경 조성

02 문제분석

❶ 배경지식 넓히기

학교 공간 혁신 사례 – 경기 이천양정여자고등학교
네모나고 각진 교실은 이젠 옛말, 설계 과정부터 학생 참여로 공간 혁신 중

　경기 이천양정여자고등학교(교장 김학식) 학교 공간 혁신은 아이들이 주도한다. 일명 YIFS(Yangjeong Institute of Future School) 프로젝트. 학교 건물 증축을 앞두고 공간의 주 사용자인 학생들을 우선 고려한 공간으로 만들기 위해, 교육청과 지자체의 지원을 받아 새로운 미래학교 공간을 구축 중이다.

학생 참여 공간 혁신 중⋯ 매달 건축가와의 만남
　지난 11월부터 아이들은 공간 혁신을 위한 '드림팀'을 꾸렸다. 1~2학년 20여 명의 희망 학생들 가운데, 학교 공간에 대한 사용자 경험(User Experience, UX)을 조사할 리서치 팀과 건축·공간 디자인에 관심이 많은 아이들을 주축으로 디자인 팀이 구성됐다.
　리서치 팀은 먼저, 사전 교육의 일환으로 인터뷰 기법과 질문지를 만들고 공감에 기반한 제품 제작과 서비스 개발 사례를 조사했다. 이후, 2~3인이 한 조가 돼 재학생과 교사를 대상으로 개별 인터뷰를 진행·분석하고, 단국대 SW디자인융합센터를 방문해 공간워크숍도 가졌다. 디자인 팀은 희망 공간의 이미지 의견을 조합하고, 이를 시각화할 수 있도록 드로잉해 공간 모형을 창작하는 활동을 진행했다. 아이들은 매달 한두 차례 건축가와 만나 각 팀의 프로젝트 결과물을 서로 발표하고 논의하는 시간도 갖고 있다. 1학년 지소영 학생은 "예기치 못한 의견을 많이 들을 수 있었다. 인터뷰를 통해 공감도 하고, 우리 스스로 새로운 공간을 만들어 간다는 자부심도 생겼다."고 했다. 무엇보다 하고 싶고 좋아하는 일을 할 수 있는 공간으로 만들어 간다는 데 아이들의 기대가 크다. "학교 공간에 우리의 의견을 반영할 수 있었던 점이 가장 좋다."고 아이들은 입을 모은다. 2학년 윤선진 학생은 "보기만 해도 갑갑하고 각 잡힌 구조에서 벗어나 우리가 정말 원하고 휴식을 즐길 수 있는 공간이 돼야 한다."고 말한다.
　아이들이 바라본 학교 공간이 주는 느낌은 대체로 부정적이었다. '예스럽다', '직선', '네모남', '단조롭다' 등등. 사용하면서 느낀 불편함에서는 여러 활동 공간의 부족을 1순위로 꼽았다. 이 외에도 휴게 공간 부족과 책걸상의 불편함을 제기한 반면, 기대하는 공간 변화로는 쉬면서 머무를 수 있는 공간을 가장 원하는 것으로 나타났다. 신발을 벗거나 편하게 말할 수 있는 공간, 작은 무대가 있고 전시를 할 수 있는 공간, 잘 수 있는 공간 등은 아이들의 희망사항이다.

학생 참여의 미래학교 공간
 양정여고 증축교사는 기본적으로 열린 교실의 형식을 띠고 있다. 기존 조적조 교사동의 옥상부에 수직 증축되는 형식으로 약 110평 정도의 규모이다. 라이트룸이라는 개념으로 가볍고, 밝은 방이라는 뜻을 가진 이 공간은 몇 개의 동아리방, 열린중정, 열린교실, 양정갤러리, 양정서재 등이 열려 있어 다양하게 변용 가능한 공간으로 이어져 있다. 학생들의 다양한 교과 외 활동을 담을 수 있어야 하기에 가변적인 구조로 다양하게 쓰임이 가능하고, 가급적 기존 교실과는 다른 스케일, 다른 공간구조가 되도록 의도했다. 계절과 시간의 변화를 느낄 수 있는 교실 사이의 중정은 옥상으로 이어져 학생들이 직접 관리하는 양정정원으로 구성되어 있으며, 쾌적한 환기 등을 위해 쉽게 개폐가 가능하도록 했다. 약 2개월 간의 설계과정 후 감리 등을 통해 학생들이 시공과정에 벽화나 페인팅 등으로 참여가 가능한 부분도 남겨뒀다.

❷ 학교공간혁신사업 가이드라인

1) 학교공간혁신의 정의

학교사용자의 참여설계로, 기존 공급자 중심의 획일화된 공간을 학교의 구성원들과 함께 '상상력을 자극하는 다양한 수업이 가능한 교실 및 개방형 창의·감성 휴게학습 공간'으로 새롭게 조성하는 것

2) 목적

- 미래사회 주역인 학생이 주도적으로 참여하는 교육활동을 통해 학습과 놀이 및 휴식 등 균형 잡힌 삶의 공간으로서 학교 만들기

↓

미래교육 대응	학생 중심의 협동학습, 창의적 융·복합 교육 등 미래 혁신교육에 필요한 다양하고 유연한 공간의 조성
민주시민 교육	학교사용자의 주도적 참여설계를 통해 민주적 의사결정 및 의사소통 능력향상 등 교육과정과 연계한 민주시민 역량 강화
자치공동체 실현	학교공간을 지역사회에 개방하고 공유함으로써 지역사회의 문화형성 및 삶의 중심 공간으로서 학교역할 강화

3) 추진방향

- 학교에 보다 더 안전하고 쾌적한 기준을 적용하고, 감성과 창의성 등 미래인재 양성에 필요한 교수학습적 배려, 급변하는 기술 등을 학교공간에 적극 반영하도록 하는 원칙 아래 추진

↓

사용자 참여	교육과정과 연계하여 학생과 교사가 주도적으로 참여
조화와 다양성	학습과 놀이, 휴식간 조화를 이룬 다양한 공감형 공간조성
협업과 융합	교육, 건축 등 전문 분야간 융합적 협업 추진
공간과 시민성	학교공간 재구조화와 (민주)시민성 함양 동시 추구

4) 추진체계

- 교육부–교육청–학교 간 추진체계 구축 및 기관 간 역할분담 명확화
- 학교공간혁신을 위한 통합적인 전달체계 구축 및 협력체계 구축

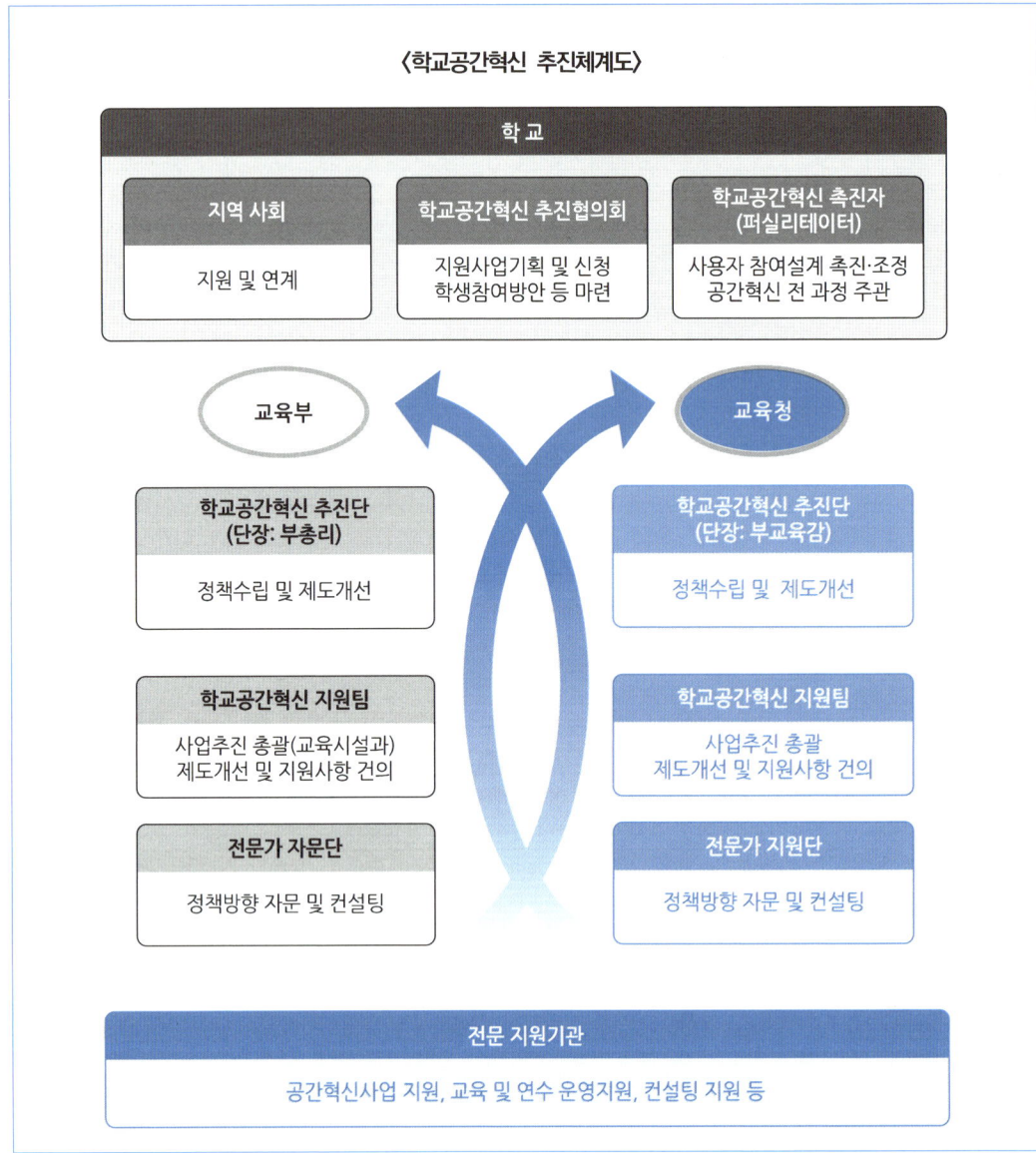

5) 학교 – 지역사회의 역할

[학교공간혁신추진협의회] 학생의 주도적 참여를 뒷받침할 교원, 지역사회, 학부모 등으로 학교별로 자율적 구성·운영

↓

기능	• 공간혁신 대상 선정 및 사용자 참여설계(수업) 기획·운영 등 교육과정과 학교공간구성의 연계 방안 마련 및 시행 등
	  – 학교공간혁신 촉진자와 함께 사용자 참여 수업과정 협의 및 추진
	  – 공간 디자인 및 건축설계 지원·점검
	  – 공간활용을 위한 교육과정 운영 및 행·재정 지원, 제도개선 건의 등

학교공간혁신 촉진자	• 교육청에서 선임한 학교공간혁신 촉진자는 학교 구성원과 함께 교육과정 운영과 연계한 사용자 참여설계와 시공 등의 제반과정을 촉진·유도·조정하고 전문적으로 지원 – 단위학교 공간혁신 기획 – 설계 – 시공 등 전 과정을 주관하도록 하되, 소규모 학교 또는 일부 영역에 대한 공간재구조화의 경우 복수의 학교 또는 영역을 묶어 담당할 수 있도록 함
지역사회 협력체	• 지역사회와 협력하여 개방적인 공간을 구축하는 경우 관련 전문가 또는 교육 활동가 등과 협력체 구성·운영

03 예시답안

구상형 1번에 대한 답변 드리겠습니다.

협력과 성장이 일어나도록 특별실을 구성하기 위한 방안에 대해 말씀드리겠습니다.

학교에 보다 더 안전하고 쾌적한 기준을 적용하고, 감성과 창의성 등 미래인재 양성에 필요한 교수학습적 배려, 급변하는 기술 등을 학교공간에 적극 반영하도록 하는 원칙 아래 구체적인 추진 방안에 대해 말씀드리겠습니다.

① 첫 번째, 학생 중심의 협동학습, 창의적 융·복합 교육 등 미래 혁신교육에 필요한 다양하고 유연한 공간을 조성해야 합니다. 기존의 공급자 중심의 획일화된 공간을 '상상력을 자극하는 다양한 수업이 가능한 교실 및 개방형 창의·감성 휴게학습 공간'으로 새롭게 조성하는 것이 필요합니다. 이를 통해 학습과 놀이, 휴식 간 조화를 이룬 다양한 공감형 공간을 조성하고 그곳에서 다양한 활동형 수업을 통해 학생들이 서로 소통하고 협력하며 성장을 이뤄낼 수 있을 것입니다.

② 두 번째, 교육과정과 연계하여 학생과 교사가 주도적으로 참여해야 합니다. 학교 사용자의 주도적 참여 설계를 통해 민주적 의사결정 및 의사소통 능력을 향상시키고 협력의 과정을 통해 교육과정과 연계한 민주시민 역량을 성장시킬 수 있습니다. 더불어 지역사회의 전문가 혹은 교육활동가 등과 협력체를 구성하고 운영하며, 이후 학교 공간을 지역사회에 개방하고 공유함으로써 지역사회의 문화형성 및 삶의 중심공간으로서 학교 역할을 강화하는 과정 속에서 지역사회와의 협력 역시 강화할 수 있습니다.

이상입니다.

PART 2 | 기출문제

> **구상형2**
> 자신의 전공과 연계하여 학교축제에서 교육공동체와 함께 운영할 프로그램의 명칭, 내용, 목표를 말하시오.

01 출제근거

경기기본계획1. 행복한 배움		
↓		
학교혁신 심화		
과제	세부사업	
혁신교육 지역화	• 성장하는 마을교육공동체 • 학교-지역사회 협력 강화	

02 문제분석

❶ 배경지식 넓히기

온동네 왁자지껄 '마을교육공동체 학교축제'
오산에선 동네와 학교 함께 축제 즐긴다 (오산시민신문 2019/09/24)

지난 23일 왁자지껄 신나는 소리들로 수청동이 들썩였다. 학교와 마을이 함께 축제의 장을 벌이는 것. 바로 오산에서 열리는 제1회 은여울 축제이다.

오산시(시장 곽상욱)는 "한 아이가 자라는데 온 마을이 필요하다."는 마을교육공동체의 목표를 가지고 2016년부터 "학교축제-마을축제 연계 지원 사업"을 펼쳐오고 있다. 사업 4년차인 2019년도 올해는 작년보다 5개 학교가 더 참여한 11개 학교가 중심이 되어 인근 마을과 즐거운 동행을 준비하고 있다.

9월 18일 오산원일초 축제를 시작으로 9월 23일 은여울축제가 진행되었고 10월 18일 운산초의 함께하는 우리 마을 축제와 오산중학교의 청학제, 11월 1일 세마초의 마을과 함께하는 세마축제와 오산원당초 온 마을이 함께하는 오산원당 가온누리 예술제, 마지막으로 성호 마을 愛 축제가 예정되어 있다.

특히 23일 진행된 제1회 은여울 축제는 화성초등학교가 중심이 되어 매홀고등학교, 매홀중학교, 매홀초등학교, 세미초 등학교 다섯 개 학교가 함께 하는 축제라는 것에서 의미가 깊다. 학교간 소통을 통해 초중고 아이들이 더불어 성장하는 행복한 마을을 만드는 것이 이번 축제의 방향이다.

10월에 진행될 오산중 청학제는 초평동 마을의 벽화그리기를 시작으로 초평동 물놀이 페스티벌 남촌동 빛여울 축제와 함께 진행된다. 11월 성호 마을 愛 축제도 기대되는데 학생들과 함께 텃밭을 가꾸고 수확된 채소들로 김장을 해서 마을의 어려운 어르신들과 나누는 활동들은 기존의 단순한 부스 운영과 공연만 즐기는 축제의 형태에서 한걸음 성장한 나눔의 축제이다.

축제를 함께 추진하고 있는 한 주민은 "예전에는 내 아이가 아니면 별로 관심이 없었는데 이제는 지나가다가도 다시 한번 살펴보게 된다."며 "축제를 통해 학교와 마을이 더 가까워지고 아이들이 행복하게 자랄 수 있는 기회가 되기를 바란다."고 말했다.

학교가 주체가 되어 지역주민 모두가 즐길 수 있는 축제를 만든다는 것이 쉽지 만은 않을 것이다. 그러나 '1년 동안 대화하는 것보다 1시간 노는 것이 누군가에 대해서 더 잘 알 수 있다.'라는 말처럼 학교와 마을이 함께하는 축제를 통해 서로간의 소통의 장이 마련되어 온 마을이 아이를 키우는 마을교육공동체로 발전하는 오산시를 기대해 본다.

❷ 경기도교육청 학교예술교육 추진 로드맵

예술감수성으로 공감하고 소통하는 행복한 시민

2019년	2020년~2021년	2022년~
예술중심 융합수업 역량강화	**학교 안과 밖의 예술체험 확대**	**학교예술교육 활성화**
1. 학교예술교육 역량강화 연수 다양화 2. 예술중심의 융합수업 확산 3. 학생들의 예술체험 확대 기반 조성	1. 학교 안 예술체험 기회 확대 2. 학교 밖 예술체험 공간 조성·운영 확대 3. 학생참여·지역기반 마을예술축제 활성화	1. 융합중심의 예술교육 활성화 2. 학생들의 예술체험·표현 기회 다양화 3. 학교 안과 밖을 연결하는 예술활동 활성화

❸ 학생 참여형 마을축제 운영

1) 학생이 기획하고 참여하는 학교예술주간 운영

목적	• 학교(인근학교 연계)가 마을주민과 함께하는 예술축제 운영으로 마을과 창조적 소통과 공감의 장 마련
방법	• 교육과정 편성 시 자율적으로 학교예술주간 편성·운영, 교육과정과 연계한 마을축제 운영(단위학교) • 인근학교·지역주민이 참여하는 전시·발표회(인근학교 연계 운영 권장)
운영주체	• 단위학교, 학생자치회(인근학교 연계), 학부모, 지역주민 ※ 학교예술주간 기획·추진·평가의 전 과정에 학생자치회 참여 권장
운영방향	• 학생이 기획부터 평가까지 참여하는 학생주도의 학교축제 운영 • 교육과정 중심의 다양한 예술활동의 전시·공연으로 교육공동체 화합의 장 마련

〈학생자치회 중심의 학교 예술주간 운영(세월초) 사례〉

• (여름 계절학교) 달빛캠프 : 여름계절학교를 통해 미술, 연극, 목공 등 다양한 문화예술체험 기회를 마을과 함께 진행   * 교육과정 배당시간 : 10시간-12시간
• (가을 계절학교) 문화예술 주기집중수업 : 문화예술 체험기회 확대로 마을학교 축제에 참여   * 교육과정 배당시간: 24시간-28시간(2018년 주제 : 우리 마을을 만나다)

2) 마을과 함께하는 어울림한마당

목적	• 지역과 연계한 문화예술 축제로 소통과 공감의 마을교육공동체 실현
방법	• 지역과 연계한 문화예술 축제로 소통과 공감의 마을교육공동체 실현
운영주체	• 지역축제 연계, 소질과 적성 전시·발표, 마을별 특색을 살린 축제

운영방향	• 지역별 특색 있는 축제 운영 • 학생이 기획부터 평가까지 참여하는 학생주도의 어울림한마당 추진 • 학교생활에서 익힌 다양한 예술 활동의 전시·공연을 통해 마을과 소통·협력·공감의 장 마련

〈마을과 함께하는 어울림한마당 운영 유형〉
- (마을별 축제)마을별 문화예술 어울림한마당 운영(4일간, 4개 마을에서 진행)
- (지역특색연계) 지역의 삼덕종이축제와 연계하여 2017 PAPER REBORN 프로젝트로 운영
- (지역주도) 혁신교육지구 공모마을 축제와 연계하여 학교와 마을이 주도하여 운영
- (전시,발표기회 제공)전시와 발표기회 여건이 어려운 지역은 예술동아리, 교육과정 결과물을 지역의 학교들이 한 장소에 모여 표현하고 나누고, 즐기는 장으로 운영

03 예시답안

구상형 2번 문제에 대한 답변 드리겠습니다.
저의 전공인 사서와 관련하여 학교축제에서 교육공동체와 함께 운영할 프로그램의 목표와 명칭, 그리고 내용을 말씀 드리겠습니다.

① 저는 '쌀이 익는 계절, 책을 읽는 마을'이라는 명칭으로 지역과 연계한 독서 축제로 소통과 공감의 마을교육공동체 실현을 목표로 하겠습니다.

② 구체적인 내용은 가을 추수가 끝난 10월 경 학생자치회, 교육지원청, 지자체, 지역 유관기관과 함께 학생이 기획부터 평가까지 참여하는 학생주도의 어울림 마당을 여는 것입니다. 지역의 특색을 살리며, 학교에서 익힌 다양한 예술 활동의 전시공연을 통해 마을과 소통하고 협력하며 공감하는 장을 마련하도록 하겠습니다. 학생이 기획부터 평가까지 참여하는 학생 주도의 학교축제를 운영함과 동시에 교육과정 중심의 다양한 예술활동의 전시공연으로 교육공동체 화합의 장을 마련하겠습니다. 구체적으로 말씀드리자면, 10월에 지역에서 개최하는 '우리마을 쌀 축제' 및 인근 학교들과 연계하여 1년 동안 학생들과 준비한 독서관련 그림 전시회를 열고 작은 도서관을 운영하겠습니다. 이를 통해 지역의 소통의 장을 넓혀 온 마을이 아이를 키우는 마을교육공동체로 발전하는 계기로 삼겠습니다.

이상입니다.

> **즉답형1**
>
> 현재 학교에서 일어나는 학교폭력은 신체적 폭력보다 정서적 폭력이 늘어나는 추세이다. 정서적 폭력을 예방할 수 있는 방안을 말하시오.

01 출제근거

경기기본계획3. 안전한 학교	
건강한 교육환경 조성	
과제	세부사업
위기대응 시스템 구축	• 아동학대, 학교폭력 예방

02 문제분석

❶ 학교폭력 예방교육의 필요성(2020 교육부 학교폭력 예방교육 컨설팅 매뉴얼)

① 다양한 정보통신기술과 스마트 기술이 널리 보급되면서 인터넷, 스마트폰 등의 사용 증가로 학생들의 생활양식과 소통 방식이 근본적으로 변화하고 있음

② 2019년 1차 학교폭력 실태 전수조사에 의하면 피해응답률이 1.6%로 2018년 1차 조사에 비해 0.3%가 증가하였는데, 이는 사이버 괴롭힘이 지속적으로 증가되는 등 정서적 폭력(언어폭력, 집단따돌림, 사이버 괴롭힘)의 비중이 높아지고 있는 것이 한 원인이라고 볼 수 있음

③ 최근 증가되는 정서적 폭력에 대응하기 위해서는 학교폭력 근절 학교문화 조성을 위한 교내행사, 캠페인 활동, 체험 활동 등과 더불어 학생 한 명 한 명의 사회·정서적 역량을 강화하기 위해 교육과정과 연계하여 자연스럽게 학생들의 삶과 밀착할 수 있는 학교폭력 예방교육이 필요함

❷ 학교폭력 예방교육 운영체계

개인 역량강화 어울림 프로그램	보편적 예방교육 (사회·정서적 역량 중심) • 모든 학생 • 학급 단위 • 교과 + 창체시간 • 어울림 **기본** • 사이버 어울림 **기본**	선별적 예방교육 (문제유형별 대처 중심) • 관심군 학생 • (필요) 학급단위 • 교과 + 창체시간 • 어울림 **심층** • 사이버 어울림 **심층**
학교 문화조성 어깨동무 활동	관계중심 예방교육 (공동체 역량 강화 중심) • 학급 단위 : 또래활동 프로그램 등 • 학교 단위 : 사이버폭력 예방·언어문화개선 교육 주간, 공모전, 동아리 활동, 　　　　　　학생 특색 활동, 캠페인 등	

- 단위 학교·학급의 특색 및 형편에 맞는 어깨동무 활동을 진행하여 학교폭력 근절 문화를 조성하고, 교과 및 창체 시간에 어울림 프로그램 수업을 운영하여 학생 개개인의 사회·정서 역량 강화
  ⇒ 학교폭력 예방 및 대응에 대한 개인 역량 및 공동체 역량 강화

1) 어울림 프로그램
① "어울림 프로그램"은 교육부에서 개발한 국가 수준의 학교폭력 예방교육 프로그램으로, 다양한 유형의 학교폭력 사례를 기반으로 학생의 발달 단계를 고려하여 학교·학급 특성 및 실정에 따라 선택하여 활용할 수 있도록 모듈 형태로 개발
② 어울림 프로그램은 '어울림 프로그램'과 '사이버 어울림 프로그램'으로 구성되어 있음
③ 2015 개정 교육과정에서 제시한 핵심역량과 연계하여 학교폭력 예방을 위해 꼭 필요한 '공감' 역량, '의사소통' 역량, '자기존중감' 역량, '감정조절' 역량, '갈등해결' 역량(사이버 어울림은 '자기조절' 역량, '인터넷 윤리의식' 역량 추가)과 '학교폭력 인식 및 대처' 역량으로 추출하여 학생들의 사회·정서적 역량이 함양될 수 있도록 구성
④ 교과 및 창체시간 어울림 프로그램 수업을 통해 학생들이 삶 속에서 자연스럽게 다른 친구들을 배려하고 공감하며, 자신의 감정을 이해하고 조절할 수 있을 뿐만 아니라 갈등을 대화로 해결하고, 학교폭력에 지혜롭게 대처할 수 있도록 지속적이고 꾸준한 교육 가능

2) 어깨동무 활동
① "어깨동무 활동"은 학교폭력 문제를 학교 구성원 모두가 공동체적으로 접근하고 해결하려는 학교문화를 조성하기 위해 단위 학교에서 추진하고 있는 각종 캠페인 활동, 학생 자치 활동, 학교·학급 행사 등을 통칭함
② 언어폭력 예방 및 언어문화개선 활동, 사이버 폭력 예방 주간 운영, 또래상담 동아리 운영, 또래활동 프로그램, 관계 중심 생활교육, 평화 교육, 문화예술체육활동, 예술 동아리 운영 등 단위 학교·학급의 특색에 맞도록 운영 권장

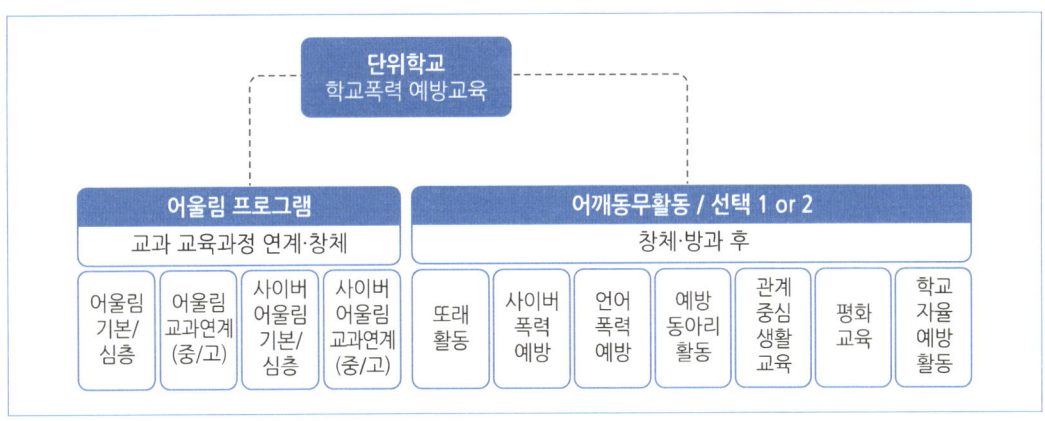

03 예시답안

즉답형 1번 문제에 대한 답변 드리겠습니다.
최근 증가하고 있는 <u>정서적 폭력을 예방할 수 있는 방안</u>에 대해 말씀드리겠습니다.
최근 증가되는 정서적 폭력에 대응하기 위해서는 학교폭력 근절 학교문화 조성을 위한 교내행사, 캠페인 활동, 체험 활동 등과 더불어 학생 한 명 한 명의 사회·정서적 역량을 강화하기 위해 교육과정과 연계하여 자연스럽게 학생들의 삶과 밀착할 수 있는 학교폭력 예방교육이 필요합니다.

① 구체적인 방안으로는 학교에서는 단위 학교·학급의 특색 및 형편에 맞는 어깨동무 활동을 진행하여 학교폭력 근절 문화를 조성해야 합니다. 언어폭력 예방 및 언어문화개선 활동, 사이버 폭력 예방 주간 운영 등을 단위 학교나 학급의 특색에 맞추어 운영할 수 있습니다.

② 더불어 교과 및 창체 시간에 어울림 프로그램 수업을 운영하여 학생 개개인의 사회·정서 역량을 강화하는 것이 필요합니다. 학생들이 삶 속에서 자연스럽게 다른 친구들을 배려하고 공감하며, 자신의 감정을 이해하고 조절하며 갈등을 대화로 해결하고 학교폭력에 지혜롭게 대처할 수 있도록 꾸준한 교육을 실시해야 합니다. 이러한 방법들을 통해 학교폭력을 예방하고 대응할 수 있는 개인 역량 및 공동체 역량을 강화한다면 정서적 폭력을 없앨 수 있을 것입니다.

이상입니다.

PART 2 | 기출문제

> **즉답형2**
> 학기 초, 신입생에게 학교 적응을 돕기 위한 안내문을 제공할 때, 포함될 내용을 전공과 관련하여 말하시오.

01 출제근거

경기기본계획3. 안전한 학교	
↓	
건강한 교육환경 조성	
과제	세부사업
학교안전 내실화	• 체험 중심 안전교육 • 학교시설, 교육환경 안전 강화

02 문제분석

❶ 신입생 적응을 위한 가정통신문 내용

보건	• 학생 건강조사서 및 응급처치 동의서 • 보건실 이용절차 안내 • 환절기 건강수칙안내 • 고농도 미세먼지 대응 요령 안내 • 건강한 학교생활을 위한 생활 습관 • 코로나 바이러스 감염증 예방 안내 • X-선검진(결핵) 및 소변검사 실시 안내 • 코로나·미세먼지 인정결석 범위와 신청 안내	• 학교에서 걸리기 쉬운 감염병 • 예방접종 안내문 • 요양호자 관련 안내 • 보건 수칙 • 적십자 사랑의 헌혈 안내 • 인플루엔자(독감)예방 안내 • 시력관리를 위한 안내 • 다기관염증증후군 예방 안내
사서	• 도서관 이용 안내 • 권장도서목록 • 학교 도서관 명예 사서 모집 안내 • 학교도서관 구입희망도서 신청 안내 • 역량 강화를 위한 작가와의 만남 안내 • 도서관 이용을 위한 개인정보수집 동의서	• 도서관 회원가입 신청서 • 전자책 이용 안내 • 독서교육 연수 안내 • 도서관 자기주도학습 운영 안내 • 학교도서관 개방사업 안내
상담	• 학생정서행동특성검사 안내 • 신입생 진로캠프 안내문 • 신입생 인·적성검사 안내문 • 상담실 안내문 • 학생·학부모 상담주간 안내 • 청소년 도박문제 관련 피해 예방 안내 • Wee클래스 상담주간·또래 상담주간 안내 • 학생 상담활동에 따른 보호자 동의 안내 • 코로나19 관련 Wee클래스 운영 및 온라인 상담실 운영 안내 • 청소년 인터넷·스마트폰 과의존에 대한 상담·치료 안내	• Wee센터 순회상담 신청 안내 • Wee클래스 상담 이용 동의서 • 자녀 진로 관련 정보지 • 내 자녀 진로지도하기 안내 • 사이버폭력 예방 안내 • 학교폭력 확인서 • 학교폭력예방 안내문

영양	• 급식표 • 식품 알레르기 설문조사 • 중·석식 안내 • 건강한 식습관 안내 • 우유급식 희망 조사 • 식재료 꾸러미 및 농협몰 이용 식재료 구매 지원사업 안내	• 영양소식 및 식단 안내 • 무상급식 실시 안내 • 급식 모니터요원 모집 안내 • 부모 위생·안전 안내

03 예시답안

즉답형 2번에 대한 답변 드리겠습니다.
신입생들의 원활한 학교 적응을 돕기 위한 안내문을 전공인 보건과 관련지어 말씀드리겠습니다.

① 우선 건강에 문제가 있는 학생들을 파악하고 상황에 맞는 적절한 조치를 취하기 위하여 학생 건강조사서 및 응급처치 동의서를 배부하겠습니다. 보건실 이용절차를 학기 초에 배부하여 몸이 아픈 학생들이 편하게 보건실을 찾아올 수 있도록 돕겠습니다. 각 시기별로 유행하는 전염병에 대한 안내와 그에 대한 예방 조치에 대한 안내와 더불어 고농도 미세먼지 대응 요령을 교육할 것입니다.

② 뿐만 아니라 코로나 바이러스와 미세먼지 등으로 인한 사유로 결석해야 할 때 인정결석의 범위와 절차, 그리고 필요한 첨부서류를 학생들에게 사전에 안내하여 학생들이 건강하고 안전하게 학교생활을 할 수 있도록 돕겠습니다.

이상입니다.

경기도 집단 토의 - 교과

집단토의

학교 민주시민교육의 방향에 대하여 아래 자료를 참고하여 토의하시오.

(자료 1) 민주시민교육이란 민주시민으로서 사회 참여에 필요한 지식, 가치, 태도를 배우고 실천하게 하는 교육을 말한다.

「경기도교육청 학교민주시민교육 진흥 조례」

(자료 2) 학교 민주시민교육은 단순한 도덕적 계몽을 넘어서야 한다

「더불어 사는 민주시민 교과서」

(자료 3) 한국 청소년들은 민주시민이 무엇인지는 잘 알고 있지만 실제 시민 활동에 참여하는 비율은 세계에서 가장 낮았다. 한국 청소년 정책 연구원은 국제 교육 협의회(IEA)가 2009년 38개국 학생들을 대상으로 조사한 국제시민의식교육연구(ICSS) 자료를 바탕으로 2011년의 한국의 초등4학년~고교3학년 학생9,398명의 민주시민역량을 산출했다. 조사 결과 한국은 옳고 그름을 판단하는 수준과 민주시민 관련 지식을 평가하는 '시민 지식' 점수는 565점을 받아 세계 2위다. 그러나 학교 안팎의 시민 활동에 참여하는 비율은 전 영역에서 최하위 수준이었다. 청소년·환경운동·인권운동·자선·기부·외국인문화단체 등 6개 영역에서 한국은 평균보다 적게는 6%에서 많게는 31%까지 뒤졌다. 방과 후 프로그램이나 토론, 반장·학생회 임원 투표 등 교내 활동 참여율도 모든 영역에서 최하위다. 초등학교 4학년~고등학교 3학년 학생 9,800여 명에 대한 조사 결과 학교 민주시민교육의 '지식' 측면은 전 세계 2위 수준이지만, '참여' 측면은 최하위 수준이다.

「○○신문」

〈발언을 할 때 다음과 같은 사항을 포함하여 할 것〉
• 학교 민주시민교육의 방향에 대한 자신의 생각
• 자신의 교과와 연계한 학교 민주시민교육 실천 방안
• 학교 민주시민교육의 학생 중심 실천 방안

01 출제근거

경기기본계획2. 학교자치	
↓	
시민교육	
과제	세부사업
실천하는 시민육성	• 실천중심 시민교육 활성화

02 문제분석

❶ 제시문 분석
민주시민 교육은 지식, 앎을 넘어서 실천으로 이어져야 하지만, 우리나라의 경우 지식에 비해 실천역량을 키우지 못하고 있음

❷ 2020 민주시민교육 정책 추진 계획(경기도교육청)

1) 근거

경기도교육청 학교민주시민교육 진흥 조례 제2조, 제5조

> **제2조 (정의)**
> 1. "민주시민교육"이란 민주시민으로서 사회 참여에 필요한 지식, 가치, 태도를 배우고 실천하게 하는 교육을 말한다.
> 2. "학교민주시민교육"이란 「초·중등교육법」제2조에 따른 학교의 학생, 학부모, 교사, 직원(이하 "학교시민"이라 한다)에게 실시하는 민주시민교육을 말한다.

2) 목적
① 참여와 실천 중심의 시민교육을 통한 주체적이고 공공적인 시민 육성
② 민주적 소통과 학교민주주의 정착으로 실질적인 학교자치 실현
③ 학생자치 내실화와 정책결정참여 보장을 통한 학생주도의 학교문화 조성
④ 한반도 평화시대 학생들의 평화통일 공감대 확산과 평화역량 함양
⑤ 공평한 교육 지원으로 다문화학생 맞춤형 교육 지원 내실화

3) 추진 방향
① 교육과정 연계 실천중심 시민교육으로 함께 성장하는 시민 육성
② 학교민주주의 정착과 학교자치조례의 현장 안착으로 학교자치 실현
③ 지역청소년교육의회 활성화와 참정권교육 강화를 통한 학생 정책참여 및 의사결정권 확대
④ 평화시대를 대비하는 평화통일교육 공감대 확산을 위한 지원
⑤ 다문화사회에 대비하는 다양성과 시민의식을 가진 세계시민 육성

❸ 민주시민교육 실천학교

<u>민주시민교육 실천학교란?</u> 학교 교육과정에서 민주시민교육을 강화하고 민주적인 학교문화조성을 통해 학생들이 삶 속에서 **민주주의를 실천**하는 학교

1) 추진체계

```
┌─────────────────────────────────────────────────────────────────┐
│      (교육과정의           (학교문화의           (실천하는        │
│       민주주의)             민주주의)            민주주의)        │
│                                                                  │
│  • 교육과정에 민주시민 교육   • 학교구성원 간의 존중을   • 교육과정과 연계한 체험  │
│    요소를 강화               바탕으로 참여와 소통        중심 민주시민교육 실천  │
│                              활성화                                            │
│  • 민주시민 교육 중심 주제를                            • 학생 주도적 사회참여 활동 │
│    선정하여 교육과정 재구성  • 민주적 의사결정           으로 민주주의 경험     │
│                              시스템 구축 운영                                  │
│  • 교육과정 재구성 수준을                              • 학생이 주도하는 공간의 │
│    넘어 민주시민 교육과정   • 학교민주주의 지수 활용을    민주성 회복 프로젝트 운영│
│    편성·운영                 통한 민주적 학교문화 실천                         │
│                                                                               │
│  • 배움의 과정에서 민주주의                                                    │
│    의 가치 실천                                                                │
└─────────────────────────────────────────────────────────────────┘
```

2) 추진과제

과제 1	교육과정의 민주주의

> "시민은 태어나지 않는다. 만들어질 뿐이다."

① 교육과정에 민주시민교육 요소를 강화하는 학교
  - 민주시민교육 중심 주제를 선정하여 교육과정 재구성
    * 민주시민교육 중심 주제: 인권, 선거, 평등, 다양성, 평화, 연대, 환경, 민주주의, 노동, 미디어, 참여 등

    • 기존 교과에 민주시민교육 내용 요소를 강화하여 운영
    • 교과 간 협업을 통하여 주제중심으로 융합수업 운영
    • 시민교육 교과서를 활용하여 주제 중심으로 교육과정 재구성하여 수업
    • 창의적 체험활동, 자유학년제 주제선택, 동아리 활동과 연계 운영

  - 교육과정 재구성 수준을 넘어 민주시민 교육과정 편성·운영

    • 선택교과(중), 교양교과(고)에서 시민교과 과목을 개설하여 운영
    • 학교 교육과정 전체를 교과단위가 아닌 인권, 평등, 선거와 같은 민주시민교육 주제나 가치중심으로 재편하여 운영

② 배움의 과정에서 민주주의의 가치를 실천하는 학교
  - 교육과정-수업-평가 과정에서 민주주의의 가치를 반영하여 운영

    • 학교비전과 목표를 공유하고 교사간 협력과 소통을 기반으로 교육과정 재구성

- 교육과정 편성·운영에 학생들의 실질적 참여 보장 및 의견 적극 반영
- 수업에서 소외(주변화)되는 학생이 없는 교실문화 조성
- 소그룹 토의와 발표, 쟁점 토론, 프로젝트 수업 등 학생 참여·협력형 수업 운영
- 학생들의 의견을 반영한 평가방법 및 도구의 선택
- 학생 모두의 성장을 위한 평가결과의 의미있는 피드백

과제 2	학교문화의 민주주의

"민주주의는 민주주의자가 필요하다."

① 학교구성원 간의 존중을 바탕으로 참여와 소통이 활발한 학교
 - 학교구성원 모두 존중되는 교실 속 민주주의 실천
   - 학생과 담임교사가 함께 신뢰와 존중의 학급문화 조성
     (학교 "급훈"을 "학급생활협약"으로 바꾸기 운동 실천)

 - 학교의 공동주인으로서 학생, 학부모, 교직원의 협력적 관계 맺기
   - 학교구성원이 함께 교육공동체 비전을 세우고 생활협약 제정 및 실천하기
     (학교별 "교훈"을 "학교비전", "교육약속", "학교헌장"으로 바꾸기)

 - 교육공동체 구성원 간의 민주적 소통 강화
   - 비전 도출, 교육과정 운영 계획과 수립을 위한 교육공동체 대토론회 운영
   - 학교현안 문제 관련 학생-학부모-교직원대표 연석회의 운영

② 민주적 의사결정과정 시스템으로 움직이는 학교
 - 학생이 학교의 주요 정책결정과정에 참여하는 자치문화 실천
   - 학교운영위원회 회의 시 학생자치회 대표 참여 및 발언기회 보장
   - 교육과정 및 학사일정 등 학생생활 관련 정책결정과정에 학생 참여 보장

 - 교직원의 학교교육활동 의사결정 참여·결정권 확대
   - 안건과 토론이 있는 민주적 교직원회의 정례화 및 운영 규칙 제정·실천
   - 예산편성, 교육활동계획 수립 및 평가 과정에 교직원 참여 및 의견 반영

 - 학교민주주의 지수 활용을 통한 자체 문화 진단 및 대안 마련
   - 지수 결과 성찰을 토대로 차기년도 교육과정 운영 및 생활협약 제정 실천

③ 학교민주주의 정착을 토대로 학교자치 실현을 위해 노력하는 학교
 - 학교자치조직(학생자치회, 학부모회, 교직원회) 구성 및 운영 활성화
 - 교육과정 편성·운영, 인사, 예산(재정) 등에서 학교자치 원리 적용 실천
 - 학교자율성 확대에 따른 자체 역량강화 및 학교구성원의 책임 강화

과제 3	실천하는 민주주의

"사회는 당신이 행동하는 대로 만들어진다"

① 교육과정 연계 체험중심 민주시민교육을 운영하는 학교
- 체험중심 민주시민교육 실천
  - 민주적 가치를 중심으로 하는 교과 및 창의적 체험활동 연계 체험 프로그램 운영
  - 교육과정 연계 현장체험을 통해 민주주의 가치 체득 기회 제공

② 학생들이 사회적 참여를 통해 변화를 경험하게 하는 학교
- 학교 밖 기관, 지역 사회와 연계하여 실천하는 시민교육 운영
  - 학교 밖 기관 및 지역 사회의 다양한 자원을 활용하여 실천 중심 시민교육 운영
  - 학생이 주도적으로 지역의 민주시민교육 관련 체험프로그램을 개발하는 프로젝트 운영

- 학생이 주도하는 사회참여활동 동아리 운영
  - 학생 스스로 학교, 지역 사회 및 전 지구에서 일어나는 일들에 대한 문제의 원인을 발견하고 해결방안을 제시하는 과정을 통하여 참여와 실천의 민주시민의식 함양

③ 학생이 주도하는 공간의 민주성 회복을 통하여 변화를 만들어가는 학교
- 학생 주도형 「공간의 민주성 회복 프로젝트」 운영
  - 학생과 교사가 함께 학교 공간을 변화시키는 과정에서 자율적 주체로서 시민적 효능감 제고
  - 권위적 공간이 아닌 학생들의 상상력과 필요를 담은 행복한 소통 공간 조성
  - 학생들의 의견 반영 시 절차적 수렴 과정을 넘어서 실제적 반영과 참여를 통하여 학생들이 주도하여 공간의 민주성을 회복하는 프로젝트 운영

TIP 교과와 연계한 민주시민 교육방법

경기도교육청 홈페이지 - 통합자료실 - 과별자료실 - 남부청사 - 민주시민교육과에서, '시민교육,OO수업과 만나다' 시리즈를 검색하시면 자신의 교과(도덕, 역사, 사회, 미술, 체육, 음악, 연극, 기술, 가정, 정보, 수학, 화학, 생명과학, 국어, 지리, 영어)에 맞는 수업방법을 찾을 수 있습니다.

03 예시답안

1. 기조발언(1분 이내 답변)

    관리번호 1번 기조발언 하겠습니다.
    "민주시민교육"이란 민주시민으로서 사회 참여에 필요한 지식, 가치, 태도를 배우고 실천하게 하는 교육을 말합니다. 이는 참여와 실천 중심의 시민교육을 통한 주체적이고 공공적인 시민을 육성하고 민주적 소통과 학교민주주의 정착으로 실질적인 학교자치를 실현하는 것을 주된 목적으로 합니다. 이러한 학교 민주시민교육의 방향과 교과수업과 연계한 학교에서의 실천방안, 그리고 학생 중심 실천 방안에 대해 말씀드리겠습니다.

2. 자율토론(1회 발언 시 2분 이내 답변)

    관리번호 1번 답변하겠습니다.
    ① 첫 번째 학교 민주시민교육의 방향에 대해 말씀드리겠습니다. 우선 교육과정과 연계한 실천중심 시민교육으로 함께 성장하는 시민을 육성해야 합니다. 우리나라 청소년들이 갖고 있는 높은 시민 지식 점수와는 달리 실제 참여 수준은 매우 낮습니다. 단순한 도덕적 계몽을 넘어 실천하는 민주시민으로 성장시켜야 할 것입니다. 학교민주주의 정착과 학교자치조례의 현장 안착으로 학교자치를 실현하고 지역청소년교육의회 활성화와 참정권교육 강화를 통해 학생 정책참여 및 의사결정권을 확대함과 동시에 평화시대를 대비하는 평화통일교육의 공감대를 확산시켜야 할 것입니다. 더불어 다문화사회에 대비하는 다양성과 시민의식을 가진 세계시민을 육성하는 것도 중요합니다.
    ② 이어서 교과 수업과 연계한 학교 민주시민교육 실천방안에 대해 말씀드리겠습니다. 우선 교육과정 속에 민주시민교육 중심 주제를 선정하여 교육과정을 재구성 하거나 교육과정 재구성 수준을 넘어 민주시민 교육과정을 편성하고 운영할 수 있습니다. 또한 교육과정, 수업, 평가의 과정에서 학생들의 실질적 참여를 보장하고 의견을 반영하고 학생참여·협력형 수업을 운영해야 합니다.
    ③ 마지막으로 학교 민주시민교육의 학생 중심 실천 방안에 대해 말씀드리고자 합니다. 교육과정과 연계한 체험활동을 통해 민주주의의 가치를 체득할 수 있는 기회를 제공하고 학생들이 주도하는 사회참여활동 동아리 운영을 통해 학생 스스로 학교, 지역, 및 전 지구에서 일어나는 일들에 대한 문제 원인을 파악하고 해결방안을 제시하며 참여와 실천의 민주시민의식을 함양할 수 있습니다. 또한 학생 주도형 '공간의 민주성 회복 프로젝트'를 통해 삶의 공간으로서 학교 공간에 대한 학생들의 공간주권을 실현할 수도 있습니다.

3. 정리발언(1분 이내 답변)

    관리번호 1번 정리발언 하겠습니다.
    "사회는 당신이 행동하는대로 만들어진다"는 말은 학생들이 앎을 넘어 민주주의를 삶 속에서 실천할 것을 강조하고 있습니다. 민주시민은 태어나지 않고 길러지는 것이라고 생각합니다. 학교 교육과정에서 민주시민교육을 강화하고 민주적인 학교문화를 조성하여 학생들이 삶 속에서 민주주의를 실천할 수 있도록 도와야 합니다.
    이상입니다.

경기도 집단 토의 - 비교과

> **집단토의**
>
> 진로교육에 대해 아래 제시문을 바탕으로 조건에 맞게 토의하시오.
>
> 1) 국가표준 교육과정에서 진로교육의 목표는 학생 자신의 진로를 창의적으로 개발하고 지속적으로 발전시켜 성숙한 민주시민으로서 행복한 삶을 살아갈 수 있는 역량을 기르는 것이다.
> 2) 진로교육은 창의적 체험활동과 연계 형태로 운영된다. 자율, 봉사, 동아리와 진로교육이 연계된다.
> 3) 많은 학생들과 학부모는 진로교육은 교과 외 활동이고 진로교육은 진로상담교사만 하는 것이며, 흥미와 적성은 고려하지 않아도 된다는 잘못된 인식을 하고 있다.
>
> 〈발언을 할 때 다음과 같은 사항을 포함하여 할 것〉
> 1. 현재 이루어지고 있는 학교 진로교육 방향에 대한 본인의 생각
> 2. 전공(사서, 전문상담, 영양, 보건)과 연계한 실체적인 진로교육 실천 방안
> 3. 학생 중심 진로교육 활동

01 출제근거

경기기본계획1. 행복한 배움	
↓	
학생중심 교육과정	
과제	세부사업
진로·직업교육 강화	• 맞춤형 진로교육

02 문제분석

❶ 학교 진로교육

1) 목표와 성취기준

① 학교 진로교육이 추구하는 우선적인 목표는 창의적으로 자신의 진로를 탐색하고 개척해 나갈 수 있는 역량을 기르는 데 있다는 것이다.

② 이를 위해서 학교는 학생이 자신에 대한 긍정적인 인식과 일과 직업세계에 대한 객관적인 이해를 바탕으로 평생에 걸친 자기주도적 진로 개척 역량을 배양할 수 있도록, 다양한 참여와 체험 등의 진로교육 활동을 전개해야 한다.

③ 이를 위하여 학교 진로교육은 다음의 네 가지 세부 목표를 두고 있다. 국가는 이러한 네 가지 세부 목표를 달성하기 위하여 학교급별로 초점을 두어야 할 진로교육 목표와 내용 및 성취기준을 설정하

고 있다.

초·중등학교 교육의 목적 (추구하는 인간상)	• (목적) 홍익인간의 이념 아래 모든 국민으로 하여금 인격을 도야하고, 자주적 생활 능력과 민주 시민으로서 필요한 자질을 갖추게 하여 인간다운 삶을 영위하게 하고, 민주 국가의 발전과 인류 공영의 이상을 실현하는 데 이바지하게 함 • (추구하는 인간상) ① 전인적 성장의 기반 위에 개성의 발달과 진로를 개척하는 사람 ② 기초 능력의 바탕 위에 새로운 발상과 도전으로 창의성을 발휘하는 사람 ③ 문화적 소양과 다원적 가치에 대한 이해를 바탕으로 품격 있는 삶을 영위하는 사람 ④ 세계와 소통하는 시민으로서 배려와 나눔의 정신으로 공동체 발전에 참여하는 사람
학교 진로교육 목표	학생 자신의 진로를 창의적으로 개발하고 지속적으로 발전시켜 성숙한 민주시민으로서 행복한 삶을 살아갈 수 있는 역량을 기른다.

진로교육 영역	영역별 추진 목표
자아 이해와 사회적 역량개발	긍정적 자아개념을 형성하고 적성에 대하여 정확하고 객관적으로 이해하며 타인과 적절하게 관계 맺고 소통할 수 있는 역량을 기른다.
일과 직업세계의 이해	일과 직업의 중요성과 가치, 직업세계의 구성과 체계를 이해하고, 건강한 직업의식을 기른다.
진로탐색	자신의 진로와 관련된 교육기회 및 직업정보를 적극적이고 체계적으로 탐색하는 역량을 기른다.
진로 디자인과 준비	자기 이해와 다양한 진로탐색과 체험을 바탕으로 자신의 진로를 창의적으로 설계하고 적절한 계획을 수립하고 준비하는 역량을 기른다.

2) 학교급별 진로교육 목적

초등학교	중학교	고등학교
진로 의식 형성	(체계적) 진로 탐색 기초 진로설계 및 준비	진로 설계 및 준비 (구체적) 진로 탐색
진로개발역량 기초 함양	진로개발역량 발전 및 이후 진로 준비	진로 개발역량 발전 및 진로 준비

① 중학교는 기초적인 진로역량을 발전시키면서 체계적으로 진로를 탐색하고 이후 진로에 대하여 준비하는 데 목적을 둔다. 이는 초등학교 때 함양된 진로개발역량을 보다 발전시키며 중학교 이후의 진로를 준비하는 단계이다.
② 고등학교는 진로와 관련한 직업이나 교육기회에 대하여 보다 구체적으로 탐색하고 합리적으로 디자인하며 실천할 수 있도록 준비하는 데 목적이 있다. 특히, 특성화고등학교는 취업과 창업 등에 필요한 진로개발역량을 강조한다. 이는 중학교까지 함양된 진로개발역량을 보다 발전시키고 보다 구체적인 진로선택의 시기에 맞도록 진로를 설계하고 관심 진로에 대하여 준비하는 단계이다.
③ 위와 같이 학교 진로교육 목표와 학교급별 세부 목표 및 성취기준을 토대로 학교교육의 곳곳에 학생의 진로개발역량 함양을 위한 지원이 필요하다.
④ 혹자는 진로교육을 진로진학상담교사가 진로수업 시간에만 해야 하는 것으로 오해하고 있다. 진로교육은 진로수업에서만 이루어지는 것이 아니라 모든 교과 수업이나 활동에서 반영될 필요가 있다.
⑤ 특히, 최근 중학교 자유학기제 도입과 관련하여 초·중등교육 전반의 학생 진로탐색 활동이 강조되고 있다. 이러한 계기로 학교 교육을 통하여 학생의 꿈과 끼의 탐색 활동을 보다 활성화되어야 한다.

❷ 교원의 진로지도 및 상담 직무영역에서의 핵심역량모델

역량군	역량명	역량정의
Ⅰ. 진로특성 진단 및 해석	1. 학생 특성에 대한 관찰력	직접 관찰하거나 주변인을 통해 학생 개인의 특성을 파악하고, 이를 진로지도 및 상담활동에 활용할 수 있도록 학생별 특성을 진로와 연계시켜 자료화한다.
	2. 진로특성 정보에 대한 분석	관찰, 청취, 진단도구 등으로 수집된 학생의 특성을 종합하고 기존 지도 학생들의 경험 자료를 검토하여 학생이 지닌 진로특성(강점, 능력 포함)을 도출한다.
Ⅱ. 학생 및 학부모 진로상담	3. 학생의 발달 수준에 맞는 진로상담	교사가 직접 분석한 학생의 진로특성을 학생이 이해하기 쉽고 진로개발의 동기를 형성하도록 그들의 발달수준을 고려하여 전달하고 궁금증을 해소하도록 적절하게 답변을 제공하는 진로상담을 진행한다.
	4. 학생 진로 관련 정보의 정기적 공유를 통한 학부모 지원	학생의 진로개발 동반자로서, 교사는 학부모와 학생 개인의 진로 관련 정보(학업성취도, 진로개발 이력, 진로목표, 희망진학처 등)를 온오프라인채널(학부모연수, 정기상담, 온라인 카페, 가정통신문 등)을 통해 정기적으로 공유한다.
Ⅲ. 일과 직업세계에 대한 정보 제공	5. 직업정보의 탐색 및 수집	현재와 미래 직업정보를 이해할 수 있도록 다양한 출처(교육 및 고용정책 관련 기관 및 전문가 등)를 발굴하고, 이를 통해 진로교육에 필요한 정보를 지속적으로 탐색·수집한다.
	6. 직업정보의 축적 및 가공	진로탐색 및 설계에 도움이 되는 직업정보를 목록·유형화하여 지속적으로 축적하고 이를 학생, 학부모, 교사가 활용 가능하도록 가공하여 자료로 개발한다.
	7. 직업정보의 전달 및 공유	학생이 일과 직업에 대한 긍정적 가치관을 형성하고 진로탐색에 필요한 직업정보(관심 직업의 경로, 학업 및 자격 요건, 교육훈련 방안 등)를 확보하도록 학생, 학부모, 교사의 눈높이와 니즈에 맞춰 자료를 전달·공유한다.
Ⅳ. 신(新)진로경로 설계 조력	8. 학생 맞춤형 진로경로 제안을 통한 설계 지원	학생의 내·외부적 여건을 충분히 분석하고 학생에게 적합한 진로경로를 다양하게 제시하여 학생 스스로 최선의 진로 목표와 경로를 설계하도록 지원한다.
Ⅴ. 진로 연계 학습 촉진	9. 진로목표 구체화를 통한 학습동기 유발	학생이 진로 목표와 목표 달성 방안을 구체화하는 과정에서, 학생의 관심 진로(직업)와 교과 요소간 연계를 설명한다거나 직업 획득에 요구되는 교육(자격) 요건을 제시함으로써 학습동기를 높인다. 특히 지속적인 진로개발에 있어 평생학습의 중요성을 인식시킨다.
	10. 학생의 교과적성을 진로개발로 전이	교과 전문성을 바탕으로 교육과정 내에서 학생의 흥미나 적성을 적극적으로 발굴하고 이를 진로정보(학교, 전공, 직업 등)와 연계하여 학생에게 긍정적으로 인식시킴으로써, 학생이 자연스럽게 진로개발을 실천하도록 한다. 이를 위해 교사는 교과 내용과 진로교육 요소 간 연계 가능성(주제, 내용, 활동 등)을 발굴하고 수업을 설계, 운영한다.
	11. 학생 맞춤형 학습법 제시	진로목표 달성에 요구되는 학업성취를 이루도록, 학생의 학업특성(학습유형, 성적, 선호학습법, 효능감 등)에 따라 맞춤형 학습법을 개발하고 적용하도록 지도한다.
Ⅵ. 진로 관련 비교과 활동 운영·지원	12. 교과 외 지식, 학교 밖 세상에 대한 관심과 포용력	학교 교육과정 이외의 다양한 지식과 경험(문화예술, 테크놀로지, 사회현상, 각종 취미활동 등)에 관심을 갖고 개방적으로 수용하여 비교과 활동으로 전이할 수 있는 가능성을 확보·확대한다.
	13. 지역사회(인적, 물적) 네트워크 형성	비교과 활동을 위한 물적, 인적 자원을 확보하기 위하여 지역사회의 공공·민간기관, 전문가, 학부모 등의 교육기부처(자)를 직접 발굴하고, 더 나아가 학생 및 학부모의 발굴과 참여를 독려한다.

VII. 진학 준비 지원	14. 상급학교 전형요소의 분석	상급학교의 전형요소를 파악하기 위해 다양한 출처(교육청 연수, 입시설명회, 입시요강, 교사모임 등)에서 정보를 수집·목록화하고 분석하여, 우리 학교 및 학생 특성에 적합한 진학 전략을 수립한다.
	15. 진학결과에 대한 DB 구축 및 적용	분석된 전형요소별로 각종 진학결과(입시전문기관 자료, 우리학교 및 유사학교 졸업생 진학결과, 대학/고교별 자료 등)를 DB로 구축함으로써, 학생 맞춤형 진학가능 대학 및 학과, 전형을 추출하고 여기에 맞춰 준비가 되도록 지원함으로써 진학률을 실질적으로 향상시킨다.
취업 준비 지원 (특성화고등학교)	추1. 취업처 맞춤형 서류 및 면접 전형 지도	취업처별 요구 조건을 반영하여 학생의 인성과 직무역량 차원에서의 장점이 부각된 지원 서류를 작성하도록 개별 지도하고, 면접 전형에서 요구되는 핵심 역량을 습득하도록 모의면접 프로그램을 운영한다.
	추2. 현장실습 관리 및 최종 취업 연계	현장실습의 사전 활동(기관 협약 등)과 배치 학생에 대한 정기모니터링(직접 방문 또는 유무선상 확인 등)을 통해 실습기관과 학생의 니즈를 균형적으로 충적시킴으로써 실습 종료 후 취업으로 연계되도록 지원한다.

❸ 학생 주도형 진로교육의 필요성

① 제4차 산업혁명에 대응하는 방안의 하나로 인간의 역량을 개발하는 것이 주된 주제로 언급되고 있다. 진로교육도 진로검사, 진로정보 등을 통한 진로선택 및 의사결정을 가르치는 것에서 더 나아가 학생의 진로정체감을 형성해 나갈 수 있는 역량을 개발하는 데 중점을 둔 진로교육으로 전환할 필요가 있다.

② 학생들이 변화하는 사회에 대응하고 적응하기 위해서는 청소년 때부터 자신의 소질과 적성, 삶에 대한 자기 주도적 탐색과 결정에 대한 경험이 필요하다. 제4차 산업혁명 시대의 과학기술과 기기를 활용할 수 있는 사고력과 실제 활용 경험을 시켜주어야 한다.

③ 한편 인간으로서의 가치와 장점에 대한 인식과 자아 진로정체감을 가질 수 있도록 지원해 주어야 한다. 초·중등 학생들은 4차 산업혁명에 따른 직업과 일자리 변화를 직면하게 될 것이므로 새로운 일자리와 직업에 적극적으로 도전하여야 한다.

④ 생애 진로개발 관점에서 학생들이 변화하는 사회와 직업에 대하여 자신의 진로정체감을 지속적으로 만들어 나갈 수 있도록 진로개발 역량을 길러주어야 한다.

⑤ 또한 변화하는 진로·직업에서 요구하는 직업기초능력, 직무능력, 경력개발 등을 위해 후학습 및 평생학습을 주도할 수 있는 역량을 길러주어야 한다.

⑥ 학생들이 초·중등학교 단계에서부터 자기 주도적인 진로발달과 역량을 함양할 수 있도록 학생 주도형·참여형 진로교육이 강화될 필요가 있다.

03 예시답안

1. 기조발언(1분 이내 답변)
   제 4차 산업혁명이 바로 문 앞에 다가와 있는 지금 진로교육은 형식교육과 비형식 교육안에서 진로교육과 평생교육이 상호보완적, 그리고 상호호혜적 관계를 가지면서 국민 모두가 지속적인 진로개발을 자기주도적으로 이룰 수 있도록 그리고 생애 단계별 필요과업을 성취하는 역량을 함양하도록 전환되어야 합니다.

2. 자율토론(1회 발언 시 2분 이내 답변)
   관리번호 1번 답변하겠습니다.
   ① 우선, 현재 이루어지고 있는 학교 진로교육 방향에 대한 저의 생각을 말씀드리겠습니다. 우리나라 초·중등학교 교육의 목적은 '전인적인 성장의 기반 위에 개성의 발달과 진로를 개척하는 사람'을 기르는 데 있습니다. 이를 위하여 진로교육은 개인의 소질과 적성을 바탕으로 자신의 진로를 창의적으로 개발하고 지속적으로 발전시킬 수 있는 역량을 기르는 것이 되어야 합니다. 이러한 역량을 바탕으로 바른 품성과 높은 사회적 책무성을 다하는 성숙한 성인으로서의 행복한 삶을 준비하는 것을 학교 진로교육의 목표로 설정하고 유치원 아동부터 평생학습자 누구 한 사람도 소외됨 없이 생애 전반의 총체적 접근 안에서 학습자의 진로발달 단계별 우선 요구되는 과업들을 차근차근 준비할 수 있도록 지원하는 진로교육으로의 획기적인 전환이 필요한 시점입니다. '진로인식(유치원·초등) → 진로탐색(중학교) → 진로준비(고등학교) → 합리적 진로선택(대학교) → 효과적 구직 활동(성인 초기) → 직장적응 및 전환 (성인 중기) →은퇴준비(은퇴기)'에 이르기까지 평생 진로개발을 지원하는 진로교육으로의 키 높이를 하는 것이 바로 미래를 준비하는 진로교육의 기본 방향이며 특히 중학교 학생들에게는 다양한 진로경로가 있음을 알려주는 진로탐색에 초점을 맞춰야하며 고등학생에게는 취업 혹은 진학이라는 단기적 진로목표를 실현할 수 있도록 구체적 준비를 강화해야 합니다. 또한 공교육 안에서는 생애 전반에 필요한 진로개발역량을 지원하고, 학교와 기업(지역사회) 간의 파트너십을 공고히 하면서, 수준 높은 학생들의 진로탐색과 체험을 지원하고 국가 교육과정안에 진로 요소가 명료하게 그리고 다른 교과목과 통합된 형태로 운영되어야 할 것입니다.
   ② 다음으로 저의 전공인 영양과 관련한 진로교육 실천방안에 대해 말씀드리겠습니다. 식품에 관심이 있는 학생들이 있다면 학생의 진로 특성을 그들의 발달수준을 고려하여 전달하고 궁금증을 해소하도록 답변을 해주는 진로상담을 진행하거나 직업정보를 전달해줍니다. 영양교사를 희망하는 학생들로 동아리를 만들거나 영양 관련 동아리 활동을 지도하며 학생들에게 진로에 대한 의식을 깨우고 탐색하는 것을 도울 수 있습니다. 또한 지역사회의 인적, 물적 네트워크를 형성하여 직접 진로를 체험하게끔 도와줄 수도 있습니다.
   ③ 이어서 학생중심 진로교육에 대해 말씀드리겠습니다. 제4차 산업혁명 시대의 진로교육은 학생들이 변화하는 사회에 대응하고 적응하기 위해서 기존 방식대로 교사가 학생에게 맞는 진로정보를 알려주거나, 정보를 제공하는 것을 넘어서야 합니다. 청소년 때부터 자신의 소질과 적성, 삶에 대한 자기 주도적 탐색과 결정에 대한 경험을 쌓고 인간으로서의 가치와 장점에 대한 인식과 자아 진로정체감을 가질 수 있도록 지원해 주어야 합니다. 생애 진로개발 관점에서 학생들이 변화하는 사회와 직업에 대하여 자신의 진로정체감을 지속적으로 만들어 나갈 수 있도록 진로개발 역량을 자체를 길러주어야 합니다. 이를 위하여 학생들이 초·중등학교 단계에서부터 자기 주도적인 진로발달과 역량을 함양할 수 있도록 학생 주도형·참여형 진로교육을 강화해야 할 것입니다.

3. 정리발언(1분 이내 답변)
   관리번호 1번 정리발언 하겠습니다.
   학생의 미래를 위한 진로교육은 진로교사만으로 이루어지는 것이 아닙니다. 모든 교사가 다 같이 협력하여 추진해야 한다는 인식을 제고하고 담임교사, 진로교사와 힘을 합쳐 학생들의 진로설계와 준비 능력을 높이기 위한 노력이 있어야 합니다. 급변하는 사회에서 학생 자신의 진로를 창의적으로 개발하고 지속적으로 발전시켜 성숙한 민주시민으로서 행복한 삶을 살아갈 수 있는 역량을 갖출 수 있도록 해야 할 것입니다.
   이상입니다.

| **TIP** | 임용 합격생들이 들려주는 면접TIP |

- 합격생1(2019교과): 면접에서 1.9점정도 깎였습니다. 집단토의는 1점 깎였습니다. 면접에서 점수가 깎인 이유는 시간이 2~3분정도 남았었습니다. 즉 시간 초과되지 않으려고 신경쓰다가 오히려 주장에 대한 근거가 조금 부실해지는 경우가 발생했습니다. 그래도 이경범 교수님께서 가르쳐 주신대로 해서 무난하게 잘 볼 수 있었던 것 같습니다. 정말 면접은 교수님이 가르쳐 주신대로 공부하면 되는 거 같습니다. 토의는 제가 발언을 7번정도 한 거 같은데, 사회자도 1번했었습니다. 말할 때 실제 사례 같은 거를 토대로 말을 하고 경기시책 엮어서 이야기하니까 좀 굉장히 있어보였던 거 같습니다. 그리고 말할 때 협업하는 분위기를 조성하고, 주제에서 벗어나지 않게 잘 말하는 것도 중요한 것 같습니다. 그리고 기조발언하고 정리발언할때도 심사하시는 것 같으니, 자신만의 틀을 갖고 있는게 좋다고 생각이 들었습니다. 토의도 이경범 교수님께서 가르쳐 주신대로 공부했었고, 그 결과 최종 합격할 수 있었습니다. 다 교수님 덕분입니다. 존경하고 사랑합니다. 교수님 짱 !!
- 합격생2(2019교과): 자신이 지원한 지역 교육감 신년사에 답이 있습니다! 꼭 찾아보시고 키워드 뽑아서 관련 시책 공부하시고 예상 문제 만들어서 연습하시면 도움이 많이 되실 것 같습니다^-^
- 합격생3(2019교과): 두 아이의 가장으로서 기간제 교사를 하며 임용 6년차 처음으로 1차 합격을 하고 2차를 치르게 되었습니다. 많이 떨리고 긴장하였지만 면접 시뮬레이션에서 이경범 선생님과 함께 도와주신 선생님의 따뜻한 격려와 조언에서 힘을 많이 얻었습니다. 특히, "넌 내가 확언한건데 반드시 합격한다."고 해주셨던 말씀으로 용기를 얻어 저의 역량 안에서 최선을 다해 면접을 치를 수 있었습니다. 정말 감사합니다.
- 합격생4(2019비교과): 경기도는 시책을 잘 외우는 것이 정말 중요한 것 같아요. 외워도 쉽게 잘 안 떠오르니 시책의 틀은 정말 달달달 외워야 합니다. 이번에 안전한 학교 문제는 시책을 통째로 냈어요.
- 합격생5(2019비교과): 어떤 문제를 제시하더라도, 시계 안보고 감으로 1분 30초 정도로 답변할 수 있을 때 까지 연습하시기 바랍니다. 손목시계도 차고 갔고, 심지어 면접관 앞에 디지털 시계도 놓여 있었지만(시계는 10x10cm 정도 크기로, 수험생이 정면으로 잘 볼 수 있게 배치되어 있었음) 전혀 볼 정신이 없었습니다.
- 합격생6(2019비교과): 문제가 쉬웠던 편이라 시간분배를 잘해야 했던 것 같아요. 즉답형 2번은 말도 못하고 시간초과하신 분도 봤구요. 구조화해서 간단히 말하는 게 요점이었던 것 같습니다.
- 합격생7(2020 사서)면접책에서 다루었던 기본적인 교직 내용보다 기본적으로 학교에서 사서교사로서 구체적인 실천 방안을 많이 생각해봐야 하는 문제가 많았습니다. 실제 학교도서관에서 근무하면서 경험이 많은데도 불구하고 구체적인 준비를 안해서 제대로 답할 수가 없었어요.
- 합격생8(2020 상담) 면접실, 대기실, 구상실 마다 분위기나 규칙이 다 달랐어요. 운영방식도요ㅠㅠ 어쩐지 합격생들마다 말이 다 다르더라구요.
1. 대기실에서 수험생끼리 떠들게 놔뒀다는 곳도 있고, 화장실도 여러 명씩 보내주는 곳, 한 명씩 가라고 하는 곳 등등 다 달랐어요.
2. 구상실에서 주의사항이 적힌 안내문을 읽어주는데, 안읽어줬다는 곳도 있었어요.
3. 집토에서 기조발언하고 남는 시간을 자율토의시간에 포함시켰다는 곳도 있고, 기조발언 남는 시간 다 기다렸다가 자율토의 시작했단 곳도 있고, 기조발언 끝나면 바로 자율토의 시작한 곳도 있었어요.
그리고 면접실에 시계는 잘 보이는 곳에 두지만, 회색 배경에 검정색 숫자라서 잘 안보여요...... 그래도 봤어요.
경범쌤 시뮬레이션 감사합니다!!! ^-^

WHY TO HOW 교직적성 심층면접

CHAPTER 3 | 2020 서울시

서울시교육청은 2019학년도부터 구상형 2문항에 대한 답변은 6분 이내로 하고 평가관의 추가 질문에 대한 답변을 3분 이내에 하며, 즉답형 1문항에 대한 답변은 3분 이내로 하고, 평가관의 추가 질문에 대한 답변을 3분 이내에 해야 한다는 것을 문서화하였고, 이에 따라 많은 수험생들이 시간 관리에 대해 어려워하는 경향을 보인다. 평소 모든 문제에 대해 3분 이내로 답변하는 연습이 필수적이며, 즉답형에 추가질문이 따라올 수 있기에 추가질문에 대한 여지를 두고 생각하여 답변하는 연습을 스터디원들과 꾸준히 하는 것이 필요하다. 최근 정의로운 차등, 교복입은 시민, 서울학생미래역량 등 서울시만의 용어를 사용하여 서울시 교육시책을 묻는 문제가 자주 출제되고 있으며 인성교육, 진로교육, 민주시민, 교육관 등 폭 넓은 주제에 걸쳐 묻고 있는 편이다. 특히 실제 학생지도에 있어 발생할 수 있는 상황을 제시하고 대처방안에 대해 묻는 문제는 꾸준하게 출제되고 있으니, 평소 학교 현장에 대한 고민과 대처법, 그리고 그에 맞는 서울 교육 시책을 고민해보는 노력이 필요하다.

2020 서울교육

❶ **교육 비전** : 모두가 행복한 혁신미래교육
❷ **교육 지표** : 질문이 있는 교실, 우정이 있는 학교, 삶을 가꾸는 교육
❸ **서울 교육 정책 방향**

정책방향1	정책방향2	정책방향3	정책방향4	정책방향5
미래를 준비하는 혁신교육	모두의 가능성을 여는 책임교육	평화와 공존의 민주시민교육	안전하고 쾌적한 교육환경	참여와 소통의 교육자치

1) 미래를 준비하는 혁신교육

우리 아이들이 아름다운 미래를 스스로 열어갈 수 있도록 창의적 역량을 키우겠습니다.	
미래를 준비하는 교육, 교실혁명을 이루어내겠습니다	• 서울학생 미래역량 함양을 위한 교육과정·수업·평가 혁신 • 놀면서 배우는 유치원 – 삶의 기본을 익히는 초등학교 • 자율적 역량을 키우는 중학교 – 미래를 설계하는 고등학교 • 혁신학교 질적 성장 및 혁신교육 일반화
인문·과학·예체능 교육 활성화로 창의·융합형 인재를 키우겠습니다	• 협력적 독서·인문교육 활성화 • 과학·영재·정보화 교육 및 서울형 메이커교육 확산 • 문화예술교육 활성화 지원 • 학교체육 활성화 및 수련활동·소규모테마형교육여행 지원
진로를 스스로 개척할 수 있도록 하겠습니다	• 맞춤식 미래 진로교육 • 미래형 직업교육을 위한 특성화고 역량 강화 • 능력중심 사회, '고졸성공시대' 구현

2) 모두의 가능성을 여는 책임교육

	단 한 명의 학생도 포기하지 않고 모든 학생이 자신의 가능성을 온전히 실현할 수 있도록 돕겠습니다.
	↓
교육의 공정성을 지키겠습니다	• 유치원 및 사학의 공공성과 책무성 강화 • 교육격차 해소를 위한 공정한 학교 체제 구현 및 사교육 경감 대책 추진 • 비영리 법인의 공익 창출 및 학원·평생교육시설의 건전 운영 지원 강화 • 청렴 교육행정 구현
모든 아이들의 학력을 책임지겠습니다	• 기초학력 책임지도 • 통합교육 내실화 및 특수교육지원 강화 • 중단 없는 배움을 지원하는 통합 지원 체계 구축
교육의 희망사다리를 복원하겠습니다	• '정의로운 차등' 강화 및 교육복지 통합지원시스템 구축 • 수요자 맞춤형 돌봄서비스 운영 • 교육소외 계층을 위한 평생학습 기회 확대

3) 평화와 공존의 민주시민교육

	우리 학생들을 따뜻한 공동체를 지향하며 배려하고 존중하는 이타적 성품을 지닌 민주시민으로 기르겠습니다.
	↓
평화감수성과 민주시민성을 함양하겠습니다	• 화해와 공존의 평화·역사·통일 교육 • 공존과 상생의 세계시민교육 • 글로컬 교류·협력 활성화 및 외국어교육 내실화
생명과 권리를 존중하는 교육을 펼치겠습니다	• 생태시민 육성을 위한 생태전환교육 • 인권존중 학교문화 조성 • 성차별·성폭력 없는 성평등한 학교 만들기 • 학교폭력 예방활동 내실화
자율과 책임의 자치 경험을 확대하겠습니다	• 학교민주시민교육 강화 • 학생자치 역량 강화 • 협력적 인성교육 내실화

4) 안전하고 쾌적한 교육환경

	학생들이 '배움과 놀이와 쉼'이 어우러진 안전하고 창의적인 삶의 공간에서 건강하고 즐겁게 생활하도록 하겠습니다.
	↓
안전을 지켜주는 든든한 학교를 만들겠습니다	• 유해환경으로부터 안전한 학교 조성 • 교육시설 안전 지원 강화 • 체험중심 안전 교육 강화
몸과 마음의 건강한 성장을 지원하겠습니다	• 학생의 건강한 삶을 돕는 학교 보건 역량 강화 • 친환경 무상 급식 및 식생활 교육 강화 • 안전하고 위생적인 급식환경 조성
미래교육에 적합한 교육 환경과 공간 혁신을 이루어내겠습니다	• 배움, 쉼, 놀이가 어우러지는 학교 공간 조성 • 미래 사회를 대비하는 교육 환경 구축 • 적정규모학교 육성 및 서울형 작은학교 운영 내실화

5) 참여와 소통의 교육자치

서울교육공동체 구성원들이 민주적 관계를 형성하고 참여하고 소통하며 실질적인 교육자치를 실현할 수 있도록 지원하겠습니다. ↓	
학교자율운영체제를 구축하겠습니다	• 교육과정 운영 중심의 민주적 학교 문화 확립 • 함께 성장하는 교원공동체 활성화 • 학교자율운영체제 안착을 위한 교육청의 일하는 방식 개선
학부모, 시민과 함께 더 넓은 학교를 만들어나가겠습니다	• 학부모의 학교 참여 지원 • 서울시민과 함께하는 교육공동체 실현 • 더불어 성장하는 평생학습 기반 구축 • 서울형혁신교육지구 운영 및 지역연계 협력사업 확대
교육행정 조직과 문화를 현장 중심으로 만들겠습니다	• 현장을 지원하는 교육청 조직 운영 • 교원·공무원단체와의 협력적 노사관계 정립 • 교육공무원직원의 고용 안정 및 권익 보호

서울 교과

구상형1

다음 [A]와 [B] 사례에서 교사들의 지도방식에 있어서 문제점과 해결방안을 각각 제시하시오.

[사례 A] 백혈병에 걸렸다 치료받고 학교에 복귀한 학생에게 교사가 항상 옆에서 도울 수 있는 도우미 학생을 붙여주고, 체육시간 열외 등 많은 편의를 봐줬지만 학생은 학교생활에 적응하지 못하고 있다.

[사례 B] 교사가 열의를 가지고 평소 관심이 많던 환경문제를 주제로 하여 학급학생들의 협력종합예술활동(뮤지컬)을 지도하였다. 학생들의 연습시간을 정해주고 역할분담을 정해주는 등 열정적으로 지도하였지만 학생들은 좀처럼 신나 보이지 않는다.

01 출제근거

서울기본계획3. 평화와 공존의 민주시민교육	
↓	
자율과 책임의 자치경험을 확대하겠습니다	
과제	세부사업
협력적 인성교육 내실화	• 교육과정과 연계한 인성교육 추진 • 가정 – 학교 – 마을이 함께하는 인성교육 추진

02 문제분석

❶ 소아암 학생 지도 가이드(한국백혈병어린이 재단)

1) 소아암 학생의 부모가 말하는 "선생님 고맙습니다"

① 아이가 결석하게 되거나 복학하기 전 전화를 하거나 방문해 주실 때
   - 예 "많이 놀랐지? ○○이는 꼭 이겨내리라 선생님은 믿어.", "치료 끝내고 빨리 학교에 나왔으면 좋겠구나, 기다릴게."

② 나(부모)의 걱정과 두려움을 들어주며, 카드를 보내거나 안부 전화 및 방문을 해주실 때
   - 예 "힘들겠지만 ○○가 치료를 잘 견뎌내니 참 다행입니다."

③ 아이의 치료과정과 치료가 학업수행에 미치는 영향을 알기 위해 신경을 써주시는 것이 느껴줄 때
   - 예 "○○의 상황에 대해 자주 알려 주십시오."

④ 거짓으로 칭찬하는 것이 아니라 아이의 잠재된 능력을 발휘할 수 있도록 용기와 지지를 주실 때

⑤ 학급의 다른 학생들이 아이에게 편지나 전화를 하도록 장려해주시고, 그들이 우리 아이와 잘 지내고 도움을 줄 수 있는 방법을 알려주실 때

⑥ 우리 아이를 가능한 평범하게 대해 주실 때

⑦ 선생님이 우리 아이 때문에 어려움에 부딪혔을 때 부모, 의사, 상담자 등에게 도움을 요청하시는 모습을 보았을 때

2) 소아암 학생의 부모가 말하는 "선생님, 그 때 서운했어요."
① 우리 아이가 담임 학급에 있는 것을 꺼려하는 모습을 보일 때
　　예 "아무래도 학교를 쉬는 것이 좋겠네요.", "학교에서 도와드릴 수 있는 것은 별로 없을 겁니다."
② 학급에서 우리 아이가 동정받는 것을 방치할 때
③ 주변에 우리 아이와 다른 학생들이 있는데 다른 선생님과 우리 아이의 병에 대해 부주의하게 이야기할 때
　　예 "어린 것이 불쌍하지.", "부모들이 고생하는거지 뭐.", "좀 신경쓰이지."
④ 다른 학생들이 아픈 아이를 괴롭히거나 놀릴 때 적절한 지도를 해 주지 않을 때
⑤ 우리 아이에게 다른 학생들이 하는 것(예를 들어 소풍)들을 시도할 기회조차 주지 않을 때
　　예 "넌 아파서 괜히 사고가 생기면 안되니까 얌전히 있어.", "○○는 힘드니까 소풍을 오지 말아라."

3) 교사가 알아두면 좋을 몇 가지

열이 나는 경우	• 항암치료를 받은지 2주 정도 안된 경우에는 아직 백혈구 수치가 낮습니다. • 이때에는 해열제를 주면 안되며, 양호교사나 부모에게 연락하여 응급실로 보내야 합니다(우선, 부모에게 연락하십시오).
코피가 나는 경우	• 보건교사에게 알려 조치를 취할 수 있도록 해주십시오. • 코피가 나는 경우 우선 코를 가운데 방향으로 눌러서 지혈을 시도해 보고 혈소판 수치가 낮아서 출혈이 계속되는 경우에는 코에 바세린 거즈 등을 넣어서 지혈을 해야 합니다. • 코의 점막이 마르면 혈소판이 높아도 출혈되기 쉬우므로 점막이 마르지 않도록 바세린 연고 등을 미리 코의 안쪽 벽에 발라두도록 하는 것이 좋습니다.
학교 내에 수두나 홍역이 유행하는 경우	• 선생님께서 같은 반에 수두나 홍역에 걸린 학생이 있다는 사실을 미리 아셨을 경우 암에 걸린 학생의 부모님께 사전에 연락을 주시고, 학생이 등교했을 경우 그 학생과 접촉하지 않도록 해주시면 좋겠습니다. • 혹시라도 암에 걸린 학생이 수두나 홍역을 앓고 있는 학생과 접촉한 경우에는 빨리 부모에게 알려 학생이 병원에서 예방주사를 맞도록 할 것입니다.
체육시간	• 항암치료를 받고 있다고 해서 모든 체육 시간에 제외시킬 필요는 없습니다. • 몸싸움을 해야 하거나 과격하게 부딪히는 운동만 피하면 됩니다.
학교에서 단체로 예방주사를 맞는 경우	• 미리 부모님께 알리시고, 암에 걸린 학생은 맞지 않도록 해주십시오.
물을 마시고 싶어 하는 경우	• 공동 컵을 사용하거나 생수를 마시지 않도록 주의를 주십시오. • 별도로 개인 컵과 보리차 등 끓인 물을 준비하여 음용하도록 지도해 주십시오.
학교에서 급식을 하는 경우	• 백혈구 수치가 낮은 경우 부모님이 미리 도시락을 준비하는 제외하고는 다른 학생들과 마찬가지로 급식을 시켜도 괜찮습니다. • 그러나, 어떤 경우에도 식사를 하기 전에 암에 걸린 학생이 반드시 손을 씻고 먹도록 주의를 주십시오.
실내에서 모자를 쓰고 있고 싶어 하는 경우	• 항암치료 때문에 머리카락이 많이 빠진 학생들은 대개 모자나 가발을 이용합니다. 겨울철에는 머리의 보온 때문에도 필요하지만, 학생들은 대개 자신의 민둥머리를 가리고 싶기 때문입니다. • 교칙에 어긋나는 경우라도 암에 걸린 학생들이 실내에서 모자를 쓰거나 가발을 사용하는 것에 대해 허용해주시고, 학생을 지도하는 다른 선생님에게도 사전에 그 사항을 알려주십시오.

4) 다른 학생들이 소아암 학생을 이해하도록 돕는 방법
① 가장 효과적인 방법은 암에 걸린 학생이 자신의 병과 변화, 치료과정, 친구들이 도와주길 바라는 점 등을 직접 친구들 앞에서 이야기하는 것입니다. 이럴 경우 선생님과 학생이 미리 만나 어떤 방식으로 설명할 것인가에 대해 이야기하고, 다른 학생들로부터 받게 될 예상 질문을 미리 뽑아 학생이 대비할 수 있도록 지도해주시면 설명할 학생에게 많은 도움이 될 수 있습니다.
② 만약 암에 걸린 학생이 직접 이야기하기를 꺼려한다면 치료를 받고 처음 학교에 가는 날 선생님께서 대신 설명할 수 있습니다. 선생님께서 직접 설명할 경우 학급의 일반 학생들에게 알려주어야 할 내용은 소아암 발병과 치료에 따른 학생의 신체적 변화, 치료과정, 소아암 학생을 도울 수 있는 방법 등입니다. 특히 학생들에게 암은 치료가 가능하고, 전염병이 아니라는 사실을 강조해 주세요. 한편 소아암에 대해 이야기할 때는 죽음, 별 등의 부정적인 단어의 사용은 가급적 피하시면 좋을 것 같습니다.

❷ 협력종합예술활동(교복입은 예술가)

1) 개요

정의	재학 중 최소 1개 학기 이상 교육과정 내에서 학급 내 모든 학생들이 뮤지컬, 연극, 영화 등의 종합예술활동에 역할을 분담하여 참여하고 발표하는 학생중심 예술체험교육
추진목적	• 교육과정 연계 문화예술교육 및 교과 간 협력 통한 융합교육 활성화 • 학생참여중심 종합예술활동을 통한 협력적 학생문화 형성 및 인성 함양 • 창의력 발현으로 예술적 감수성 신장 및 문화적 가치 극대화로 미래 역량 강화
기대 효과	• 자기주도적 문제해결력과 자신감 증대로 긍정적인 삶의 태도 함양 • 교과 간 협력 및 융합형 예술교육 활성화로 학생들의 창의성 계발 촉진 • 함께하는 예술창작활동으로 타인에 대한 이해와 소통 및 협업능력 신장

2) 뮤지컬을 통한 교사와 학생
① 교사와 학생의 애환으로 꽃피는 뮤지컬
- 학급 뮤지컬은 담당 교사나 예술 강사의 일방적인 교육 역량만으로는 결코 완성되지 않는 프로젝트이다. 왜냐하면 학급 뮤지컬은 그것을 이루기 위한 학급 구성원들의 끊임없는 상호작용과 협력 활동을 통해 발생하는 갈등과 소통의 과정이 반복되기 때문이다.
- 하지만 분명한 건 힘든 만큼 그 감동이 배가 되고, 학생들도 교사들도 함께 성장해 간다는 것이다. 사실 어른이나 학생이나 서로 협력해서 무엇인가를 도모한다는 것은 필히 협력하고자 하는 상대와의 타협의 자세를 갖고 이러한 고진감래(苦盡甘來)의 상황을 기꺼이 겪어 보겠다는 다짐을 전제로 한다.
② 교사의 역할과 학생과의 관계
㉠ 보이지 않게 돕는 역할을 한다
- 뮤지컬을 만드는 과정에서 학생들이 얻는 것 중 가장 큰 것이 바로 성취감이다. 성취감은 본인 스스로 계획하고 실행하여 결과물을 얻었을 때 가장 큰 만족감으로 느껴지게 된다. 때문에 교사는 학생들이 스스로 계획하고 실행할 수 있도록 방향을 제시하고 지도해야 한다.
- 하지만 어느 정도의 방향과 틀을 제시해도 학생들은 교사가 원하는 방향으로 가지 않을 때가 많고 부족한 점이 계속 눈에 띌 것이다. 그럴 때마다 학생들을 믿고 지지해 줘야 하며 그 방향이 정말 안 되겠다 싶을 때 개입을 하되, 학생들의 사기가 꺾이지 않도록 뒤에서 살짝 방향을

　　　　잡아 줘야 한다.
　　ⓛ 학급 연출을 잘 선정한다
　　　－ 어쩌면 지도 교사보다 더 영향력이 있는 사람이 학급 연출일지도 모른다. 학생들끼리 연습하는 시간이 많다 보니 그 안에서 총책임을 지고 이끌어야 할 리더인 연출 담당 학생의 역할이 매우 크다.
　　　－ 연출 담당 학생의 역량에 따라 그 반의 분위기가 180도 달라진 경우는 매우 흔하다. 예를 들어 학급 학생들 개개인을 살펴보면 그 끼와 음악적 재능이 많아 기대가 큰 반이었는데 연습조차 제대로 되지 않아 실망이 컸던 반이 있었는가 하면 얌전하고 눈에 띄지 않는 반이었음에도 불구하고 똘똘 뭉쳐 과정뿐만 아니라 결과물까지 좋은 반이 있었다. 그 차이점은 학급 연출의 역량이었다.
　　　－ 리더십이 있되 평소 학급 친구들과의 관계가 좋고 친구들을 자기 마음대로 통솔하지 않으며 부드럽고 때로는 카리스마 있는 그런 학생이 연출로서 제격이다. 그런 준비된 리더가 있는 반이 흔치 않은 게 현실이긴 하지만 그래도 그런 가능성이 있는 학생이 연출 담당이 될 수 있도록 지도해야 한다.

3) 소통과 갈등, 협력을 통해 성장하는 학생
　　－ 학급에서 뮤지컬을 하게 되면 학생들은 새로운 경험 속에서 험난한 과정을 겪게 된다. 학급에서 뮤지컬을 만들고 함께 무대에 선다는 판타지는, 과정을 통해 겪는 갈등을 스스로 조정하고 소통을 통해 기꺼이 감수하는 자세를 갖게 해주지만 그 과정에서 입은 마음의 상처가 바로 사라지는 것은 아니다.
　　－ 이후 그토록 갈망하던 무대에서 그동안 흘렸던 땀과 눈물을 맘껏 펼치고 난 후에서야 비로소 이들은 서로를 끌어안고 그동안 있었던 모든 아픔들을 감동으로 보상받는다. 뮤지컬을 통한 협력 활동의 의미가 빛나는 순간이다.

03 예시답안

구상형 1번 문제 답변하겠습니다.
A와 B의 사례 모두에서 비록 교사의 선한 의도로 실행하였으나, 의도치 않은 문제점이 발생하였습니다. 이에 대한 해결책을 각각 말씀드리겠습니다.

[A사례에서의 문제점 및 해결방안]
① 우선 A의 사례에서는 백혈병에서 완치된 학생임에도 불구하고 학생이 스스로 자신이 할 수 있는 일을 스스로 하고 친구들과 체육시간에 뛰어놀며 적응을 할 수 있는 기회를 교사가 박탈하여 교사의 의도와는 달리 학생의 적응이 더욱 어려워진 문제점을 보입니다.
② 해결방안으로는 교사는 해당 학생을 가능한 평범하게 대하고 자신이 할 수 있는 바를 스스로 하게 하여 자생력을 높이는 것이 필요합니다. 또한 체육시간에도 몸싸움을 하거나 과격하게 부딪히는 운동만 피하면 참여가 가능할 것입니다. 등교 첫 날, 학생이 자신의 병과 변화, 치료과정, 친구들이 도와주길 바라는 점 등을 친구들에게 직접 이야기하거나 학생이 어려워한다면 교사가 대신 설명해줌으로써 학생의 적응을 도울 수 있을 것입니다.

[B사례에서의 문제점 및 해결방안]
① B의 사례에서는 교사가 독단적으로 자신이 관심있는 환경을 소재로 정하고 역할과 연습시간까지 정해줌으로써 학생들이 자기주도적으로 문제를 해결하거나 소통과 협업능력을 신장할 기회가 감소한 문제점을 보입니다.
② 교사는 학생들이 스스로 계획하고 실행할 수 있도록 방향을 제시하고 지도하며, 부족한 점이 있을지라도 학생을 믿고 지지해주며 최소한의 개입을 실시합니다. 교사는 뒤에서 보이지 않게 살짝 방향만 잡아주어야 하며 이를 위해서는 학급 연출을 잘 선정하는 것도 매우 중요할 것입니다. 교사는 비록 학생들이 서툴고 힘난한 경험을 겪을지라도 겪는 갈등을 스스로 조정하고 소통과 협력을 통해 학생 스스로 성장할 수 있도록 지켜봐주는 인내심을 갖는 것도 필요할 것입니다.

이상입니다.

구상형2

A 고등학교는 학생들의 인성교육을 위해 인성교육 일정이 담긴 가정통신문을 배부하였다. 서울시 인성교육 시행 계획에 의거하여 다음 계획표의 개선방안을 3가지 말하시오. 또한 자신의 교과와 연계하여 인성교육을 시행할 수 있는 방안을 1가지 말하시오.

학기	프로그램	대상	장소	날짜	담당교사
1학기	대학교수 초청강의 인문학적 소양	전교생	강당	7월 14일	업무담당교사
2학기	다큐멘터리 감상 후 감상문 제출 – 정직한 삶	전교생	교실	12월 28일	담임교사

01 출제근거

서울기본계획3. 평화와 공존의 민주시민교육	
자율과 책임의 자치경험을 확대하겠습니다	
과제	세부사업
협력적 인성교육 내실화	• 인성친화적인 학교 만들기 • 교육과정과 연계한 인성교육 추진 • 가정–학교–마을이 함께하는 인성교육 추진

02 문제분석

❶ 2020 서울인성교육 시행 계획

1) 서울인성교육 요구 분석

서울 인성교육 추진 방안 설문 조사
- 조사 기간: 2019.10.07. ~ 10.26.
- 조사 대상: 유, 초, 중, 고 교원 및 학부모
- 조사 내용: 2020 서울인성교육시행계획 추진을 위한 교육공동체 의견 수렴

① [교원, 학부모] 서울시교육청 인성교육 목표인 '협력적 인성교육'의 효과성
  서울시교육청의 인성교육 목표인 '협력적 인성교육'에 대해 교원 69.82%, 학부모 71.85%가 효과가 있다고 응답. 지속적인 추진 필요

② [교원, 학부모] 서울학생에게 필요한 인성 핵심가치·덕목
  인성교육진흥법에 제시된 8가지 핵심 가치·덕목(예, 효, 정직, 책임, 존중, 배려, 소통, 협동) 중 서울 학생들에게 가장 필요한 '핵심 가치·덕목'으로 학부모와 교원 공통적으로 높게 나타난 항목은 '**배려**,

존중, 책임'으로 학교급에 맞는 지도방안 마련 필요
③ [교원] 인성교육 효과성 및 필요 항목
- 인성교육 각 항목의 효과성

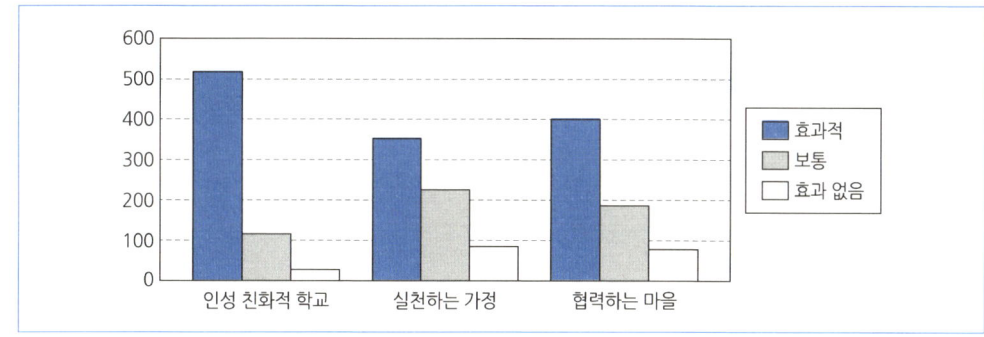

- '협력적 인성교육 내실화' 추진 과제의 효과성

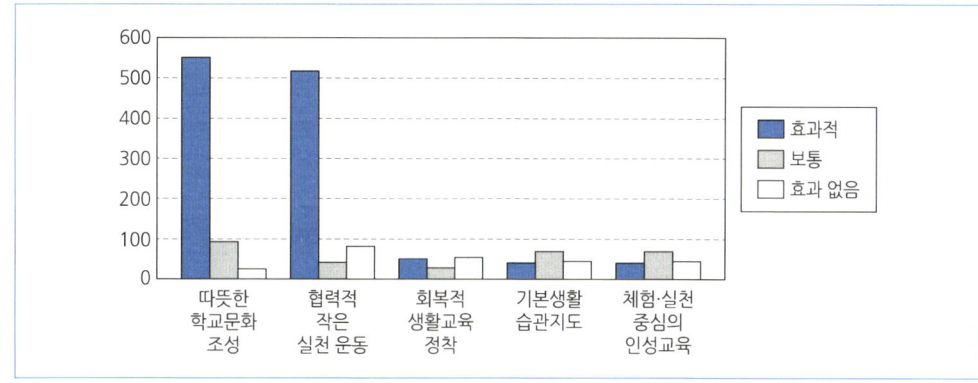

2) 시사점
① '협력적 인성교육' 지속 추진
- 교원, 학부모 약 70% 내외가 '협력적 인성교육'이 학생의 인성교육에 효과가 있다고 인식하고 있음

> **협력적 인성교육이란?**
> 더불어 함께 살아가는 세상을 만들기 위해 지녀야 할 성품과 역량(존중, 배려, 소통, 참여, 공감, 책임, 협력, 공공성, 공공선 등)을 키우는 교육

- 가정, 학교, 마을이 연계하여 지속적인 운영 및 홍보 필요
- 교육공동체 의견을 수렴해 단위학교에서 자율 결정하고 실천하는 '협력적 작은 실천' 지속 추진 필요
② 서울학생에게 필요한 인성 핵심가치·덕목 고려
- 교원, 학부모들은 인성의 핵심 가치·덕목으로 **배려**, **존중**, **책임**을 우선 순위로 선정하였음
- 서울 인성 핵심 가치·덕목을 고려하여 학교급(유, 초, 중, 고)에 맞는 인성교육 계획 수립 및 운영 필요
- 또래집단과의 협력활동, 기본생활 습관 등의 인성교육에 대한 요구를 반영한 추진 필요

③ **가정, 학교, 마을이 함께 하는 인성교육 운영 필요**
- '인성 친화적인 학교', '실천하는 가정', '협력하는 마을' 운영을 통하여 함께하는 인성교육 필요
- 교육과정 연계 및 삶과 연계된 실천적 인성교육 지속 추진
- 학교·학부모간의 소통, 상담 활성화, 학부모 연수 지원 필요

④ **교원 및 학부모의 인성교육 역량 강화 필요**
- 교원의 인성교육 역량강화를 위한 우수사례 개발 및 보급, 연수, 인성교육 자원 발굴 및 안내 등 필요
- 학부모 역량 강화를 위해 학교와의 소통, 학부모 참여 프로그램 운영, 연수, SNS 및 가정통신문 등을 활용한 안내 등 필요

3) 기본 방침

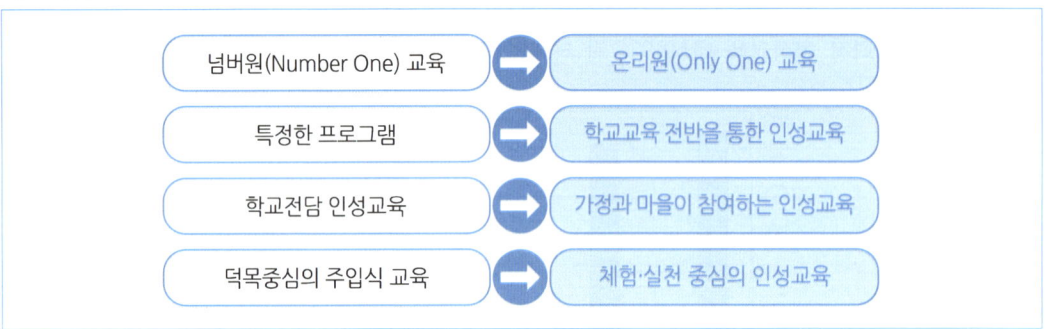

4) 추진 전략

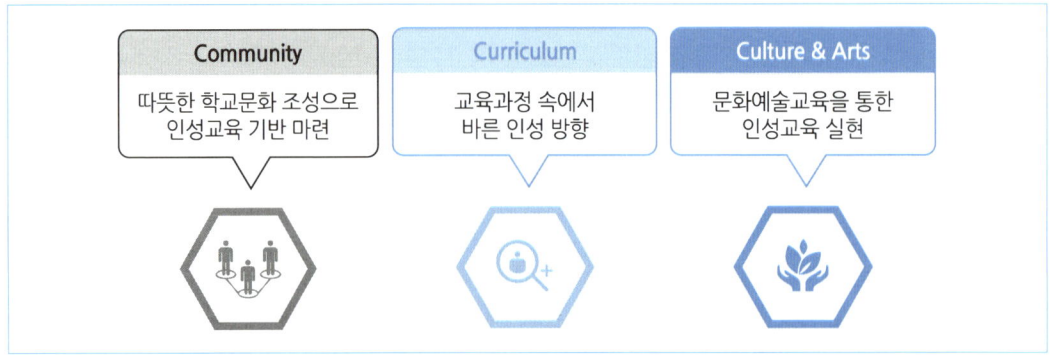

5) 추진 체계

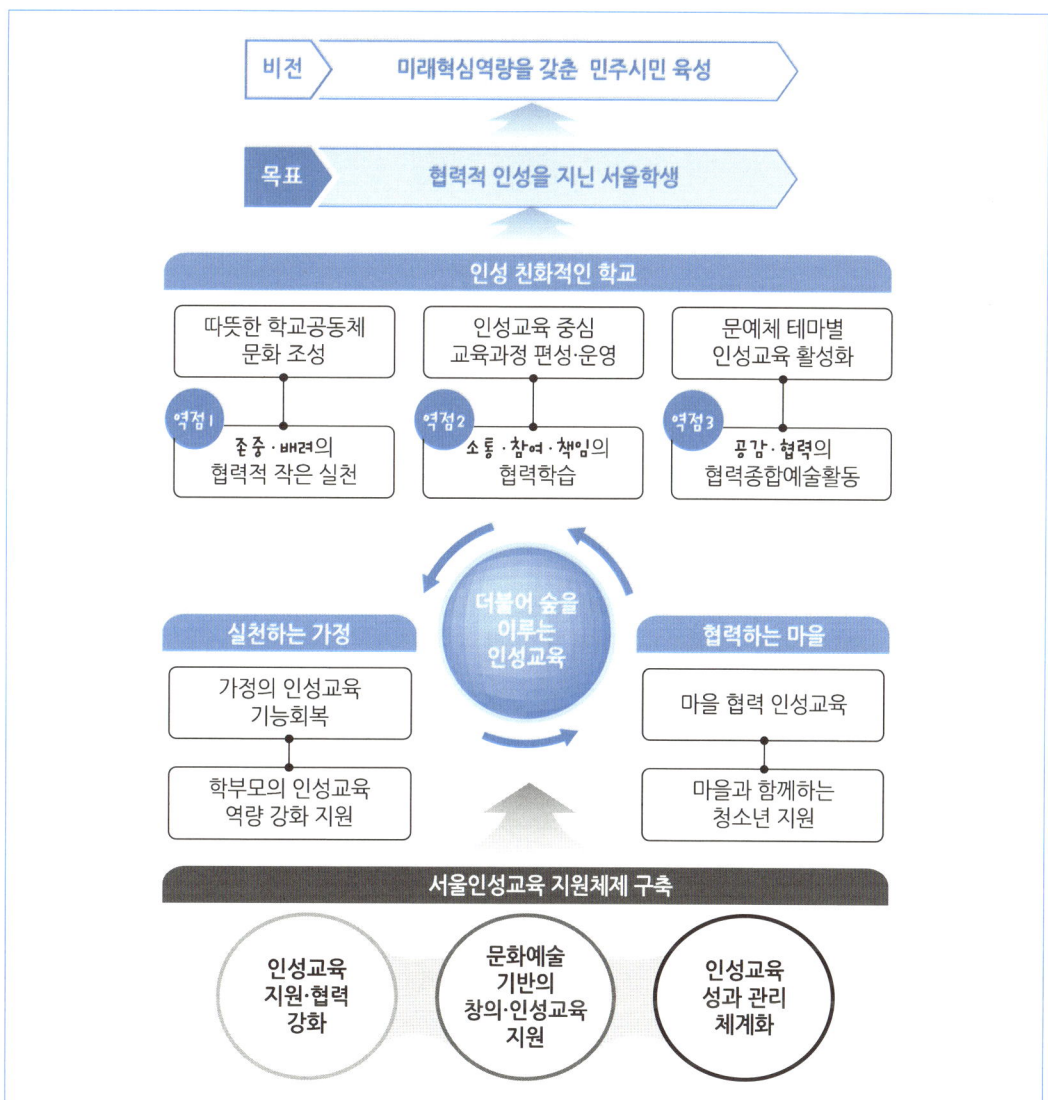

6) 추진 과제

중점과제	세부 추진 과제	비고
1-1 따뜻한 학교 공동체 문화 조성	1. 존중·배려의 '협력적 작은 실천'	역점과제 1
	2. 교육공동체 간 의사소통 문화 개선	
	3. 참여형 생활교육 장착	
	4. 학생자치활동을 통한 참여·자치 역량 강화	
	5. 학생의 전인적 성장을 위한 학교 공간 조성	
1-2 인성교육 중심 교육과정 편성·운영	6. 소통·참여·책임의 '협력학습'	역점과제 2
	7. 학교특색을 살린 단위학교 인성교육계획 수립	
	8. 인성교육 중심 수업 지원	
	9. 인성교육 지도 역량 제고	

	10. 인성교육 교육과정 활성화 지원	
1-3 문예체 테마별 인성교육 활성화	11. 공감·협력의 '협력종합예술활동'	역점과제 3
	12. 함께하는 독서·토론·인문소양교육	
	13. 배려하고 협력하는 학교예술교육 활성화	
	14. 조화로운 인성 함양을 위한 학교 스포츠 활동	
	15. 놀이 중심 학교문화 조성	

① 따뜻한 학교공동체 문화 조성

존중·배려의 '협력적 작은 실천' | 역점과제1

◎ 협력적 작은 실천이란?
- 교육공동체 의견 수렴을 통해 단위학교에서 서울인성교육 목표, 핵심 가치·덕목, 인성역량 등을 참고하여 실천내용을 자율 결정하고 실천하는 운동

- 교육공동체 의견 수렴을 통한 단위학교 '협력적 작은 실천' 내용 선정
- '우리 학교' → '우리 학급' → '나'의 협력적 작은 실천으로 구체화하여 실행
- '협력적 작은 실천'에 대한 가치 공유
- 협력적 작은 실천하기(예시)
  - 우리가 함께 만드는 약속 지키기
  - 사랑의 우체통, 사랑하는 사람에게 편지쓰기
  - 하루에 한 가지씩 친구의 장점 찾아 칭찬하기

② 인성교육 중심 교육과정 편성·운영

소통·참여·책임의 '협력학습' | 역점과제2

◎ 협력학습이란?
- 수업에서 학생들 간 경청하고 배려하는 학습문화, 한 명도 소외없는 학습활동, 모든 학생들이 함께하는 학급문화, 수업방식, 수업방법 등을 통해 바른 인성이 함양되는 것을 중시하는 학습

교과 및 창의적체험학습 수업을 통하여 자연스럽게 타인의 감정에 공감·소통하며, 갈등을 해결할 수 있는 학습기회 제공으로 바른 인성 함양
- 소통과 능동적인 참여, 책임을 실천하는 수업 방향 설정
- 소통·공감·배려·정직·책임 덕목을 중심으로 인성교육 중심 교육과정 재구성
- 토의·토론형, 프로젝트 학습, 협동학습, 액션러닝, 거꾸로 학습 등 협력학습 전략 및 기법 활용

③ 문예체 테마별 인성교육 활성화

공감·협력의 '협력종합예술활동' | 역점과제3

◎ 협력종합예술활동이란?
- 교육과정 내에서 학급 내 모든 학생들이 뮤지컬, 연극, 영화 등의 종합예술활동에 역할을 분담하여 참여하고 발표하는 학생중심 예술체험교육

학생이 스스로 기획하고 만드는 문화예술작품 공동 창작
- 협력종합예술활동 초, 중, 고 확대 운영
- 주당 1시간 교과 수업 중 뮤지컬, 연극, 영화, 창작 활동 실시
- 교과 간 연계하여 협력종합예술활동 프로젝트 수업 전개

- 교육과정 재구성을 통한 교과별 융합수업 실시
- 창의적체험활동의 자율활동 중 창의주제활동으로 학급당 주 1시간, 격주 2시간 운영
- 지역사회 예술 유관기관과 협력하여 학생들이 종합예술 발표 기회 제공

> **TIP**
>
> 구체적인 교과별 인성교육 방법은 크레존(https://www.crezone.net) – 창의교육 – 인성지도 지도자료·프로그램의 게시물 '교과에서 인성교육, 인권을 만나다'를 참고하시면 됩니다.

03 예시답안

구상형 2번에 대한 답변 드리겠습니다.
A고등학교의 인성교육 프로그램의 개선방안을 서울시 인성교육 시행계획에 의거하여 말씀드리겠습니다.

① 우선 A 고등학교는 일년 중 2회 이루어지는 특정프로그램에 의한 인성교육이 아닌 학교교육 전반에 걸친 인성교육을 실시해야 합니다. 교육공동체 의견 수렴을 통해 단위학교에서 서울인성교육 목표, 핵심가치, 덕목, 인성역량 등을 고려하여 협력적 작은 실천의 내용을 자율적으로 결정하고 꾸준히 실행하는 것이 필요합니다.
② 두 번째로, 학교에서 전담하는 인성교육이 아닌, 가정과 학교, 그리고 마을이 함께 참여하는 인성교육을 실시해야 합니다. 인성 친화적인 학교, 실천하는 가정, 협력하는 마을의 운영을 통해 함께하는 인성교육을 실천하고 이를 위해서는 학교와 학부모 간의 소통과 상담을 활성화하고 학부모 연수를 지원해야 합니다.
③ 세 번째로, 덕목 중심의 주입식 교육이 아니라 체험과 실천 위주의 인성교육을 실시해야 합니다. 구체적으로는 공감과 협력의 협력종합예술활동을 실시하여 함께 참여하고 연습하고 갈등을 해결하는 과정들을 통해 자연스럽게 학생들의 공감과 소통, 갈등해결 기술을 키워야만 합니다.

이어서 저의 교과와 관련하여 인성교육을 시행할 수 있는 방안에 대해 말씀드리겠습니다.

교사가 학생을 가장 많이 접하는 시간은 수업시간입니다. 이를 활용하여 소통과 능동적인 참여, 책임을 실천하는 것을 수업의 방향으로 정하고 소통, 공감, 배려, 정직, 책임 덕목을 중심으로 인성교육 중심 교육과정 재구성을 실행해야 합니다. 또한 구체적으로는 토의·토론형, 프로젝트 학습, 협동학습, 액션러닝, 거꾸로 학습 등 협력학습의 전략과 기법을 적극적으로 사용하는 방안이 있습니다.

이상입니다.

PART 2 | 기출문제

> **추가질문**
> 인성교육을 위해 교사가 갖추어야 할 가장 중요한 자질이 무엇이라고 생각하며, 그 자질을 함양하기 위해 자신이 해왔던 노력에 대해 말하시오.

01 출제근거

서울기본계획3. 평화와 공존의 민주시민교육	
자율과 책임의 자치경험을 확대하겠습니다	
과제	세부사업
협력적 인성교육 내실화	• 인성친화적인 학교 만들기 • 교육과정과 연계한 인성교육 추진 • 가정–학교–마을이 함께하는 인성교육 추진

02 문제분석

① 인성교육에 필요한 교사의 역량(인성교육 5개년 종합계획 수립방안 연구, 교육부)

① 인성교육을 시행할 교사들의 역할이 매우 중요한데, 교사들은 학교에서 바람직하고 긍정적인 역할 모델이 되어야 하고, 인성교육을 반영하여 교육과정을 구성하고, 인성교육에 맞는 교실 분위기 조성 및 인성을 실천할 수 있는 기회를 제공해주는 역량이 요구된다고 볼 수 있다.

② 인성교육을 담당할 수 있는 교사는 'Good School Project' 전문가로서 교과 전문가(수업디자이너)와 인성교육 전문가(인성교육 디자이너 Character educator)로서의 역량을 갖추어야 한다.

③ 교과 전문가로서의 교사에게는 수준별 지도 능력, 수업방법 구안 능력, 모형 및 이론 적용 능력, 다양한 실습, 학생들과 상호작용 능력이 필요하다.

④ 교육과정 영역에서는 변화의 흐름과 현장의 요구를 반영하고, 교육과정을 재구성할 수 있는 능력을 갖추며, 행정적인 영역에서는 기본 문서 작성법, 프로그램 기획 및 구성 능력을 갖추도록 노력해야 한다.

⑤ 그리고 전문성 개발을 위해서 최근 이론 동향, 변화에의 적응, 방법론 등 현장에 도움이 되는 연수를 지속적으로 받아야 한다.

⑥ 인성교육 전문가로서 교사에게는 대인관계능력, 의사소통능력, 교사 리더십, 교직윤리, 봉사정신, 학습자 이해 및 상담능력, 창의인성, 다문화교육 역량 등이 요청이 된다.

⑦ 좋은 학교(Good School)는 교사와 학생 간에 '참만남'의 장이어야 하는데, 이를 위해서는 아래에 제시되는 각 영역에 대한 공감과 소통 전문가로서의 역량이 요청된다.

생활지도 영역	학급경영 영역
상담능력, 실제 상담경험, 대화 – 소통 기법, 학습자의 발달 단계 이해	학급 소명 의식, 학생 이해 및 수용력, 학급운영 프로그램, 사례 교육
학부모관계 영역	인성위기학생 지도 영역
학부모 상담 능력, 학부모 관계 및 대처 능력, 대화의 기술	학교폭력 가해/피해 학생, ADHD, 품행장애, 심리적 어려움이 있는 학생 지도 능력

02 예시답안

추가질문에 대한 답변 드리겠습니다.

① 인성교육을 위해 교사가 갖추어야 할 중요한 자질로는 대인관계능력, 의사소통능력, 교사 리더십, 교직윤리, 봉사정신, 학습자 이해 및 상담능력, 창의인성, 다문화교육 역량 등이 있습니다. 그러나 무엇보다도 중요한 역량은 학습자를 이해하고 상담하는 능력이라고 생각합니다.

② 이러한 능력을 갖추기 위해 대학 시절 내내 다양한 교육학, 상담 서적을 읽으며 상담이론을 익혔고 연령 별 학생들의 심리상태나 학생의 특성을 이해하려 노력했습니다. 또한 봉사활동을 통해 학생들을 만나며 실제 상담 경험도 쌓을 수 있었습니다. 이러한 경험 속에서 학생들로부터 '선생님은 제 말을 잘 들어주셔서 좋아요'라는 반응을 듣게 되었고, 그 후 경청 능력을 더더욱 키우려 노력하고 있습니다. 지금까지 노력을 통해 키운 이러한 역량들을 바탕으로 학교 현장에서 가정, 마을과 연계하여 더불어 숲을 이루는 인성교육을 실시하겠습니다.

이상입니다.

PART 2 | 기출문제

> **즉답형1**
>
> 다음 중 어느 학생에게 우선적인 지원을 해줄 것인지 그 이유를 교육관과 함께 말하고 어떻게 도움을 줄 것인지 말하시오.
>
> A학생: 게임을 잘 못하지만 노력하여 유명한 프로게이머가 되어서 돈을 많이 벌고 싶다고 한다.
> B학생: 큰 꿈이 없고 아르바이트 하면서 소소한 행복을 찾으면서 살겠다고 한다.

01 출제근거

서울기본계획1. 미래를 준비하는 혁신교육	
↓	
진로를 스스로 개척할 수 있도록 하겠습니다	
과제	세부사업
맞춤식 미래 진로교육	• 진로개발역량 증진을 위한 진로교육과정 운영 지원 • 체험·협업 중심의 맞춤식 진로탐색 기회 제공 • 진로교육 활성화 지원체제 구축

02 문제분석

❶ 제시문 분석

'제2차 진로교육 5개년 계획(2016~2020)'은 '꿈과 끼를 살리는 행복한 진로 설계'를 비전으로 한다. A 학생의 경우 '꿈'은 품고 있지만 그것을 실현해줄 '끼'가 부족한 상황이고, B 학생의 경우 큰 '꿈'을 품고 있지 않기에 자연스럽게 '끼'도 키워나가고 있지 않다.

❷ 교육관

선발적 교육관	• 선발적 교육관에서는 인간의 능력은 타고나는 것이라고 본다. • 한 나라에서 중등교육이나 고등교육을 받을 수 있는 집단은 소수에 지나지 않으므로, 이들을 선발하여 교육시키는 것을 교육정책의 중심에 둔다.
발달적 교육관	• 발달적 교육관에서는 모든 학습자에게 적절한 교수–학습방법만 제공한다면, 누구나 교육목표에 도달할 수 있다고 전제한다. • 그래서 모든 사람에게 적절한 학습의 기회를 제공하여 가능한 모든 학습자가 의도한 바의 교육목표를 달성하도록 하는 데 교육정책과 교육활동의 중점을 둔다.
인본주의적 교육관	• 인본주의적 교육관에서는 교육을 인성적 성장, 통합, 자율성을 꾀하고 자아 및 타인 그리고 학습에 대한 건전한 태도를 형성해 가는 자아실현의 과정이라고 본다. • 그러므로 학습자의 자율적이고 적극적인 학습에의 참여를 촉구하는 방향으로 이루어 질 때 교육목표에 도달 할 수 있다.

• '자아실현의 가능성 개발', 즉 인간의 본성과 욕구에 부합시켜 인간을 사랑하고 깊이 있게 느끼며 내면의 자아를 확장하고 창조함으로써 스스로 배우는 자아실현의 가능성을 개발하는 데 목표를 두고 있다.

❸ 학교 진로교육

| 학교 진로교육 목표 | 학생 자신의 진로를 창의적으로 개발하고 지속적으로 발전시켜 성숙한 민주시민으로서 행복한 삶을 살아갈 수 있는 역량을 기른다. |

↓

진로교육 영역	영역별 추진 목표
1. 자아 이해와 사회적 역량개발	긍정적 자아개념을 형성하고 적성에 대하여 정확하고 객관적으로 이해하며 타인과 적절하게 관계 맺고 소통할 수 있는 역량을 기른다.
2. 일과 직업세계의 이해	일과 직업의 중요성과 가치, 직업세계의 구성과 체계를 이해하고, 건강한 직업의식을 기른다.
3. 진로탐색	자신의 진로와 관련된 교육기회 및 직업정보를 적극적이고 체계적으로 탐색하는 역량을 기른다.
4. 진로 디자인과 준비	자기 이해와 다양한 진로탐색과 체험을 바탕으로 자신의 진로를 창의적으로 설계하고 적절한 계획을 수립하고 준비하는 역량을 기른다.

❹ 진로유형 판단을 통한 진로 교육

1) 학생의 진로유형을 판단하는 Q&A

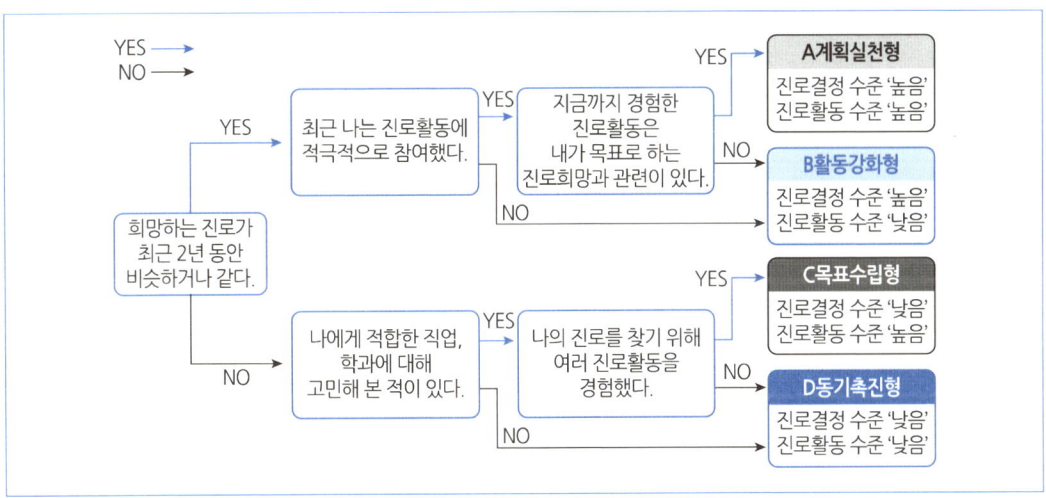

2) 진로유형별 진로 고민과 해결 방법

구분	진로 고민 사례	해결책
A 계획 실천형	• 제 꿈을 이루기 위해 구체적으로 뭘 해야 할지 알고 싶어요. • 목표는 뚜렷한데 성적이 좋지 않아 고민이에요. • 열심히 노력은 하고 있는데 제가 과연 그 꿈을 이룰 수 있을지 모르겠어요.	• 구체적인 진로 실천을 위한 실제적 전략을 세우고 실천 • 자신의 진로목표에 따라 학습설계를 체계적으로 수립 • 진로 고민은 커리어넷의 진로상담을 이용하거나 학교 선생님과 상담하고, 상급학교 진학 정보는 커리어넷의 학과 정보, 학교 정보 등에서 탐색

B 활동 강화형	• 막상 뭘 해보려 해도 자꾸 귀찮아져요. 이런 활동들은 왜 해야 하죠? • 여러 가지 진로활동을 하고 싶지만 시간이 너무 없어요. • 제가 원하는 진로 쪽으로는 체험을 해 볼 곳이 없어요.		• 희망하는 진로와 관련된 다양한 진로활동 수행 • 진로체험, 동아리, 봉사활동 등을 통하여 자신의 진로활동 보강 • 진로 고민은 커리어넷의 진로상담을 이용하거나 학교 선생님과 상담하고, 진로체험 정보는 커리어넷 원격영상 진로 멘토링, 꿈길 등에서 탐색
C 목표 수립형	• 진로체험도 많이 해보았지만, 제가 진짜 뭘 원하는 것인지 잘 모르겠어요. • 여러 가지에 관심이 많아서 무엇을 해야 할지 모르겠어요. • 관심 있었던 직업도 자세히 알아보면 왠지 시시하게 느껴져요.		• 관심 있는 직업에 대한 정보를 깊이 있게 탐구하고 자신의 흥미와 적성을 탐색 • 커리어넷의 커리어패스 정보, 학과 정보, 학교 정보, 심리검사 등을 탐색하고 활용 • 진로 고민은 커리어넷의 진로상담을 이용하거나 학교 선생님과 상담
D 동기 촉진형	• 제가 뭘 좋아하고 잘하는지 모르겠어요. • 공부하는 것도 싫고, 왜 해야 하는지도 잘 모르겠어요. • 무슨 직업이 있는지도 잘 모르고, 그중 어떤 것을 해야 할지도 잘 모르겠어요.		• 다양한 진로정보를 찾아보고 관심 있는 직업에 대하여 탐구하고 자신의 흥미와 적성을 탐색 • 커리어넷의 직업 정보, 커리어패스 정보, 심리검사 등을 탐색하고 활용 • 진로 고민은 커리어넷의 진로상담을 이용하거나 학교 선생님과 상담

❺ 진로체험의 6가지 유형

유형	활동 내용
현장직업 체험형	학생들이 관공서, 회사, 병원, 가게, 시장과 같은 현장 직업 일터에서 직업 관련 업무를 직접 수행하고 체험하는 활동 ※ 멘토 1인당 10명 내외 학생 지도 권장
직업실무 체험형	학생들이 직업체험을 할 수 있는 모의 일터에서 현장직업인과 인터뷰 및 관련 업무를 직접 수행하고 체험하는 활동(현장직업인 멘토 필요) ※ 멘토 1인당 15명 내외 학생 지도 권장
현장 견학형	일터(작업장), 직업 관련 홍보관, 기업체 등을 방문하여 생산·공정, 산업 분야의 흐름과 전망 등을 개괄적으로 견학하는 활동
학과 체험형	특성화고, 대학교(원)을 방문하여 실습, 견학, 강의 등을 통해 특정 학과와 관련된 직업 분야의 기초적인 지식이나 기술을 학습하는 활동
진로 캠프형	특정 장소에서 진로심리검사·직업체험·상담·멘토링·특강 등 종합적인 진로교육 프로그램을 경험하는 활동 – 1일(6시간 이상) 운영
강연·대화형	기업 CEO, 전문가 등 여러 분야의 직업인들의 강연(대화)을 통해, 다양한 직업 세계를 탐색하는 활동(대화형은 30명 내외 학생 기준)

03 예시답안

즉답형 1번에 대한 답변 드리겠습니다.

학생 스스로 꿈을 갖게 하고 끼를 키워나가는 진로교육의 중요성은 아무리 강조해도 지나침이 없습니다. A 학생과 B 학생 모두 진로에 있어 어려움을 겪고 있으며 모두 교사로서 관심과 지도가 필요한 상황입니다. 그러나

[A 학생을 선택한 경우]

① 저는 A 학생에게 우선적인 지원을 할 것입니다. 제가 생각하는 교육이란 적절한 학습의 기회를 제공하여 의도한 교육목표를 달성하도록 하는 것이기 때문입니다. A 학생은 프로게이머라는 자신의 꿈을 확고히 가지고 있지만 현재 게임에서의 실력이나 갖고 있는 정보는 많지 않습니다. 이러한 A 학생에게 자신의 진로와 관련된 교육기회 및 직업정보를 적극적이고 체계적으로 탐색하는 역량을 기르게 함과 동시에 자신의 꿈을 이룰 수 있는 끼를 키울 수 있도록 돕고 싶습니다.

② 이를 위해 A 학생에게 자신의 진로목표에 따라 학습설계를 체계적으로 수립하고 실행을 위한 실제적 전략을 세우고 실천할 것을 당부하겠습니다. 또한 대화형, 현장 견학형 등의 진로체험의 기회를 제공하여 프로게이머라는 직업에 대한 정확한 이해를 돕겠습니다. 마지막으로 진로문제와 관련하여 주변의 여건이나 환경 등으로 인한 위기나 어려움이 닥치더라도 자신이 세운 진로목표를 상황에 맞게 다시 수정하고 지속적으로 추구할 수 있도록 진로탄력성을 키워줄 것입니다.

이상입니다.

[B 학생을 선택한 경우]

① 구체적인 꿈이 있는 A 학생과는 달리 큰 꿈이 없이 지내고 있는 B 학생에게 우선적인 지원을 하도록 하겠습니다. 저는 교육이란 자신에 대한 건전한 태도를 형성해 가는 자아실현의 과정이며 자아실현의 가능성을 개발하고 자신의 삶을 소중히 여기고 의미 있는 삶을 살아갈 수 있도록 하는 것이라 생각하기 때문입니다. 그렇기에 무엇보다도 학생이 건강한 직업의식을 갖고 꿈을 갖게 하는 것이 가장 중요하다고 생각합니다.

② 이를 위해 B 학생에게 우선 일과 직업의 중요성과 가치, 직업세계의 구성과 체계를 이해하고, 건강한 직업의식을 기를 수 있도록 돕겠습니다. 이를 바탕으로 자신에 대한 다양한 진로 정보를 찾아보고 관심 있는 직업에 대하여 탐구하고 자신의 흥미와 적성을 탐색하도록 조언하겠습니다. 더불어 구체적으로 커리어넷의 직업 정보, 커리어패스 정보, 심리검사 등을 탐색하고 활용하며 다양한 진로체험을 통해 자신의 꿈을 찾을 수 있도록 도울 것입니다.

이상입니다.

> **추가질문**
> 즉답형에서 선택하지 않은 학생에게는 어떻게 조언해줄 것인지 말하시오.

01 출제근거

서울기본계획1. 미래를 준비하는 혁신교육	
진로를 스스로 개척할 수 있도록 하겠습니다	
과제	세부사업
맞춤식 미래 진로교육	• 진로개발역량 증진을 위한 진로교육과정 운영 지원 • 체험·협업 중심의 맞춤식 진로탐색 기회 제공 • 진로교육 활성화 지원체제 구축

02 예시답안

추가질문에 답변 드리겠습니다.

[앞선 질문에서 A 학생을 선택한 경우]

① 구체적인 꿈이 있는 A 학생과는 달리 B 학생은 큰 꿈이 없이 지내고 있습니다. B 학생이 꿈을 찾는 것을 돕기 위해 B 학생에게 우선 일과 직업의 중요성과 가치, 직업세계의 구성과 체계를 이해하고, 건강한 직업의식을 기를 수 있도록 돕겠습니다.
② 이를 바탕으로 자신에 대한 다양한 진로 정보를 찾아보고 관심 있는 직업에 대하여 탐구하고 자신의 흥미와 적성을 탐색하도록 조언하겠습니다. 더불어 구체적으로 커리어넷의 직업 정보, 커리어패스 정보, 심리검사 등을 탐색하고 활용하며 다양한 진로체험을 통해 자신의 꿈을 찾을 수 있도록 도울 것입니다.

이상입니다.

[앞선 질문에서 B 학생을 선택한 경우]

① A 학생은 프로게이머라는 자신의 꿈을 확고히 가지고 있지만 현재 게임에서의 실력은 높지 않습니다. 이러한 A 학생에게 충분한 학습의 기회를 제공하여 자신의 꿈을 이룰 수 있는 끼를 키울 수 있도록 돕고 싶습니다.
② 이를 위해 A 학생에게 자신의 진로목표에 따라 학습설계를 체계적으로 수립하고 실행을 위한 실제적 전략을 세우고 실천할 것을 당부하겠습니다. 또한 대화형, 현장 견학형 등의 진로체험의 기회를 제공하여 프로게이머라는 직업에 대한 정확한 이해를 돕겠습니다. 마지막으로 진로문제와 관련하여 주변의 여건이나 환경 등으로 인한 위기나 어려움이 닥치더라도 자신이 세운 진로목표를 상황에 맞게 다시 수정하고 지속적으로 추구할 수 있도록 진로탄력성을 키워줄 것입니다.

이상입니다.

서울 비교과

구상형 1

[A]를 읽고 전공과 관련한 인성교육 방안 2가지와, [B]와 관련하여 자신이 교사가 되어야 하는 이유를 경험과 함께 말하시오.

[A] 협력적 인성이 중요시되고 있다. 경쟁이 아닌 협력하여 문제를 함께 해결하는 것과 더불어 사는 삶의 가치를 학생들에게 교육해야 한다.

[B] 학생은 교사를 보면서 가치관을 형성한다. 교사는 지적, 사회적인 역량 뿐 아니라 학생의 자아개념 또한 키워 줄 수 있어야 한다.

01 출제근거

서울기본계획3. 평화와 공존의 민주시민교육	
자율과 책임의 자치 경험을 확대하겠습니다	
과제	세부사업
협력적 인성교육 내실화	• 인성친화적인 학교 만들기 • 교육과정과 연계한 인성교육 추진 • 가정–학교–마을이 함께하는 인성교육 추진

02 문제분석

❶ **협력적 인성교육을 위한 교사의 역할**(협력성 인성교육 구체화 방안 연구, 서울시교육청교육정보연구원)

① 관계성을 지향하는 협력적 인성교육에서 학생의 관계성을 가장 잘 파악할 수 있는 교사가 담임교사이다.
  – 담임교사가 학생의 관계성을 잘 파악하기 위해서는 학생들을 가능한 한 많이 관찰해야 한다.
  – 또한 담임교사가 롤모델로서 제대로 기능하기 위해서도 학생들로 하여금 담임과 가능한 한 많은 시간을 함께 할 수 있도록 해야 한다.
  – 길잡이로서의 교사는 학생보다 먼저 깨달은 인성 주체라는 점에서 학생의 인성 롤모델이다.

② 교사의 인식 전환
  – 첫째, 학생은 교사와 동등한 인성을 가진 존재자라는 인식이다. 학생이 교사와 동등한 인성을 가진 존재라는 점을 명확히 인식한다면, 어린 학생이든 청소년이든 똑같이 존중과 신뢰의 관계가 형성될 것이다.
  – 둘째, 학생이 스스로 앎을 깨닫도록 하는 교수법에 대한 인식이다. 학생이 스스로 이해할 수 있도록 하기 위해서는 학생이 가진 특성(혹은 능력)과 처한 환경을 고려하고, 긴 호흡의 교수법과 긴 시간의 기다림이 필요함을 당연시해야 한다.

- 셋째, 학생의 행동 문제를 학생 개인의 특성이 아닌 학생의 관계성으로 보는 인식이다. 이러한 접근은 개인의 능력을 타인을 이겨서 성공하는 개인 중심에서 벗어나 타인과 더불어 잘 살아갈 수 있는 사회적 존재자를 지향한다는 점에서 의미가 있다.
- 마지막으로, 교육의 본질을 추구하는 교사의 책무성에 대한 인식이다. 교사 지원 방안뿐 아니라 교사가 학생을 위해 해 줄 수 있는 방안은 무엇인지도 모색할 필요가 있다. 교육적 어려움을 극복하고 협력적 인성교육을 통해 학생을 집단 지성인으로 성장시킬 수 있는 교사의 적극적인 교육 의지와 태도가 필요하다.

03 예시답안

구상형 1번 문제 답변하겠습니다.

우선 저의 전공인 사서와 관련한 인성교육 방안 2가지를 말씀드리겠습니다. 현대 시대에서 더불어 함께 살아가는 세상을 만들기 위해 필요한 성품과 역량을 기르는 인성교육을 하기 위한 두 가지 방안을 말씀드리겠습니다.

① 우선 존중·배려의 협력적 작은 실천을 추진하겠습니다. 교육공동체와 더불어 협력적 작은 실천의 내용을 선정하여 그 가치를 공유하고 학교, 학급, 나로 구체화하여 실행하겠습니다. 구체적으로는 도서관에서 지켜야 할 약속을 함께 정하고 준수하며, 학급 친구들과 독서소감을 공유하고, 일주일에 한 권씩 친구에게 어울리는 책 추천하기 활동을 실시할 것입니다.

② 두 번째로는 함께하는 독서, 토론, 인문소양교육을 실시하겠습니다. 꿈을 나누는 협력적 책쓰기 교육을 추진하며 학교 교육활동 전반에 비경쟁식 토론 문화가 확산될 수 있도록 돕겠습니다. 독서 동아리와 독서교육연구회를 운영하며 학생들과 동료 교사 모두 함께 성장하는 기회로 삼으며 동시에 사람책과 함께하는 인문학 교육 등을 통해 우리 모두의 인격적 성장을 도모하겠습니다.

이어서 B와 관련하여 제가 교사가 되어야 하는 이유에 대해 말씀드리겠습니다.

① 교사는 학생을 보며 가치관을 형성합니다. 교과 지식의 전달 뿐 아니라 교사는 학생보다 먼저 깨달은 인성 주체라는 점에서 학생의 인생 롤모델의 역할도 해야 할 것입니다. 학생들에게 바른 인생관과 가치관을 전해주기 위해서는 교사는 우선 평소 많은 경험을 통해 올바른 가치관을 정립해야 하며, 학생들과 가능한 많은 시간을 함께 보내며 자연스럽게 그것을 체득할 수 있도록 도와야 한다고 생각합니다.

② 저는 평소 인성과 관련된 책을 읽으며 올곧은 생각과 가치관을 쌓아왔으며 대학교 시절 복지관에서 교육봉사활동을 통해 중학교 아이들을 지도한 경험이 있습니다. 아이들이 예뻐 봉사시간이 아니더라도 틈틈이 아이들을 찾아갔고 문제 많았던 아이들도 많은 대화와 상호작용을 통해 시간이 지나며 인성적으로 성장하는 모습을 볼 수 있었습니다. 이러한 경험이 증명해주듯이 독서와 봉사활동으로 올바른 가치관을 정립하였으며, 아이들을 좋아하고, 아이들과 시간을 많이 보내며, 아이들에게 선한 영향력을 끼치는 롤모델로서 작용할 수 있는 제가 반드시 교사가 되어야 한다고 생각합니다.

이상입니다.

> **구상형2**
>
> [A]와 [B]를 읽고 당뇨병 학생의 원활한 학교생활을 위한 학생과 학부모, 그리고 교사의 역할에 대해 각각 3가지씩 말하시오.
>
> [A] A학생은 생후 18개월에 제1형 당뇨를 진단받은 학생이다. A학생은 친구들에게 들킬까봐 화장실에서 인슐린을 투여한다. A학생의 담임교사는 A학생이 저혈당, 고혈당과 같은 응급상황에 빠질까봐 많은 부담을 가지고 있다. A학생의 어머니는 A학생의 인슐린 투약을 보건교사가 해주기를 바라고 있다.
>
> [B] 학교보건법 제15조의 2(응급처치 등) 제1항
> 학교의 장은 사전에 학부모의 동의와 전문의약품을 처방한 의사의 자문을 받아 보건교사 또는 순회 보건교사로 하여금 제1형 당뇨로 인한 저혈당쇼크 혹은 아나필락시스 쇼크로 인하여 생명이 위급한 학생에게 투약행위 등 응급처치를 제공하게 할 수 있다. 이 경우 보건교사에 대해서는 의료법 제27조 1항을 적용하지 아니한다.

01 출제근거

서울기본계획4. 안전하고 쾌적한 교육환경	
몸과 마음의 건강한 성장을 지원하겠습니다	
과제	세부사업
학생의 건강한 삶을 돕는 학교 보건 역량 강화	• 학교 보건교육 역량 강화 • 학생 질병 예방 및 건강 관리 지원 • 학교 감염병 관리 능력 강화

02 문제분석

❶ 배경지식 넓히기

> 전북 전주시에 사는 도현(9·가명)이는 학교에 머무는 동안 하루 3 ~ 4번 스스로 인슐린 주사 바늘을 꽂는다. 우유급식과 점심 급식을 먹기 전에 한 번씩 주사하고, 수시로 혈당을 체크해 혈당이 떨어지지 않을 때 추가로 놓는다. 지난달 30일 만난 도현이에게 물었다.
>
> 혼자 힘들지 않니?"(기자)
> 혼자 주사 놓는 게 무섭죠. 그래도 살려면 어쩔 수 없으니까요."(도현)
> 초등학교 3학년이면 아직 주사바늘을 무서워할 나이인에도 도현이는 무심하게 대답한다. 이런 질문에 이골이 난 듯하다. 도현이는 지난 3월 1형 당뇨병(소아당뇨) 진단을 받았다. 도현이 아빠 송병주(45)씨는 "건강하고 운동을 좋아했던 우리 아이가 병에 걸릴 거라고 상상도 못했다"고 말했다. 1형 당뇨병은 성인의 일반 당뇨병과는 완전히 다르다. 면역시스템이 인슐린을 분비하는 췌장의 베타세포를 공격해 인슐린 분비가 줄어들고, 혈당이 유지되지 않는 자가면역질환이다. 원인이 밝혀지지 않았다.

도현이는 진단 직후부터 곰돌이 인형에 주사 놓는 연습을 수백 번 반복했다. 집에선 부모가 대신 인슐린 주사를 놔주지만, 학교에선 자가 주사를 해야 하기 때문이다. 직장에 다니는 도현이 부모는 주사기에 인슐린 용량을 다르게 담아 1~5번 스티커 붙여서 가방에 넣어 보낸다. '(혈당)수치가 높네, 4번 맞자'식으로 카톡으로 연락하면서 대화를 하지만 항상 마음을 졸인다. 자칫 혈당이 과하게 떨어져 저혈당 쇼크가 오거나, 혈당이 치솟으면 생명이 위독할 수 있다.

　　학교에 간호사 면허증이 있는 보건교사가 있지만 도현이를 돌봐주지 않는다. 도현이 아빠 송씨는 "보건교사가 아이 혈당이 잘 관리되는지 체크하고, 아이가 익숙해지기까지 인슐린 주사만이라도 놔주면 좋겠다"며 "의료 문외한인 부모도, 아이 스스로도 할 수 있는 일을 의료인인 보건교사는 왜 못하는지 이해가 가지 않는다"고 말했다.

　　경기도 양평에 사는 초등학교 2학년 수현(8·가명)이는 4세 때부터 1형 당뇨병을 앓고 있다. 수현이 엄마 박지아(34)씨는 "아이가 입학하자 학교 보건교사가 어린 수현이를 위해 인슐린 주사, 혈당 관리 등을 도와줬다. 하지만 학교 측에서 '책임질 일 만들지 말라'며 막는 바람에 아이가 자가 주사를 놓는데 늘 불안하다"며 분통을 터뜨렸다.

　　학교 보건교사들은 아이들을 위해 나서지 않는 이유로 학교보건법을 든다. '의료 행위'인 인슐린 주사를 의사의 지시 없이 임의로 할 수 없다는 입장이다. 그나마 지난해 법이 개정되면서 학생이 저혈당 쇼크로 위급한 상황에 처했을 때 보건교사가 최후의 수단인 '글루카곤 주사'를 놔줄 수 있다는 조항이 들어갔다. 김미영 한국1형 당뇨병환우회 대표는 "간호사인 보건교사가 학교에 있는데 아이가 죽기 직전이 돼야 손을 쓸 수 있다니 황당하다"고 지적했다.

　　학생 보건을 담당하는 교육부는 난색을 표하고 있다. 조명연 교육부 학생건강정책과장은 "보건교사가 직접 아이들의 혈당을 체크하고 주사를 놓는 건 어렵다. 당뇨병은 평생 가지고 가는 병이라 스스로 주사를 맞고 관리할 수 있도록 가르치는게 맞다"고 말했다.

　　김재현 삼성서울병원 내분비내과 교수는 "미국·유럽 등 선진국에선 학교 보건실이 소규모 병원처럼 운영되며, 1형 당뇨병 아이 한 명만 있어도 전체 교직원·학생을 대상으로 응급처치법 등을 교육하고 돌본다"고 설명했다. 김대중 아주대병원 내분비대사내과 교수는 "1형 당뇨병을 앓는 아이들이 입학하면 혈당 체크하고, 주사를 놔주려고 부모가 학교에 계속 붙어있어야 한다니 말이 안 된다"며 "아이들을 제대로 관리할 학교 보건체계를 만들어야 한다"고 말했다.

　　의료정책 주무부서인 보건복지부는 "보건교사가 인슐린 주사를 놔도 무방하다"고 의료법 유권해석을 한 상태다. 복지부 관계자는 "학교 보건은 교육부 소관이어서 어찌할 방도가 없다"고 말했다.

출처: 중앙일보(18.5.9.)

❷ 법령 분석

1) 제27조(무면허 의료행위 등 금지)
   ① 의료인이 아니면 누구든지 의료행위를 할 수 없으며 의료인도 면허된 것 이외의 의료행위를 할 수 없다.

2) 제15조의2(응급처치 등)
   ① 학교의 장(「고등교육법」 제2조에 따른 학교는 제외한다. 이하 이 조에서 같다)은 사전에 학부모의 동의와 전문의약품을 처방한 의사의 자문을 받아 제15조제2항에 따른 보건교사 또는 순회 보건교사(이하 이 조에서 "보건교사등"이라 한다)로 하여금 제1형 당뇨로 인한 저혈당쇼크 또는 아나필락시스 쇼크로 인하여 생명이 위급한 학생에게 투약행위 등 응급처치를 제공하게 할 수 있다. 이 경우 보건교사등에 대하여는 「의료법」 제27조제1항을 적용하지 아니한다.
   ② 보건교사등이 제1항에 따라 생명이 위급한 학생에게 응급처치를 제공하여 발생한 재산상 손해와 사상(死傷)에 대하여 고의 또는 중대한 과실이 없는 경우 해당 보건교사등은 민사책임과 상해(傷害)에 대한 형사책임을 지지 아니하며 사망에 대한 형사책임은 감경하거나 면제할 수 있다.

❸ 당뇨병 학생 지원 가이드라인(2019 교육부)

1) **학교에서의 당뇨병 관리 일반 원칙**
   ① 당뇨병 학생이 스스로 본인의 혈당 관리를 할 수 있도록 배려해 주어야 하며, 인슐린 주사 혹은 혈당 검사를 할 수 있는 적절한 장소를 제공한다.
   ② 당뇨병 학생이 도움을 요청하는 경우 적절한 도움을 주어 저혈당 혹은 고혈당에서 벗어날 수 있도록 해야 한다.
   ③ 학생이 당뇨병을 겪고 있다는 사실을 공개하는 것은 학생의 의사를 최우선으로 하여 결정한다.
   ④ 급식의 경우 인슐린을 주사한 당뇨병 학생은 저혈당 발생을 예방하기 위해 인슐린 주사 시간을 고려하여 식사를 할 수 있도록 배려한다.
   ⑤ 당뇨병으로 인해 운동, 체육활동, 수업 등에 불이익을 겪지 않도록 지원한다.
   ⑥ 당뇨병 학생이 마음 편하게 병원 진료를 다녀올 수 있는 환경을 조성하고 격려한다.
   ⑦ 시험 등 특수상황에서 학생의 혈당관리를 위해 필요한 사항을 미리 인지하고 적절하게 조치한다.
   ⑧ 그 밖에 학교생활에서 학생이 필요로 하는 도움과 배려를 적극 지원한다.

2) **당뇨병 학생 보호자의 역할**
   ① 당뇨병 관리의 주체는 학생이므로 보호자는 자녀가 당뇨병을 스스로 관리할 수 있도록 적극적으로 지도하고, 교직원과 지속적으로 소통하면서 필요한 정보를 제공해야 합니다.
   ② 자녀가 당뇨병을 진단받았을 때, 입학 혹은 전학 시, 학년이 시작될 때마다 학교 측에 당뇨병 학생이 있음을 알립니다.
   ③ 자녀가 당뇨병 진단을 받은 즉시, 그리고 학년이 시작될 때나 자녀의 당뇨병 관리 계획이 변경될 때, 의료진과 함께 「당뇨병 의료관리 계획」을 작성하여 건강증진부에 제출합니다.
   ④ 자녀의 건강관리 및 학교 계획을 이행하는 데 필요한 모든 용품과 장비를 학교 측에 제공하고 필요 시마다 보충합니다.
   ⑤ 자녀가 학교에 갈 때 당뇨병 관리를 위한 준비가 충분히 되어있는지 관련 물품과 간식 등의 구비 상황을 매일 확인합니다.
   ⑥ 「당뇨병 의료관리 계획」을 바탕으로 학교의 건강증진부와 함께 완성한 「당뇨병 학생 개별지원계획」과 '저혈당과 고혈당 응급처치계획'을 보건교사로부터 제공받고 이를 숙지합니다.
   ⑦ 심한 저혈당 등 응급상황에서 건강증진부가 조치할 수 있는 사항에 대해 사전에 조율하고 확인합니다.
   ⑧ 수업 전후 또는 학교 외부 활동에 참여할 경우 자녀의 안전 확보를 위한 방법을 교직원(학교장, 담당 교사 등)과 협의합니다.
   ⑨ 정확한 비상 연락망 정보를 학교에 제공하고, 변경사항이 발생할 경우 학교 측에 이를 알립니다.

3) **당뇨병 학생의 역할**
   ① 당뇨병 관리의 주체는 학생이므로 스스로 혈당을 관리하고 점검할 수 있도록 노력합니다. 특히 안전하게 신체활동(체육, 방과 후 수업, 현장체험 등)을 하기 위해서는, 스스로 활동 전부터 활동 후까지 수시로 혈당 검사와 적절한 조치를 하여야 합니다.
   ② 저혈당 간식과 혈당측정기를 체육시간과 급식 시간을 포함하여 항상 가지고 다니도록 합니다.
   ③ 저혈당 또는 고혈당 증상이 느껴지거나 도움이 필요할 경우 즉시 주변에 있는 교사 및 교내 직원에게 알려 도움을 받도록 합니다.

④ 저혈당이 발생한 경우 혼자 있거나, 혼자 보건실로 이동하는 등의 행위를 하지 않도록 합니다.
⑤ 당뇨병 관리에서 도움이 필요한 것과 스스로 할 수 있는 것에 대해 학교와 미리 상의하도록 합니다.
> **예** 혈당 측정 및 기록하기, 정확한 인슐린 사용량 확인하기, 인슐린 주사하기
⑥ 혈당 측정용 채혈침, 검사지, 인슐린 주사바늘, 알코올 솜은 반드시 지정된 방법으로 폐기하여야 합니다.
⑦ 응급 상황(저혈당 등)을 제외하고는 모든 학교 활동이 가능하므로 학교 활동에 적극적으로 참여합니다.

03 예시답안

구상형 2번에 대한 답변 드리겠습니다. 당뇨병 학생의 원활한 학교생활을 위한 학생과 학부모, 그리고 교사의 역할에 대해 말씀드리겠습니다.

① 우선 학생은 당뇨병 관리의 주체는 학생 자신이므로 스스로 혈당을 관리하고 점검할 수 있도록 노력합니다. 특히 안전하게 신체활동(체육, 방과 후 수업, 현장체험 등)을 하기 위해서는, 스스로 활동 전부터 활동 후까지 수시로 혈당 검사와 적절한 조치를 하여야 합니다. 두 번째로는 저혈당 간식과 혈당측정기를 체육시간과 급식 시간을 포함하여 항상 가지고 다니도록 합니다. 세 번째로는 저혈당 또는 고혈당 증상이 느껴지거나 도움이 필요할 경우 즉시 주변에 있는 교사 및 교내 직원에게 알려 도움을 받도록 합니다.

② 이어서 학부모의 역할에 대해 말씀드리겠습니다. 첫 번째로, 당뇨병 관리의 주체는 학생이므로 부호자는 자녀가 당뇨병을 스스로 관리할 수 있도록 적극적으로 지도하고, 교직원과 지속적으로 소통하면서 필요한 정보를 제공해야 합니다. 두 번째로는 심한 저혈당 등 응급상황에서 건강증진부가 조치할 수 있는 사항에 대해 사전에 조율하고 확인합니다. 세 번째로, 수업 전후 또는 학교 외부 활동에 참여할 경우 자녀의 안전 확보를 위한 방법을 교직원과 협의합니다.

③ 끝으로 교사의 역할에 대해 말씀드리겠습니다. 첫 번째로, 당뇨병 학생이 스스로 본인의 혈당 관리를 할 수 있도록 배려해 주어야 하며, 인슐린 주사 혹은 혈당검사를 할 수 있는 적절한 장소를 제공합니다. 두 번째로, 당뇨병 학생이 도움을 요청하는 경우 적절한 도움을 주어 저혈당 혹은 고혈당에서 벗어날 수 있도록 해야 합니다. 끝으로, 급식의 경우 인슐린을 주사한 당뇨병 학생은 저혈당 발생을 예방하기 위해 인슐린 주사 시간을 고려하여 식사를 할 수 있도록 배려합니다.

이상입니다.

> **추가질문**
>
> 보건수업 중 한 학생이 다리를 접질렀다며 수업중인 교실에 들어왔다. 이에 대해 어떻게 대처할지 그 이유와 함께 말하시오.

01 출제근거

서울기본계획4. 안전하고 쾌적한 교육환경		
↓		
몸과 마음의 건강한 성장을 지원하겠습니다		
과제	세부사업	
학생의 건강한 삶을 돕는 학교 보건 역량 강화	• 학교 보건교육 역량 강화 • 학생 질병 예방 및 건강 관리 지원	

02 문제분석

❶ 제시문 분석

현재 교사는 보건실에서 업무를 보는 것이 아닌, 학급에서 보건수업을 진행중이다. 이때 교사의 수업권, 학생들의 학습권도 중요하겠지만, 환자 발생시 환자에게 적절한 응급조치를 취하는 것 역시 매우 중요하다.

❷ 염좌, 탈구, 골절 대처 방안

사정	1. 활력징후: 체온(℃), 혈압(/ mmHg), 맥박( ), 호흡( ), 산소포화도(SpO2 %)
	2. 발견당시 상황은 어떠한가? • 쓰러질 때 방향 및 자세는 어떠한가? • 관절가동범위 제한과 탈구변형 여부가 있는가? － ROM, 탈구변형은 골절이나 탈구이다. • 감각 및 운동성 이상 여부, 기능상실이 있는가?
	3. 현재 나타나는 증상은 무엇인가? ① 변형　　　　　(　)　④ 부종 및 변색　(　)　⑦ 지남력 확인　(　) ② 개방상처　　　(　)　⑤ 불안 상태　　(　)　⑧ 힘없음　　　(　) ③ 동통 및 압통　(　)　⑥ shock 반응　(　)　⑨ 기타　　　　(　)
	4. 기타 참고사항 ① 다니는 병원이 있는가? ② 반드시 정형외과로 가도록 ③ 귀가 후 통증과 부종이 있으면 병원진료를 받도록 반드시 지도한다.
처치	• 탈구일 경우 탈구된 상태로 둘레 고정 후 병원으로 이송 • 일반적인 골절, 삠, 타박상의 응급처치 － Rest(안정): 일어나거나 움직이지 않도록 함

- Ice(냉찜질): 환부에 대주어 부종 및 통증 감소
- Compression(압박): 탄력붕대로 환부를 적당한 강도로 압박, 고정
- Elevation(높이기): 손상부위를 심장보다 높게 해주어 부종 예방
- 부목을 대어 병원으로 이송
- 골절일 경우 삠과 증상이 비슷하나 변형, 심한 통증, 부종, 운동 상실 특징이 있음
- 늑골 골절 시 선홍색 거품의 피가 입으로 흐를 때에는 골절처치를 하지 말고 호흡을 쉽게 할 수 있도록 등 뒤에 고임을 넣어주고 안정 후 이송.
- 골절 처치 후 30분 간격으로 혈액순환 여부 확인
  (피부가 차거나, 창백, 얼룩, 손톱, 발톱 부분의 색깔, 통증 등 유심히 관찰)

03 예시답안

추가질문에 대한 답변 드리겠습니다.

<u>보건수업 중 학생이 다리를 접질려서 급하게 수업 중인 교실에 들어온 상황입니다.</u> 이때 교사의 수업권, 학생들의 학습권도 중요하겠지만, 환자 발생 시 환자에게 적절한 응급조치를 취하는 것 역시 매우 중요할 것입니다.

① 우선 놀란 학생들을 안정시키고 당황하지 말고 대기하라 지시한 후 반장에게 교무실에 상황을 알려 수업이 없으신 다른 선생님께 수업 교체를 부탁드릴 것입니다.

② 이어서 다친 학생의 발견 당시 상황과 현재 증상을 파악합니다. 넘어지면서 발목을 순간적으로 안으로 접질리게 되면 발목을 지지하는 바깥쪽의 인대가 늘어나거나 찢어지게 되어 빌목 염좌가 발생하기에 응급처치를 시행하겠습니다.

③ 우선 환자를 일어나거나 움직이지 않도록 하고 냉찜질을 환부에 하여 부종과 통증을 줄이겠습니다. 이후 탄력붕대로 환부를 적당한 강도로 압박, 고정하고 손상부위를 심장보다 높게 해주어 부종을 예방할 것입니다.

④ 이후 부목을 대고 손상의 정도에 따라 정형외과로 이송하도록 하겠습니다. 또한 귀가 후라도 통증이 있으면 병원 진료를 반드시 받도록 지도할 것입니다. 상황이 종료되면, 교체수업을 해주신 선생님께 자세한 설명과 함께 감사함을 전할 것입니다.

이상입니다.

서울 비교과 상담

> **구상형 2**
> 학교폭력 피해 학생이 Wee Class에만 있으려고 한다. 이러한 상황에서 상담교사로서 어떻게 학생에게 이야기할 것인지 시연하고, 학생과 학부모에게 해줄 수 있는 상담 방안을 3가지씩 말하시오.

01 출제근거

서울기본계획2. 모두의 가능성을 여는 책임교육	
↓	
모든 학생들의 학력을 책임지겠습니다	
과제	세부사업
중단 없는 배움을 지원하는 종합 지원 체계 구축	• 위기학생의 회복과 적응을 위한 종합적인 상담 지원

02 문제분석

1. 서울시 위(Wee) 클래스(학교상담실) 운영 계획

❶ 출석으로 인정되는 상담

① 「초·중등교육법 시행령」 제31조(학생의 징계 등)에 따른 특별교육 이수시간에 포함되는 상담
② 「학교폭력예방 및 대책에 관한 법률」 제16조(피해학생의 보호)에 의한 조치에 따라 학교장이 인정하는 출석일수 산입 기간에 포함되는 상담
③ 「학교폭력예방 및 대책에 관한 법률」 제17조(가해학생에 대한 조치)에 의한 특별교육 이수 또는 심리치료 기간에 포함되는 상담
④ 학업중단 숙려제 상담
⑤ 「학업성적관리지침」 제8조(결석처리)에 규정된 '기타 부득이한 사유로 학교장의 허가를 받는 경우'에 해당하는 상담
　※ 학교장이 허가하는 신속한 상담이 필요한 사안 및 기타 부득이한 사유에 대한 판단은 학년초 학교 구성원 간의 협의에 의해 사전에 규정하거나 사안 발생 시 학교장이 판단함

❷ 학교폭력 및 성폭력 피해학생 상담과정 및 개요(전문상담교사 상담 매뉴얼)

단계별		핵심사항
1단계		사례파악, 위험/보호 요인 파악
	아동·청소년 대상	아동·청소년의 피해위험 및 심리적 어려움의 정도 평가, 사용 척도(소아용 외상후스트레스장애 반응척도)
2단계		상담의 동기화 및 상담 구조화 실시
	아동·청소년 대상	평가 결과에 따라 개입 여부 결정 ① 가벼운 정도의 놀람, 주관적으로 심각한 심리적 고통을 호소하지 않는 경우, 혹은 가까운 주변 전문 기관 연계가 용이치 않을 경우: 5-10회 정도의 직접 상담 진행 가능 ② 내담자의 주관적인 심리적 어려움의 정도가 심각 또는 매우 심각일 경우, 주변 전문 기관에 의뢰를 위한 준비 작업 실시
	부모 대상	내담자의 문제 상황에 대한 부모의 인식 여부 확인 후, 문제 및 피해 상황에 따라 청소년 단독 혹은 부모와 함께 상담할 지 여부 결정
3단계		개입
	아동·청소년 대상	직접 상담 진행의 경우: 내담자의 심리적 불안 및 정신 안정, 체계적 이완훈련을 통한 불안 극복 훈련, 피해학생의 외상후 스트레스 장애 증후 탐색
	부모 대상	폭력 경험에 따른 아이의 심리적 상태 이해 및 상호작용 훈련, 폭력 피해와 관련된 법률 및 제도에 대한 교육, 아이 심리 상태 이해와 정서 조절하는 법, 중재 대처 방법에 대한 지원 및 교육, 대안적 탐색(문제 상황 종결 이후 학교 및 일상생활 복귀와 진로 행동에 대한 대안 탐색), 학교 폭력 경험으로 인한 정신증적 문제 해결 및 치료를 위한 병원 연계
4단계		상담 평가, 종결 준비 및 종결
	아동·청소년 대상	소아용 외상후스트레스장애 반응 척도를 사용하여 재평가 실시
	부모 대상	부모 및 담임교사와의 면담을 통해 문제가 현저히 감소되고 부모 효능감이 증진된 경우 종결

❸ 불안한 학생을 도와주는 방법

들어주고 정상화하기	• 교사가 이야기를 들어주고 학생의 감정에 공감해주는 것만으로도 마음이 편해질 수 있음 ⑩ "그래, 너처럼 느낄 수 있겠구나.", "사람마다 차이는 있지만 누구나 불안감을 느낀단다."
긴장을 이완하도록 도와주기	• 학생이 안절부절 못하고 조바심을 낸다던가 잔뜩 긴장한 모습을 보일 때에는 무엇보다 먼저 마음을 차분히 하고 긴장을 완화할 수 있도록 이완훈련을 적용함 • 심호흡하기, 긴장이 풀리는 음악 듣기, 스트레칭 등을 통해 교감신경을 낮추고 부교감신경을 활성화시킬 수 있음 ⑩ "○○아, 우선 잠시 깊게 숨을 들이쉬고 천천히 내쉬어 보자."
생각 습관을 바로 잡도록 도와주기	• 학생이 실제보다 과장해서 지나치게 부정적으로 생각하거나 걱정이 많은 경우에는 생각 습관을 바로잡도록 도와줌 • 대개 불안한 학생들은 실제 일어나는 일보다 훨씬 더 부정적이거나 위험하게 지각하고 상상하는 경향이 있음 • 이때 무조건 안심시키기 보다는 학생으로 하여금 그렇게 생각할 만한 이유가 있는지를 물어봄으로써 생각의 근거를 확인해보게 함 ⑩ "○○아, 네가 그렇게 생각하는 이유가 있니?", "정말로 그런 일이 있었던 적이 있니?" • 학생으로 하여금 걱정스런 생각을 하는 대신 마음을 편안하게 하는 차분한 생각을 하도록 도와줌

불안이나 걱정을 없애는 상징적 방법을 사용하도록 도와주기	• 학생이 불안해할 때 '걱정 인형'에게 걱정을 맡기도록 한다거나 '걱정 쓰레기통'을 만들어 자신의 걱정을 적어 그 곳에 버리도록 하는 방법 • 하루 종에 아예 걱정하는 시간을 따로 정해놓고 그 시간에만 걱정을 하도록 유도하는 방법 • 이와 같은 방법이 불안을 근본적으로 극복하는데 도움이 되는 건 아니지만 자신의 마음을 어느 정도 스스로 다스리고 통제하는데 도움을 줄 수 있음
단계적으로 직면하도록 도와주기	• 학생이 불안문제로 인해 어떤 상황을 자꾸 회피하는 경우에는 그 상황에 단계적으로 직면하도록 도와줌 • 예를 들어 학생이 친구들과 다툼이 있은 후에 친구들과 어울리는 것을 피한다면 이것을 목표행동으로 정하고 이 행동을 하게 되는 과정들을 작은 단계로 나누어 직면시킴 (제일 편안해하는 친구에게 먼저 말 붙이기 → 친구와 같이 쉬는 시간 동안 이야기하기 → 친구와 집에 같이 가기 → 친구네 집에 놀러가기 또는 친구를 집에 초대하기) • 첫 단계의 시도는 작고 쉽게 설정하여 학생이 성공할 수 있도록 도와주어야 함 • 각 단계가 끝날 때마다 학생에게 적절한 관심과 보상을 해줘야 함

TIP 불안한 학생에 대한 잘못된 지도 방법

• 무조건 학생을 안심시키기: 학생이 불안을 보일 때마다 무조건 안심시키는 것은 결과적으로 학생을 더 의존하고 매달리게 할 수 있음
• 지나치게 지시하거나 개입하기
• 불안해하는 상황을 회피하도록 허용하기: 학생이 꺼려하는 어떤 행동을 회피하도록 허용하는 것은 궁극적으로는 학생에게 도움이 되지 않음

03 예시답안

구상형 2번에 대한 답변드리겠습니다.
현재 학교폭력 피해 학생이 Wee클래스에만 있으려는 상황입니다. 서울시 위클래스 운영 계획에 의거했을 때 출석으로 인정받을 수도 없는 상황이기에 학생이 조속한 시간 내에 상처를 이겨내고 학급으로 돌아갈 수 있도록 도와야 할 것입니다.

① 우선 학생의 이름을 혜린이라 가정하고 학생에게 할 말을 시연해보겠습니다.
"그래, 혜린아, 너처럼 느낄 수도 있겠구나. 사람마다 누구나 불안감을 느낄 수 있단다. 우선 잠시 숨을 깊게 들이쉬고 천천히 내쉬어 보자. 혜린아, 네가 그렇게 생각하는 이유가 뭐니? 정말로 그런 일이 있었던 적이 있니? 그런 일이 사실은 없었는데 괜한 걱정이 드는 것 같다고? 그래, 그렇다면 걱정 쓰레기통을 만들어 보는 건 어떨까? 불안한 생각이 들 때면 그 걱정을 적어 그곳에 버려본다면 마음이 조금 편안해질텐데. 그리고 교실에 들어가는게 힘들고 무섭다면, 우선 조금씩 그 상황에 직면해보는 건 어떨까? 오늘은 우선 점심시간 이후에만 들어가보고 차츰 학급에 있는 시간을 늘려보자. 그리고 제일 편한 친구가 수정이라고 했지? 그러면 우선 쉬는 시간에 수정이와 이야기하는 것부터 시작해볼까? 최종 목표는 수정이네 집에 놀러가는 걸로 해보자구. 선생님은 혜린이가 잘해낼 거라고 믿고, 꾸준히 지켜볼거야. 괜찮겠지? 그래. 고맙다. 오늘부터 우리 멋지게 시작해보자."

이어서 학생과 학부모에게 해줄 수 있는 상담 방안을 말씀드리겠습니다.
② 우선 학생의 피해위험 및 심리적 어려움의 정도를 소아용 외상 후 스트레스 장애 반응척도를 사용하여 평가하겠습니다. 평가 결과 놀람이나 주관적으로 지각한 심리적 고통이 심각한 경우 가까운 주변 전문기관으로 즉시 연계해야 할 것입니다. 평가 결과 가벼운 놀람인 경우 5-10회 상담을 진행합니다. 수치심이 심각한 경우 그 이유가 자신의 잘못이나 문제에 있지 않으며, 우연석으로 발생할 수 있는 상황적 여건에 있음을 인식시킬 것입니다. 직접 상담 진행일 경우 내담자의 심리적 불안 및 정신 안정, 체계적 이완 훈련을 통한 불안 훈련 극복, 피해학생의 외상 후 스트레스 장애 증후 탐색을 실시할 것입니다. 이후 소아용 외상 후 스트레스 장애 반응척도를 통해 불안 수준에 대한 재평가를 실시하고 문제가 없다면 상담을 종결할 수 있습니다.
③ 이어서 학부모에 대한 상담 방안을 말씀드리겠습니다. 우선 부모가 내담자의 문제상황을 아시는지 우선적으로 파악한 후 문제 및 피해 상황에 따라 청소년 단독 상담을 하거나 부모와 같이 상담을 할지 결정할 것입니다. 내담자의 심리적 어려움에 대한 척도 평가 결과가 심각할 경우 주변 전문 기관에 의뢰를 위한 준비작업을 해야 할 것입니다. 이어서 폭력 경험에 따른 아이의 심리적 상태를 이해하고 재적응을 돕는 법, 정서조절을 돕는 법, 폭력 피해와 관련된 법률 및 제도에 관한 교육, 중재 대처 방법에 대한 지원 및 교육, 대안적 탐색, 학교폭력 경험으로 인한 정신과적 증상에 대한 치료를 위한 병원 연계 등을 주된 내용으로 상담을 진행할 것입니다. 그 후 부모와 지도교사와의 면담을 통해 문제가 현저히 감소하고 부모 효능감이 증진된 경우 상담을 종결할 것입니다.

이상입니다.

TIP 임용 합격생들이 들려주는 면접TIP

- 합격생1(2019교과): 서울시 면접은 무엇보다도 시책과 교육감 신년사가 중요하다고 생각합니다. 면접 전날 교육청 홈페이지에 들어가 신년사와, 올해, 작년 조희연 교육감님께서 말씀하신 것을 다시 한 번 읽고 갔으며, 무엇이 나올까 예상을 했던 것들이 나왔습니다. 또한 이와 관련된 교육학적 기본 개념을 계속 생각하는 것이 좋다고 생각했습니다. 서울시에서는 평등과 관련된 문항이 빈번하게 나오는데 이러한 것을 지금까지 배웠던 교육학에 적용시킬 수 있어야 한다고 생각합니다.

연습할 때에는 시간이 항상 너무 많이 남아 고민이었지만, 실제 시험에서는 모든 문항에서 30초 이내로 시간이 남았습니다. 연습 할 때에는 딱 맞추어 연습하기보다는 조금 더 여유를 가지고 연습하는 것이 좋을 것이라고 생각합니다.
- 합격생2(2019교과): 작년에 비해 추가질문의 질문 길이가 길어서, 듣고 바로 답하는 데 어려움을 겪었습니다. 스터디를 할 때 즉답형 문항들을 활용해서 추가질문에 답하는 연습을 하는 것도 좋을 것 같습니다. 추가질문은 보통 이어지는 문항과 연결되는 질문이 많은 것 같아서 답변하면서 추가질문이 무엇을 물어볼지 생각을 해서, 여지를 남겨두는 것도 좋을 것 같습니다.
- 합격생3(2019교과): 문제 복원에 참여할 지에 대해 고민하다가 하기로 결심한 이유는, 제가 2차 면접을 준비하는 과정에서 중국어 면접 기출문제를 구하기 정말 어려웠기 때문입니다. 제가 작성드린 중국어 면접 문제가 경범쌤께서 책을 집필하실 때 직접적으로 필요하지는 않겠지만, 혹시 경범쌤 반에 중국어 시험을 준비하시는 분들이 계시다면, 이러한 기출문제를 따로 자료로써 제공해드린다면 선생님들께 큰 도움이 될 것이라고 생각합니다.

* 중국어 면접 팁:
1) 기본적인 성조 연습: 정확한 발음을 한다는 인상을 심어주세요.
2) 교육학/면접 키워드를 중국어로 제시하면 좋아요. (예) 회복적 생활교육 → 恢复性的生活教育)
3) 가짓수 잘 채워서 말하기: 第一, 第二, 第三 등으로 명확하게 문제에서 요구하는 답변을 한다는 느낌을 심어주세요.

- 합격생4(2019비교과): 매번 스터디를 하면서 면접 시뮬레이션을 했었는데, 저는 항상 구상 13분, 구상한 것 전체 읽어보기 2분 정도로 구상을 하였고, 면접은 10분~12분 이내에서 마치는 편이었습니다. 하지만 실제로 면접장에서 느끼는 구상시간 15분과 면접시간 15분은 매우 짧은 느낌이었습니다. 또, 구상형 문제가 점차 요구하는 가짓수가 많아지고, 글씨 포인트도 다소 크기 때문에 구상지에 적을 공간을 많지 않았습니다. 다른 스터디에서는 15분보다 더 짧게 구상을 하거나 구상형 문제를 보고 구상지에 적지 않고 즉답형처럼 대답하는 연습을 하신다고도 하였는데 할 수 있다면 여러 방면으로 연습을 해보는 것이 좋을 것 같습니다. 즉답형 문제 같은 경우에는 정말 생각도 못해본 문제가 나와서 당황하기는 하였지만 모두가 이 문제에서 많이 당황했을 것이라고 생각하고 최선을 다하는 태도와 활짝 웃는 모습을 보여주기 위해 노력하였습니다. 아직 합격발표가 나지 않아서 제가 말한 답과 저의 태도가 어떤 평가를 받을 진 모르겠지만 저는 제가 할 수 있는 최선을 다했기 때문에 아쉽지는 않습니다. (물론 대답을 왜 그렇게 했을까 한번 씩 생각은 나지만요..) 선배님들의 후기와는 다르게 제가 면접을 본 순서가 14번 정도였음에도 불구하고 면접관님들께서는 세분 다 저를 뚫어지게 쳐다보고 세분 다 인상을 쓰고 계셔서 멘탈이 조금 흔들리는 상황이었습니다. 특히 무표정 하다가 제가 답변을 했을 때 인상을 쓰게 되면 더 많이 흔들리게 되었습니다. 물론 이런 상황 역시 어느 정도 설정이 되어 있는 것이긴 하겠지만 그렇게 알고 있으면서도 막상 마주하게 되면 정말 당황스럽고 이런 상황에서 평소의 습관이 나오게 되는 것 같습니다. "뒤로 갈수록 아무도 보지 않는다. 한 명은 웃고 있다. 다 정해진 역할이 있다."라고 너무 맹신하고 뒷 번호라고 면접관이 안볼 것이라던가 앞 번호라서 웃어줄 것이라는 등의 단정을 지어서는 안 된다는 것을 느꼈습니다. 무엇보다 이번 면접을 준비하면서 가장 많이 느낀 것은 1차 시험 이후 발표 전까지 2차 준비를 철저하게 하는 것이 중요하다는 것입니다. 저는 1차 준비를 4개월이 채 안되게 하여서 당연히 떨어질 확률이 크다고 생각하고 방심했는데 막상 붙어버리니까 너무 막막하였습니다. 특히 발표 이후 다른 스터디로 들어갔을 때 제가 준비한 것과 다른 스터디원들이 준비한 것의 차이가 너무나도 극심한 것을 보고 절망감을 많이 느꼈습니다. 1차 시험이 끝나게 되면 1주일 정도 쉬고 스터디나 강의를 시작하게 되는데 그때 합격여부를 맘에 두기 보다는 2차 준비에 모든 에너지를 쏟는 것이 맞다고 생각이 됩니다.
- 합격생5(2019비교과): 아무튼 갓경범 교수님. 1년 동안 감사드립니다. 지난 모의 면접 피드백 이후 진짜 열심히 준비했어요. 완벽한 답안을 제시하지는 못했지만 진짜 최선을 다했습니다! 저희 스터디 조원들이랑 최합하면 다 같이 가겠습니다! 교수님 진짜 감사드려요. 시간을 각 문제 당 3분씩 체크한다는 말이 작년에는 없었던 거 같은데 올해는 3분씩 체크하시고 3분 초과되니 대답 도중에 바로 끊고 다음 문제 넘어가더라구요. 근데 이건 안 그랬다는 평가실도 있었고 각자 다른 것 같았습니다.
- 합격생6(2019비교과): 면접실마다 다르긴 했으나, 각 문제당 3분이 지나면 답변 못하게 하고 다음 질문에 대한 답안을 하도록 한 곳도 있었습니다. 모든 문제당 3분 이내로 답변하는 연습을 지속적으로 해야 할 필요성이 있었습니다.
- 합격생7(2020교과)
  - 많은 연습을 통해 제시문에 나와 있는 문제상황이 무엇인지 정확하게 파악할 수 있는 능력을 기르도록 할 것.
    (문제상황만 제대로 파악하면 해결방안 제시하는 것은 어렵지 않음)
  - 자체출제지역은 지역 시책을 주요 정책이나 이슈 중심으로 정리하여 반드시 숙지할 것.

- 서울은 면접이나 실연 시작과 동시에 면접관 중 한명이 평가실에 비치된 큰 전자시계 버튼을 누름. 면접에 주어진 15분이 점점 줄어드는 식이어서 남은 시간을 확인할 수 있으니 슬쩍슬쩍 보면서 시간 관리할 것.

4 CHAPTER | 2020 강원도

전통적으로 수험생들의 반응은 답이 정해져 있는 문제들이어서 답변하기 쉬웠다는 반응과 시간조절이 매우 힘들었다는 반응이 주를 보인다. 이는 강원도 시책을 문제로 상당 수 출제하기에 답이 정해져 있는 것처럼 여겨지며, 반면 구상형 지문이 길고, 즉답형 역시 3문항이나 나오기에 시간 조절에 어려움을 겪기 때문인 것으로 보인다. 이에 평소 비슷한 유형의 문제로 연습을 꾸준히 하는 것이 필수적이다. 또한 최근 3년 간 학교 단위 중점 추진사업 '3+2' 중 '3'에 해당하는 중학교 사업에 대해 출제하거나 강원도교육청의 청소년 민주주의 교육정책 및 강원교육청의 '돈 안드는 정책'을 묻는 등 강원교육청의 정책은 즉답형으로 1문제 이상 꼭 출제되는 경향을 보이고 있어 시책에 대한 완벽한 이해가 필수적이다.

2020 강원교육

① **교육 미래상**: 모두를 위한 교육
② **교육 지표**: 행복한 학교, 함께하는 강원교육
③ **2020 강원교육 기본 계획**

기초가 강한 교육	미래를 여는 교실	건강하고 안전한 학교	모두에게 따뜻한 교육복지	사람을 위한 교육행정
• 기초학력 책임교육 강화 • 기초학력 안전망 구축 • 유아·특수교육 지원 강화 • 교육과정-수업-평가 혁신 강화	• 미래학력을 위한 학교혁신 • 진로교육 활성화 • 강원행복고등학교 운영 • 민주시민·문화예술·인문교육 활성화 • 마을교육공동체 활성화 • 과학정보교육 활성화	• 학생 건강 증진, 놀이, 행복 급식 • 안전하고 교육적인 학교 환경 조성	• 모든 학생을 위한 교육 안전망 • 돈 안 드는 교육 완성	• 현장중심, 교육중심 정책 추진 • 교육공동체 민주주의 확립 • 교육행정 선진화

1) 기초가 강한 교육

모든 영역에서 기초학력을 보장하고 공교육을 통한 출발선이 같도록 합니다.	
↓	
기초학력 책임교육 강화	• 한글 책임교육 강화 • 영어 책임교육 강화 • 수학 책임교육 강화
기초학력 안전망 구축	• 기초학습지원단 순회교육 시수 확대
유아·특수교육 지원 강화	• 유아교육 공공성 강화 • 특수교육 내실화

교육과정-수업-평가 혁신 확산	• 자유학년과 일반학년의 연계로 학생중심 교육과정 운영 • 강원도형 유·초·중·고 연계 교육과정 개발 • 즐거운 배움을 위한 수업 혁신 • 배움의 의미를 찾는 평가 혁신

2) 미래를 여는 교실

유치원부터 대학입시까지 학교에서도 마을에서도 기초학력부터 미래학력까지 책임집니다.	
↓	
미래학력을 위한 학교혁신	• 학교혁신 일반화 • 강원행복더하기 모범·거점·미래학교 운영 • 강원행복더하기유치원·특수학교 지정 운영
진로교육 활성화	• 진로탄력성 향상을 위한 진로교육 강화 • 활동중심 진로교육 활성화
강원행복고등학교 운영	• 일반고등학교 혁신 • 직업계고등학교 혁신
민주시민·문화예술·인문교육 활성화	• 민주시민교육 • 학생생활교육 • 문화예술교육 • 독서·인문·토론교육
마을교육공동체 활성화	• 작은학교 희망만들기 • 마을교육공동체 사업 내실화 • 지역사회 협력 시스템 구축
과학정보교육 활성화	• 창의융합형 과학교육 활성화 • 소프트웨어교육 활성화 • 잠재력 개발을 위한 영재교육

3) 건강하고 안전한 학교

학교는 모두에게 따뜻하고 안전한 곳이어야 합니다.	
↓	
학생 건강 증진, 놀이, 행복 급식	• 학생 건강 증진 • 학생의 건강을 책임지는 보건교육 • 어린이 놀이문화 활성화 • 행복급식
안전하고 교육적인 학교 환경 조성	• 학생안전 시스템 구축 • 유해환경으로부터 안전한 학교 • 환경친화 학생중심 학교

4) 모두에게 따뜻한 교육복지

유치원부터 고등학교까지 '돈 안 드는 교육'을 완성하겠습니다.	
↓	
모든 학생을 위한 교육 안전망	• 위기학생 지원 강화 • 대안교육 • 돌봄·방과후학교
돈 안 드는 교육완성	• 학부모 공교육비 부담 경감 • 교육과정 활동비 및 활동 지원 • 학부모 사교육비 부담 경감

5) 사람을 위한 교육행정

학생의 행복을 최우선에 두는 교육행정, 가장 깨끗하고 가장 민주적인 교육기관 강원도가 꿈꾸는 강원도행복청의 모습입니다.	
↓	
현장중심, 교육중심 정책 추진	• 교원을 위한 지원 강화 • 교원 혁신 역량 강화 • 학교행정업무 지원 강화 • 학교중심 법무행정 지원 서비스 강화
교육공동체 민주주의 확립	• 민주적 학교문화 정립 • 사립학교 공공성 확립 • 상시적 교육정책 의견 수렴 • 적극적인 교육 홍보 활동 전개
교육행정 선진화	• 직속기관 역할·기능 재구조화 • 정책관리 시스템 선진화 • 주민 참여형, 청정 교육행정 • 개방형 교육행정

> **구상형1-1**
>
> 다음을 읽고 물음에 답하시오.
>
> **학교폭력사건 학교장 자체해결제**
>
> 학교폭력예방 및 대책에 관한 법률(약칭: 학교폭력예방법)[시행 2020. 3. 1] [법률 제16441호, 2019. 8. 20, 일부개정]의 제13조의2에 의거하여 학교폭력이 발생한 사실을 신고 받거나 보고받은 경우, 가해학생이 협박 또는 보복한 사실을 신고 받거나 보고받은 경우에도 불구하고 일정 조건을 모두 만족하는 경우에는 학교의 장은 학교폭력사건을 자체적으로 해결할 수 있음.
>
> 피해학생 및 그 보호자가 심의위원회의 개최를 원하지 아니하고 네 가지 조건을 모두 만족하는 경미한 학교폭력의 경우 자체해결 시 모두 거쳐야 하는 절차를 거쳐 사안을 처리함.
>
> 1-1. 학교폭력 사안을 학교장 자체해결제로 처리하기 위한 조건을 4가지 제시하시오.
>
> 1-2. 학교폭력 학교장 자체해결제를 도입하게 된 배경을 2가지 제시하고, 담임교사로서 학교폭력을 예방하기 위해 생활교육을 할 수 있는 방안을 2가지 제시하시오.

01 출제근거

강원기본계획2. 미래를 여는 교실		
민주시민·문화예술·인문교육 활성화		
과제	세부사업	
학생생활교육	• 모든 학생을 위한 관계중심 생활교육 확대 • 학교폭력 예방교육 강화 • 학교폭력 사안처리 지원 및 공정한 심의	

02 문제분석

❶ 학교폭력 학교장 자체해결제 추진 배경

① 학교폭력대책자치위원회 심의건수 증가로 교원 및 학교의 업무부담 증가
② 학교폭력 처리의 전문성 부족
  - 교육지원청에 학교폭력심의위 설치 및 자치위 기능 이관
③ 경미한 학교폭력 사안의 경우에도 자치위 심의대상이 되어 교육적 해결이 곤란
  - 일정요건에 해당하는 학교폭력 사안에 대해 학교자체 해결
④ 피해학생과 가해학생에 대한 재심절차 폐지

❷ 학교장 자체처리 사안

피해학생 및 그 보호자가 자치위원회 개최를 원하지 않고, 아래 네 가지 요건에 모두 해당하는 경우 학교장 자체해결 가능

① 2주 이상의 신체적·정신적 치료를 요하는 진단서를 발급받지 않은 경우
  – 전담기구 심의일 이전에 진단서를 제출하지 않은 경우에는 자체해결 요건에 해당하는 것으로 판단 가능
  ※ 피해학생 측이 학교에 진단서를 제출한 이후에는 의사를 번복하여 진단서를 회수하는 것은 불가함.

② 재산상 피해가 없거나 즉각 복구된 경우
  – 재산상 피해의 복구 여부는 전담기구 심의일 이전에 재산상 피해가 복구되거나 가해 관련학생 보호자가 피해 관련학생 보호자에게 재산상 피해를 복구해 줄 것을 확인해 주고 피해 관련학생 보호자가 인정한 경우

③ 학교폭력이 지속적이지 않은 경우
  – 지속성의 여부는 피해 관련학생의 진술이 없을지라도 전담기구 위원이 보편적 기준을 통해 판단
    • 피해 관련학생 입장에서 지속성 판단(A학생이 B학생 1회, C학생 1회, D학생 1회 피해를 준 것은 지속적이라고 볼 수 없음)
    • 피해 관련학생이 지속적으로 피해를 입었다는 진술 또는 수차례 피해를 입었다는 진술이 있다면 지속적이라고 판단하여 학교자체해결할 수 없음

④ 학교폭력에 대한 신고, 진술, 자료제공 등에 대한 보복행위가 아닌 경우
  – 가해 관련 학생이 조치 받은 사안 또는 조사 과정 중에 있는 사안과 관련하여 신고, 진술, 증언, 자료제공 등을 한 학생에게, 학교폭력을 행사하였다면 보복행위로 판단할 수 있음.

❸ 학교장 자체처리 절차

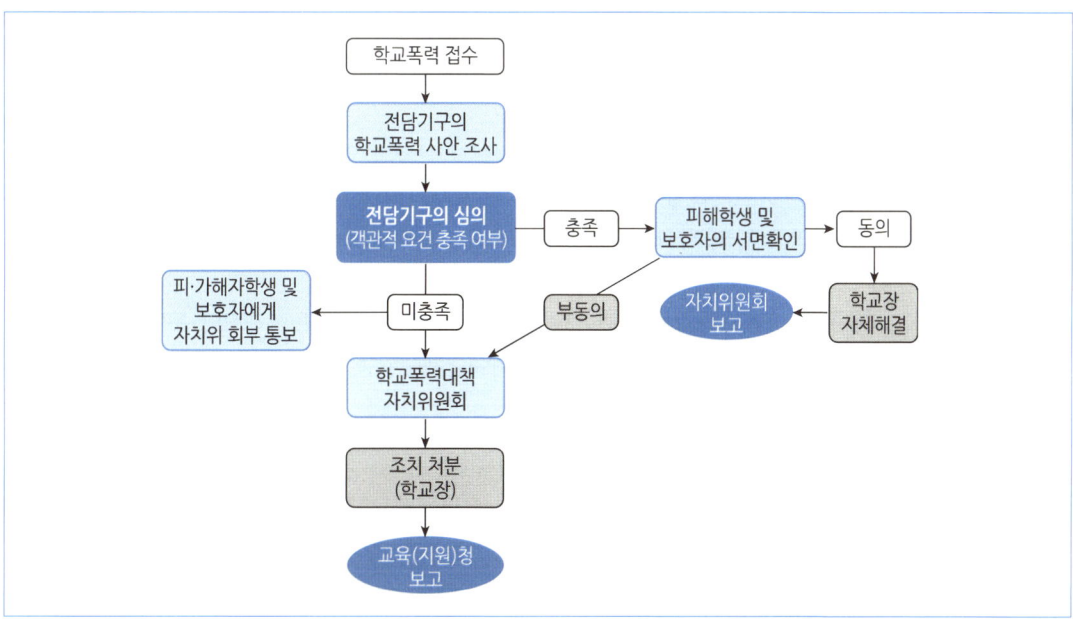

④ 학교폭력 예방교육 운영 체계(교육부)

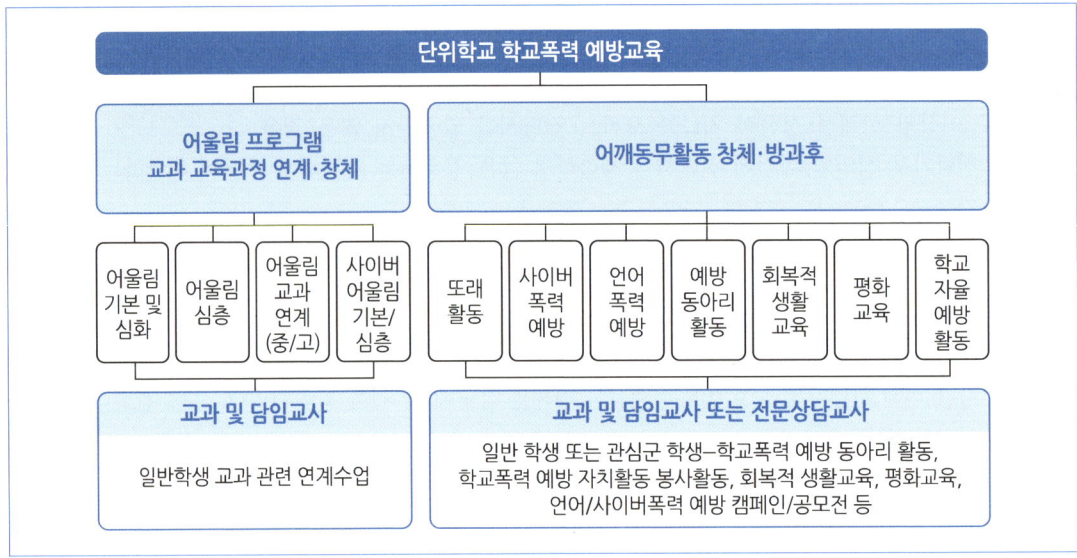

- 단위 학교·학급의 특색 및 형편에 맞는 어깨동무 활동을 진행하여 학교폭력 근절 문화를 조성하고, 교과 및 창체 시간에 어울림 프로그램 수업을 운영하여 학생 개개인의 사회·정서 역량 강화
⇒ 학교폭력 예방 및 대응에 대한 개인 역량 및 공동체 역량 강화

1) 어울림 프로그램이란?
   ① "어울림 프로그램"은 교육부에서 개발한 국가 수준의 학교폭력 예방교육 프로그램으로, 다양한 유형의 학교폭력 사례를 기반으로 학생의 발달 단계를 고려하여 학교·학급 특성 및 실정에 따라 선택하여 활용할 수 있도록 모듈 형태로 개발
   * 어울림 프로그램은 '어울림 프로그램'과 '사이버 어울림 프로그램'으로 구성되어 있음
   ② 교과 및 창체시간 어울림 프로그램 수업을 통해 학생들이 삶 속에서 자연스럽게 다른 친구들을 배려하고 공감하며, 자신의 감정을 이해하고 조절할 수 있을 뿐만 아니라 갈등을 대화로 해결하고, 학교폭력에 지혜롭게 대처할 수 있도록 지속적이고 꾸준한 교육 가능

2) 어깨동무 활동이란?
   ① "어깨동무 활동"은 학교폭력 문제를 학교 구성원 모두가 공동체적으로 접근하고 해결하려는 학교문화를 조성하기 위해 단위 학교에서 추진하고 있는 각종 캠페인 활동, 학생 자치 활동, 학교·학급 행사 등을 통칭함
   ② 언어폭력 예방 및 언어문화개선 활동, 사이버 폭력 예방 주간 운영, 또래상담 동아리 운영, 또래활동 프로그램, 관계 중심 생활교육, 평화 교육, 문화예술체육활동, 예술 동아리 운영 등 단위 학교·학급의 특색에 맞도록 운영 권장

3) 추진 배경
   ① 기존의 학교폭력의 처리 과정은 담임교사는 처리 과정에서 배제되는 경우가 발생하고, 담임교사로서 교육적 역량을 발휘하는 데 한계가 있음
   ② 기존의 학교폭력 대책 제도의 개선책으로 도입된 학교자체해결제의 현장 안착을 위해, 학교에서의

학교폭력 예방교육 지도 역량 강화 필요성 대두

4) 학교자체 해결제도와 관련된 어울림 프로그램 활용의 추진 목적
   ① 담임교사가 학생 간 갈등상황이 학교폭력 사안으로 확대되지 않도록 적극 개입하여 학교자체해결 도모 및 안정적 학급 운영 지원
   ② 교사가 담당 학급의 학교폭력예방을 위한 교육적 역량을 발휘하여 관계중심의 생활지도가 가능하도록 지원
   ③ 학생들의 공감, 감정조절, 의사소통, 갈등해결, 자기존중감, 학교폭력인식 및 대처 역량 강화를 통한 긍정적 교우관계 형성 도모 및 학교폭력에 대한 대처 역량 강화

03 예시답안

구상형 1번에 대한 답변 드리겠습니다.

① 우선 학교폭력 학교장 자체해결제의 조건에 대해 말씀드리겠습니다. 첫 번째, 2주 이상의 신체적·정신적 치료를 요하는 진단서를 발급받지 않아야 하고, 두 번째, 재산상 피해가 없거나 즉각 복구된 경우여야만 합니다. 세 번째로는 학교폭력이 지속적이지 않아야 하며, 마지막으로 학교폭력에 대한 신고, 진술, 자료제공 등에 대한 보복행위가 아닌 경우여야만 합니다.

② 이어서 학교폭력 학교장 자체해결제를 도입하게 된 배경을 2가지 말씀드리겠습니다. 학교폭력대책자치위원회 심의건수 증가로 교원 및 학교의 업무부담이 증가하였고 경미한 학교폭력 사안의 경우에도 자치위 심의대상이 되어 교육적 해결이 곤란했기에 이러한 문제들을 해결하기 위해 도입되었습니다.

③ 담임교사로서 학교폭력을 예방하기 위한 생활교육 방안은 어울림 프로그램과 어깨동무 프로그램이 있습니다. 담임교사는 학생 간 갈등상황이 학교폭력 사안으로 확대되지 않도록 적극 개입하여 학교자체해결을 도모하고 담당 학급의 학교폭력예방을 위한 교육적 역량을 발휘하여 관계중심의 생활지도가 가능하도록 지원해야 합니다. 이를 위해서 담임교사는 교과 및 창체시간 어울림 프로그램 수업을 통해 학생들이 삶 속에서 자연스럽게 다른 친구들을 배려하고 공감하며, 자신의 감정을 이해하고 조절할 수 있을 뿐만 아니라 갈등을 대화로 해결하고, 학교폭력에 지혜롭게 대처할 수 있도록 교육해야 합니다. 또한 캠페인 활동, 자치활동, 학급, 학교행사 등의 어깨동무 프로그램을 통해 학교폭력 문제를 학교 구성원 모두가 공동체적으로 접근하고 해결하려는 학교문화를 조성해야 할 것입니다.

이상입니다.

PART 2 | 기출문제

> **즉답형1**
>
> 강원도교육청은 '모두를 위한 교육'을 지표로 하여 교육 공공성 강화를 위한 교육 복지 확대로 모두에게 균등한 교육 여건을 마련하기 위해 다양한 정책을 시행하고 있다. 강원도교육청에서 시행하는 '돈 안드는 교육' 정책을 4가지 제시하시오.

01 출제근거

강원기본계획4. 모두에게 따뜻한 교육복지	
↓	
돈 안 드는 교육 완성	
과제	세부사업
학부모 공교육비 부담 경감	• 중·고 신입생 교복 구입비 지원 • 저소득층자녀 교육정보화 지원 • 다자녀 학생 입학준비물품 구입비 지원 • 고등학교 무상교육 실시 • 강원 에듀버스 운영 내실화
교육과정 활동비 및 활동 지원	• 현장체험학습비 지원 확대 • 학습준비물 지원
학부모 사교육비 부담 경감	• 사교육 지도·감독 강화

02 문제분석

❶ 돈 안드는 교육 완성(2020 강원교육청 주요업무계획)

1) 학부모 공교육비 부담 경감

- 교육 공공성 강화를 위한 교육복지 확대로 모두에게 균등한 교육 여건 마련
- 다자녀 가정 교육비 지원으로 아이 기르기 좋은 교육 환경 조성

① 중·고 신입생 교복 구입비 지원
- 학부모 교육비 부담 경감을 위한 중·고 신입생 교복 구입비 지원〈26,497명〉
- 교복비 지원은 교육청 65%:도 20%: 시·군 15% 협력사업으로 추진

학교 추진과제
- 교복은 반드시 학교주관구매로 구매
- 생활형 교복 도입 등 교복에 대한 학생 중심 의견 반영 노력

※ 교복 학교주관구매: 학교에서 교복 디자인 선정부터 구입까지 모든 절차를 추진하는 제도로 2020년부터는 반드시 학교주관 구매를 실시해야 교복비 지원

② 저소득층자녀 교육정보화 지원
- 저소득층 학생의 정보격차 해소를 위한 인터넷통신비 및 PC 지원
③ 다자녀 학생 입학준비물품 구입비 지원
④ 고등학교 무상교육 및 에듀버스 운영 내실화

- 고등학교 교육의 공공성 강화
- 고등학교 학비지원을 통한 학생·학부모의 교육비 부담 경감
- 학생·학부모 통학 부담 해소

㉠ 고등학교 무상교육 실시
- 강원도내 공·사립고등학교 114교 2학년, 3학년 무상교육 실시
㉡ 강원 에듀버스 운영 내실화
- 학생 통학 편의성 제고와 열악한 통학 환경 개선
- 에듀버스 운영 내실화(통학차량 차고지 환경개선, 에듀버스 운영예산의 효율적 집행)
- 통학노선·배차시간 등 최적화로 통학지원 강화
- 학교별로 운행하는 통학차량을 교육지원청 통합 또는 중심학교 운영으로 개편하여 통학 지원 확대

2) 교육과정 활동비 및 활동 지원

- 교육과정과 연계한 학교 밖 다양한 분야의 체험활동으로 학생 개개인의 성장 지원
- 공동체적 협력으로 민주시민역량을 함양할 수 있는 학생 주도적인 체험 기회 제공
- 현장체험학습지원단 컨설팅 운영으로 안전이 담보된 현장체험학습 정착

① 현장체험지원단 운영
② 안전한 현장체험학습 운영 지원
③ 소규모·테마형 현장체험학습 활성화
④ 학습준비물 구입비 증액 지원

3) 학부모 사교육비 부담 경감

- 학원, 교습소, 개인과외교습자 지도·감독으로 건전하고 투명한 학원 유도
- 사교육 관련 교습비 안정화를 통해 학부모의 경제적 부담 완화 노력

① 사교육 지도·감독 강화
㉠ 학원, 교습소, 개인과외교습자 지도 및 감독
㉡ 학원장 등 자질함양 연수 실시
- 학원 관련 법령 및 정부 정책 안내를 통한 건전하고 투명한 학원 유도
㉢ 신뢰받는 학원 행정 구현을 위한 현장 지원
- 도교육청·교육지원청 합동지도 점검을 통한 적극적 현장 지원
㉣ 교육지원청별 「교습비등조정위원회」와 「불법사교육신고포상금제」 운영
- 교습비 분당단가 조정 시 객관적 증빙자료를 토대로 합리적 인상분 반영
- 학원운영의 투명성을 강화하고자 불법사교육신고포상금제 운영

03 예시답안

즉답형 1번에 대한 답변 드리겠습니다.

강원도 교육청에서 실시하는 '돈안드는 교육' 정책을 4가지 말씀드리겠습니다.
① 우선, 우리 교육청에서는 중·고 신입생 교복 구입비를 지원하고 있습니다.
② 저소득층 자녀 교육 정보화를 지원하기 위해 인터넷 통신비 및 PC를 지원하고 있으며,
③ 고등학교 무상교육 및 에듀버스를 운영하여 교육의 공공성을 강화하고 학생, 학부모의 통학 부담을 해소하고 있습니다.
④ 또한 학부모 사교육비 경감을 위해 학원장 연수 및 현장지원을 통해 건전하고 투명한 학원 운영을 유도하고 있습니다.

이상입니다.

> **즉답형2**
>
> 다음 상황에서 A 학생을 지원하기 위해 교사가 할 수 있는 방안을 4가지 제시하시오.
>
> 다문화가정 학생인 A 학생은 행복중학교로 전학을 왔다. 언어소통에 어려움을 겪어 친구들과 어울리는 것이 힘든 상황이다. 또한 수업에 흥미가 없어 잘 참여하지 않고 엎드려 자는 경우도 있다. 특히 수학 과목에 어려움을 겪고 있다.

01 출제근거

강원기본계획1. 기초가 강한 교육		강원기본계획2. 미래를 여는 교실	
기초학력 책임교육 강화		민주시민·문화예술·인문교육 활성화	
과제	세부사업	과제	세부사업
수학 책임교육 강화	• 생각하는 힘을 키우는 개념중심의 수학교과서 활용 지원 • 과정중심 평가방식 개선을 통한 학생중심 수업 지원	민주시민교육	• 학교구성원의 인권감수성 향상, 인권이 살아 숨쉬는 학교문화 조성

02 문제분석

❶ 강원교육청 다문화교육 주요추진과제

1 주요 추진과제 학교구성원의 다문화 감수성 함양을 위한 다문화교육 지원

학교교육과정을 통한 다문화교육 확산
- 교육과정과 함께하는 다문화교육
- 다문화 유치원 운영
- 다문화 중점학교 운영

교원의 다문화교육 역량 강화
- 다문화교육 역량 강화 연수 운영
- 다문화교육지원단 운영
- 교사연구회 활동 지원

학생의 다문화수용도 향상
- 이중언어 활성화 지원
- 학생동아리 운영

2 주요 추진과제 다문화학생 맞춤형 교육 지원 **3 다문화교육 지원체계 구축**

다문화학생의 건강한 성장 지원
- 한국어지도 지원
- 한국어학급 운영
- 교사 멘토링제 운영
- 다문화언어강사 운영 지원

다문화가정 학부모 역량 강화
- 학생 교육정보 다중언어 서비스 제공
- 다문화가정학부모동아리운영
- 다문화가정학부모 학교 참여 활성화

협력적 다문화교육 체계 확산
- 다문화교육지원센터 운영
- 다문화교육진흥위원회 운영
- 다문화유관기관네트워크 구축

❷ 학교구성원의 다문화 감수성 제고를 위한 다문화교육 지원

1) 학교교육과정을 통한 다문화교육 확산

교육과정과 함께하는 다문화교육	• 문화의 다양성이 공존하는 다문화 사회 이해 및 세계시민으로서의 자질 함양 • 연간 2시간 다문화교육 실시 권장(학교급별 교육과정과 연계) • 교과와 창의적체험활동 시간 활용, 교과와 관련단원을 추출하여 연계 지도 • 다문화교육주간: 5. 18.(월) ~ 5. 24.(일) (*5. 20.세계인의 날) 학교별 자율 운영
다문화교육 정책학교(초·중등)	• 다문화학생과 비다문화학생이 함께 참여하는 다문화교육, 상호이해교육, 세계시민교육 등을 운영하는 모델학교 운영 • 다문화교육 우수사례를 공유·확산하여 다문화교육 활성화
찾아가는 다문화감수성교육 프로그램	• 학교구성원 및 학부모의 다문화 감수성 증진 • 강사 인력풀 활용(다문화교육지원단) • 학교(급)별 신청에 의해 강사 매칭

2) 교원의 다문화교육 역량 강화

다문화교육 역량 강화 연수	• 교직원의 다문화교육 전문성 제고 • 다문화학생의 특성을 고려한 효율적인 교수·학습 방법 구안 및 맞춤형 성장지원 강화 • 다문화학생 담임교사 15시간, 다문화교육 정책학교 교원 30시간 이상 연수 이수 권장
다문화교육지원단 운영	• 다문화교육 관련 정책 컨설팅, 모니터링 능력을 지닌 전문교사 양성으로 다문화교육 지원 강화 • 학생, 교원, 학부모 대상 다문화교육 연수 강사 활용 • 다문화교육 정책학교 컨설팅 및 업무 지원 • 다문화학생 진로진학 상담

3) 학생의 다문화수용도 향상

이중언어교육 활성화 지원	• 학생들의 글로벌 역량과 다문화수용성 향상 • 학생들의 이중언어 활용 능력 신장
세계시민 학생동아리 지원	• 학생들의 세계시민의식 및 다문화수용성 향상을 통한 미래인재 육성 • 학교별 특색 있는 동아리 지원 활성화 및 참여의식 고취 • 이해, 공감, 실천(글로벌 이슈들에 대해 이해하고 타인과 생각을 나누며 책임감있게 행동)의 세계시민교육 역량 함양

❸ 다문화학생 맞춤형 교육 지원

1) 다문화 학생의 건강한 성장 지원

한국어지도 지원	• 발달단계에 맞는 적절한 한국어 지도로 학교 적응력 신장 • 언어발달을 통한 기본 학습력 신장
교사 멘토링제 운영	• 다문화학생의 학교 생활 및 생활 전반의 안정적 적응과 성장 지원 • 다문화학생의 특기 적성 계발을 통한 글로벌 인재 양성 • 다문화학생과 교사의 1:1 또는 1:2~3 결연을 통한 멘토링 실시 • 기초학력, 진로지도, 예체능, 상담 등 맞춤형 지도를 통한 다문화학생 인재 양성
다문화교육 정책학교 (한국어학급)	• 중도입국학생, 학교부적응 및 언어 소통에 어려움이 있는 자녀 지원으로 학교 적응력 신장 • 공교육 진입을 위한 원스톱 서비스 지원
다문화언어강사 지원	• 다문화학생 맞춤형 지원 및 다문화 교육 지원 • 다문화학생 학부모가 가지고 있는 교육 역량 발휘

2) 다문화가정 학부모 역량 강화

다문화가정 학부모 동아리 지원	• 개인의 특기 신장 및 자신감 회복 • 다양한 사회활동에 직접 참여함으로써 사회 적응력 및 학교 참여 활성화
학교생활 이해자료 개발 보급	• 다문화가정 학부모 자녀교육 지원 역량 강화 • 다문화가정 학부모의 자녀 교육 지원을 위한 맞춤형 정보 제공 • 자녀교육 지원을 위해 알아야 할 학교생활 안내 자료 제작·보급
다문화가정 학부모 교육지원 프로그램 운영	• 다문화가정 학부모의 자녀교육 역량 강화 및 부모 역할 인식 강화 • 다문화가정 학부모의 친목과 다양한 교육적 정보 교류 • 교육지원청별 지역적 요구를 반영한 프로그램 운영

❹ 수학 책임교육 강화(2020 강원도 주요업무계획)

- 생각하는 힘을 키우는 개념 중심의 수학교과서 활용 지원
- 과정중심 평가방식 개선을 통한 학생중심 수업 지원

1) 수학 보조교재 및 수학 대안교과서 활용·보급 공약

① 초등학교 수학학습 보조 교재 보급〈초 3, 4학년〉
② 중학교 수학 대안교과서* 보급 확대〈중 1, 2, 3학년〉
③ 중학교 수학 대안교과서 활용 연수〈6회〉
④ 수학기반 융·복합 수업*개발 연구회 지원〈2개 연구회〉
⑤ 수학 대안교과서 적용 연구회〈2개 연구회〉

* 중학교 수학 대안교과서: 생각하는 힘을 키우는 개념과 원리 중심의 교과서로 강원도교육청에서 수학 학습에 어려움을 겪는 중학생들의 고통을 해결하기 위해 2019년 3월부터 신청학교로 전면 보급한 교과서
* 수학기반 융·복합 수업: 수학의 문제해결과 논리적 사고력을 기반으로 타교과와 융합한 수업으로 주제통합, 교과통합, 실생활연계학습 등으로 융합소양을 발휘할 수 있는 수업

2) 수학 평가방식 다양화·적정화

① 「수학교육지원단*」을 통한 수학 평가방법 개선 컨설팅 지원〈초·중〉
② 수학 평가방식 다양화·적정화를 위한 연구회〈2개 연구회〉
③ 초·중등 수학 수업·평가방법 혁신 연수〈초·중·고 각 1회〉
④ 수학교구기준안 개정〈초·중·고〉
⑤ 강원수학나눔축제 및 수학탐구활동〈3회〉

- 수학 평가방식 다양화·적정화: 답이 하나로 정해지는 평가방식이 아닌 개념이해와 단계별 평가가 가능한 서술형·논술형 평가, 수행평가, 형성평가 등 학생이 도달해야 하는 성취기준에 맞추어 실시하는 평가
* 수학교육지원단: 수학교육 활성화를 지원하기 위하여 수학교육 중점사업(수학 책임교육, 수학나눔학교, 교과연구회, 수학나눔축제 등) 컨설팅, 수학과 교실수업개선 지원, 우수사례 발굴, 수학교사의 전문성 신장 연수 지원 등의 활동을 함

PART 2 | 기출문제

> **Q. 양화는 중학교 3학년입니다. 중학교 1학년 때 태국에서 온 중도입국학생입니다. 중학교 3학년의 수학 교과서 내용을 이해하지 못하고 있습니다. 무엇을 가르쳐야 하나요?**
> - 초·중·고등학생 멘티의 선수학습 상태를 진단하는 것이 필요합니다. 방정식을 모르는 것인지, 인수분해 방법은 아는데 인수분해라는 용어를 모르는 것인지, 일차함수를 몰라서 이차함수를 계산할 수 없는 것인지 등 초·중·고등학생 멘티의 수준이 어디에서 멈춰있는지 진단하고 멘토링을 시작하시기 바랍니다. 중·고등학교에 진학한 다문화가정의 학생들이 수학과 용어의 개념이해가 부족하여 교과성적이 낮은 경우가 있습니다. 일단 수학과 용어의 개념이해와 기본 문제 대응방식을 깨우치고 나면 빠른 속도로 응용력이 신장하기도 합니다. 수학은 영어나 중국어가 아니고 세계가 약속한 기호이며 어느 나라에서 통하는 문자언어라는 사실도 인지시켜 주세요. 수학을 잘하면 어떤 장점이 있는가를 명확히 알도록 지도해 주십시오

03 예시답안

즉답형 2번에 대한 답변 드리겠습니다.
다문화가정 학생인 A를 지원하기 위해 교사로서 할 수 있는 방안에 대해 4가지 말씀드리겠습니다.

① 우선 언어소통에 어려움을 겪고 있는 다문화가정 학생 A를 위해 발달단계에 맞는 한국어 지도로 학교 적응력을 신장시킴과 동시에 언어발달을 통해 기본 학습능력을 향상시킬 것입니다.
② 두 번째로, 친구들과 좋은 관계를 형성하기 위해 교육과정과 함께하는 다문화교육을 실시하고 이중언어교육, 세계시민 학생 동아리 지원을 통해 학생들의 다문화수용도를 향상시킬 것입니다.
③ 세 번째로 수업에 흥미가 없는 A학생을 위해 교사 멘토링제를 운영하여 기초학력을 신장시키고 학교 생활 및 생활 전반의 안정적 적응을 통해 성장을 지원할 것입니다.
④ 마지막으로 수학과목을 어려워하는 A학생의 선수학습 상태를 정확히 진단하고 그에 맞는 멘토링을 실시하거나 대안교과서를 사용하여 지도할 수 있습니다. 또한 수학은 영어나 중국어가 아니고 세계가 약속한 기호이며 어느 나라에서 통하는 문자언어라는 사실도 인지시켜 불안감을 없애고 수학을 잘하면 어떤 장점이 있는지 지도하여 학습동기를 높이는 것도 좋은 방법일 것입니다.

이상입니다.

즉답형3

강원도교육청은 배움의 의미를 찾는 평가 혁신을 추진하고 있다. 다음 상황에서 교사가 행하고 있는 평가의 문제점과 개선방안을 각각 제시하시오.

A교사: 모둠별 평가를 진행하며 이때 모둠원의 점수를 모두 똑같이 채점하였다.
B교사: 수업시간 내에 평가해야 할 학생들의 활동이 끝나지 않아 수행과제를 내주어 제출하도록 했다.
C교사: 학생들의 자기평가 자료만 평가에 반영하였다.

01 출제근거

강원기본계획1. 기초가 강한 교육
↓

교육과정 – 수업 – 평가 혁신 확산	
과제	세부사업
배움의 의미를 찾는 평가 혁신	• 학생의 성장과 발달을 돕는 과정중심 평가 • 과정중심 평가의 지속적 추진을 통한 학생평가의 다양화, 내실화 • 학생생활기록 작성 및 관리 전문성 강화

02 문제분석

❶ 수행평가

수행평가는 교과 담당교사가 교과 수업시간에 학습자들의 학습과제 수행 과정 및 결과를 직접 관찰하고, 그 관찰결과를 전문적으로 판단하는 평가방법으로 성취기준에 근거하여야 한다.

❷ 수행평가 과제 설계

① 수행평가 과제를 작성하기 위해서는 교과협의회(학년협의회)에서 교육과정 내용과 성취기준, 학생 수준 및 특성, 성취수준 등을 분석합니다.
② 그리고 실제적인 맥락, 통합적인 사고능력, 가치 있는 경험, 비구호화된 문제 등의 수행평과 과제 특성을 참고하여. 과제를 수행하는데 필요한 시간, 참여 방법, 산출물의 형태 등을 고려한 세부 과제를 작성합니다.

- 수업 중에 이루어지는 수행평가 과제 개발하기
  - 과정을 중시하는 수행평가는 수업 시간 중에 해결하는 것을 원칙으로 합니다. 수업 중에 평가가 이루어지면 학습자 개인의 사회·경제적 맥락이나 조건들이 영향을 미칠 여지가 줄어들어 보다 공정한 평가가 될 수 있습니다.

Q. 수행평가의 공정성을 높일 수 있는 방안은 무엇이 있을까요?
- 정규 수업 시간 안에 수행평가가 이루어지도록 합니다.
- 교과협의회를 활성화하여 채점 기준을 수시로 협의하여 교사별 혹은 교사 간 채점 일관성을 높이도록 합니다.
- 동료평가일 경우 학생과 교사가 함께 평가 기준을 마련할 것을 권고합니다.
- 모둠 활동의 경우 자기평가 및 동료평가를 활용하며, 개별 보고서를 작성하여 제출하는 등 공정성을 높일 수 있도록 해야 합니다.
- 채점 기준을 작성할 때 학생의 예상 반응을 충분히 고려한 후 사례를 들어 최대한 구체적으로 작성하고, 채점 전에 학생들에게 안내하고 학생들과 조율하는 과정을 거치는 것이 좋습니다.

Q. 수행평가를 모둠 활동으로 시행할 때 유의할 점은 무엇인가요?
- 의사소통 능력은 미래사회가 요구하는 핵심역량이며 협동적 과제를 수행할 때 효과적으로 기를 수 있습니다. 또한 모둠 활동을 통해 자신의 능력을 발휘할 기회를 가질 수 있으며, 적극적으로 참여하지 못하는 친구들을 독려하고 배려하는 가운데 공동체 역량 등 다른 역량도 함께 기를 수 있게 되므로, 정의적 측면에서 매우 의미 있는 수행평가가 될 수 있습니다.
- 모둠 활동으로 수행평가를 시행할 때 교사가 모든 학생의 개인별 수행 과정을 관찰하기 어려울 수 있고, 이로 인해 평가의 공정성의 문제가 발생할 수 있다는 점을 유의해야 합니다. 따라서 모둠 활동을 통한 협동적 과제를 수행할 경우 개별 학생의 역할과 노력, 기여도 등을 정확하게 평가할 수 있는 합리적 방안이 마련되어야 합니다. 이를 위해 협동적 과제의 계획 단계부터 구성원 간의 역할 분담, 참여 방법, 시기와 절차 등을 명확하게 명시하고, 과제 진행 단계에서 모든 구성원이 역할을 제대로 수행할 수 있도록 지원해야 합니다. 또한 과제물의 결과 뿐 아니라 교사의 관찰, 자기평가, 동료평가 등을 함께 활용함으로써 협동적 과제에 기여한 개별학생의 역할과 노력, 성과를 타당하게 평가할 수 있도록 합니다.

Q. 수행평가에서 자기평가를 운영할 때 유의할 점은 무엇인가요?
- 자기평가란 학생이 자신의 학습 과정과 결과에 대하여 스스로 평가하는 것을 말합니다. 자기평가 방법에는 학습일지 쓰기, 체크리스트, 질문지 등이 있습니다. 수행평가에서 교사는 필요에 따라 학생의 자기평가 결과를 평가에 활용할 수 있습니다.
- 학생들이 자신의 학습 준비도, 학습 동기, 성실성, 만족도, 다른 학습자와의 관계, 성취수준 등에 대해 스스로 생각하고 반성할 수 있는 기회를 제공하고 교사가 학생을 관찰하고 기록한 내용과 수시로 시행한 평가가 타당하였는지를 비교·분석해 볼 수 있는 기회를 제공합니다.
- 특히 학생 수가 많아서 담당교사 혼자의 힘으로 모든 학생들을 제대로 평가하기 어렵다고 판단될 때, 동료평가 결과에 합하여 학생의 최종 성적으로 사용한다면 교사의 주관성을 배재할 수 있을 뿐만 아니라 성적처리 방식에 대한 공정성도 높일 수 있습니다.
- 과정을 중시하는 수행평가에서는 학생들을 평가의 과정에 포함시키고 자기평가 기회를 확대할 필요가 있습니다. 예를 들어, 수행의 과정과 결과물을 평가하는 준거를 교사와 학생이 함께 만들고, 다양한 수행 지표에 대해 서로 이야기를 나누어 볼 수 있습니다. 자기평가를 활용할 경우 학생들이 자신의 학습목표와 과정에 대해 스스로 파악하는 능력을 향상시키고 적극적으로 학습할 수 있도록 도우며, 학생과 학생, 학생과 교사 간 대화를 이끌어내어 다양한 피드백 역할을 할 수 있습니다.
- 자기평가가 타당하고 신뢰롭게 이루어지기 위해서는 성취기준과 평가 요소를 바탕으로 체크 리스트 등의 평가 도구를 통해 구체적인 평가 준거를 제공하는 것이 중요합니다.
- 교사는 학생의 자기평가를 통해 무엇이 학생들에게 동기를 부여하고, 학생들이 무엇에 흥미를 느끼고 참여하였으며, 중요한 학습으로 무엇을 경험하였는지에 대한 정보를 얻을 수 있습니다. 이때 교사는 학생의 자기평가에서 나타난 다양한 정보를 교육적 의사 결정의 중요한 자료로 활용함으로써 수업의 질을 향상시킬 수 있습니다

03 예시답안

즉답형 3번에 대한 답변 드리겠습니다.
각 교사가 행하는 평가의 문제점과 개선방안에 대해 말씀드리겠습니다.

① 교사는 모둠별 평가를 진행하며 모둠원의 점수를 똑같이 채점한 문제점을 보입니다. 모둠 활동을 통한 협동적 과제를 수행할 경우 개별 학생의 역할과 노력, 기여도 등을 정확하게 평가할 수 있는 합리적 방안이 마련되어야 합니다. 이를 위해 협동적 과제의 계획 단계부터 구성원 간의 역할 분담, 참여 방법, 시기와 절차 등을 명확하게 명시하고, 과제 진행 단계에서 모든 구성원이 역할을 제대로 수행할 수 있도록 지원해야 합니다. 또한 과제물의 결과 뿐 아니라 교사의 관찰, 자기평가, 동료평가 등을 함께 활용함으로써 협동적 과제에 기여한 개별 학생의 역할과 노력, 성과를 타당하게 평가할 수 있도록 해야 합니다.

② 교사는 수업시간에 학생들을 평가해야 하지만, 이를 수행과제로 내준 문제점을 보입니다. 과정을 중시하는 수행평가는 수업시간 중에 해결하는 것이 원칙입니다. 학습자 개인의 사회, 경제적 맥락이나 조건들이 영향을 미칠 여지를 줄여 공정한 평가를 이루기 위함입니다. 이를 위해 교과협의회를 통해 교육과정 내용과 성취기준, 학생수준과 특성 등을 분석하고 교수·학습 방법을 참고하여 수업시간 중에 행할 수 있는 수행평가 과제를 개발해야 합니다.

③ 교사는 학생들의 자기평가 자료만 평가에 반영한 문제점을 보입니다. 수행평가는 교과 담당교사가 교과 수업시간에 학습자들의 학습과제 수행 과정 및 결과를 직접 관찰하고, 그 관찰결과를 전문적으로 판단하는 평가방법입니다. 자기평가 결과만을 활용하는 것이 아닌 교사의 관찰, 동료평가 결과와 합하여 활용한다면 성적 처리에 있어서의 공정성을 높이고 수업의 질도 더 높일 수 있을 것입니다.

이상입니다.

TIP 임용 합격생들이 들려주는 면접TIP

- 합격생1(2019 교과): 교수님 안녕하세요 !!!! 2차 시뮬레이션때 강원지역 1번으로 면접 봤던 학생입니다. 기억하시기 힘드시겠지만.....하하하^^;; 우선 입술 터져(?)가시면서 수험생들을......... 실전처럼 시뮬레이션 해주시고 쓰디쓴.... 조언 마다하지 않으셨던 교수님께 감사를 드리며 최대한 생각나는 대로 복기를 해보았습니다. 그리고....구상형은 역시나 글씨 읽다가 15분을 다 날리게끔 글자가 아주아주 많았습니다. 작년엔 구상형에 여분의 종이를 주지 않았으나 올해는 왠일로 여분의 A4종이가 있어서 구상하기 편했습니다. 작년엔 모나미 펜(ㅠㅠ)을 일괄적으로 쓰게 하더니 그래도 올해는 제가 쓰던 펜을 쓰게 해주어 좋았습니다. (아마도 민원이 들어가서 좀 융통성 있게 한 것 같아요.) 몇 가지 팁을 드리자면.... 첫째. 강원도는 역시나 시책이 중요한 것 같습니다. 시책이 아닌 문제도 시책으로 답을 해야 할 것과 아주 대놓고 시책을 물어보는 것이 있으니 내년에 준비 하시는 강원도 선생님들께서는 그냥 무조건 시책을 외우시길 권합니다. 둘째. 자신감을 장착하시길 바랍니다. 강원에는 면접에 5명의 심사위원들이 계시는데 듣기로는 자신감 없는 모습을 하면 처음부터 얼굴을 보지 않는다고 합니다. 이경범 교수님이 항상 말씀하시는 자신감을 장착하고 면접에 임한다면 긍정적인 점수가 나오지 않을까 싶습니다. 셋째. 강원도면접은 변별을 많이 둡니다. 그러므로 강원도는 정말 열심히 연습해야 합니다. 강원도 면접은 정답이 딱........있는 것 같습니다. 정답을 말하는 연습을 많이 하시길 바랍니다.
- 합격생2(2019 교과): 구상형 지문이 제가 복기한 것 보다 훨씬 길었어요. 한 페이지를 꽉 채우더라구요. 그래서 구상시간이 많이 촉박했어요ㅠㅠ 시간 조절하는 연습 많이 하는 게 좋을 것 같아요! 키워드로 쓰는 시간밖에 없더라구요ㅠㅠ
- 합격생3(2020 교과): 강원도 2020 초등면접문제의 경우 민병희 교육감의 2020년 신년사 내용인 지성, 감성, 시민성이 하나씩 골고루 나왔다고 느꼈었는데, 중등문제의 경우 주요업계획에 나와 있는 강원교육 미래상인 '돈 안드는 교육', '좋은 교육', '정의로운 교육'을 골고루 낸 느낌이었다.

강원도는 항상 즉답형은 본문상황에 대한 대처나 해결방법에 대해 두 문제 나오고, 한 문제는 꼭 주요업무계획에서 그대로 말할 수 있는 정책을 물어보는 것 같다.

2020 초등문제에서 학교장자체해결제가 가지는 교육적 의의를 물어봤다고 들었는데, 중등 구상형 문제의 방향성이 이와 비슷했다. 2019년 초등문제는 너무 초등에서만 물어볼 것 같은 문제가 많아서 굳이 공부할 필요 없다고 느꼈었는데, 이번 시험은 초등 문제를 보고 어떻게 답변하면 좋을지 고민해본 경험이 큰 도움이 되었다. 어떻게 나올지 모르니 항상 그 해 초등 문제는 보는 게 좋을 것 같다.

답변을 하면서 강원도는 주요업무계획에 나와 있는 정책이 아니면 답으로 체크 하지 않는 것 같다고 생각했다. 답변을 하면 앞의 면접관 5명이 체크를 하는 것이 보이는데, 즉답형 2번의 경우, 살짝 나만의 답변?으로 대답하니까 체크를 안 하길래 정책을 덧붙였더니 그제야 체크를 했다. 그리고 다른 문제도 정책명을 말하는 순간 모두가 체크를 하는 것을 볼 수 있었다. 예상 답안 같은 것이 있는데 그것이 주요업무계획의 정책으로 이루어져 있는 것이 아닐까 의심하여 답을 할 때 체크를 안 하면 체크를 할 때까지 여러 정책을 예시로 덧붙여 대답했다.

작년문항과 분명 가짓수는 같았는데, 작년 문제보다 뭔가 딱 떨어지게 대답할 수 있는 문제가 많아서 그랬는지 답변을 다하고 나서 3분 정도 남았다. 면접관들이 체크하는 것도 다 확인하고 그래서 굳이 시간 안 끌고 일찍 마치고 나왔는데, 시간관리를 못한 것 같아서 아쉬움이 남았다.

CHAPTER 5 | 2020 세종

세종시교육청은 지속적으로 세종시가 가진 특수성으로 발생하는 교육적 문제를 인식하고 해결하려는 고민을 해온 수험생을 선발하려는 출제의도를 보인다. 세종시가 가진 SWOT을 잘 분석하고, 그에 대해 교사로서 노력해야 할 점 등에 대해 평소 고민해보는 노력이 필요하다. 또한 세종시는 급격하게 증가하는 학생 수로 인해 학교를 많이 신설하고 그에 따라 교사를 수급하기 위해 신규교사를 많이 선발하고 있으나, 경력교사의 부족으로 타시도 전입 및 일방전입이 매우 활발한 지역이다. 이에 교사의 일방전입에서의 면접 문항이 교직적성 심층면접 시험에 유사하게 출제되는 경향도 보인다. 시책을 꾸준하게 출제하는 지역이며, 강원도와 더불어 시책에 대한 공부가 가장 중요한 시·도 교육청 중 한 곳이다.

2020 세종교육

① **교육비전**: 새로운 학교, 행복한 아이들
② **교육지표**: 생각하는 사람, 참여하는 시민
③ **2020 세종교육 기본 계획**

혁신교육	미래교육	책임교육	학습도시 세종
• 학교혁신 심화·확대 • 학교혁신 문화 지원 • 교육자치 안착 지원	• 세종창의적교육과정 운영 • 창의융합교육 내실화 • 통일시대 시민교육 강화	• 책임교육 기반 구축 • 교육복지 확대 • 안심교육 실현 • 현장중심 교육행정 지원	• 마을교육공동체 강화 • 학습도시 환경 구축

1) 혁신교육

	학교 자치의 힘을 키우고 교육주체의 참여를 넓히겠습니다.
학교혁신 심화·확대	• 세종 혁신학교 심화·확대 • 세종 학교자치 활성화 • 학생중심 세종학교 공간혁신 실현
학교혁신 문화 지원	• 학교 교육혁신 지원 • 민주적 학교운영 정착 • 교직원 전문성 강화 지원 • 교원의 교권보호 강화
교육자치 안착 지원	• 학교현장 지원체제 구축 • 교육혁신 네트워크 활성화 • 교육정책 역량 강화

2) 미래교육

	우리 아이들이 통일시대와 4차 산업혁명 시대를 이끌어 갈 시민으로 성장하도록 돕겠습니다.
세종창의적교육과정 운영	• 세종아이다움교육과정 정착 • 초·중등 교육과정 – 수업 – 평가 혁신 • 세종자유학년제 내실화 • 세종형 고등학교 교육과정 혁신
창의융합교육 내실화	• 과학·수학·정보교육 내실화 • 문·예·체 교육 강화 • 학생 맞춤형 진로·진학교육 지원 강화 • 미래 사회를 준비하는 직업교육
통일시대 시민교육 강화	• 민주시민교육 공감대 확산 • 통일·역사·독도교육 강화 • 문화다양성 존중 세계시민교육 확대

3) 책임교육

	공평한 기회를 보장하고 안심교육을 실현하겠습니다.
책임교육 기반구축	• 기초학력 내실화 지원 • 맞춤형 특수교육 지원 확대 • 읍면지역 교육력 강화
교육복지 확대	• 무상교육 확대와 교육복지 강화 • 학교 밖 청소년 교육 지원 강화
안심교육 실현	• 학교폭력예방과 학생지원 강화 • 학교안전 종합대응력 강화 • 건강하고 안전한 학교급식 운영 • 보건교육과 학교환경위생 관리 강화
현장중심 교육행정 지원	• 현장지원 중심 공정한 인사 혁신 • 공정하고 열린 감사와 청렴 문화 확산 • 학생 수요 대응 학교설립 추진 • 효율적 교육재정 운영

4) 학습도시 세종

	교육을 중심으로 문화와 예술이 꽃피도록 하겠습니다.
마을교육공동체 강화	• 세종형 마을교육공동체 확산 • 지역연계 방과후·돌봄 정착 • 교육공동체와 함께하는 교육정책
학습도시 환경 구축	• 평생교육 및 도서관 운영 활성화 • 학원의 건전성 강화 • 세종행복교육지원센터 운영 내실화 • 다양한 맞춤형 교육기관 설립 추진

세종시 교과

구상형1

다음은 A고등학교 동교과 협의회 교사와 과목별시수이다.

교사	경력	업무	비고
A교사	5	연구회	임신5개월
B교사	10	3학년 담임	
C교사	22	학생부장	
D교사	신규	2학년 담임	신규교사

학년	반 / 시수
1학년	8반 24시수
2학년	6반 18시수
3학년	8반 24시수

1-1. 과목별 시수를 협의할 때 고려해야 할 점 3가지를 말하시오.

1-2. 교사별 시수를 구분하고 그 이유를 말하시오(1개~2개 학년 가능).

교사	시수		이유
A교사	( )학년 ( )시수		
	( )학년 ( )시수		
B교사	( )학년 ( )시수		
	( )학년 ( )시수		
C교사	( )학년 ( )시수		
	( )학년 ( )시수		
D교사	( )학년 ( )시수		
	( )학년 ( )시수		

01 출제근거

세종기본계획1. 혁신교육		
↓		
학교혁신 문화 지원		
과제	세부사업	
교직원 전문성 강화 지원	• 교원 생애 단계별 연수 운영 • 배움-실천-성찰 중심의 교원 직무연수 운영	

02 문제분석

❶ 배경지식 넓히기

개학 코앞인데… "생활지도부장 안맡겠다" 너도나도 손사래

개학을 앞두고 생활지도부장을 선정하지 못한 학교들이 발을 동동 구르고 있다. 교사들이 생활지도부장을 기피하다 보니 교장과 교감은 폭탄 돌리기를 하듯 지원자를 찾는다. 지난해 한국교원단체총연합회 설문조사에서 전체 응답자 중 77%가 가장 기피하는 보직으로 생활지도부장을 꼽았을 정도다. 생활지도부장을 맡으면 '바람 잘 날'이 없기 때문이다.

요즘 생활지도부장은 주로 학교폭력 사건 담당자로 통한다. 현행법상 학교폭력 사건이 신고되면 무조건 학교폭력대책자치위원회를 열고 가해 학생을 처벌한 뒤 학교생활기록부에 기록하다 보니 생활지도부장의 업무가 크게 늘었다. 이런 분위기가 팽배하면서 생활지도부장은 학생, 학부모의 교원평가 만족도 조사에서 낮은 점수를 받기 일쑤다. 생활지도부장 기피 현상은 특히 공립학교에서 두드러진다. 서초구 D고 교장은 "일부 공립학교 교장은 기간제 교사한테 생활지도부장을 맡길 정도"라고 말했다. 상황을 바꾸기 위해 학교들은 각종 보상책을 제시하고 있다. 생활지도부장의 수업시간을 줄여주는 것도 그중 하나다. 하지만 대부분 학교에서 교원 성과급은 수업 시간이 많은 교사에게 돌아가는 구조다. 또 생활지도부장 등 보직을 맡으면 월 7만 원의 수당을 받는 데 그친다. 담임교사 수당(13만 원)보다 적다. 교육당국도 마땅한 대책을 내놓지 못하고 있다. 중학교는 생활지도부장의 수업시간을 줄여주는 만큼 시간강사를 채용할 수 있도록 인건비를 지원하지만 고교는 이마저도 대상이 아니다.

❷ 시수 배정에 있어 고려해야 할 점

① A교사의 임신 및 출산으로 인한 휴직 가능성과 휴직 이후 기간제교사 채용 가능성
② 입시 지도와 진학 상담, 그리고 수능 이후 교외 특별 프로그램으로 인해 다학년 지도가 힘든 특성을 지닌 고3 담임으로서의 B교사
③ 학생부장이라는 많은 선생님들이 기피하는 높은 업무 곤란도를 지닌 C교사를 고려한 수업시수 분배
④ 신규교사인 D교사의 원활한 학교 안착과 동교과 선생님들과의 협업

❸ 교사별 시수 배정과 이유

교사	시수	이유
A교사	(1)학년 (6)시수	임신부이며 1학기 여름방학, 혹은 2학기 시작하자마자 휴직이 예상되기에 11월 수능을 준비하는 3학년은 무리라고 판단됨. 임산부임을 배려하여 15시수로 수업을 경감함. 연구회 업무를 맡았기에 1학기 동안 전문적학습공동체를 형성하여 신규교사인 D교사에게 많은 도움을 줄 수 있을 것이라 판단됨.
	(2)학년 (9)시수	
B교사	(3)학년 (18)시수	3학년 담임으로서 진학 상담과 진로지도로 바빠 3학년 수업에 집중하는 것이 필요함. 또한 수능이후 다양한 프로그램을 소화하기 위해 교외로 나가는 일이 많은데 다학년 지도를 하게 되면 전체 학교의 교육계획상 수업 변경에 있어 어려움이 큼.
C교사	(1)학년 (9)시수	학생부장이라는 힘든 업무로 인해 15시수로 수업 경감이 필요함. 또한 다학년 지도를 하며 많은 학생들을 수업을 통해 지도하며 관계를 형성해야 학생생활지도에 유리함. 2학기 때 A교사가 휴직을 하게 되어 신규인 D교사와 A교사의 기간제 선생님이 1학년을 맡게 되었을 때 동학년을 맡는다면 중견교사로서 중심을 잡아줄 수도 있음.
	(3)학년 (6)시수	
D교사	(1)학년 (9)시수	신규교사이고 경험이 없기에 교과 및 학급 지도에 어려움을 겪을 수 있음. 1학기 때 A, C교사와 함께 연구회 활동을 통해 선배의 노하우를 배우며 적응의 시간을 갖게 함. 이후 2학기 때 A교사를 대신해 경험이 없는 새로운 기간제 선생님이 오게 되더라도 1학기 때의 경험과 배운 바를 바탕으로 선배교사로서 함께 협력하며 잘 이끌어 나갈 수 있을 것임.
	(2)학년 (9)시수	

03 예시답안

구상형 1번에 대해 답변 드리겠습니다.

과목별 시수 협의 시 고려할 점에 대해 먼저 말씀드리겠습니다.
① 우선 A교사의 경우 임신 및 출산으로 인한 휴직 가능성과 휴직 이후 기간제교사 채용 가능성이 있습니다.
② B교사의 경우 입시 지도와 진학 상담, 그리고 수능 이후 교외 특별 프로그램으로 인해 다학년 지도가 힘든 특성을 지닌 고3 담임이라는 것도 고려해야 합니다.
③ C교사의 경우 학생부장이라는 많은 선생님들이 기피하는 높은 업무 곤란도가 있기에 이를 고려해야 합니다.
④ 마지막으로 신교규사인 D교사의 원활한 학교 안착과 동교과 선생님들과의 협업을 고려해야 합니다.

이어서 각 교사의 시수 배정과 그 이유에 대해 말씀드리겠습니다.
① A교사에게는 1학년 6시수, 2학년 9시수, 총 15시수를 배정하겠습니다. A교사는 임신부이며 1학기 여름방학, 혹은 2학기 시작하자마자 휴직이 예상되기에 11월 수능을 준비하는 3학년은 무리라고 판단되고 임산부임을 배려하여 15시수로 수업을 경감하겠습니다. 연구회 업무를 맡았기에 1학기 동안 전문적학습공동체를 형성하여 동학년 지도를 하며 신규교사인 D교사에게 많은 도움을 줄 수 있을 것이라 판단됩니다.
② B교사에게는 3학년에만 18시수를 배정하겠습니다. 3학년 담임으로서 진학 상담과 진로지도로 바빠 3학년 수업에 집중하는 것이 필요하며 수능이후 다양한 프로그램을 소화하기 위해 교외로 나가는 일이 많은데 다학년 지도를 하게 되면 전체 학교의 교육계획상 수업 변경에 있어 어려움이 클 것이기 때문입니다.
③ C교사에게는 학생부장이라는 1학년 9시수, 3학년 6시수, 총 15시수를 배정하겠습니다. 힘든 업무로 인해 수업 경감이 필요하며 다학년 지도를 통해 많은 학생들을 수업을 통해 지도하며 관계를 형성해야 학생생활지도에 유리할 것이기 때문입니다. 또한 2학기 때 A교사가 휴직을 하게 되어 신규인 D교사와 A교사의 기간제 선생님이 1학년을 맡게 되었을 때 동학년을 맡는다면 중견교사로서 중심을 잡아줄 수도 있을 것입니다.
④ D교사에게는 1학년에 9시수, 2학년에 9시수, 총 18시수를 배정하겠습니다. 신규교사이고 경험이 없기에 교과 및 학급 지도에 어려움을 겪을 수 있기에 1학기 때 A, C교사와 함께 연구회 활동을 통해 선배의 노하우를 배우며 성장의 시간을 갖게 할 것입니다. 이후 2학기 때 경험이 없는 새로운 기간제 선생님이 오게 되더라도 선배교사로서 함께 협력하며 잘 이끌어 나갈 수 있을 것입니다.

이상입니다.

구상형2

다음 글을 읽고 물음에 답하시오.

세종특별자치시교육청이 2학기 학급이 증가하는 지역 6개교(초 5개교, 중 1개교)에 약 4억 3000만원의 예산을 들여 스마트 교육 환경 구축을 완료할 예정이라고 밝혔다.

사업은 하반기 학급 증설이 예상되는 6개 학교 총 42개 교실에 유·무선 전산망, 전자칠판, 전자교탁, 전자교탁용 PC 등 정보화 기자재를 설치해 2학기 수업에 바로 활용할 수 있도록 했다. 특히, 이번 정보화기기 구축 사업은 사전에 설치 대상 학교의 소속 교사로 구성된 기자재 제품 선정 T/F 협의회에서 선정한 결과를 바탕으로 기자재를 보급하고, 학교급(초등, 중등)별 수업 형태에 적합하고 차별화된 기자재를 보급하되, 구축 대상과 기준에 따른 형평성도 확보했다.

2-1. 세종시의 스마트환경을 활용하여 수업할 수 있는 방안 3가지를 말하시오.

2-2. SNS가 활성화 됨에 따라 이에 따른 갈등도 심화되고 있다. 관련된 갈등 유형 3가지를 말하시오.

2-3. SNS 상 갈등을 해결할 방안을 교사, 학부모, 교육청 차원에서 각각 2가지씩 말하시오.

01 출제근거

세종기본계획2. 미래교육		세종기본계획3. 책임교육	
↓		↓	
창의융합교육 내실화		안심교육 실현	
과제	세부사업	과제	세부사업
과학·수학·정보교육 내실화	• 교육과정 중심의 소프트웨어교육 활성화 • 미래와 만나는 ICT 연계교육 내실화	학교폭력 예방과 학생지원 강화	• 학교폭력예방 교육활동 강화 및 체계화 • 학교폭력 현장지원을 통한 사안관리

02 문제분석

❶ 스마트교육의 이해(2017. 세종시교육청 스마트교육 교과별 수업 가이던스)

1) 스마트교육의 개념

2011년 교육부에서 스마트(SMART)교육을 도입할 당시 스마트교육의 개념을 5가지 요소로 설명하였으며 내용은 다음과 같다.

자기주도적 학습 (Self-Directed)	학생 스스로 온라인 진단과 처방을 통해 자신의 학습 수준과 양을 조절하고 자신에게 필요한 콘텐츠를 선택하여 공부할 수 있음
학습 흥미 (Motivated)	체험 및 문제 해결 중심의 흥미를 유발할 수 있는 과정을 통해 교육이 이루어져야 함
수준과 적성 (Adaptive)	표준화된 학교교육에서 벗어나 학생 개인의 수준과 적성에 맞추어진 개별화 학습을 지향해야 함

풍부한 자료 (Resource Enriched)	클라우드 컴퓨팅 기반의 교육서비스를 통해 공공기관, 민간기업, 개인 등이 개발한 풍부한 콘텐츠를 교육에 자유롭게 활용하고 소셜네트워킹을 통해 협력 학습을 확대함
정보기술활용 (Technology Embedded)	정보기술을 활용하여 학습자가 언제 어디에서든 원하는 학습을 할 수 있도록 학습 선택권을 보장하는 교육환경을 구축하는 것

2) 스마트교육 수업설계 방향

① 교사의 일방적인 내용 전달 방식이 아니라 교사·학생 간 즉시적 상호작용으로 배움이 일어날 수 있도록 해야 한다. 이를 위해서는 수업목표가 명확해야 하며, 학습 내용과 부합하는 자료를 활용하고 장소의 제한 없이 교육 활동이 연속될 수 있어야 한다. 최신 정보통신기술과 소셜 네트워크를 효과적으로 활용한다면 학교 안팎에서의 연속적인 교육 활동이 가능해질 수 있다.

② 교사는 수업 장악 능력을 갖추고 좋은 관계를 유지하면서 학생과 함께 수업을 구성해 나갈 수 있도록 해야 한다. 스마트기기 기반의 좋은 수업을 위해서 교사는 학습자의 자기주도적 학습을 유도하는 모둠학습, 협동미션, 프로젝트학습 등을 설계하되 첨단 테크놀로지를 교수 전략에 정교하게 투입하여 교사 학생 간 소통을 촉진하는 도구로 활용할 수 있어야 한다.

③ 스마트교육을 위한 수업은 협업, 의사소통, 문제해결력 등 학습자의 역량을 강화시킬 수 있는 방향으로 설계되어야 한다. 더불어 기존의 교육 환경과 차별화된 스마트교육 환경의 특성인 최신 테크놀로지를 효과적으로 활용하고 상호작용을 활성화할 수 있는 방향으로 설계되어야 한다.

❷ 사이버 폭력

① 사이버 폭력은 게시판, 이메일 뿐만 아니라 모바일 메신저(카카오톡, 라인 등), SNS(페이스북, 인스타그램 등)를 통해 이루어지는 내용 중 타인에게 상처가 될 수 있는 글이나 허위사실, 비방하는 글을 올리거나 대화를 하는 모든 행동을 말한다.

② 사이버폭력의 유형

욕설 및 강요	자기와 생각이 맞지 않거나 싫어하는 사람 혹은 그냥 불특정 다수에게 단순히 재미로 욕을 하거나 원치 않는 행동을 강요하는 경우
비방(명예훼손)	상대방의 약점을 들춰내고, 헐뜯는 행위(뒷담화), 연예인·정치인 뿐만 아니라 친한 친구를 헐뜯는 글을 사이버공간에 남기는 것
도배	모바일 메신저 및 SNS의 채팅방을 독점하거나 같은 내용의 욕설이나 의미 없는 글들을 연속해서 쓰는 경우와 원하지 않는 이에게 메시지를 반복하여 보내는 행위
유언비어	사실이 아닌 거짓 소문을 인터넷상이나 개인적 모바일 메신저 및 SNS 등에 퍼뜨려 상대방을 당혹스럽게 하고, 정신적인 피해를 입히는 행위
성적 욕설	성에 대한 노골적인 욕설을 하여 상대방에게 불쾌감과 수치심을 주는 행위

❸ 학교 맞춤형 학교폭력예방교육 지원(2020 세종시 학교폭력예방 기본계획)

1) 교육과정 연계 사이버·학교폭력 예방 운영 지원

① 지원 개요

사업명	사이버폭력 예방(어울림) 운영 지원
목적	학교별 특성과 여건을 반영한 맞춤형 학교폭력 예방학교 운영을 통하여 학교 중심의 자율적인 예방문화 조성
내용	• 학교폭력 예방 어울림 프로그램 컨설팅지원단 운영 　- 학교별교육과정 연계 어울림프로그램 및 어깨동무 활동 운영 안내 및 컨설팅 지원(교장, 교감, 교사, 파견교사 등 12명)

② 학교 협조 사항

교육과정 편성	• 2020년 학교폭력 예방 사이버어울림 프로그램 활용 　- 교과*연계 사이버폭력 예방** 어울림프로그램과 어깨동무*** 활동 편성 　　* 중학교: 국어·도덕·사회 / 고등학교: 국어·통합사회 　　** 사이버폭력 유형별 자료: 사이버 언어폭력·명예훼손·불링·갈취·스토킹 등 　　*** 사이버폭력 예방 중점형, 언어폭력 예방 중점형, 또래활동 중점형, 회복적 생활교육 중점형, 기타 자율적 예방활동 등 　- 범교과 연계 및 중학교 자유학년제 주제선택활동으로 어울림 프로그램 편성·운영(사이버·학교폭력어울림 11차시 이상, 어깨동무 4차시 이상) 　- 다양한 체험·활동 중심의 사이버폭력 예방 교육주간 운영(5월) 　※ 학교 특성에 따른 특별 수업 및 홍보활동 강화 　- 안전교육 7대 표준안(폭력 예방교육)과 어울림프로그램 연계 운영 　- 사이버어울림 프로그램 활용 학생·학부모·교원 대상 학교폭력 예방교육 실시
교원 역량 강화	• 교원 학교폭력 예방 어울림 프로그램 활용을 통한 역량 강화 연수 참여 독려 　- 사이버·학교폭력 예방 실천을 위한 교사학습공동체 운영(30만원)
학부모교육 강화	• 학부모용 학교폭력예방 어울림 프로그램* 및 온라인 콘텐츠** 활용, 학교폭력 예방교육 적극 실시 　　* 공감을 통한 관계개선, 신뢰형성을 위한 의사소통기법, 감정조절을 통한 갈등해결, 내 자녀의 자기존중감, 학교폭력 인식 및 대처 등 　　** 학부모 온누리 '온라인교육센터(edu.parents.go.kr)' 및 '도란도란' 누리집

2) 학교폭력 예방 활동 지원 및 언어문화 개선

① 지원 개요

사업명	찾아가는 학교폭력 예방 활동 지원
목적	• 학교폭력 피해유형 비율이 가장 높은(2019년, 34.5%) 언어폭력 예방 대응책 마련을 위한 자료 안내 • 비폭력 학교문화 조성을 위한 학교폭력 예방 활동 지원('뮤지컬')
대상	관내 초·중·고·특수학교 중 희망학교
내용	• 올바른 언어 사용을 위한 게시 자료 보급 및 뮤지컬 관람 등 공연 문화 활성화 　- 교육과정 연계 초등학교 저학년부터 단계적 언어사용 교육 강화

	【초】 바른 언어습관 형성 교육	→	【중】 긍정적 상호존중 언어 사용 교육	→	【고】 의사소통 및 갈등 해결 신장 교육
	– 문화·예술 감성의 체험 중심 지역으로 찾아가는 뮤지컬 공연 안내					
기간	정기고사 종료 직후 또는 상급학교 진학 준비 기간 등 교육과정 운영이 다소 유연한 시기 이용				

② 학교 협조 사항

업무 지원	• 학교 단위 특색을 반영한 학생 언어문화 개선 프로그램 운영 • '지역으로 찾아가는 학교폭력 예방 뮤지컬' 신청 협조 　🅔 3S(Stop, Smile, Start) 운동, 비속어 금지 Day, 선플달기 운동 등

학부모가 할 수 있는 학교폭력 예방법(도란도란 학교폭력 예방 누리집)

1. 아이에게 친구를 놀리고 고의로 소외시키거나, 괴롭히는 행동은 범죄라는 사실을 알려주세요.
2. 학교에서 일어난 일이나 친구관계에 대해서 자녀와 매일 대화하는 시간을 갖도록 하세요.
3. 자녀에게 "무슨 일이 있으면 꼭 엄마, 아빠한테 얘기해. 우리는 항상 네 편이란다" 라고 자주 이야기해 주세요.
4. SNS의 위험성, 악용의 결과, 안전하게 사용하는 방법, 지켜야 할 예절 등을 교육하세요.
5. 비싼 물건이나, 전자제품(스마트폰, 태블릿PC) 등을 가능한 학교에 가지고 가지 않도록 하세요.
6. 학교폭력을 목격하거나 사실을 알았을 땐 선생님이나 부모님에게 꼭 이야기하도록 당부하세요.
7. 자녀에게 상대방의 행동에 대해서 역지사지로 생각해 볼 수 있는 습관을 갖도록 양육하세요.
8. 주변의 학교폭력 관련 기관의 정보를 미리 알려주세요.(112, 117, 1388, 1588-9128)
9. 학부모를 대상으로 한 학교폭력예방교육에 적극적으로 참석하세요.
10. 자녀의 담임선생님과 주기적인 상담으로 자녀의 학교생활에 관심을 가져주세요.

03 예시답안

구상형 2번 답변 드리겠습니다.

우선 세종시의 스마트환경을 이용한 수업 방안에 대해 말씀드리겠습니다.

① 첫째, 교사의 일방적인 내용 전달 방식이 아니라 교사·학생 간 즉시적 상호작용으로 배움이 일어날 수 있도록 해야 할 것입니다. 이를 위해서는 수업목표가 명확해야 하며, 학습 내용과 부합하는 자료를 활용하고 장소의 제한 없이 교육 활동이 연속될 수 있어야 하기에 최신 정보통신기술과 소셜 네트워크를 효과적으로 활용한다면 학교 안팎에서의 연속적인 교육 활동이 가능해질 수 있을 것입니다.

② 둘째, 교사는 수업 장악 능력을 갖추고 좋은 관계를 유지하면서 학생과 함께 수업을 구성해 나갈 수 있도록 해야 합니다. 스마트기기 기반의 좋은 수업을 위해서 교사는 학습자의 자기주도적 학습을 유도하는 모둠학습, 협동미션, 프로젝트학습 등을 설계하되 첨단 테크놀로지를 교수 전략에 정교하게 투입하여 교사 학생 간 소통을 촉진하는 도구로 활용할 수 있어야 합니다.

③ 끝으로 스마트교육을 위한 수업은 협업, 의사소통, 문제해결력 등 학습자의 역량을 강화시킬 수 있는 방향으로 설계되어야 합니다. 더불어 기존의 교육 환경과 차별화된 스마트교육 환경의 특성인 최신 테크놀로지를 효과적으로 활용하고 상호작용을 활성화할 수 있는 방향으로 설계되어야 할 것입니다.

이어서 SNS와 관련된 갈등 유형 3가지를 말씀드리겠습니다.

사이버 폭력의 유형으로는 욕설 및 강요, 비방, 도배, 유언비어, 성적 욕설(택 3) 등이 있습니다.

SNS 상 갈등을 해결할 방안을 교육청, 교사, 학부모 차원에서 2개씩 말씀드리겠습니다.

① 우선 교육청은 학교폭력 예방 어울림 프로그램 컨설팅 지원단을 운영해야 합니다. 또한 올바른 언어 사용을 위한 게시 자료 보급 및 뮤지컬 관람등 공연 문화를 활성화하고 교육과정과 연계하여 단계적으로 언어사용 교육을 강화해야 합니다.

② 학교는 교과 연계 사이버 폭력 어울림 프로그램과 어깨동무 활동을 편성하고 다양한 체험·활동 중심의 사이버폭력 예방 교육주간을 운영해야 합니다. 또한 학교 단위 특색을 반영한 학생 언어문화 개선 프로그램을 운영하는 것도 좋은 방안일 것입니다.

③ 학부모는 자녀에게 SNS의 위험성, 지켜야 할 예절 등을 교육하고 학교에서 일어난 일이나 친구관계에 대해서 자녀와 매일 대화하는 시간을 가져야 합니다. 또한 평소 상대방의 행동에 대해 역지사지로 생각해 볼 수 있는 습관을 갖도록 양육하는 것이 중요합니다.

이상입니다.

구상형3

김 교사는 권장도서 목록을 학생에게 주고, 독후감을 써오면 학생생활 기록부에 올려준다고 말하였다. 하지만, 학생들에게 다음과 같은 문제가 발생하였다.

- 다 읽지 않고 발췌독을 한 경우
- 인터넷 독후감을 그대로 긁어온 경우

3-1. 독서교육의 목적에 대해 3가지 말하시오.

3-2. 김교사가 진행한 독서교육의 문제점 3가지를 말하시오.

3-3. 독서교육 방안을 계획 – 실행 – 평가 차원에서 말하시오.

01 출제근거

세종기본계획2. 미래교육	
창의융합교육 내실화	
과제	세부사업
문·예·체 교육 강화	• 통합적 사고력을 키우는 독서·인문 교육 추진

02 문제분석

① 독서교육의 목적

① 학생들이 살아갈 미래의 지식기반 사회에 필요한 논리적인 사고력, 비판적 태도, 창의적 시도 그리고 표현력 등의 역량을 신장시키고 교과학습과 인성, 창의성 교육 전반에 걸쳐 긍정적인 효과를 추동함
② 교육과정 연계 통합적 독서활동 운영으로 깊이 있는 독서 기회 부여 및 자기주도적 학습 역량 신장
③ 안정적인 독서 시간 확보와 꾸준한 독서 환경 조성으로 독서와 토론에 집중하는 일상적 분위기 확산

② 교육과정 운영을 통한 자발적 책 읽기 습관 형성

- 교과과정 시간 안에 독서활동을 포함시키기가 충분히 가능
- 북토크(booktalk) 활동은 적은 시간으로 유용 정보 전달
- 주제별, 수준별 책 소개 방식을 세밀하게 짤 것: 전문 단체의 조력
- 독서동아리 활성화 전략이 필요

1) 주제별·수준별 책 소개 방식인 '북 큐레이팅' 개념의 도입
   ① 학생들은 독서 후 활동보다 독서하기 전에 책 소개를 받거나 책 선택에 대한 조언 받기를 훨씬 더 선호함
   ② 이 대목에서 과거 서울시교육청과 부산시교육청의 사례를 살펴보는 것이 필요함
   ③ 과거 두 교육청에서는 권장도서 목록을 제공한 적이 있었으나 다음과 같은 근거로 강한 비판을 받았음

   - 학생의 관심과 수준에 대한 배려 없음
   - 짧은 기간의 도서 선정과정
   - 교사의 자율성 제한
   - 출판시장의 왜곡

   ④ 시민단체, 교사모임, 비평가 등이 제시한 도서목록과 청소년들이 꼽은 책을 주제별, 수준별로 찾을 수 있도록 제시하는 '북 큐레이팅' 개념의 도입이 절실히 필요함
   ⑤ 주제별, 수준별 북 큐레이팅은 권장도서 목록과 달리 학생들의 책 선택 기회를 용이하게 하는데 목표를 둠

2) 북 토크(booktalk)의 강화
   ① 단순히 제목과 지은이를 적은 목록만 학생들에게 나누어주는 것은 거의 효과가 없으며, 책의 재미를 살짝 맛보게 하는 경험이 필요함
   ② 실물 책을 보여주며 5~10분씩 소개하고 흥미로운 부분을 짧게 읽어주고, 학생들이 직접 훑어볼 수 있는 기회를 줌
   ③ 교사, 학생, 사서교사 모두 북 토크를 진행할 수 있음
   ④ 교사는 수업 시간 내에 수업과 관련된 책을, 사서교사는 도서관 수업에서, 학생들은 아침 조회 시간 등을 활용하여 북토크 시간을 가질 수 있음
   ⑤ 학생들 간의 도서 추천은 강력한 읽기 동기를 부여하며, 그와 동시에 책과 관련한 상호작용을 활발하게 일으킴

❸ 교육과정 내 독서활동 제고

1) 일회적인 대회보다는 수업시간 내에 독서교육하기
   교육과정에 대한 교사의 자율성을 확대하여 교과서를 여러 참고 도서 가운데 하나의 교재로 인식, 활용하면서 다양한 책을 위주로 수업하는 모형이 앞으로 다가올 정보화 사회에 더 적합함

2) 평가보다 교육 위주
   ① 수업에서 교사가 책을 활용하는 것에 대해 대부분의 학생들은 긍정적 답변을 보임
   ② 그러나 중고생은 학업 성적과 책 읽기가 연동되는 것에 대해서는 거부감을 나타냄
   ③ 따라서 교사가 책읽기를 수업에서 활용하더라도 그러한 활동을 학업 평가와 연동하기 보다는 가르치기에 더 초점을 맞출 필요가 있음
   ④ 예를 들어 교사가 한 권의 책을 학생들과 함께 읽고 독후감 쓰기를 시연하고 서로 고쳐주는 것은 가르치기 활동에 속하지만, 시연과 가르침 없이 독후감을 수행평가로 내주고 검사만 하는 것은 평가하기에 더 가까움

④ 교과별 한 학기 한 권 읽기

1) 개념
수업 시간 중에 교과와 관련된 책 한 권을 읽고, 생각을 나누고 쓰는 통합적인 독서 활동

2) 내용
① 학생의 진로와 흥미를 반영한 도서 목록을 자율적으로 선정하도록 하여 학생 맞춤형 독서 활동 실천
② 학년 수준과 학습자 개인 특성에 맞는 책을 선정하여 몰입해서 읽기 지도
③ '읽기 - 토의·토론 - 글쓰기'의 통합적 독서 활동 유도
④ 수업(독서·토론) - 평가 - 기록의 일체화 권장

3) 교과별 한 학기 한 권 읽기 단계

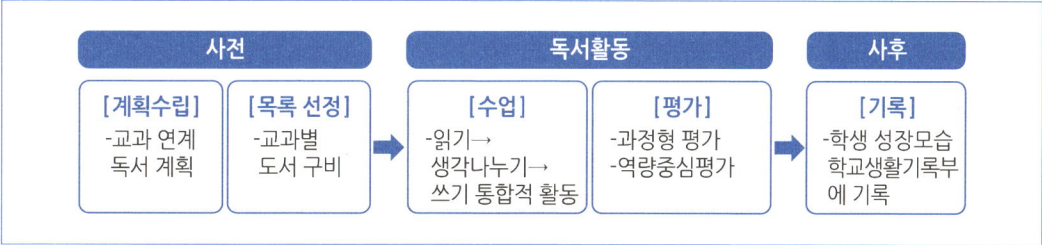

4) 독서 활동 과정

		읽기	생각나누기	쓰기
독서환경 조성 (같은책 or 다른책)	개별독서	• 질문 생성하며 읽기 • 생각 정리하며 읽기 • 장면 상상하며 읽기	• 대화하기 • 설명하기 • 토의·토론하기 • 사례나누기 • 역할극하기 등	• 독서일지 쓰기, 서평쓰기, 주제탐구 보고서 쓰기, 설득하는 글쓰기 • 주제발표하기, 질문에 대한 생각 쓰기 등 • 인터뷰 기사쓰기, 갈래 바꿔 쓰기, 결말 바꿔 쓰기, 영상 만들기 등
	모둠독서			
	전체독서			

⑤ 독서교육 평가

• 독서평가는 학생 개개인의 독서 상담 자료로 활용하거나 독서 지도 방법의 개선 등을 위해서 평가 활동은 반드시 이루어져야 한다.
• 독서교육은 학생 스스로가 흥미와 동기 유발에 의해서 독서를 즐기며, 독서를 효과적으로 수행할 수 있는 능력을 기르기 위해서 결과보다는 학습의 과정 즉, 독서의 과정에 중점을 두고 평가가 이루어져야 한다.

1) 학교도서관 중심의 독서교육 평가 시 고려되어야 할 점
① 특정 지식 혹은 결과보다는 독서의 과정, 문제 해결 과정을 중심으로 평가
② 독서교육 시간에 이루어진 주요 활동을 중심으로 평가
③ 교과 학습과의 연계 혹은 교과 담당교사와 사서교사간의 협력 활동을 통해서 독서교육이 이루어진 경우 평가 결과를 교과 성취도에 반영
④ 다양한 독서 및 정보자료를 대상으로 평가
⑤ 실질적으로 전개한 독서활동을 중심으로 평가하되, 객관적인 평가 기준과 도구를 개발
⑥ 지도 교사 평가와 더불어 학생 상호 평가, 자기 평가 등의 방법을 함께 적용

2) 독서교육 평가 방법

시험지법 (페이퍼 테스트)	• 객관식 시험이나 학력 테스트와 같이 문항을 읽고 알맞은 답을 고를 수 있도록 하는 방법으로 독서 결과를 측정하는데 널리 적용함 • 시험지법의 종류 ① 체크리스트법 : 사전에 일정한 기준에 의거 체크리스를 만들고 학생들이 평정 ② 중요도평정법 : 전체 글의 주제나 목적에 맞는 정보가 갖는 중요도를 체크
서술법	• 평가 대상 자료를 바탕으로 쟁점이나 의견을 묻는 과제를 주고 글을 쓰게 함으로써 평가하는 방법
그래픽 조작자	• 독서 활동 후에 마인드맵, 도형, 시각화, 그래프, 인물망, 개념도, 시간 흐름도, 인물 분석표 등 여러 가지 형식의 그래픽 조직자(graphic organizer)를 만드는 활동을 전개하고, 이를 바탕으로 독서교육의 성과를 평가하는 방법
토론법	• 독서 활동 후 특정 쟁점이나 주제를 설정하여 토론 활동을 전개토록 함으로써 독서교육의 성과를 측정하는 방법 • 토론의 주제 상황을 선정, 제시하고 학생들로 하여금 확인토록 하고, 토론을 전개해야 함 • 교사가 직접 평가하거나 학생들 간의 상호평가, 토론에 대한 자기평가 방법 등이 있음
관찰법	• 학생들의 독서 행동이나 독서 과정을 교사가 직접 관찰하여 평가하는 방법 • 교사의 주관적인 판단이 개입될 소지가 있으나 직접적으로 학생들의 활동을 평가할 수 있다는 장점이 있음
면접법	• 학생과 직접 대화함으로써 자료나 정보를 수집하여 평가하는 방법 • 면접법은 독서의 동기, 태도, 독서에 대한 감정적 반응과 같이 다른 방법으로는 직접 조사하기 어려운 경우에 널리 사용함
포트폴리오법	• 독서 전, 독서 중, 독서 후에 이루어지는 모든 활동의 수행 결과물을 모아 놓은 것으로 독서감상문, 독서 만화, 평가지, 토론 결과지, 워크시트 등으로 구성된 개인 활동철 혹은 개인 문집이라 할 수 있음 • 이는 1학기 정도의 장기간에 걸친 활동 결과물을 대상으로 평가하기 때문에 결과와 과정을 동시에 평가할 수 있으며, 독서 능력의 전반에 걸쳐 평가할 수 있다는 장점이 있음 • 사전에 포트폴리오에 대한 설명과 평가 기준을 상세하게 제시해야 하며, 중간 평가와 피드백이 이루어져야 함

03 예시답안

구상형 3번 문제 답변하겠습니다.

① 우선 독서교육의 목적에 대해 말씀드리겠습니다.

첫 번째, 학생들이 살아갈 미래의 지식기반 사회에 필요한 논리적인 사고력, 비판적 태도, 창의적 시도 그리고 표현력 등의 역량을 신장시키고 교과학습과 인성, 창의성 교육 전반에 걸쳐 긍정적인 효과를 추동하는 것입니다. 두 번째, 교육과정 연계 통합적 독서활동 운영으로 깊이 있는 독서 기회를 부여하고 자기주도적 학습 역량을 신장하기 위함입니다. 세 번째로는 안정적인 독서 시간 확보와 꾸준한 독서 환경 조성으로 독서와 토론에 집중하는 일상적 분위기를 확산하기 위함입니다.

② 이어서 김 교사가 진행한 독서교육의 문제점 3가지를 말씀드리겠습니다.

첫 번째로, 학생의 관심과 수준에 대한 배려 없이 권장도서 목록만을 나눠주고 독서를 지시하였고, 그 결과 학생들이 인터넷 독후감을 그대로 긁어온 결과를 낳았습니다. 주제별, 수준별로 책을 소개하는 북 큐레이팅을 실시하고 북 토크를 진행하며 강력한 읽기에 대한 동기를 부여해야 합니다. 두 번째로는, 김 교사는 교과 시간에 책 읽기 활동을 하지 않고 과제로 내준 문제점을 보입니다. 그 결과 학생들은 생활기록부 기록만을 위해 발췌독을 실시한 문제점을 낳았습니다. 수업 시간 중에 교과와 관련된 책을 읽고 생각을 나누고 쓰는 통합적인 독서활동을 해야 합니다. 마지막으로 김 교사는 독서의 과정, 문제 해결과정을 중심으로 평가, 기록하려 하지 않고 소감문이라는 결과만 평가하려 했던 문제점을 보입니다. 독서 교육 시간에 이루어진 주요 활동을 중심으로 평가하고 그 과정 속에서 독서에 대한 흥미와 동기를 유발하고 독서를 효과적으로 수행하는 능력을 키우려는 노력이 필요합니다.

③ 마지막으로 독서교육 방안을 계획, 실행, 평가의 차원에서 말씀드리겠습니다.

우선 계획 단계에서는 교과 연계 독서 계획을 수립하고 교과별로 필요한 도서 목록을 선정하여 구비합니다. 실행 단계에서는 읽기, 생각나누기, 쓰기의 통합적 활동으로 수업을 전개합니다. 평가단계에서는 과정형 평가와 역량 중심평가를 실시해야 하며 이러한 평가를 바탕으로 학생의 성장모습을 학생생활기록부에 기록하여 수업, 평가, 기록의 일체화를 달성해야 합니다.

이상입니다.

> **즉답형1**
>
> 다음을 읽고 물음에 답하시오.
>
> 환경부는 10일 오전 6시부터 오후 9시까지 수도권과 세종시에 위기경보 '관심' 단계를 발령하고 해당 지역에서 미세먼지 비상저감조치를 시행한다고 9일 밝혔다.
>
> '관심' 단계 경보는 초미세먼지(PM2.5) 위기경보 4단계 중 1단계에 해당한다. 세종시의 경우 9일 0시부터 오후 4시까지 초미세먼지의 일평균 농도가 51㎍/㎥로 50㎍/㎥를 초과해 발령 기준을 충족했다. 내일도 50㎍/㎥를 넘어설 것으로 예상된다.
>
> 1-1. 미세먼지의 발생원인 2가지를 말하시오.
>
> 1-2. 고농도 미세먼지 상황시 교사가 대처해야 할 내용 3가지를 말하시오.
>
> 1-3. 학교교육과정과 연계한 환경 환경교육방안 3가지를 말하시오.

01 출제근거

세종기본계획3. 책임교육
↓

안심교육 실현	
과제	세부사업
보건교육과 학교환경 위생 관리 강화	• 학교환경위생 관리 강화

02 문제분석

❶ 미세먼지의 개념 및 발생원인(2019 교육부 고농도 미세먼지 대응실무매뉴얼)

1) 개념
   ① 대기중에 떠다니거나 흩날려 내려오는 10㎛ 이하의 입자상 물질
   ② 미세먼지(PM10)와 초미세먼지(PM2.5)등 먼지 직경에 따라 구분
      - PM10은 1,000분의 10mm보다 작은 먼지이며, PM2.5는 1,000분의 2.5mm보다 작은 먼지로, 머리카락 직경(약 60㎛)의 1/20 ~ 1/30 크기보다 작은 입자

2) 발생원인

국내원인	• 인위적 배출원에서 미세먼지로 직접 배출되거나, 대기 중 화학반응에 의해 2차 생성되며, 또한 자연적으로도 발생됨 • 직접배출 : 사업장 연소, 자동차 연료 연소, 생물성 연소 과정 등 • 2차생성 : 황산화물(SOx), 질소산화물(NOx), 암모니아(NH3), 휘발성유기화합물(VOCs) 등이 대기 중에서 수증기 등과 반응하여 생성 • 자연발생 : 광물입자(황사 등), 소금입자(해염 등), 생물성 입자(꽃가루 등) 등
국외원인	• 중국 등에서 발생한 고농도 미세먼지가 강한 서풍 또는 북풍의 영향으로 서해안 등을 통과하여 국내로 유입

❷ 고농도 미세먼지 대응요령

1) 미세먼지 단계별 대응요령(유치원, 초, 중, 고등학교)

단계	대응요령

평시
사전준비사항
	• 고농도 미세먼지 상황 대비 실외수업 대체를 위한 사전계획 마련
	  – 수업전환 기준 및 대체안(실내체육, 단축수업, 휴원, 일정연기 등) 마련
	• 담당자는 고농도 미세먼지 발생시 대처방안에 대하여 숙지하고, 보호자 대상 대기오염 피해예방, 대응조치, 행동요령을 지도
	• 보호자 비상연락망 구축
	• 실내 미세먼지 유지기준(PM10 100μg/㎥, PM2.5 35μg/㎥) 준수
	• 호흡기질환 등 미세먼지 민감군 및 고위험군 관리대책 마련
	  – 민감군 현황 파악, 위생점검 및 건강체크, 응급조치 요령 등 숙지
	    • 천식: 천식증상과 최대 호기유속 측정해서 천식수첩에 기록, 천식악화시 행동요령 숙지, 의사와 상의하여 보건용마스크 사용
	    • 호흡기질환자: 의사와 상의하여 보건용마스크 사용
	    • 민감군: 민감군은 선천적으로 기저질환을 갖고있거나, 어린이·노인 등 생물학적으로 미세먼지 노출에 쉽게 반응하는 사람
	    • 고위험군: 주거지나 업무 특성상 외부활동이 불가피한 경우, 직업적으로 미세먼지에 노출될 수 밖에 없는 환경인 사람
	• 보건용 마스크, 상비약(안약, 아토피연고, 인헤일러 등) 비치 및 점검

고농도 예보 익일 예보 "나쁨"이상	• 익일 예정된 실외수업에 대한 점검 • 보호자 비상연락망, 안내문 등을 통한 예보상황 및 행동요령 공지 • 미세먼지 예보 상황 및 농도변화 수시 확인 ※ 에어코리아(airkorea.or.kr), 우리동네 대기정보 모바일 앱 활용

고농도 발생
PM10 81이상
또는
PM2.5 36이상
1시간 지속
	• 담당자는 미세먼지 농도를 수시로 확인, 기관 내 상황 전파
	• 학생 대상 행동요령* 교육 및 실천
	  ※ 외출시 마스크 쓰기, 도로변 이동 자제, 깨끗이 씻기 등
	• 실외수업(활동) 자제(실내수업 대체), 바깥공기 유입 차단(창문닫기)
	• 호흡기 질환 등 미세먼지 민감군 및 고위험군 원아·학생 관리대책 이행
	• 실내공기질 관리
	  예) 공기정화장치(설치된 경우에 한함) 가동, 물걸레질 청소 등

비상 저감조치 PM2.5 주의보 수준과 유사	국·공립학교	• 공공기관 차량 2부제 시행 　※ 학기초 차량 2부제 예외 차량 목록(통학버스, 학교장이 인정하는 통근차량 등) 작성 • 노후차량 운행제한 협조 　※ 학기초 통학차량 등 필수운행차량 가스배출등급 조회(5등급여부 확인)
	사립학교	• 노후차량 운행제한 협조 　※ 학기초 통학차량 등 필수운행차량 가스배출등급 조회(5등급여부 확인)
	모든학교	• 등교일 전날, 시·도지사 권고 또는 시·도교육감 휴업명령 등을 참고하여 휴업 또는 등하교(원)시간 조정을 실시
주의보 PM10 150이상 또는 PM2.5 75이상 2시간 지속		• 실외수업 시간 단축 또는 금지 　※ 체육활동, 현장학습, 운동회 등을 실내 수업으로 대체 • 각급학교 내 식당 기계·기구 세척, 음식물 위생관리 강화
경보 PM10 300이상 또는 PM2.5 150이상 2시간 지속		• 실외수업 시간 단축 또는 금지 • 수업시간 조정, 등·하교(원) 시간 조정 　※ 등하교시간 조정 또는 휴업 결정 시, 돌봄교실 및 휴업대체프로그램 운영여부도 함께 결정하고, 학생·학부모에게 사전 공지 • 미세먼지 관련 질환자 파악 및 특별관리(조기귀가, 진료) • 각급학교 내 식당 기계·기구 세척, 음식물 위생관리 강화

2) 학급 비치용 행동요령

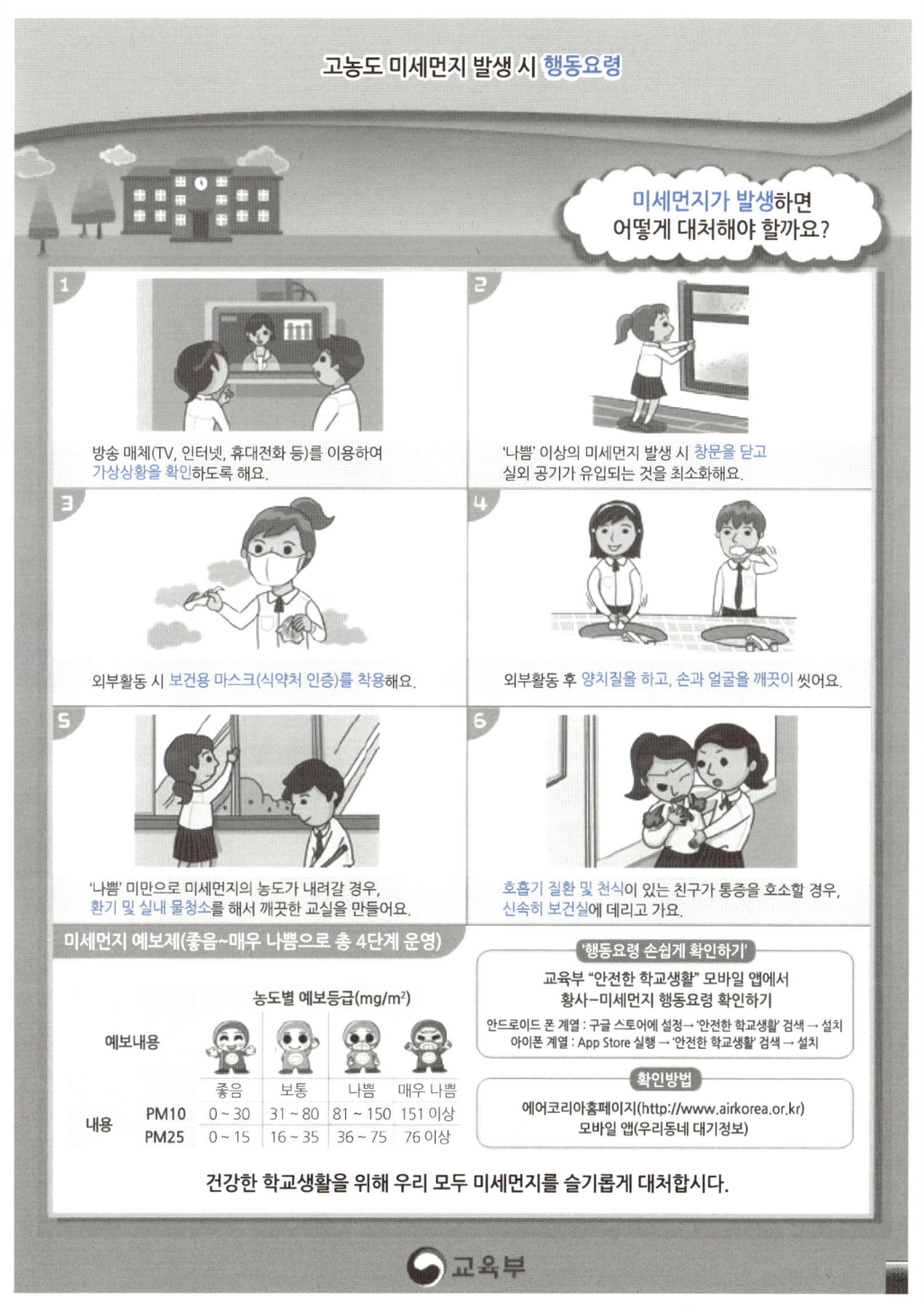

❸ 학교 내 환경교육(문·이과 통합형 교육과정에의 환경교육 강화방안, 환경부)

1) 창의적 체험활동
    ① 동아리 활동(환경 실험, 환경 봉사, 자연 체험, 야생화 동아리, 프로젝트 학습 등)
    ② 봉사활동(교내·외 환경 정화 활동, 화단 가꾸기, 텃밭 가꾸기, 자원 재활용 활동 등)
    ③ 진로활동(환경 관련 직업 탐방 및 체험)

2) 중학교 자유학년제와 환경 체험 활동
    ① 중학교 자유학기제는 다양한 체험활동이 이루어질 수 있는 효과적인 시간이다.
    ② 자유학년제 운영은 동아리 활동, 학생 선택 프로그램 운영, 예술 및 체육활동, 진로 탐색 활동 등 여러 형태의 활동이 가능하다.
    ③ 인문, 사회, 예술 등 전 분야에 걸친 교과 융합 진로체험이나 교과별 프로젝트 학습을 통해 환경 체험 기회를 높일 수 있을 것이다.

3) 관련 교과의 연계 융합 학습
    ① 환경 주제는 체험 탐구 소재로 활용하기에 가장 적합한 내용이다. 즉, 과학 실험, 환경 실험, 생애주기 조사를 통한 경제 학습, 미술과 에코 디자인, 가정과의 친환경 먹을거리 탐구 학습 등 프로젝트 학습 형태도 다양하게 적용될 수 있다.
    ② 프로젝트 학습은 단순 체험 형태에서 그치지 않고 학생들이 주도적으로 계획하고 실행하여 결과물을 만들어내는 과정을 통해 협력과 창의적 아이디어를 만들어낼 수 있는 생산적인 활동으로 계획되고 마무리되어야 한다.
    ③ 환경 주제를 활용한 프로젝트 학습은 자신이 속한 지역 사회의 환경문제의 본질을 이해하고 해결하려는 동기를 부여하는데 적절하게 적용될 수 있으며, 해결을 위한 노력 과정을 통해 환경과 사회, 경제 등 다양한 역학관계를 파악하고 폭넓은 사고를 기회를 가져 지역 환경을 보전하는 데 기여할 수 있다.
    ④ 특히나 생활 속 환경문제를 탐구하는 프로젝트 학습은 인성의 함양뿐만 아니라 학생 스스로가 객체로서의 환경 구성원이 아니라 주체로서의 삶과 생활에 대해 깊이 성찰할 수 있는 기회를 얻을 수 있으며 문제해결력을 기르는데도 큰 도움이 될 것이다.

4) 학교 공간의 변화를 통한 환경 체험
    ① 학교 건축물의 친환경적 설계
    ② 자원 순환 시스템 적용 건물 설계(중수도 시설 등)
    ③ 학교 환경을 보다 자연형으로 구성하여 학교생활 자체가 휴식의 시간이 되고 건강관리에 도움이 되는 효과적인 공간 전환
    ④ 학교라는 공간이 하나의 작은 쉼터이면서 생태, 생명, 환경 공학의 첨단 기술을 체험할 수 있는 공간으로 진화(전시성 공간/환경공학 설계/친환경 건축)
    ⑤ 학교 숲을 생태 도시의 핵으로 조성

03 예시답안

즉답형 1번에 대한 답변 드리겠습니다.

① 우선 <u>미세먼지의 발생 원인</u>부터 말씀드리겠습니다.
첫 번째 원인으로는 사업장 연소, 자동차 연료 연소, 생물성 연소 과정 등 인위적 배출원에서 직접 배출되는 경우가 있습니다. 두 번째 원인으로는 황사, 해염, 꽃가루 등 자연적으로 발생하는 경우가 있습니다. 세 번째 원인으로는 중국 등에서 발생한 고농도 미세먼지가 강한 서풍 또는 북풍의 영향으로 서해안 등을 통과하여 국내로 유입되는 경우가 있습니다.

② 이어서 <u>고농도 미세먼지에 교사가 대처해야 할 내용 3가지</u>에 대해 말씀드리겠습니다.
우선 '나쁨' 이상의 미세먼지가 발생하면 창문을 닫고 실외공기가 유입되는 것을 최소화해야 합니다. 두 번째로, 외부활동을 자제해야 하고, 꼭 필요하다면 보건용 마스크를 착용하게 하고 외부활동 후 양치질을 하고 손과 얼굴을 깨끗이 씻도록 지도합니다. 마지막으로 '나쁨' 미만으로 미세먼지 농도가 낮아진다면 환기 및 실내 물청소를 해서 교실을 깨끗이 해야 하며 호흡기 질환 및 천식이 있는 학생이 통증을 호소할 경우 신속히 보건실로 데려가 조치해야 합니다.

③ 마지막으로 <u>학교교육과정과 연계한 환경 환경교육방안 3가지</u>를 말씀드리겠습니다.
우선 창의적 체험활동을 활용할 수 있습니다. 환경 체험 활동이 가능한 다양한 학생 동아리 활동과 환경 주제를 강화한 진로 체험 활동에 지원을 확대해 학생들의 참여를 이끌어 낸다면 좋은 효과를 발휘할 수 있을 것입니다. 두 번째로는 자유학년제를 활용할 수 있습니다. 동아리 활동, 학생 선택 프로그램 운영, 예술 및 체육활동, 진로탐색 활동과 인문, 사회, 예술 등 전 분야에 걸친 교과 융합 진로체험, 교과별 프로젝트 학습을 통해 환경 체험기회를 높일 수 있습니다. 끝으로 관련 교과와 연계 융합학습을 실시합니다. 과학실험, 환경실험, 생애주기 조사를 통한 경제 학습 등 프로젝트 학습을 통해 학생들이 주도적으로 계획하고 결과물을 만들어내며 자신이 속한 지역사회의 환경문제의 본질을 이해하고 보전하는데 기여할 수 있을 것입니다.

이상입니다.

> **즉답형2**
>
> 다음을 읽고 물음에 답하시오
>
> 올해(2020년)부터 18세 이상의 국민들이 선거권을 갖도록 선거권 연령이 변경되었다. 따라서 2020년 4월 15일 실시되는 제21대 국회위원 선거에서는 2002년 4월 16일 이전에 태어난 국민이라면 누구나 차별 없이 투표할 수 있는 권리를 가지게 된다. 당연히 현재 고등학교 학생이라도 선거일을 기준으로 18세가 된다면 투표할 수 있다.
>
> (A) 이러한 학생 선거 연령 하향에 대해 찬성과 반대의 시선이 있다.
> (B) 선거 연령 하향과 더불어 학생들로 하여금 자신의 삶과 학교생활에 주인의식을 가지고 생활할 수 있도록 학생 자치를 활성화하는 방안이 필요하다.
>
> 5-1. (A)와 관련하여 찬성과 반대 중 자신의 입장을 밝히고, 그 이유를 2가지 말하시오.
>
> 5-2. 학생들이 올바른 정치의식을 갖출 수 있도록 하기 위한 지도 방향을 3가지 말하시오.
>
> 5-3. 학생 자치 활성화 방안에 대해 3가지 말하시오.

01 출제근거

세종기본계획2. 미래교육	
통일시대 시민교육 강화	
과제	세부사업
민주시민교육 공감대 확산	• 민주시민교육 내실화

02 문제분석

① 배경지식 넓히기

- 선거연령 하향 찬성 근거
  ① 18세는 인지능력을 갖추고 있어 소신 있는 정치판단이 가능하고, 인터넷을 통한 정보 습득으로 청소년들의 정치적 의식도 높아졌다.
  ② 한국을 제외한 모든 OECD 국가에서 선거연령을 18세 이하로 규정하고 있다.
  ③ 18세에는 운전면허 취득이나 혼인이 가능하고, 병역, 납세 등의 의무가 부과되기 때문에 책임과 권한의 형평성을 맞추기 위해서도 18세 선거권 부여가 타당하다.

- 선거연령 하향 반대 근거
  ① 19세 미만 미성년자는 정치적, 신체적 자율성이 부족해 독자적인 판단보다는 보호자나 교사 등에 의존할 가능성이 높다.

② 학교가 배움의 목적이 아닌 정치의 장이 될 가능성이 있다.
③ 고3으로 대학 입시공부에 집중해야 할 시기에 학업을 소홀히 할 수 있다.

❷ 선거교육의 중요성(만 18세, 대한민국 유권자가 되다(교사용), 중앙선거관리위원회 선거연수원)

① 투표절차를 잘 모른다면 진지하게 선택하고도 자신의 선택이 무효가 될 수도 있다.
② 선거법에 대한 이해가 없다면 자신도 모르게 불법행위를 저질러 선거 질서를 훼손할 수도 있다.
③ 따라서 유권자의 올바른 권리행사를 위해서는 선거의 의미, 선거제도와 정당에 대한 이해, 사회적 이슈와 공약에 대한 관심, 유권자의 태도, 투표와 개표의 과정 등에 대한 학습이 반드시 필요하며 이것이 바로 선거교육이다.
④ 18세 유권자 선거교육은 새내기 유권자가 합리적이고 이성적인 선택을 할 수 있도록 기초적인 정치적 교양을 쌓는 과정이다.

❸ 선거교육의 목표

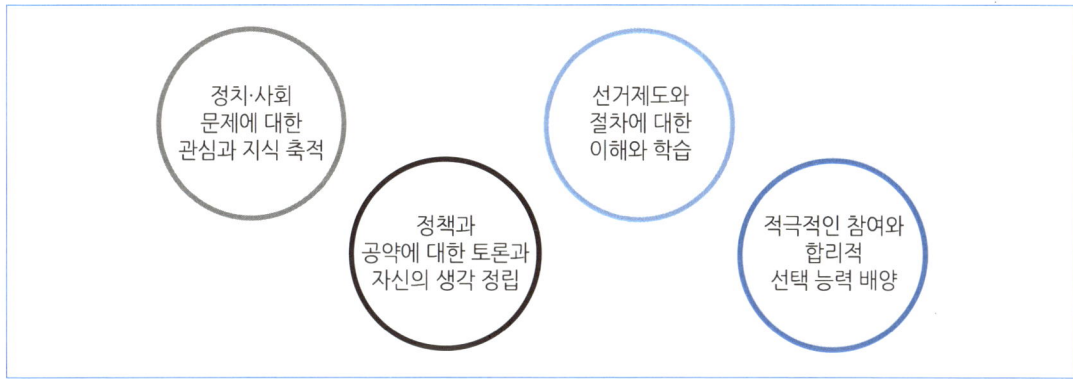

❹ 선거교육의 기본방향

정치적 중립성	• 선거교육에서 가장 우려되는 점은 정치적 중립성을 훼손하는 것이다. • 선거교육의 제1원칙은 유권자에게 특정 정파의 이익이나 입장을 편향적으로 전달하지 않고, 유권자 스스로의 기준과 판단을 정립하는데 도움을 주는 것이다. • 따라서 교육내용에 대한 정답을 설정하지 않으며 특정한 정치적 지향을 철저히 배제해야 한다. • 특정한 이슈나 가치 그리고 정책에 대한 개인적 선호 또는 평가를 일방적으로 전달하지 않고 유권자가 스스로 생각을 정립할 수 있도록 어떠한 편견도 없이 사고하고 생각을 나눌 수 있게 도와주는 것이어야 한다.
정보의 다양성과 균형성	• 선거교육의 역할은 유권자들이 다양한 이슈와 관점을 접할 수 있도록 하는 것이며, 이를 바탕으로 함께 토론하고 생각을 나눌 수 있는 기회를 제공하는 것이다. • 어떤 정책이나 이슈에 대해 특정 정보만을 제공하는 것은 유권자 사고의 편향성에 영향을 미칠 수 있다는 점을 인식해야 한다. • 선거교육에서 정보의 다양성과 균형성을 유지하는 것은 유권자가 사고의 폭을 확장하고 이성적이고 합리적 선택의 방법을 체득할 수 있는 효과적인 지원 방법이 될 수 있다
유권자의 참여성	• 선거교육의 목적 중 하나는 유권자가 정당과 후보자를 평가하고 국가 또는 지방자치단체의 정책 방향 설정에 국민의 생각이 집약될 수 있도록 적극적으로 선거권을 행사할 수 있게 하는 것이다.

	• 따라서 선거참여의 가치와 중요성을 공유하고 인식할 수 있는 기회를 제공하는 것이 매우 중요하다. • 유권자가 적극적으로 투표에 참여할 때 정당과 후보자는 유권자의 목소리에 더욱 귀를 기울이게 된다. • 따라서 선거교육은 단순히 선거지식을 전달하는 시간이 아니라 유권자의 선거참여가 얼마나 중요한지 그리고 얼마나 많은 부분을 바꾸어 나갈 수 있는지 공감하는 동기부여의 시간이어야 한다.
선거의 공정성	• 선거의 핵심은 공정성을 유지하는 것이다. 공정하지 못한 선거는 대표 선출의 정당성을 침해하여 대의민주주의의 근본을 훼손하게 된다. • 투표하는 것만이 유권자의 유일한 역할은 아니다. 선거의 공정성을 확보하기 위해서도 유권자의 역할이 매우 중요함을 인식해야 한다. • 스스로 선거의 질서를 해치는 행위를 하고 있지 않은지 자신을 점검하고 선거관리 절차에 대한 이해도 필요하다. • 선거교육은 유권자 스스로 선거의 공정성을 확보할 수 있도록 법적인 정보와 지식을 제공해야 한다.

⑤ 자율과 책임의 학생자치 강화(2020 세종시 주요업무계획)

1) 학교 학생자치활동 강화
   ① 학생회(학급회)가 계획하고 운영하는 학생자치 예산 지원 확대
   ② 학생회가 기획·운영하는 다양한 학교 행사 추진
   ③ 학생자치 지원 강화를 위한 교사 네트워크 구축, 매뉴얼 보급 및 맞춤형 컨설팅

2) 세종학생회연합회(한울) 활동 내실화
   ① 세종학생회연합회(한울)가 추진하는 각종 행사 기획과 참여를 통한 민주시민역량 및 리더십 함양
   ② 세종학생축제, 소통공감토론회, 리더십캠프, 사회참여발표대회 등

> **세종학생회연합회 '한울' 주관 소통·공감 토론회(2019. 4. 11.)**
>
> 세종학생회연합회(한울) 사업과 학교 내 학생자치활동의 활성화를 주제로 진행된 이날 토론회에서 학생들은 학교에서의 학생자치활동이 강화되기 위해서는 학생회·학급회 등의 자치활동 권리와 학교교육과정에서 학생 관련 정책 참여를 보장하여 민주적이고 학생중심의 학교문화를 조성해야 한다고 제안했다.
>
> 또, 이를 위해 학생자치활동 예산 편성과 학생자치활동 시간이 확보돼야 한다는 점도 강조했다. 다양한 학교행사(학교축제·체육대회·입학식 등)를 학생회가 기획하고 운영하거나, 학생회장단의 공약 이행, 학생회 제안 사업 등을 학생회 주도로 추진하는 기회를 제공해야 한다고도 했다.
>
> 아울러, 2018년 세종학생회연합회(한울)에서 기획·운영한 ▲세종학생축제 ▲소통·공감 토론회 ▲평화통일 토크콘서트 ▲세종학생사회참여발표대회 ▲리더십 캠프 등에 대한 사업을 평가하고 2019년 한울 사업에 대한 계획을 내실화하는 방안도 의견을 나눴다.
>
> 마지막으로 학생 교육정책 자문단, 읍면지역 교육네트워크 등에 학생들이 참여해 세종교육청의 각종 교육정책을 모니터링하고 제안할 수 있는 방법을 소개했다. 학생들의 의견을 최대한 반영하고 학생 중심의 교육정책을 수립하자는 취지에서다.
>
> 세종시교육청은 학생들이 제안한 다양한 학생자치 활성화 방안들이 추진될 수 있도록 2019년 학생자치활동 지원 사업에 반영하고, 학교에 안내하여 학생들이 교육활동의 주체로 자리매김할 수 있도록 최선을 다할 방침이다.
>
> 출처: 세종의소리(http://www.sjsori.com)

03 예시답안

즉답형 2번에 대한 답변 드리겠습니다.

우선 선거연령 하향에 대한 저의 생각을 말씀드리겠습니다.
[찬성하는 입장] 저는 선거연령 하향에 대해 찬성하는 입장입니다. 그 이유는, 첫째, 18세는 소신있는 정치판단이 충분히 가능한 인지능력을 갖추고 있으며 인터넷을 통한 정보습득으로 청소년들의 정치적 의식도 높아졌기 때문입니다. 두 번째, 18세는 운전면허 취득이나 혼인이 가능하고, 병역, 납세 등의 의무가 부과되기에 책임과 권한의 형평성을 맞추기 위해서 18세 선거권 부여가 타당하기 때문입니다.
[반대하는 입장] 저는 선거연령 하향에 대해 반대하는 입장입니다. 우선 19세 미만의 미성년자는 정치적, 신체적 자율성이 부족해 독자적 판단보다는 보호자나 교사에 의존할 가능성이 높기 때문입니다. 또한 학교가 배움의 목적이 아닌 정치의 장이 되거나 고3으로 대학 입학에 집중해야 할 시기에 학업을 소홀히 할 수 있기 때문입니다.

이어서 학생들이 올바른 정치의식을 갖출 수 있도록 하기 위한 지도 방향을 3가지 말씀드리겠습니다.
① 첫 번째, 정치적 중립성을 지켜야 합니다. 특정한 이슈나 가치 그리고 정책에 대한 개인적 선호 또는 평가를 일방적으로 전달하지 않고 유권자 스스로의 기준과 판단을 정립하는데 도움을 주기 위해 어떠한 편견도 없이 사고하고 생각을 나눌 수 있도록 도와야 합니다.
② 두 번째, 정보의 다양성과 균형성을 보장해야 합니다. 선거교육의 역할은 유권자들이 다양한 이슈와 관점을 접할 수 있도록 하는 것이며, 이를 바탕으로 함께 토론하고 생각을 나눌 수 있는 기회를 제공해야 합니다.
③ 세 번째, 유권자의 참여성을 증진해야 합니다. 단순히 선거지식을 전달하는 것이 아니라 유권자의 선거 참여가 얼마나 중요한지, 그리고 얼마나 많은 부분을 바꾸어 나갈 수 있는지 공감하는 동기부여의 시간이어야 합니다.

마지막으로 학생 자치 활성화 방안에 대해 말씀드리겠습니다.
① 우선, 학생회가 계획하고 운영하는 학생자치 예산을 확대해야 합니다. 학생들의 자율적인 자치 예산 사용을 통해 학생회의 자치활동을 활성화할 수 있습니다.
② 또한, 학생회가 기획하고 운영하는 다양한 학교 행사를 추진하여야 합니다. 학교축제, 체육대회, 입학식 등을 학생회가 주도적으로 운영하며 학생 자치 경험을 신장할 수 있습니다.
③ 마지막으로 학생자치 지원을 강화하기 위한 교사 네트워크를 구축하거나, 관련 매뉴얼을 보급하고 맞춤형 컨설팅을 실시하여 학생들의 자치 역량을 키워야 합니다.

이상입니다.

세종시 비교과

> **구상형1**
>
> 1-1. 김 교사는 자유학년제를 통해 진로 연계 동아리를 운영하게 되었다. 김 교사가 계획, 실행, 평가 단계에서 수행해야 할 과제를 각 3가지씩 말하시오.
>
> 1-2. 동아리 운영 후 교사가 학생생활기록부를 기록할 때 유의해야 할 사항에 대해 말하시오.

01 출제근거

세종기본계획2. 미래교육	
↓	
세종창의적교육과정 운영	
과제	세부사업
세종자유학년제 내실화	• 행복한 배움 세종 자유학년 교육과정 운영

02 문제분석

❶ 동아리활동의 특징

① 자유학년제 동아리 활동은 기획-운영-평가의 순서로 진행될 수 있다.
② 기획단계는 학교 교육과정 재편성을 통하여 활동 시수를 확보하고 활동의 유형 및 성격을 결정한다. 또한 지역 사회 인적·물적 자원을 파악하고 예산 계획을 수립하며, 학생들의 수요조사를 실시한다.
③ 운영단계에서는 동아리를 개설하고 동아리 활동을 조직·계획하고 활동한다.
④ 평가단계에서는 한 학기 동안의 활동에 대한 최종 평가를 통하여 학교생활기록부에 기록할 수 있도록 한다. 이때 평가는 학생들의 성취수준을 평가하는 것이 아니라, 성장과 발전에 도움을 줄 수 있는 피드백 자료로서의 역할을 담당하는 것이다.

기획	시수 조정	교사협의회 및 학교운영위원회 심의를 통해 교과 시간 및 창의적 체험활동 시수를 활용하여 시수 확보
	운영 유형 및 성격 결정	스포츠, 예술, 진로, 봉사, 교과 연계, 노작 실습 등
	지원 조사 및 예산 기획	학교 및 지역사회의 인적·물적 지원과 여건에 따라 동아리 배정 및 예산 활용 계획 수립
	수요 조사	학생들의 희망 수요를 개방형으로 조사 실시
운영	동아리 부서 개설	학생 동아리 부서 개설 및 신청서 접수
	동아리 부서 결정	개설할 동아리 및 담당교사(외부강사) 결정
	홍보 및 등록	동아리 부서 게시 및 홍보, 학생 신청서 배부 접수

	조직 및 계획	동아리별 체제 조직 및 활동 계획서 제출
	활동 운영 및 중간평가	동아리 활동 운영과 학생 만족도 조사 및 교사 평가
	발표 및 전시	동아리 발표회 및 전시회 개최 등
평가	최종 평가	한 학기 동안의 동아리 활동 최종 평가
	학교생활기록부 기록	동아리 활동에 대한 학생학교생활기록부 기록
	활동 평가	동아리 활동 운영 반성 및 성과 분석

❷ 동아리 활동의 평가 개요

1) 동아리활동의 평가 방향

① 동아리 활동은 학생들의 자율성을 기반으로 편성되고 운영되어진다는 특성상 정해진 성취기준과 성취수준으로 바탕으로 학생들의 활동 결과를 평가한다는 것은 불가능할 뿐만 아니라 바람직한 방향이라고 보기 어렵다. 따라서 학생들의 활동에 대한 길잡이로서의 역할을 수행하는 교사는 학생들의 활동을 관찰하고 성장과 발전을 위한 다양한 피드백을 제공하여야 하고 동아리 활동의 평가는 이런 방향에서 진행되어야 한다.

② 학생들의 활동을 관찰하고 분석하여 지속적인 피드백을 통하여 보다 발전적인 방향으로 동아리 활동이 진행될 수 있도록 하여 학생들의 다양한 역량이 성장할 수 있도록 지속적인 노력이 있어야 하고, 이러한 성장과 발전을 학교생활기록부에 기록하기 위한 과정인 것이다.

- 학생들의 자율적 활동에 대한 적극성 및 창의성, 공동체 역량을 길러주는데 중점을 두고 평가 및 기록이 이루어지도록 한다.
- 활동 자체뿐만 아니라 동아리별 특성을 고려하여 보고서, 발표자료, 토론, 작품 제작, 팀 활동 참여 등은 산출물뿐만 아니라 활동의 중간 과정을 평가에 활용할 수 있는 방안을 구안하여 제시한다.
- 평가의 내용으로 구성된 다양한 요소(활동 실적, 성장의 발달 정도, 행동의 변화, 특기사항)들을 종합적으로 활용하여 핵심 역량을 중심으로 활동을 통한 학생들의 변화 과정과 성장에 대한 정보를 기록해 줄 수 있도록 예시를 제시한다.
- 학생들의 강점을 동아리 활동의 참여 과정 속에서 구체적인 역할을 중심으로 관찰하고 기록하는 방법을 제시한다.
- 동아리 활동의 운영에 있어서 교사가 지나치게 평가에 몰입하다 보면, 학생들의 자율성보다 교사의 역할이 강조될 수 있으며 이는 학생 자율성을 기반으로 하는 동아리 활동이 아니라 교사가 계획한 동아리 수업으로 변질될 가능성에 대하여 유의하여야 한다.
- 동아리 활동의 평가는 특정 기능이나 지식적인 측면의 성취수준을 평가하는 것이 아니라, 동아리 활동 과정에 대한 학생들의 참여도, 적극성, 협동성, 자기관리능력 등 역량을 중심으로 관찰하여 학생의 성장에 도움을 줄 수 있는 피드백 자료를 찾는 것이다.

2) 동아리활동과 핵심 역량

① 동아리 활동은 학생들이 일상생활의 문제를 합리적이고 창의적으로 해결하는 능력, 일상의 삶을 풍요롭게 가꾸어 나갈 수 있는 심미적 감성 역량, 환경을 보존하는 습관 형성과 더불어 사는 삶의 가치 체득, 자아 정체성 확립과 자신의 진로 개발과 지속적인 성장 등에 바탕을 두어 동아리 활동의 평가 계획을 적절하게 수립하여야 한다.

② 또한 2015 개정교육과정에서 제시한 미래 핵심역량(자기관리 역량, 지식정보처리 역량, 창의적사고 역량, 심미적 감성 역량, 의사소통 역량, 공동체 역량)을 기반으로 하여 동아리 활동의 목표 및 기준 선정, 방법의 구체화, 평가 실시, 결과의 기록 및 활용 등의 절차를 고려하여 수립할 수 있다.

3) 평가 방법
① 동아리 활동의 평가는 교과 평가와는 달리 교사나 활동 과정안에 따라 정해진 성취 기준에 대한 학생들의 성취 수준을 평가하는 것이 아니기 때문에 학생들의 인지적 영역에 대한 평가가 아닌 정의적 영역에 대한 교사의 관찰 및 학생의 성찰 평가를 중심으로 이루어지는 것이 합리적이다.
② 동아리 활동의 특성이나 활동 단계별 특성을 고려하여 일화기록법, 체크리스트법, 평정척도법, 질문지법, 포트폴리오법, 에세이법 등 다양한 평가 도구를 활용할 수 있을 것이다.

4) 교사의 역할
① 학생 활동의 전 과정에 걸쳐 학생들의 자발적 참여와 공동체 활동에서의 협업력을 관찰하고 기록할 수 있도록 한다.
② 활동 결과의 기술은 체크리스트나 평정척도표를 활용하여 추상적 기술이 아닌, 활동 전과정에 걸친 구체적인 기술이 이루어질 수 있도록 한다.
③ 평가 결과는 학생 개인별로 누가 기록하고, 이를 근거로 학생들의 행동 변화, 발전 정도, 활동 내용, 개별 특기사항 등을 학교생활기록부에 수시로 기록할 수 있도록 한다.
④ 정해진 성취 기준을 근거로 성취 수준을 평가하는 것이 아니라, 학생들이 계획한 목표 달성을 위한 활동 과정에 대한 평가가 중심이 될 수 있도록 한다.
⑤ 평가 결과 기록은 학생 개개인의 장점과 특성이 잘 나타날 수 있도록 기록한다.
⑥ 질문지나 에세이등의 다양한 방법을 통하여 자기 성찰평가 및 동료 평가가 이루어질 수 있도록 하고, 가능한 학생들의 평가 내용을 근거로 기록할 수 있도록 한다.

5) 동아리 학생부 기록 요령
① 자율·동아리·진로활동의 이수시간은 영역별로 입력하고 특기사항은 모든 학생을 대상으로 영역별로 활동 내용이 우수한 사항(참여도, 활동의욕, 진보의 정도, 태도, 변화 등)을 중심으로 개별적인 특성이 드러나도록 실제적인 역할과 활동 위주로 입력한다.
② 동아리활동 영역은 자기 평가, 학생 상호 평가, 교사 관찰 등의 방법으로 평가하여 참여도, 협력도, 열성도, 특별한 활동실적 등을 참고하여 실제적인 활동과 역할 위주로 입력한다.

03 예시답안

구상형 1번에 대해 답변 드리겠습니다.

우선 김 교사가 계획, 실행, 평가 단계에서 수행해야 할 과제를 각각 3가지씩 말씀드리겠습니다.
① 기획단계에서는 학교 교육과정 재편성을 통하여 활동 시수를 확보하고 활동의 유형 및 성격을 결정하여야 합니다. 또한 지역사회의 인적, 물적 자원을 파악하고 예산 계획을 수립하며, 학생들의 수요조사를 실시합니다.
② 운영단계에서는 동아리를 개설하고 동아리 활동을 조직하고 계획하여 활동합니다.
③ 평가단계에서는 한 학기 동안의 활동에 대한 최종 평가를 통하여 학교생활기록부에 기록할 수 있도록 합니다. 이때 평가는 학생들의 성취수준을 평가하는 것이 아니라, 성장과 발전에 도움을 줄 수 있는 피드백 자료로서의 역할을 할 수 있게끔 작성해야 합니다.

이어서 동아리 운영 후 학생생활기록부 기록 시 유의해야 할 사항에 대해 말씀드리겠습니다.
① 기본적으로 동아리활동에 대한 평가는 정해진 성취기준과 성취수준을 바탕으로 시행될 수 없습니다. 학생들의 성장과 발전을 위한 다양한 피드백을 제공하는 방향에서 진행되어야 합니다. 이를 위해서 교사는 학생들의 활동을 관찰하고 분석하여 지속적인 피드백을 통하여 학생들이 장점과 특성이 잘 드러나게끔 기록하야 합니다.
② 또한, 평가를 위하여 자기평가, 학생 상호평가, 교사 관찰 등의 다양한 방법을 사용해야 하며 가능한 학생들의 평가 내용을 근거로 기록할 수 있어야 합니다. 구체적인 내용으로는 참여도, 협력도, 열성도, 특별한 활동실적들을 참고하여 실제적인 활동과 역할 위주로 기록하여야 합니다.

이상입니다.

> **구상형3**
>
> 3-1. 다문화 학생 지도 시 교사의 역할과 갖추어야 할 역량을 각 3가지 씩 말하시오.
>
> 3-2. 학교 차원에서 다문화 학생에 대한 지원(지도) 방안을 3가지 말하시오.

01 출제근거

세종기본계획2. 미래교육	
↓	
통일시대 시민교육 강화	
과제	세부사업
문화다양성 존중 세계시민교육 확대	• 문화다양성 중심 다문화 이해교육 강화 • 다문화·탈북학생 맞춤형 교육 지원

02 문제분석

❶ 다문화학생 교육 이해(교육부, 다문화학생을 위한 교사용 매뉴얼)

1) 교사의 역할

정체성	• 담임교사는 다문화학생이 자신감 있게 생활할 수 있도록 합니다. 무엇보다도 다문화학생 스스로 자신의 정체성을 긍정적으로 인식할 때에 바람직한 또래관계가 형성될 수 있음을 알게 합니다. • 다문화학생 학부모도 자녀가 '다문화가정 자녀'라는 사실이 알려지기를 두려워하거나 부끄러워하지 않도록 지도할 필요가 있습니다. • 다문화학생이 급우들과 바람직한 교우관계가 형성되도록 지도하는 것이 필요합니다. • 다문화학생의 한국어가 부족할 경우 '도우미 친구'의 도움을 받게 되면 좀 더 밝게 지낼 것입니다. • 만일 '다문화학생'이라는 이유만으로 친구들에게 놀림받으면 학생 전체에게는 왜 차별을 하면 안되는지에 대해 창의적체험활동 시간 등을 활용하여 다문화, 편견해소를 위한 교육을 실시하여 급우들이 차별하지 않도록 지도하는 것이 필요합니다.
학교생활	• 다문화학생의 학교생활은 한국 체류 연한, 한국어 수준, 가정의 지원, 개인적 성향 등에 따라 다양한 모습을 보입니다. • 한국에서 태어나고 자란 학생들은 한국어에 능숙하며 특히 외모에 별 차이가 없는 경우는 스스럼 없이 학교생활을 잘 해 나갑니다. • 다만 어머니가 외국인임을 밝히지 않으려고 하는 경우 교우관계에서 드러나지 않은 문제점을 안고 있습니다. • 한국어 습득 정도에 따라 교과 내용을 이해하는 정도는 매우 다양합니다. 한국어에 익숙하지 못한 중도입국학생의 경우는 학교에서 보내는 시간이 매우 괴롭다고 합니다. • 힘든 과정을 거치고 어느 정도 한국어에 익숙해지고, 학교 수업과정을 따라잡은 학생의 경우는 비교적 학교생활에 성공적으로 적응한 것입니다.

	• 하지만 점차 한국으로 동화되고, 자신의 엄마 혹은 본국의 언어와 문화를 잊어버리거나 의도적으로 드러내기 싫어하기도 합니다.
이중언어교육	• 이중언어교육은 다문화학생의 올바른 자아정체성 확립과 글로벌 감각을 갖춘 인재육성을 위하여 중요합니다. • 이중언어교육을 위해서는 가정 내 의사소통 환경이 변화하여야 합니다. • 어렸을 때부터 부모의 한 쪽은 한국어를 하고, 다른 한 쪽은 자신의 모국어를 구사했다면 이중언어교육이 자연스럽게 이루어졌겠지만 대부분은 한국 사회에 적응하기 위해 한국어만 사용하였기에 학교에서 모국어를 처음 배우는 경우도 많습니다. • 현재 한국 사회에서는 '이중언어'를 구사할 수 있는 인재를 원하고 있습니다. • 학부모와 상담 시 이런 점을 이야기하며 학생의 이중언어능력을 키울 수 있도록, 예를 들어 어머니는 모국어 교육을, 아버지는 한국어 교육을 하도록 언어교육 환경을 조성하는 것이 좋습니다. • 현실적으로 힘들 수도 있지만, 학생의 미래를 위해 서로 노력해야한다는 점을 상기시켜야 합니다. • 이를 위해서는 지역자원(예: 지역다문화교육센터, 다문화가족지원센터 등)의 도움이 절실합니다. 학부모가 학부모로서의 역할을 할 수 있도록 해야 하며, 이런 노력 없이는 이중언어를 하는 인재가 되기 힘듭니다. • 최근 이중언교육에 대한 관심과 중요성에 대한 인식이 확산되어 각급학교에서 이중언어강사가 배치되고, 각 시·도교육청과 지자체에서 주관하는 이중언어 말하기 대회가 활성화 되는 등 이중언어교육이 장려되고 있습니다.

❷ 다문화교육역량(교육부, 교원의 다문화교육 역량 제고를 위한 가이드라인 개발 연구)

1) 정의
① 교원이 학생들의 문화적 다양성을 인식하여 다양한 학생들의 문화적 요구에 부응하는 수업을 전개하고, 학생들의 학습을 방해하는 관행을 개선하며, 다양한 문화적 배경을 가진 학생들이 협력하고 배려하는 학습공동체를 구축하는데 필요한 능력
② 즉, 다양한 문화적 배경을 가진 학생들이 효과적으로 상호작용하도록 도우며, 이들을 열린 마음으로 이해하기 위한 지식, 기술, 인식 및 태도 등을 갖추어 이를 실천하는 것이라 정의함

2) 다문화 교육 역량의 구성요소

범주	구성요소
다문화교육을 위한 지식	현대사회변화와 다문화주의에 대한 지식
	우리사회의 다문화적 특성에 대한 지식
	문화적 다양성에 대한 지식
	다문화 관련 이론 및 개념에 대한 지식
	다양한 학습자(다문화학생)의 특성에 대한 지식
	다문화교육(교육과정, 교수·학습 방법 등)에 대한 지식
	다문화 교수·학습 방법에 대한 지식
	다문화적 자료에 대한 지식
	다문화관련 교육정책에 대한 지식
다문화교육을 위한 교수기술	다문화 교육과정 내용 재구성 기술
	다문화 교수 자료 개발 기술
	다문화 교수 자료 활용 기술
	다문화 교수·학습 방법

	차별적이지 않고 객관적인 평가 기술
	대인 간 의사소통 기술
	학교 관행 개선 기술
	문화적 차이로 인한 문제 해결 기술
	부모 상담 기술
다문화교육을 위한 인식 및 태도	다문화적 신념과 가치관
	신념과 가치관의 타인에 대한 영향
	문화적 집단 간의 차이 인식
	자신의 편견 인식 및 개선
	다문화적 효능감
	공감, 관용, 수용력
	비판적, 객관적 태도

❸ 문화다양성 중심 다문화 이해교육 강화(2020 세종시 주요업무추진계획)

- 문화다양성 존중과 다문화 감수성 제고를 통한 세계시민성 함양
- 국제교류 활성화를 통한 세계시민 역량 강화
- 양질의 외국어교육 기회 제공으로 의사소통 능력 및 미래 핵심역량 신장

문화다양성 중심
다문화 이해교육 강화
	• 교육과정 연계 다문화 이해교육 내실화
	  - 체험·주제 중심의 다문화 이해교육 강사 지원(860학급, 2시간)
	  - 제4회 세종다문화어울림축제 추진
	• 부모님나라방문 드림 사업 추진
	  - 다문화 학생과 친구가 함께하는 부모님나라 탐방(중앙아시아)
	  - 대상국 문화 체험, 현지 학교 방문, 봉사활동 실시

다문화·탈북학생
맞춤형교육 지원
	• 학생 개인별 특성에 따른 맞춤형교육 지원 강화
	  - 한국어, 이중언어, 기초학습, 상담 등 학생과 강사 1:1 맞춤형 교육 지원
	  - 학생과 지역 대학생 1:1 매칭을 통한 학습, 상담 멘토링 지원
	• 다문화교육 정책학교 및 이중언어 운영 학교
	  - 중도입국·외국인학생 한국어 지원을 위한 한국어학급 운영(조치원 신봉초)
	  - 다문화·일반학생 외국어 지원을 위한 이중언어 운영 학교(조치원 교동초)
	• 세종다문화교육지원센터 운영을 통한 공교육진입 지원

미래시대를 대비한
세계시민교육
	• 세계시민교육 교원역량강화를 위한 지원
	  - 교원의 세계시민교육 역량강화를 위한 직무연수 및 원격연수 운영
	  - 세계시민교육 초·중등 선도교사 선발 및 교과연구회 운영
	• 학생 세계시민교육 지원 및 유네스코 활동 지원
	  - 학생 세계시민교육을 위한 강사 지원 및 유네스코 동아리 활동 지원
	  - 관내 유네스코학교 네트워크 구성 및 협의회 운영

청소년 국제교류 활성화	• 국제교류 협력 네트워크 기반 구축
	  - 기존 업무협약 체결국과 지속적 교류 추진(중국, 캐나다, 호주)
	  - 대상국 확대를 위한 신규 교류국 발굴(영어권 국가 1국)
	• 국제교류 협력사업 활성화
	  - 북경국제학생 여름캠프, 세종-북경 청소년문화예술교류 추진

	- 캐나다 고등학생 국외체험연수 추진 - 세계행정도시연합(WACA)과 협력하여 청소년 국제포럼 추진
의사소통능력과 미래 핵심역량 중심 외국어 교육	• 즐겁게 배우는 균형 잡힌 영어교육 활동 지원 - 초등 영어놀이터, 영어캠프, EBS 영어학습 콘텐츠·AI 말하기 시스템 활용 - 초·중등 영어독서교육 강화, 중·고 영어듣기평가, 외국어 학습 특성화 - 학교 수요 반영 원어민교사·강사 배치, 영어교육지원센터 운영학교 지원 • 영어·제2외국어 교사의 전문성 제고와 역량강화 지원 - 초·중등 영어교사 심화·단기·원격 연수와 컨설팅단 연구 활동 지원 - 문화협정 제2외국어(중국어·일본어) 교사 국외연수 파견(1개월 내외) - 학생중심의 영어과 수업·평가 방법 개선 우수사례 발굴·보급

03 예시답안

구상형 3번 문제 답변하겠습니다.

① 우선 다문화 학생 지도 시 교사의 역할부터 말씀드리겠습니다. 우선 다문화학생 스스로 자신의 정체성을 긍정적으로 인식할 때에 바람직한 또래관계가 형성될 수 있음을 알게 합니다. 더불어 다문화, 편견해소를 위한 교육을 실시하여 급우들이 차별하지 않도록 지도하는 것이 필요합니다. 두 번째로는 한국 체류 연한, 한국어 수준에 따라 학교생활에 대한 적응도가 다르기에 이를 잘 파악하여 어려움을 겪는 학생들에게 개별적 지원을 아끼지 않아야 합니다. 세 번째로는 올바른 자아정체성 확립과 글로벌 감각을 갖춘 인재육성을 위해 이중언어 교육을 장려해야 합니다. 이를 위해 학부모와 상담 시 학생의 이중언어 능력을 키울 수 있는 언어교육 환경을 조성할 수 있도록 노력해야 합니다.

② 이어서 다문화 학생 지도에 있어 필요한 교사의 역량 3가지를 말씀드리겠습니다. 첫 번째로 다문화 교육을 위한 지식이 필요합니다. 문화의 다양성, 다문화 학습자의 특성, 다문화 교육과정, 방법 등에 대한 지식을 예로 들 수 있습니다. 두 번째로는 다문화교육을 위한 교수기술이 필요합니다. 다문화 교수 자료를 개발하고 차별적이지 않고 객관적인 평가 자료를 개발하며 부모 상담 기술 역시 갖추어야 합니다. 세 번째로는 다문화 교육을 위한 인식 및 태도를 갖추어야 합니다. 자신의 편견을 인식하고 개선할 수 있고, 공감, 관용, 수용할 수 있는 태도를 갖추는 것이 필요할 것입니다.

③ 이어서 학교 차원에서 할 수 있는 다문화 학생에 대한 지원 방안에 대해서도 3가지 말씀드리겠습니다. 첫 번째로 문화다양성 중심 다문화 이해교육을 강화해야 합니다. 교육과정과 연계하여 다문화 이해교육을 내실화하고 체험, 주제 중심의 다문화 이해교육을 실시합니다. 두 번째로는 학생 개별별 특성에 따른 맞춤형교육을 강화해야 합니다. 한국어, 이중언어, 기초학습, 상담 등 학생과 강사의 1:1 매칭을 통한 학습과 상담 멘토링을 통해 학생 개인별 특성에 맞춘 교육을 지원할 수 있습니다. 세 번째로는 다문화 학생을 위한 한국어 학급을 운영하거나 이중언어 학교를 운영할 수 있습니다. 중도입국, 외국인학생 한국어 지원을 위한 한국어학급을 운영하거나 다문화, 일반학생의 외국어 지원을 위하여 이중언어 학교를 운영할 수 있습니다.

이상입니다.

> **TIP** 합격 선배들이 들려주는 면접TIP

- 합격생1(2019): 금번 세종시 면접문제는 답해야하는 문제가 많아서 시간 배분이 가장 중요했던 것 같습니다. 1번 문제가 도표를 해석하는 것으로 세종시의 신생학교와 학부모와 구성을 나타낸 것을 시작으로 5-1 세종시 정책 문제를 제외하고는 자신의 생각을 정리하여 이야기하면 될 것 같은 문제 유형이었습니다. 정답지에 어떤 부분까지 인정할지 궁금합니다.
- 합격생2(2020) 세종시 시책이 지난 해보다 늘고, 다양한 문서들이 있어 후반부 준비는 시책암기에 주력했는데, 생각보다 시책을 묻는 문제보다는 교육관련 이슈를 더 묻는 것 같다는 생각이 들었습니다! 하지만 세종 교육청 홈페이지에 관련 이슈를 담은 문서가 많기 때문에 암기까지는 아니여도 몇번 읽어보고 익숙해지면 면접 내용이 더 풍부해질듯합니다!!! 사실 현장에서는 문제를 보자마자 너무 당황스럽다는 생각만 들더라고요ㅠㅠㅠ 큰 종이 한장 속에 한 문제와 그 속 소문제가 많았고, 가짓수도 너무 많아서 어떻게 주절거렸는지도 가물가물하네요ㅎㅎㅎㅠㅠ 구상형 3문제 시간분배도 힘들었지만 즉답형문제도 구상형문제 못지않게 많은 내용을 물어보고 말할 내용이 많다는 것 늘 생각해야 될 것 같아요! 면접공부 더 많이하고, 이슈에 대해 더 생각해볼걸 아쉬운 마음만 듭니다ㅠㅠ
- 합격생3(2020) 5-1번을 제외한 나머지 문항은 거의 또렷하게 기억이 나서 복원했습니다. 5-1번은 다른 분들의 복원문제와 비교하셔야 정확할 거예요~ 이경범 교수님과의 약속을 지키기 위해, 2020년 임용시험 준비하시는 선생님들을 위해 최대한 기억나는 대로 복원했으니 도움이 되었으면 좋겠어요~^^ 세종 시험보시는 선생님들은 꼭 기출문제와 시책 분석해보고, 내 것으로 숙지한 후에 면접보시는 방법을 Tip으로 추천드립니다. 세종 스타일에 익숙해지는 것이 중요해요~ 세종은 문제마다 제시문이 길고, 문항의 가짓수가 많으므로 철저한 시간 배분 연습 역시 필수입니다~!! 이경범 교수님 덕분에 행복하게 공부했더니 1차 교육학 논술도 웃으며 써 내려갈 수 있었고, 2차 면접도 가짓수가 생각보다 많아 당황했지만 자신감 있게 볼 수 있었습니다. 합격해서 꼭 좋은 선생님이 되고 싶어요~! 교수님~ 교육자의 길을 자문하게 해주신 최고의 강의 감사드립니다~♥

CHAPTER 6 | 2020 인천

인천시교육청에서는 최근 3년 연속으로 담임교사로서 민주적 학급을 만들기 위한 방안과 학생들에게 할 첫 인사말을 묻는 문제가 출제되었다. 담임으로서 정할 급훈, 학생들이 정하는 교실 규칙, 3월 2일에 할 첫 인사말을 묻는 문제가 바로 그것들이다. 평소 교직에 대한 고민이 없다면, 자신이 어떤 교사가 되어야겠다는 생각이 없었다면 쉽게 답할 수 없었을 문제들이다. 이에 대비하여 자신이 담임교사로서 할 수 있는 학급특색프로그램이나 학급 경영 원칙, 또는 자신이 수업에서 가장 중시하는 요소 등에 대해 구체적으로 고민해보는 것이 필요하다. 2020학년도에는 교육감의 신년사인 이택상주(麗澤相注)의 교육적 의미와 교사로서의 적용방안을 묻는 문제가 출제된 만큼 교육감 신년사에 대한 공부도 필수적이다.

2020 인천교육

① **교육비전**: 삶의 힘이 자라는 우리인천교육
② **교육지표**: 꿈이 있는 교실, 소통하는 학교, 공정한 인천교육
③ **기본 계획**

꿈을 실현하는 혁신미래교육	신뢰받는 안심교육	자치와 협력의 소통교육	모두를 책임지는 교육복지	현장중심의 교육행정
• 배움과 성장을 돕는 미래교육 • 평화·공존을 위한 동아시아 시민교육 • 기초학력보장 사업 강화 • 일반고 역량강화 및 직업교육 강화 • 책 읽는 도시, 인천 만들기	• 안전하고 건강한 학교 환경 조성 • '폭력 없는 인천, 생명존중 인천' 시민운동 전개 • 공감·감성을 내면화 하는 예술·체육교육	• 학교와 마을이 협력하는 마을교육공동체 확대 • 학교자치 시대를 열어가는 기반 지원 • 발로 뛰고 귀를 여는 현장 중심의 정책수립	• 더불어 행복한 교육복지 • 무상·평등교육 지속 추진	• 건강하고 행복한 조직 문화 조성 • 현장중심의 공정하고 청렴한 인천교육

1) 꿈을 실현하는 혁신 미래교육

혁신 미래교육은 우리 아이들이 창의성, 감성, 인성, 시민성 등 미래핵심역량을 함양하고, 꿈을 실현하도록 돕는 교육입니다.

↓

배움과 성장을 돕는 미래교육	• 미래교육의 모델! 행복배움학교 운영 • 푸른 미래를 가꾸는 생태·환경체험 • 융합형 미래인재로 키우는 창의과학교육 • 잠재능력이 샘솟는 창의융합형 영재교육 • 창의적 문제해결능력을 길러주는 정보교육
평화·공존을 위한 동아시아 시민교육	• 동아시아 시민교육 • 알고 느끼고 실천하는 세계시민교육 • 평화·공존의 남북 교육교류 허브 도시 '인천' 구현

기초학력보장 사업 강화	• 기초학력을 책임지는 맞춤형 교육 • 미래역량 중심 '교육과정–수업–평가' 혁신
일반고 역량강화 및 직업교육 강화	• 인생설계를 돕는 성장단계별 진로교육 확대 • 百校百色 일반고 역량강화 • 시대 요구에 발맞춘 직업교육체제 구축 • 국가직무능력표준 기반 교육과정 편성 운영 • 성공적인 사회진출을 위한 취업역량 강화 • 미래사회를 선도하는 특성화고·마이스터고 운영
책 읽는 도시, 인천 만들기	• 책 읽는 도시 인천 만들기

2) 신뢰받는 안심교육

> 신뢰받는 안심교육은 우리 아이들을 학교폭력, 유해 환경으로부터 보호하고,
> 건강과 안전에 대한 역량을 스스로 길러갈 수 있도록 돕는 교육입니다.

↓

안전하고 건강한 학교 환경 조성	• 안전과 함께하는 즐거운 학교생활 보장 • 안전하고 균형 잡힌 학교급식 운영 • 몸과 마음이 튼튼한 학생 건강 관리 • 깨끗하고 쾌적한 교육환경 조성 • 내진 보강 및 화재 점검 강화로 '안전한 학교' 만들기
'폭력 없는 인천, 생명존중 인천' 시민운동 전개	• 학교폭력 없는 평화로운 학교 • 따뜻하게 Wee로 하는 생명사랑 프로젝트 추진 및 내실화 • 한 명의 아이도 놓치지 않는 학업중단 예방 및 대안교육 내실화 • 성인지감수성을 높이는 건강한 성문화 조성
공감·감성을 내면화하는 예술·체육교육	• 예술적 감성을 함양하는 학교예술교육 활성화 • 체·덕·지 전인교육 강화를 위한 학교체육

3) 자치와 협력의 소통교육

> 시민, 학부모, 학생, 교직원은 모두가 교육 주체입니다. 민주적 의사결정에 따른 학교운영, 교육활동 중심의 혁신교육, 아이들의 꿈을 돕는 미래교육은 교육주체 모두가 소통하고 협력할 때 가능합니다. 학교의 자치역량을 키우고, 학교와 마을이 교육을 위해 협력하자는 것이 소통교육입니다.

↓

학교와 마을이 함께하는 마을교육공동체 확대	• 마을교육공동체와 교육혁신지구 확대 • 학습자 중심의 미래지향적 학교공간혁신, 미래교실 구축
학교자치 시대를 열어가는 기반 지원	• 교육과정 중심의 학교민주시민교육 활성화 • 학교민주주의 정착을 위한 학교자치 확대 • 모두가 존중받는 학교인권교육 강화 • 현장과 소통하는 노동 존중 실현
발로 뛰고 귀를 여는 현장중심의 정책수립	• 현장의 소리를 듣다. 시민과 함께하는 소통·협력 • 민관이 협치하는 '인천광역시 미래교육위원회' 운영 • 교육주체로서 학부모 학교참여 활성화 • 교육지원청 중심의 학교행정업무 지원 체제 강화

4) 모두를 책임지는 교육복지

> 교육활동이 안정적으로 이루어지고 우리 아이들이 교실에서 평등한 꿈을 꾸기 위해서는 보편적 교육복지가 바탕이 되어야 합니다. 단 한 명의 학생도 소외됨 없이 평등한 교육여건을 마련하자는 것이 모두를 책임지는 교육복지의 의미입니다.

↓

더불어 행복한 교육 복지	• 쾌적한 교육환경을 위한 학생 배치 여건 개선 • 함께하는 삶을 지원하는 특수교육 • 어울림 교육을 위한 다문화·탈북 교육지원 내실화 • 교육공동체가 함께하는 유아교육의 공공성 강화 • 맞벌이 부모의 걱정을 덜어주는 '초등돌봄교실' 운영
무상·평등교육 지속 추진	• 책임교육! '고등학교 무상교육' 실시 • 부담없이 함께 먹어요! 무상급식 확대 • 추억을 남기세요. 저소득층 학생 '졸업앨범비' 지원 • 교복비 걱정 없는 '중·고등학교 신입생 교복 구매비' 지원 • 지역·학교 간 교육격차 완화를 통한 교육 불평등 해소

5) 현장중심의 교육행정

> 현장중심의 교육행정은 교육청이 학교보다 상위기관의 지위에서 학교를 관리하거나 감독하는 지시 행정을 하는 것이 아니라, 학교와 소통하고 학교의 교육활동을 지원하는 조력자로서의 역할을 하겠다는 것을 의미합니다.

↓

건강하고 행복한 조직 문화 조성	• 차별 없고 수평적인 조직 문화 만들기 • 공동체와 함께하는 교육 분야 성희롱·성폭력 근절 • 교육활동 중심의 학교를 위한 학교업무정상화
현장중심의 공정하고 청렴한 인천교육	• 역량중심의 공정한 '참여인사제도' • 참여와 협력으로 신뢰받는 청렴 인천교육

구상형1

다음을 읽고 교육이 나아가야 할 방향 3가지와 단위학교에서 구체적으로 실천할 수 있는 방안에 대해 2가지 씩 제시하시오.

A: 인공지능(AI) 기술에는 '특이점(Singularity)'이란 단계가 존재한다. 이는 AI의 지능이 인간의 지능을 앞서게 되는 시점이다. 가깝게는 지난 2016년 알파고와 이세돌 9단의 바둑 대결 이후 'AI에 드디어 특이점이 온 것이냐'란 말이 나왔다. 그리고 조금만 눈을 돌려보면 훨씬 가까운 곳에서 바로 지금, 새로운 특이점이 피어나고 있는 곳이 있는데, 그건 바로 컴퓨터. 최근 구글이 마침내 달성했다고 발표한 양자우위(Quantum supremacy)에 대해 학계와 업계가 비상한 관심을 드러내고 있다. 인간의 두뇌향상은 이제 컴퓨터의 향상과 맞물린다. 구글의 시카모어칩은 일반 슈퍼컴퓨터가 1만년 걸리는 연산, 분석을 200초내에 해낸다.

B: 4차 산업혁명으로 인한 AI의 급격한 발달로 기계와 인간이 점점 더 비슷해지고 있다. 정형화된 업무는 기계와 로봇으로 빠르게 대체되고 있으며 직업의 등장과 소멸이 더욱 빨라지게 될 것이다.

C: 인천지역 다문화 학생 수는 2017년 6천 7명에서 2018년 6천 907명, 지난해는 7천 914명으로 집계됐다. 2년 새 30% 이상 급증했으며 초중고 534개교 중 486교. 전체 학교의 91%에 다문화 학생이 재학 중이다. 현재 다문화사회에서 겪고 있는 문제의 원인이자 동시에 해결방안으로 상호문화 교육 프로그램이 제시되고 있다.

01 출제근거

인천기본계획1. 혁신미래교육			
평화·공존을 위한 동아시아 시민교육		일반고 역량강화 및 직업교육 강화	
과제	세부사업	과제	
알고 느끼고 실천하는 세계시민교육	• 학교교육과정과 연계한 세계시민교육	인생설계를 돕는 성장단계별 진로교육 확대	• 교과통합 진로교육 운영

02 문제분석

❶ 제시문 분석

A: 4차 산업혁명 시대를 맞아 급격한 인공지능의 발달이 이루어지고 인간의 지능을 넘어설 것이라는 예측

B: 4차 산업혁명 시대에는 새로운 유망직종이 나타나거나, 기존의 직업군이 사라질 수도 있는 변화를 예측함

C: 인천지역 다문화 가정이 급속도로 증가하고 있으며, 문화적 정체성의 형성을 돕기 위한 상호문화 교육프로그램을 필요로 함

❷ 미래학교·사회에 대한 전망(교육과정평가원, 2016)

미래사회, 학교는 사라질 것이다?

No!

- 학교의 체제 및 기능은 변화하겠지만, 학교의 필요성은 여전히 존재
- 학교는 지금처럼 아동 및 청소년의 학습공간으로서가 아니라 개인 생애주기 전반에 걸쳐 성장과 학습을 지원하는 곳으로서 기능
- 또, 학교는 기존의 지식이나 문화를 전수하고 유능한 노동자를 육성하기 위한 공간이 아닌, 행복한 생활을 영위하기 위한 삶의 터전으로서 그 역할 변화

맞춤형 학습, 공통 교육과정을 무의미하게 한다?

No!

- 모든 사람이 도달해야 할 최소 기준을 책임지고 교육할 필요와 책임은 여전히 학교에 잔존
- 최소 기준에 해당하는 내용, 즉 공통의 교육과정이 있고, 이외에는 개별화된 학습 목표 수립 및 목표 달성을 위한 학습 가능

교사는 필요 없어진다?

No!

- 교사의 역할이 인공지능 기술로 대체되기보다, 교사가 인공지능 기술의 도움 속에서 교육의 질적 제고 가능
- 인공지능 기술은 대량의 학습 분석결과를 교사에게 제공하여 교수 효율*을 높이는 데 긍정적으로 작동
- (예시) 학습 분석을 돕는 인공지능 기술은 학생들이 어떤 부분에서 어려움을 느끼는지, 이해하기 어려운 개념이 무엇인지, 이전에 배운 어떤 개념들과 혼란을 겪는지 등에 대한 데이터 제공 등
- 또한, 온라인 학습 기회가 증가함에 따라 학생들이 무엇을, 어떻게 학습해야 할지를 안내하거나 지원하는 학습 관리자로서 여전히 교사가 필요

기계와 인간은 공존할 수 없다?

No!

- 인공지능 기술의 발전에 따라 기계가 대체할 수 없는 인간의 고유한 능력, 기능, 역할에 대한 논의가 이어질 전망
- 지능정보 사회에서 기계 및 기술이 인간이 하던 많은 일을 대체하겠지만, 여전히 무엇인가를 창안하고 비판하는 데 있어서 인간이 비교우위를 점할 것이라는 전망 우세
- 또한, 교육 측면에서도 인공지능의 도움을 받게 되면, 개인의 필요와 수준, 속도에 맞게 개별화된 교육 내용과 방법을 선택할 수 있게 하고, 이러한 개별화된 교육의 실현은 교육이 본연의 목적을 달성하는 데 도움

❸ 4차 산업혁명을 맞아 예측되는 진로교육 방식의 변화

교수–학습	예측되는 변화	설명
직접교수	점차 감소	• 자기주도적·개방적 학습으로의 변화는 교사 중심적인 직접교수 학습방법이 최소화될 것으로 예상
	다양한 기기를 통해 전달	• 단순한 지식 전달의 경우 사람을 대체할 수 있는 다양한 기기(인터넷, 로봇, 인공지능, 빅데이터 등)들을 통해 전달될 것으로 예상
간접교수	창의성 역량을 함양하는 방향으로	• 학생의 창의성을 보다 향상시킬 수 있는 방법으로 학습 진행이 강화될 것으로 예상(예 크리에이터(Creator) 양성교육, 컴퓨팅 사고(Computational Thinking) 학습)

	융·복합성 역량을 함양하는 방향으로	학생의 융·복합성을 보다 향상시킬 수 있는 방법으로 학습 진행이 강화될 것으로 예상(예 융합인재교육 STEAM)
상호적 교수	교수자의 다양화	• 더욱 다양한 교수자들(로봇, 인공지능 등)에 의한 학습이 이루어질 것으로 예상
	학습의 세계화	• SNS, 인터넷 등을 통하여 전 세계 어느 곳에서나 자유롭게 학습할 수 있는 시스템이 보다 강건히 마련될 것으로 예상
체험학습	체험학습 방법의 다양화	• 증강현실, 가상현실 등을 활용하여 체험학습을 할 수 있는 방법이 더욱 다양하게 이루어질 것으로 예상 • 장애학생의 경우 장애를 대체할 수 있는 ICT 활용으로 생생한 체험학습 가능
	체험가능 직장의 다양화	• 시간공간을 초월한 직업 체험이 가능해짐에 따라 학생들이 보다 쉽게 다양한 직업들을 체험 및 경험해 볼 수 있을 것으로 예상
독립학습	학습의 자율성 확대	• 학교에 가지 않더라도 시간과 장소에 구애받지 않고 언제·어디서나 공부하고 싶은 내용을 자유롭게 학습할 수 있는 교육환경 시스템이 구축될 것으로 예상 • 자기주도적으로 필요한 공부영역을 선택하여 학습

❹ 4차 산업혁명 변화에 따른 진로교육 방안
① 자신에 대한 이해력과 긍정성을 바탕으로 자신의 장점을 활용할 수 있는 능력을 함양
② 로봇이 사람의 노동력을 대신하더라도 인간적인 사고력과 감성력은 대체 할 수 없기 때문에 감성을 가진 인간으로서 매력을 갖출 수 있도록 교육
③ 4차 산업혁명의 대표적인 키워드가 창의와 융합임. 이런 면에서 다양한 방식으로 융합하고 창의적 사고 능력을 기를 수 있도록 교육해야 함
④ 미래인재는 몇몇의 엘리트에 의한 문제해결보다는 각자 개인이 가지고 있는 다양한 개성과 다양한 능력을 어떻게 결합하고 협업하여 문제를 해결해 가느냐가 중요
⑤ 미래사회는 인공지능, 로봇, 빅데이터, 사물인터넷, 공유경제, 드론, 자율주행차, 가상현실, 증강현실, 스마트 시티 등 다양한 분야에서 발전할 것으로 예상됨. 하지만 이런 모든 4차 산업혁명이 홀로 이루어지고 특정계층만이 득을 본다면 그것은 올바른 발전이라 볼 수 없기에 학교에서는 타인과의 비교하는 방식을 버리고 아이의 장점을 찾아주는 교육이 필요함
⑥ 문화와 예술로 인간의 삶의 가치를 높여주는 역할
⑦ 어떤 문제해결을 위한 양자택일 방식이 아니라 새로운 대안을 창조하는 방식을 세울 수 있는 교육이 필요
⑧ 단기간의 뛰어난 학습 성과보다는 다양한 각자의 역량에서 시너지를 발휘할 수 있도록 교육

❺ 샐러드 볼 사회(Salad Bowl Society)
① 샐러드볼 사회는 다문화주의(多文化主義)를 지향하는 사회를 가리키는 표현 중 하나로, 다양한 문화가 샐러드의 여러 재료처럼 각각의 독특한 특성을 잃지 않은 채 조화를 이루는 사회를 의미
② 이를 다문화 사회의 지향점으로 삼는 학자들은 그릇에 담긴 야채가 각각 고유의 모습을 유지하면서 섞으면 맛있는 샐러드가 되는 것처럼 여러 인종과 민족이 각자의 특성을 유지하면서 사회에 기여할 수 있고, 전체 사회가 조화와 통합을 이룰 수 있다고 봄
③ 샐러드 볼 사회는 다양한 민족의 정체성과 고유의 문화를 인정하면서 공존을 추구하는 다원화 사회라는

점에서 이민자들을 하나의 문화로 통합하고 흡수하려는 미국의 '인종의 용광로(Melting Pot)'와 차별성이 있음
④ 이민자들로 구성된 미국 사회를 용광로 사회 또는 멜팅 팟(Melting Pot)이라고 이야기하는데 이는 여러 가지 재료들을 냄비 속에 넣고 녹여내듯 이민자들을 미국적인 가치와 문화 속에 통합·흡수하려는 정책을 표현한 용어
⑤ 최근에는 한국의 다문화 사회는 샐러드 볼을 지향해야 한다는 주장이 증가하고 있음
⑥ 각 인종, 민족, 언어 등 다양한 문화적 배경을 가진 사람들의 특성을 인정함으로써 다문화 사회의 갈등을 극복하고 조화를 추구할 수 있다는 것

03 예시답안

구상형 1번에 대한 답변 드리겠습니다.
4차 산업혁명을 맞이하여 우리 교육이 나가야 할 방향 3가지와, 학교에서의 구체적인 교육 방안에 대해서 2가지씩 말씀드리겠습니다.

① 첫 번째, 4차 산업혁명으로 인한 인공지능 기술 발달을 교수학습에 활용하여 교육의 질적 제고를 추구하는 것이 미래교육의 방향일 것입니다. 이를 위해 교사는 인공지능의 도움을 받아 개인의 필요와 수준, 속도에 맞게 개별화된 교육내용과 방법을 선택할 수 있게 하고, 이를 통해 교육이 개인의 성장이라는 본연의 목적을 달성할 수 있게 해야 합니다. 또한, 교사는 인공지능 기술의 도움 속에서 학생들을 안내하거나 지원하는 학습관리자로서 활약하며 교육의 질을 높여야 합니다.

② 두 번째, 4차 산업혁명과 같이 경제·고용·교육·일상생활 등에서 경험하는 급격한 환경 변화에서 평생 '지속가능한 진로개발'을 이루도록 준비하고 도와주는 것이 미래사회를 준비하는 진로교육의 방향일 것입니다. 이에 교사는 급변하는 환경 안에서 자신의 진로를 관리하고 어렵고 불리한 상황에서도 자신이 세운 진로 목표를 상황에 적합하게 수정하고 지속가능한 진로개발을 할 수 있는 역량인 진로탄력성을 갖도록 지도해야 합니다. 더불어, 로봇과 인공지능의 활약이 더욱 커지게 될 미래 시대에서 보다 창의적인 것을 개발하는 역량이 중요하게 부각될 것이에 서로 다른 영역에서의 융·복합을 통하여 새로운 분야의 경로를 창출하는 능력을 키워줘야 할 것입니다.

③ 세 번째로, 다문화교육에 있어 한국 사회로의 통합에만 초점을 맞추지 않고 다양한 문화적 정체성의 형성을 돕기 위한 상호문화 교육 프로그램을 하는 것이 미래 다문화교육의 방향일 것입니다. 이를 위해 학교에서는 이중언어 교육 시스템을 통한 한국 – 다문화학생 간 자연스러운 문화교류를 실시해야 합니다. 더불어 다문화학생들만이 아닌, 모두에게 적용되는 글로컬 교육을 실시하여 서로의 나라의 문화, 언어, 이해 등 교육을 실시해야 합니다.

이상입니다.

PART 2 | 기출문제

> **구상형2**
>
> 다음을 읽고 물음에 답하시오.
>
> 학생들 사이에서 갈등이 생겼다. A 교사는 이를 해결하기 위해 회복적 생활교육을 실시하자고 여러 번 제시했지만 시간이 오래 걸리고 복잡하기 때문에 기존 방식으로 해결하자는 선배 교사들의 의견 때문에 시도하지 못하고 있다.
>
> 위 학교 조직의 문제점을 말하고 학교조직의 문제점을 해결하기 위한 방안을 3가지 말하시오.

01 출제근거

인천기본계획5. 현장중심의 교육행정	
↓	
건강하고 행복한 조직 문화 조성	
과제	세부사업
차별 없고 수평적인 조직 문화 만들기	• 존중·공감의 조직 문화 조성을 위한 7대 과제 운영(언어문화, 예절문화, 접대문화, 회식문화, 회의문화, 의전문화, 성인권문화)

02 문제분석

❶ 학교 조직의 이중적 성격(관료제의 순기능과 역기능)

역기능	←	관료제의 특징	→	순기능
권태감	←	분업과 전문화	→	전문성
사기의 저하	←	몰인정성	→	합리성
의사소통 단절	←	권위의 계층	→	엄격한 순응과 조절
경직성·목표전도	←	규칙과 규정	→	계속성과 통일성
무사안일주의	←	경력지향성	→	충성의 유도

❷ 인권 친화적 생활지도(회복적 생활교육)의 의의
① 학생을 지도와 훈육의 대상이 아닌 자율적 행동변화의 주체로 인식하고 비폭력 대화 등 윤리적인 방법으로 학생들의 생활교육을 개선하는 지도방안이다.
② 주요 내용은 체험과 실천 중심의 인성교육, 학교 구성원 간의 관계회복을 위한 윤리적 실천 운동, 학생자치활동 활성화, 교권 확립을 통한 수업권과 학습권 보호 등으로 구성되어 있다.
③ 또한 학교 구성원 간 민주적 의사 결정을 통해 학교별 실정에 맞는 학생 생활교육 프로그램을 운영할 수 있으며, '학교생활 인권규정' 개정과 학생자치법정·성찰교실·선도위원회 등이 상·벌점제를 대신하게 된다.

비교항목	응보적 생활지도	회복적 생활교육
방법	처벌 중심	관계 회복 중심
의식	판단중심(잘잘못)	가치 및 구성원들의 욕구 중심
관계	승패 경쟁, 지배구조, 리더 중심	상호 호혜성, 힘의 공유, 모두의 욕구 중심
문제행동에 대한 자세	규제를 주어 행동을 멈추게 해야 한다고 생각함	관계의 단절로 봄, 문제행동을 일으키는 내면의 욕구를 살펴봄
문제해결방법	가해자가 합당한 벌을 받음	가해자가 피해자와의 관계를 회복하는 것에 책임을 짐
행동동기	처벌과 보상, 비난, 칭찬, 강요	자발성, 관계 회복에 기여하고자 하는 열망
조직문화	수직적	수평적
고통 다루기	처벌로 고통을 주기	공감으로 함께 하기
느낌의 근원	다른 사람의 행동 및 사건	자신의 욕구에 의해 야기
권위의 출처	외부	자신의 내면

❸ 민주적 교직원회의, 왜 필요할까요?(안건과 토론이 있는 민주적 교직원회의, 경기도교육청)

1) 왜 안건과 토론이 있는 교직원회의일까요?
   - 민주시민교육은 학교의 풍토, 분위기 혹은 문화와 분리될 수 없다는 것은 주지의 사실입니다. 우리 학생들을 더불어 살아가는 창의적인 민주시민으로 육성하기 위해서는 여러 가지 중요한 요소가 있지만 무엇보다도 학교의 문화와 분위기 등을 민주적인 관계로 전환해야 할 필요가 있습니다. 왜냐하면 학교 문화는 모든 구성원의 삶에 미치는 영향력이 크기 때문입니다.
   - 많은 학교가 안건에 대해 다양한 의견을 제안하고 토론하는 회의를 하고 있습니다. 대화와 토론에 기초한 활발한 참여와 소통은 다양성에 기초한 견해차와 의견대립을 조정하고 타협해 나가는 것으로 집단지성이 발휘되는 과정입니다. 모두가 참여하여 소통함으로써 민주주의를 가르치는 학교가 민주적인 삶의 배움터가 되는 것입니다.

2) 민주적 교직원회의에 대한 오해

NO	YES
갈등은 악이다?	갈등을 공동체의 성장 엔진으로 인식
결정은 다수결이 가장 좋다?	논리적 근거를 통한 충분한 토론 후 합의가 중요
안건 제안은 정해진 사람만 해야 한다?	학교장을 포함한 교직원 누구나 안건을 제안하는 것이 중요
학교 구성원 모두 모여서 해야 한다?	얼마나 민주적으로 의견을 수렴하였는지가 중요
회의는 어떤 것을 결정하기 위해 하는 것이다?	함께 고민을 나누어 공동의 성장을 나누는 합의체 마련이 의미 있음
관행적인 절차와 용어 등 형식을 잘 갖추어야 한다?	편안한 분위기에서 존중과 배려의 언어와 태도로 회의 진행

3) 민주적 교직원 회의에 대한 이해
   ① 민주시민교육에 관한 배움과 실천의 기회입니다.
      - 수평적이고 민주적인 리더십의 경험은 민주시민교육에 관한 생생한 연수가 되며 교사는 학생들과의 만남에서 그것을 자연스럽게 실천합니다.

② **학교민주주의의 시작입니다.**
- 구성원들이 학교운영에 관한 의사 결정에 참여하게 되면 자연스럽게 주인의식이 생기고 자발성과 책임감을 갖게 됩니다.

③ **교육 활동의 만족도가 높아집니다.**
- 합리적 협의를 통해 업무를 나누고 맡기 때문에 자신이 잘 할 수 있는 강점 분야에서 일할 수 있어 업무 효율도 높습니다.

④ **집단 지성의 힘이 발휘됩니다.**
- 출구가 보이지 않던 문제도, 혼자서는 해결하기 어려운 문제도 협력적 과정을 거치면 보다 더 좋은 결론에 도달하게 됩니다.

⑤ **책임감은 높이고 추진력은 더해집니다.**
- 함께 의논하여 결정한 일이기에 모든 책임을 담당자 한 명이 떠안는 부담을 줄일 수 있으며 집행 과정에서 관리나 강제를 위한 다른 노력을 할 필요가 없어집니다.

03 예시답안

구상형 2번에 대한 답변 드리겠습니다.

① 우선 A 교사의 학교조직이 가진 문제점을 먼저 말씀드리겠습니다. A 교사가 지속적으로 의견을 내고 있지만 소수의 의견이기에 무시되는 비민주적인 경향을 보이고 있습니다. 또한 A 교사의 학교조직은 기존의 방식만을 고수하고 새로운 방식을 받아들이려 하지 않는 보수적이고 경직된 모습을 가지고 있습니다. 그리고 회복적 생활교육을 통해 학생들의 인성교육을 실시하지 않으려 하는 비교육적인 문제점도 가지고 있습니다.

② 이를 개선하기 위한 방안에 대해 말씀드리겠습니다. 우선 민주적 교직원회의를 통해 대화와 토론에 기초하여 집단지성을 발휘하여 더 좋은 결론에 도달해야 합니다. 비록 A 교사의 의견이 소수의 의견일 지라도 논리적 근거를 통한 충분한 토론 후 합의를 하는 학교 민주주의를 실천해야 합니다. 두 번째로 학교조직이 가진 경직성에서 벗어나 학교의 문화나 분위기 등을 민주적인 관계로 바꾸어야 합니다. 학교가 가진 관료제적 특징으로 인해 새로운 것을 받아들이지 못하고 기존의 관습을 고수하고 있습니다. 아이들을 위해 학교가 좋은 것을 받아들을 수 있는 개방적 풍토를 갖추어야 합니다. 마지막으로 회복적 생활교육을 실시해야 합니다. 기존의 방식이었던 응보적 생활지도에서 벗어나 학생을 지도와 훈육의 대상이 아닌 자율적 행동변화의 주체로 인식하여 윤리적 방법으로 생활교육을 실시해야 합니다. 이를 통해 피해학생과 가해학생의 관계를 회복하고 성장을 도모해야 할 것입니다.

이상입니다.

> **즉답형1**
>
> 인천광역시 교육감이 선정한 사자성어 '이택상주(麗澤相注)'의 교육적 가치를 찾으시오. 그리고 이에 따른 교사로서 실천 방안 5가지를 말하시오.

01 출제근거

인천기본계획3. 자치와 협력의 소통교육	
↓	
학교와 마을이 함께하는 마을교육공동체 확대	
과제	세부사업
마을교육공동체와 교육혁신지구 확대	• 마을교육공동체 체계 구축 • 교육혁신지구 지원 및 협력체계 구축

02 문제분석

❶ 이택상주(麗澤相注)의 의미

주역 태괘(周易 兌卦)의 풀이에서 유래된 말인 '이택상주'는 '두 개의 잇닿은 연못(麗澤)이 서로 물을 대주며 마르지 않는 것(相注)처럼 서로 협력하고 도움을 주는 것', '뜻을 같이 하는 벗들이 서로 자극과 각성을 주어 함께 발전하고 성장하는 것'을 의미한다.

❷ 배움중심수업을 통한 교학상장(敎學相長)

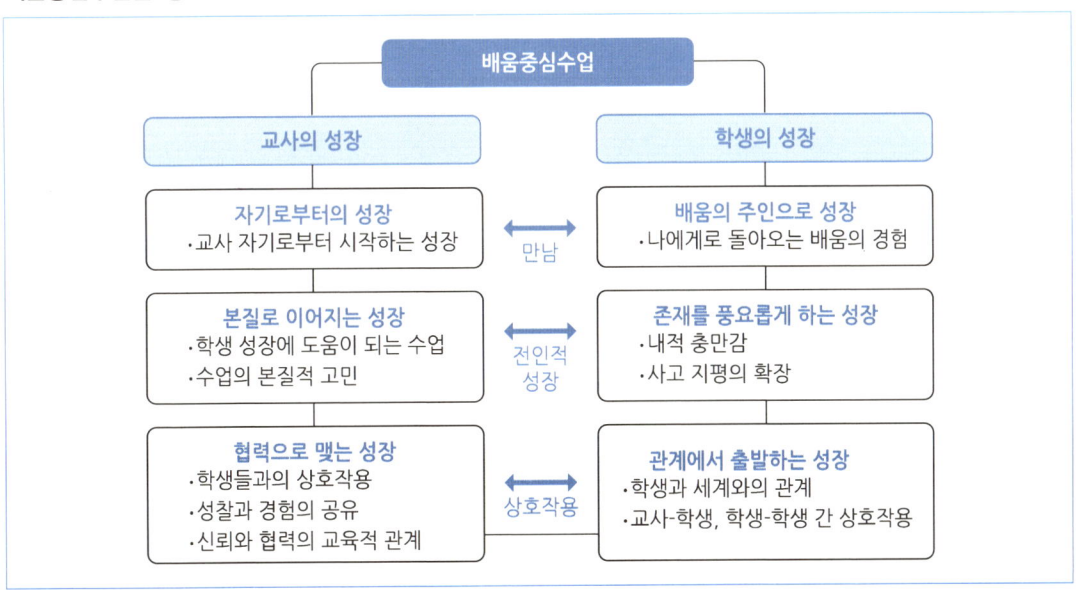

❸ 전문적학습공동체

① 단위학교 교원들이 동료성을 바탕으로,
② 함께 교육과정을 연구하고, **공동연구**
③ 함께 수업개발을 실천하며, **공동실천**
④ 대화하고 협의하는 과정에서 함께 성장하며, **집단성장**
⑤ 현장 문제를 해결하여 학교 교육력을 제고한다. **학교역량강화**

❹ 학부모 교육참여 방안

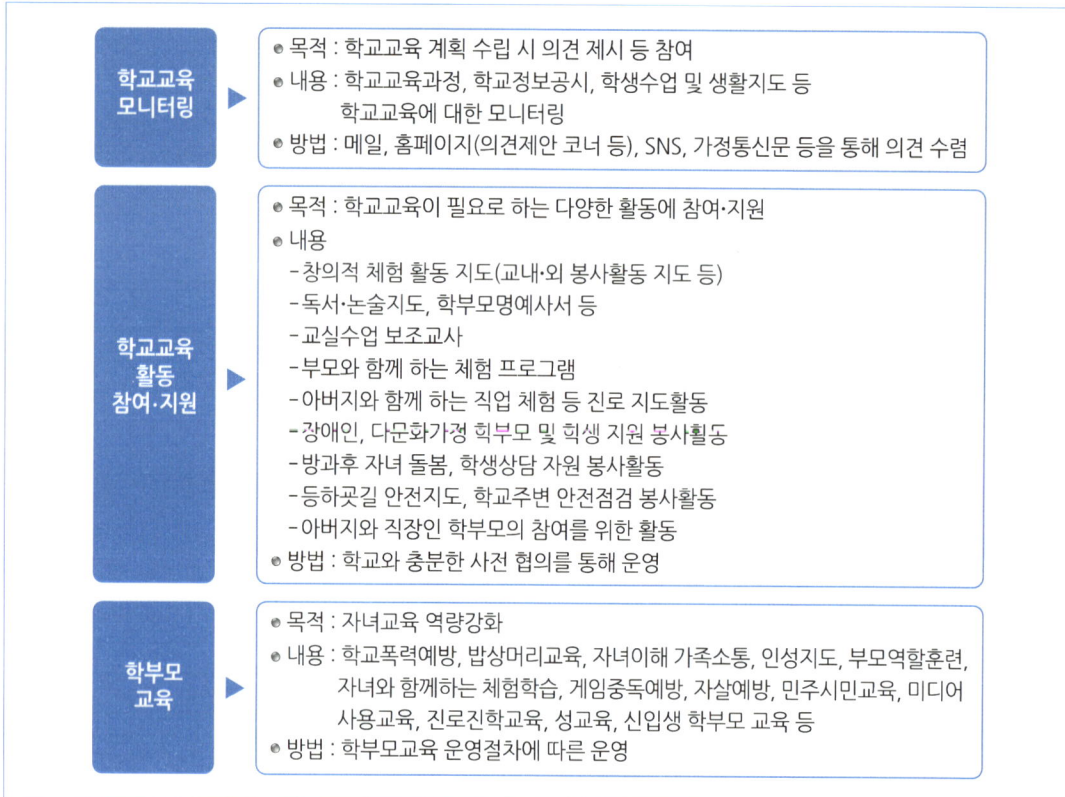

❺ 학교와 마을의 실천적 거버넌스

① 마을교육공동체를 완성도 있게 발전시켜 나가기 위해서는 학교와 마을의 원활한 소통이 이루어져야 한다.
② 학교는 마을에 마을교육공동체 실현을 위한 자원을 요구하고, 마을은 학교에서 요구하는 교육적 자원을 충족시켜주기 위해 준비하고 적극 지원해야 한다.
③ 학생들을 위한 마을교육공동체를 이루기 위해서 학교와 마을은 합의하고 협력하며 함께 실천할 수 있는 협력적 거버넌스를 구축해야 한다.

03 예시답안

즉답형 1번에 대해 답변드리겠습니다.

우선 이택상주의 교육적 가치에 대해 말씀드리겠습니다.
이택상주는 두 개의 잇닿은 연못(麗澤)이 서로 물을 대주며 마르지 않는 것(相注)처럼 서로 협력하고 도움을 주는 것', 그리고 '뜻을 같이 하는 벗들이 서로 자극과 각성을 주어 함께 발전하고 성장하는 것'을 의미합니다. 이는 교사로서 주변과 소통하고 협력하며 성장하고 발전하는 것이 중요하다는 교육적 가치를 나타내는 말이라고 생각합니다.

주변의 연못으로 흐르지 않고 고여있는 물은 썩기 마련입니다. 교사로서 주변의 다양한 연못들과 협력하며 상호 발전하고 성장할 수 있는 실천방법에 대해 말씀드리겠습니다.

① 우선, 학생이라는 연못과 협력할 것입니다. 대학자였던 이황도 기대승과 벌인 8년 간의 사단칠정에 대한 논쟁을 통해 자신의 이론에 부족함을 채워 나갔고, 기대승은 이황의 가르침을 받아 자신의 학문에 깊이를 더했습니다. 학생들과의 상호작용을 통해 신뢰와 협력의 교육적 관계를 쌓아 학생의 성장을 돕고 저 역시 교사로서 교학상장하는 기회로 삼겠습니다.

② 두 번째로는 학생 개개인의 연못을 이어 학생들 간 협력을 통한 성장을 촉진하겠습니다. 기존의 강의식, 전달식 교수법이 아닌, 배움중심수업을 통해 학생과 학생간의 상호작용을 통해 협력하며 함께 배우고 성장하도록 할 것입니다. 또한 협동학습을 통한 토론, 토의 수업을 적극적으로 실시하여 학습효과를 높이고 서로 배려하고 협동하는 품성도 기를 수 있을 것입니다.

③ 세 번째로는, 동료교사들이라는 든든한 연못들과 함께 협력하겠습니다. 혼자서는 교과지도나 생활지도가 어려울 수 있지만 동료 선생님들과 전문적학습공동체를 결성하여 함께 연구하고 실천한다면 함께 성장할 수 있을 것입니다.

④ 네 번째로는 학부모라는 연못을 교육과 연결하겠습니다. 교육의 가장 기본은 가정입니다. 학부모교육을 통해 자녀교육의 역량을 강화하고 학부모님들이 학교 활동에 적극적으로 참여하실 수 있도록 돕겠습니다.

⑤ 마지막으로 마을, 지역사회라는 연못과 실천적 거버넌스를 구축하겠습니다. 한 아이를 키우기 위해서 온마을이 노력해야 합니다. 인적, 물적 인프라를 구축하고 함께 합의하고 협력할 수 있는 거버넌스를 구축하여야 할 것입니다.

교사로서 비록 저는 하나의 작은 연못에 불과하지만, 다른 연못들과 함께 한다면 큰 바다를 이룰 수 있다고 생각합니다. 학생들이 넓은 바다에서 수영하며 성장할 수 있도록 최선을 다할 것입니다.

이상입니다.

> **즉답형 2**
>
> 추구하는 이상적인 학생상을 말하고 이를 반영하여 2020년 3월 2일 입학식 날 학생들에게 할 첫 인사말을 하시오.(수험생의 이름은 말하지 말 것)

01 출제근거

인천기본계획1. 꿈을 실현하는 혁신 미래교육	
배움과 성장을 돕는 미래교육	
과제	세부사업
미래교육의 모델! 행복배움학교 운영	• 행복배움학교 운영 내실화

02 문제분석

❶ 인천교육핵심역량

자기관리역량	• 자기 주도적인 삶을 위해 필요한 기본 역량으로, 자신을 이해하고 조절(성찰, 계획, 실천) 할 수 있는 역량이다. • 자기관리 역량을 갖춘 사람은 자신에 대한 이해를 바탕으로 자신의 삶을 가꾸기 위한 계획을 스스로 실천하고, 자신의 마음과 행동을 조절한다.
의사소통역량	• 다양함을 이해하고 표현하며 조정하기 위한 상호작용 역량으로, 공동체를 민주적으로 유지하기 위한 역량이다. • 의사소통 역량을 갖춘 사람은 자신의 생각과 감정을 다양한 방법으로 표현하고, 자신과 상대의 다른 점을 합리적으로 조정하여 균형을 맞춘다.
문제해결역량	• 삶의 문제를 합리적으로 해결하기 위해 필요한 역량으로, 지식과 정보를 주체적으로 탐색하고 대상과 상황에 맞게 적용·활용하는 역량이다. • 문제해결 역량을 갖춘 사람은 현상을 비판적으로 바라보고 다양한 지식과 정보를 효율적이고 주체적으로 처리하며, 이를 바탕으로 삶의 문제를 해결한다.
다양성 존중 역량	• 다양성을 존중하는 공동체를 위해 필요한 역량으로, 문화적 감수성을 바탕으로 다양한 가치를 존중하고 자신의 삶과 문화에 적용할 수 있는 역량이다. • 다양성 존중 역량을 갖춘 사람은 다양한 문화에 흥미를 갖고 있으며 문화의 차이를 인식하고 다양한 관점에서 바라보고 해석하는 것을 즐긴다.
협력 역량	• 협력하는 공동체를 위해 필요한 역량으로, 지속가능한 가치를 추구하고자 공동체에 적극적으로 참여하고 자신의 역할에 책임을 다하는 역량이다. • 협력 역량을 갖춘 사람은 공동체의 의사결정과 운영에 적극적으로 참여하고 지속가능한 가치를 추구한다. 공동체의 규범을 준수하고 자신의 역할과 책임을 다하며, 공동체 구성원을 공정하게 대한다.

03 예시답안

즉답형 2번 문제 답변하겠습니다.

① 제가 추구하는 이상적인 학생상은 인천교육 핵심역량 중 하나인 자기관리역량을 갖춘 학생입니다. 이는 자신에 대한 이해를 바탕으로 자신의 삶을 가꾸기 위한 계획을 스스로 실천하고, 자신의 마음과 행동을 조절하는 학생을 의미합니다.

② 이를 바탕으로 새학기 첫 인사를 해보겠습니다.

안녕하세요. 이렇게 만나게 되어 정말 반갑습니다. 여러분들은 제가 선생님으로 첫 발을 디딛는 올 해 처음 만나게 된 학생들이기에 더욱 특별한 제자입니다. 그런 의미에서 여러분께 노적성해(露積成海)라는 말로 첫 인사를 하고 싶습니다. 노적성해는 이슬방울이 모여서 바다를 이룬다는 뜻으로, 작은 노력들이 모여 큰 꿈을 이룰 수 있음을 이르는 말이에요. 여러분이 미래에 이룰 큰 꿈은 결국 지금의 작은 계획과 실천들이 하나씩 모여 완성되는 것이라 생각합니다. 이를 위해서는 자신에 대한 이해를 바탕으로 자신의 삶을 가꾸기 위한 계획을 스스로 실천하고, 자신의 마음과 행동을 조절해야 합니다. 미래를 위한 그 시작이 바로 오늘이 되기를 바랍니다. 그리고 그 시작에 여러분의 곁에서 제가 힘을 보태고 싶습니다. 앞으로 매일 매일 작은 이슬방울들을 함께 하나씩 모을 수 있도록 돕겠습니다. 감사합니다.

이상입니다.

WHY TO HOW 교직적성 심층면접

3 PART
핵심내용정리

1. 학교
2. 교사
3. 학생
4. 학부모
5. 교육과정운영
6. 상황별 학생지도

기출 경향 분석

　매년 교육에 있어 강조하는 점이 조금씩 달라지고 새로운 주제가 출제되는 상황이지만, 최근 전국 3개년의 임용고사 2차 면접문제를 분석하여 가장 많이 출제되는 교육 관련 소재를 정리해보았다.

　전통적으로 가장 많이 출제되고 있는 3개의 주제는 교사 자질, 부족한 교사의 역량 및 개선방안, 교사 윤리, 교사상, 교직관, 교사로서의 노력과 마음가짐 등 전반적인 교사론을 묻는 문제가 21문제로 가장 많이 출제된 주제이며 이어서 회복적생활교육이 12문제, 배움중심수업 11문제가 출제되었다. 뿐만 아니라 창의적체험학습 8문제, 민주시민교육 7문제, 교육복지 5문제, 마을교육공동체 4문제, 독서교육 4문제, 다문화학생지도 4문제 등 다양한 분야에서 수험생의 교육에 관한 생각을 묻는 문제가 출제되고 있다.

이를 간단하게 표로 나타내면 다음과 같다.

소재		3년간 출제문항 수	비고
대영역	소영역		
교사론		21	
학생중심수업	배움중심수업	11	
	교수평기 일체화	2	
회복적생활교육		12	
전문성 신장방안	교과전문성	4	
	업무전문성	1	
학부모	학부모 대처/상담	4	
	학부모 참여	1	
학생역량 신장방안		3	
전문적학습공동체		2	
다문화학생지도		4	
진로교육		10	
교육복지		5	
마을교육공동체		4	
독서교육		4	
민주시민교육		7	
창의적체험학습		8	
4차 산업혁명과 교육		6	

　최근 집중적으로 출제되고 있는 주제는 진로교육과 4차 산업혁명으로 인한 교육의 변화 및 대응으로 각각 10문제, 6문제가 출제되고 있기에 이에 대한 대비도 필수적이다.

　그렇기에 이번 장에서는 임용 면접의 핵심 주제들을 학교, 교사, 학생, 학부모, 교육과정운영, 상황별 학생지도라는 6개의 큰 영역으로 나누어 꼼꼼히 살펴보고자 한다.

1 학교

1. 혁신학교

❶ 왜 혁신교육인가?

위로부터 수능 개편, 고교학점제 실시 등 입시위주 교육의 개혁을 시도했지만 지속적으로 실패를 거듭했다. 이에 아래로부터의 교육 개혁, 교육 주체들이 주도적으로 만들어가는 혁신 교육을 통해 교육을 사회 전체에 긍정적으로 작용하도록, 다가오는 미래 사회에 적합한 패러다임을 수용하고 더 나아가 적극 활용하는 삶의 한 형태로 교육을 전환시킬 필요가 있다.

❷ 혁신학교의 이해

기존의 지식위주, 주입식 교육으로 인해 학생들이 창의성을 잃고 배움이 일어나지 않으며 삶은 불행해졌다. 이를 개혁하기 위한 국가 단위의 개혁은 연이어 실패하였고, 그 결과 Top-down식이 아닌 교육의 주체인 교사가 학교현장에서 자발성을 가지고 공교육혁신의 모델학교로 혁신학교가 시작되었다. **민주적 학교공동체를 형성**하여 교장의 혁신적 리더십과 더불어 교사는 자유롭게 소통하며 학교의 비전을 설계하고 공유하고 **창의적교육과정**을 설계한다. 학생은 **존중과 배려, 소통과 참여**를 생활화하며 창의성과 **핵심역량**을 기를 수 있다. 또한 수업을 개선하기 위해서는 **배움중심 수업, 교육과정-수업-평가-기록의 일체화**가 필요하며 이를 위한 효과적으로 운영하기 위한 방안으로 **전문적 학습공동체와 학교업무정상화사업**이 연결된다. 효과적인 교육을 위해 **학부모를 참여시키고 지역사회의 인적·물적 인프라를 사용하기 위해 학교와의 거버넌스**를 추진하며 혁신학교가 속한 지역사회의 관계자들 모두가 교육혁신의 주체와 대상으로 참여하는 **공동체 문화의 형성**을 요구한다는 점도 중요한 특징으로 볼 수 있다. 교육청에서는 단위학교의 자율성을 확대하고 학교가 교육활동에 전념할 수 있도록 **작은학교, 학급**을 조성하고 **교원의 업무를 경감**하여 교사들이 수업에 집중할 수 있는 분위기를 형성하기 위해 노력하고 있다.

❸ 혁신학교의 철학적 기반

혁신교육의 필요성에 따라 각 시도교육청은 2009년 경기도교육청을 필두로 2010년에 6개 시도교육청, 2014년 이후 13개 시도교육청에서 교육감들이 혁신 학교 정책을 주요 공약으로 내세우고 정책화하였다. 비교적 중도 혹은 보수라고 평가받는 나머지 지역의 교육감들도 2015년 대전, 2018년 이후 울산(진보), 대구, 2019년 경북 등에서 전국적 흐름을 반영하여 혁신학교 또는 혁신학교와 유사한 학교 단위 정책들을 추진하고 있다. 2019년 현재 전국 17개 모든 시도교육청에서 실질적 혁신학교 정책을 시행하고 있다. 혁신교육을 추구하는 각 시도교육청들의 혁신학교 정책에 나타난 철학적 기반은 무엇인지 살펴보면 다음과 같다.

1) 공교육 정상화, 교육의 공정성 추구

각 시도교육청들의 혁신학교 관련 기본계획을 분석해 보면 혁신학교의 비전은 교육의 공공성을 회복하여 공교육을 정상화하고자 하는 의지가 드러나 있다. 혁신학교를 먼저 실천했던 6개 교육청들은 '함께', '모두가' 등 차별 없는 공교육의 책무성이 강조된 비전을 제시하고 있다. 예를 들면 '모두를 위한 교육'(강원), '함께 배우고 나누는 행복한 학교'(광주), '모두가 행복한 혁신 미래교육'(서울), '모두가 행복한 학교 만들기'(전남, 2017년), '공교육의 새로운 희망'(경기) 등으로 표현하고 있다. 2015년 처음 시작한 지역들도 앞선 6개 시도교육청의 경우와 크게 다르지 않다. '모두에게 희망을 주는 부산교육'(부산), '공교육 혁신의 성공 모델 창출과 확산'(세종), '공교육 정상화 모델, 모두가 행복한 인천교육'(인천), '미래지향 공교육 모델학교'(충남), '행복한 삶을 위한 교육을 실현해 나가는 배려와 협력 중심의 교육공동체, 제주의 지역적 특성을 살려 새로운 학교문화를 선도하는 공교육 혁신의 모델학교'(제주) 등으로 '공교육 정상화 모델', '모두가 행복', '함께(다흔디)' 등의 용어를 통해 교육공동체적 가치와 교육의 공공성 회복을 통한 공교육 살리기의 열망이 드러나 있다고 분석할 수 있다. 교육의 공공성 추구는 공교육에서 오랫동안 지속되어 온 가치이다. 기본적으로 교육(활동)이 보편적이고 공적인 영역에서 이루어지는 공공재이며, 국가와 지자체가 협력하여 국민 누구에게나 개인과 공동체의 성장을 위해 기여해야 한다는 헌법적 가치로 혁신교육의 기본을 이루는 철학임을 부정할 수 없다.

2) 자발적 참여를 통한 교육의 민주성 추구

혁신학교 정책을 추진하는 각 시도교육청의 기본계획서에 나타난 혁신학교 정책의 목적이나 목표를 분석해 보면 '민주적인 소통과 협력의 학교 문화'(광주), '참여와 소통의 새로운 학교 문화 형성'(전남), '민주적·개방적인 학교 운영 문화 조성'(전북), '교육공동체의 자발성과 민주적 소통 및 협력 중심의 학교문화 혁신'(부산), '배움과 행복의 자율 공동체, 자율과 협력을 바탕으로 한 창의적 교육공동체'(세종), '참여와 소통으로 학교 운영 체제 개선, 집단 지성을 통한 학교 교육력 강화'(충남), '소통과 협력을 통한 민주적인 학교 공동체 문화 형성'(충북) 등으로 제시하고 있다. 이는 교육에 있어서 모든 구성원들의 자발적 참여와 소통, 협력을 통한 민주적인 학교 운영이 매우 중요한 혁신교육의 전제라는 것을 강조하는 것이다. 교육과정 운영을 비롯한 학교 경영에 있어서 그동안의 관행이 관료적, 비민주적이었다는 점에 대한 성찰에서 비롯된 것으로 분석할 수 있다. 학교교육의 민주성은 학교 문화 풍토에 접목되어 학생자치, 교직원·학부모 자치는 물론 학교경영의 민주적 운영을 지향하면서 동시에 학생들의 생활교육과 교과교육에도 성찰, 소통, 배려, 나눔 등 민주성의 요소들이 교육의 전반에 걸쳐 적용되고 있는 철학적 관점이라 할 수 있다.

3) 다양한 교육내용과 방법을 통한 창의성 추구

또한 각 시도교육청들은 창의성을 혁신학교의 주요 가치 기반으로 삼고 있다. '창의 공감 교육 운영'(강원), '교육과정 다양화, 특성화'(광주), '학교의 다양화와 학생 배움중심 수업 실현'(전남), '새로운 공교육 모형 창출과 확산'(전북), '창의 지성 교육과정 운영'(경기), '부산의 특성에 맞는 행복한 학교상(像) 창출과 확산'(부산), '자율과 협력을 바탕으로 한 창의적 교육공동체'(세종), '창의적 교육과정 운영'(인천), '즐거운 배움, 창의적인 교육'(충북) 등 전체 시도교육청 중 12곳에서 창의성을 주요 가치로 제시하고 있다.

4) '(다) 함께', '모두', '협력', '존중' 등의 공동체성 추구

다 함께, 모두를 위한 공동체성 지향혁신교육 정책에 표현된 핵심 가치들 중에서 대부분의 시도교육청들은 공동체성을 강조하고 있다. '배움과 협력이 있는 미래형 학교'(경남), '함께 행복한 교육'(충북), '모두를 위한 교육'(강원), '함께 배우고 나누는 행복한 학교'(광주), '공교육 정상화 모델, 모두가 행복한 인천교육'(인천), '존중하고 협력하며 함께 성장하는 교육'(제주), '미래를 배운다, 함께 성장한다'(대구) 등에서 '(다) 함께', '모두', '협력', '존중' 등 공동체적 가치가 들어있는 용어들을 쓰고 있다. 교육에서의 공동체성은 그동안의 공교육에서 실질적으로 지역이나 사회와 무관하게 개인의 성공을 최우선적으로 추구해 온 풍토에 대한 비판과 함께, 최근에 더욱 다양해지는 사회 구성원들, 그리고 지나치게 양극화되어 갈등의 주된 요소로 작용하고 있는 경제적, 문화적 격차에 대한 반성에서 생성된 가치라고 할 수 있다.

5) 학습자 중심 수업, 지속가능한 혁신교육을 위한 교사 전문성 추구

혁신학교 정책을 추진하고 있는 각 시도교육청들은 또 혁신학교 철학과 비전에 대한 공유를 위해서 전문적 학습공동체를 강조하고 있다. 학습자 중심 수업, 혹은 학습자 주도형 수업 등을 바탕으로 수업혁신에 나서기 위해서도 교사들의 전문성 신장은 필수 요건으로 보아 거의 모든 시도교육청에서 이를 강조하고 있다. 각 시도교육청들은 2019년 운영 계획 등에서 '전문적 학습공동체 구축(형성·활성화)'을 기본계획에 기술하고 있다. 이는 그만큼 교사의 전문성이 혁신교육에서 중요한 요소이며 혁신교육 정책의 지속성을 위해서도 반드시 필요한 가치임을 반증하는 것이다. 그리고 전문성 신장은 전문적 학습공동체를 통해서 더욱 효과적인 성취를 이룰 수 있다고 말하고 있다.

❹ 각 시도교육청의 혁신학교에 대한 정의

교육청	혁신학교 정의
서울	평등교육과 전인교육을 지향하며 민주적, 창의적인 미래 인재를 육성하는 배움과 돌봄의 행복한 교육공동체
부산	학교운영시스템, 학교문화, 교수-학습 방법 전체를 바꿔 21세기 공교육의 새로운 표준을 정립하려는 미래형 학교
인천	민주적인 공동체 문화를 바탕으로 삶을 위한 배움이 있는 교육과정을 운영하고 교육의 공공성을 구현하는 혁신 미래교육의 모델학교
광주	• 교육공동체를 통하여 배움의 즐거움을 느끼게 하는 학교 • 함께 배우고 나누는 새로운 학교.
대전	학교 구성원들이 협력과 나눔의 민주적인 학교문화를 바탕으로 전문적 학습공동체와 도덕적 생활공동체를 형성하고, 배움과 성장 중심의 수업혁신 및 지역사회와 연계한 교육 활동을 통해 삶의 맥락에서 창의적 인재로 함께 성장해 가는 대전형 혁신학교
울산	교육공동체의 참여와 협력으로 교육과정 혁신과 학교운영 혁신을 통해 창의적인 민주시민을 육성하는 공교육 모델학교
세종	민주적 학교 운영 체제를 바탕으로 전문적학습공동체와 자율과 협력의 생활공동체 문화를 형성하여 창의적 교육과정을 운영하는 공교육 혁신의 모델학교
경기	민주적 학교운영 체제를 기반으로 윤리적 생활공동체와 전문적 학습공동체를 형성하고, 창의적 교육과정을 운영하여 학생들이 삶의 역량을 기르도록 하는 자율학교

지역	내용
강원	민주적 학교운영 체제를 기반으로 공교육에 대한 신뢰성 제고 및 소통과 공감의 학교 문화를 형성하고 창의·공감 교육과정을 운영하여 학생들이 자기 삶의 역량을 기르도록 하는 강원 학교혁신의 모델학교
충북	학교공동체가 협력적인 문화를 형성하고, 창의적인 교육활동을 실현하여, 따뜻한 품성을 가진 역량 있는 민주시민으로 함께 성장하는 공교육모델 학교
충남	새로운 학교문화로 참학력을 실현하는 미래지향 공교육 모델학교
전북	단위학교 내 학습공동체를 통한 교육과정 변화와 혁신학교 미경험교원들의 성장을 위한 마중물 학교로써 교육과정 운영에 중심을 둔 민주적 학교문화 실천을 목적으로 운영하는 학교
전남	학교 교육공동체의 협력적 참여로 민주적인 학교문화를 조성하고, 역량중심교육을 위한 수업 혁신으로 창의적인 교육을 실현하는 공교육 혁신의 모델 학교
경북	민주적인 학교 문화 속에서 교육의 본질을 추구하고 학생들의 미래역량을 기르는 경북형 혁신학교
경남	교육공동체가 함께 만들어가는 배움과 협력이 있는 미래형 학교
제주	• 학생, 학부모, 지역사회, 교직원이 다 함께 협력하여 서로 존중하는 배움을 통해 성장하는 학교 • 배려와 협력 중심의 교육공동체를 중시하고 제주의 지역적 특성을 살려 새로운 학교 문화를 선도하는 공교육 혁신의 모델학교

❺ 혁신교육 관련 용어의 정리

용어	정의
교육개혁	국가가 주도하여 교육행정 조직을 통해 교육의 체계적이고 제도적인 측면에 대한 긍정적 변화를 꾀하는 것
교육혁신	교육체제를 의도적이고 계획적으로 변화시켜 교육의 지속적인 향상을 지향하려는 총체적인 활동
학교혁신	단위학교를 중심으로 민주적인 운영체제와 공동체적 학교문화를 정착시켜 학생들의 교육적 성취와 구성원들의 만족도를 극대화하려는 총체적 변화 노력
혁신학교	• 학교교육의 성취 효과를 높이려는 단위학교 혁신교육 정책을 받아 실천하는 학교 • 민주적인 운영체제와 공동체적 학교문화를 통해 교육내용과 방법을 혁신하여 학생들의 역량을 기르고 공교육의 문제점을 극복하려 총체적으로 노력하는 학교
혁신교육	새로운 패러다임으로 보다 나은 교육의 효과를 이루기 위해 혁신적으로 노력하는 모든 개인과 사회, 기관, 단체의 상호적 활동과 내용

❻ 혁신학교의 실천내용

지역	비전	핵심가치	목적(목표)	핵심 운영 내용
경기	행복하게 배우고 함께 성장하는 교육공동체	• 공공성 • 민주성 • 윤리성 • 전문성 • 창의성	• 교육공동체의 참여와 협력으로 모두가 함께하는 혁신교육 실현 • 미래 사회를 살아가는데 필요한 가치와 역량을 기를 수 있는 총체적 학교혁신 추진 • 혁신학교 간 협력과 공유를 통해 자생적이고 지속가능한 혁신학교 운영	• 민주적 학교운영 체제 • 윤리적 생활공동체 • 전문적 학습공동체 • 창의적교육과정

서울	삶을 가꾸는 교육으로 혁신미래교육을 구현하는 배움과 돌봄의 행복한 교육공동체	• 인권과 평화 • 책임과 공공성 • 자율과 창의 • 자발과 참여 • 소통과 협력	• 공교육의 새로운 표준을 제시하여 학교혁신 문화 확산 • 혁신교육의 심화·확장·풍부화를 통한 서울혁신미래교육 구현 • 자율적·민주적·협력적 학교문화 형성을 통한 '모두가 행복한 혁신미래교육' 실현	• 학교운영 혁신·교육과정 및 수업 혁신 • 공동체 문화 활성화
광주	함께 배우고 나누는 행복한 학교	• 공공성 • 자발성 • 공동체성 • 지역성 • 창의성	• 함께 배우고 나누는 행복한 학교실현을 위한 공교육 성공모델 창출	• 교육활동 중심의 기반 마련 • 민주적 자치 문화 • 나눔의 연구 문화 • 삶을 가꾸는 교육과정
강원	모두를 위한 행복교육 사람중심 미래교육	• 민주성 • 전문성 • 공공성 • 지역성	• 공교육에 대한 신뢰성 향상과 참여와 소통의 학교문화 창조 • 학교 혁신을 할 수 있는 기반을 조성 • 모두를 위한 「행복한 학교 함께하는 강원교육」 구현	• 민주적 학교운영 • 전문적 학습공동체 운영 • 창의 공감 교육 운영 • 지역사회와 함께하는 학교 운영
전북	가고 싶은 학교 행복한 교육공동체 (주 슬로건) 존중받는 아이, 성장하는 교사, 협력하는 교실, 행복한 학교 (단위학교 슬로건)	• 자발성 • 민주성 • 창의성 • 공공성 • 지역성	• 학교혁신의 마중물(혁신학교를 넘어 학교혁신으로) • 공교육의 새로운 모델 창출 • 배움과 삶이 하나 되는 참학력 신장	• 민주적 자치공동체 • 따뜻한 학교공동체 • 전문적 학습공동체 • 교육과정 – 수업 – 평가혁신
전남	존중과 협력을 바탕으로 학생의 행복한 삶을 추구하는 학교	• 자발성 • 창의성 • 민주성 • 공공성 • 미래성	• 민선3기 핵심공약 사업 내실화 추구 • 전남혁신학교(교육지구) 성공모델 확산 및 학교혁신 일반화 • 일반학교 및 교직원 전남혁신학교에 대한 이해 확대 • 민주적 학교문화 확산 및 전문적 학습공동체 구축을 통한 학교혁신 기반 마련	• 참여와 소통이 있는 민주적인 학교문화 형성 • 학교특성에 맞는 교육과정 편성·운영 및 다양한 교육방법 실천 • 교육과정 중심의 교육지원체제 구축 • 학부모와 지역사회의 협력적 파트너십 구현
부산	더불어 배우고 함께 성장하는 즐거운 학교	• 공공성 • 민주성 • 윤리성 • 전문성 • 창조성	교육공동체의 자발성과 민주적 소통 및 협력 중심의 학교문화 혁신 • 부산의 특성에 맞는 행복한 학교상(像) 창출과 확산 • 교육격차 해소 및 교육균형발전모델로 육성하여 학교혁신으로 발전 • 다행복학교 성과의 일반학교 확산을 통한교육혁신 기틀 마련	• 민주적 학교 운영 체제 • 윤리적 생활공동체 • 전문적 학습공동체 • 창의적 교육과정
인천	혁신미래교육의 모델학교 운영	• 공공성 • 민주성 • 전문성	• 더불어 배우고 함께 성장하는 인천 혁신 교육 활성화 • 혁신 미래교육의 모델학교 운영을	• 민주적 학교공동체 문화 형성 • 창의적 교육과정 운영 • 미래형 혁신학교 운영

		• 창의성 • 윤리성	통한 학교혁신 문화 확산	
세종	새로운 학교 행복한 아이들	• 공공성 • 민주성 • 창의성 • 자발성 • 공동체성	• 세종혁신학교 운영 내실화를 통한 지속적 발전 • 세종교육 리더십 발휘를 통한 혁신교육 일반화 • 세종 학교자치 모델 창출을 위한 기반 조성	• 세종 창의적 교육과정 • 자율과 협력의 생활공동체 • 전문적 학습공동체 • 민주적 학교운영 체제
충북	함께 행복한 교육	• 공공성 • 민주주의 • 자율과 자치 • 공동체성 • 창의성	• 신나는 학교, 즐거운 배움, 따뜻한 품성으로 함께 행복한 교육 실현	• 학교민주주의 실현 • 교육중심 학교시스템 구축 • 교육과정-수업-평가혁신
충남	미래지향 공교육 정상화 모델학교	• 자발성 • 민주성 • 창의성 • 공공성 • 지역성	참여와 소통으로 학교 운영 체제 개선 • 집단 지성을 통한 학교 교육력 강화 • 학생 중심 교육으로 교육과정·수업혁신	• 학교 운영 체제 개선 • 학교 교육력 강화 • 교육과정·수업·평가 혁신
경남	교육공동체가 함께 만들어가는 배움과 협력이 있는 미래형 학교	• 민주성 • 미래성 • 공공성 • 지역성	행복학교의 원활한 추진과 운영 • 행복학교의 안정적 정착 및 질적 향상 • 학교문화 혁신을 통한 행복학교 일반화 기반 조성 • 행복학교 질 관리 강화로 공교육 정상화 및 다양한 성공 모델 창출	• 민주적인 학교문화 조성 • 배움중심의 교육과정 편성·운영 • 전문적 학습공동체 구축 • 소통과 배려의 공동체 학교 형성
제주	존중하고 협력하며 함께 성장하는 교육공동체 실현	• 공공성 • 민주성 • 지역성 • 윤리성 • 전문성 • 창의성 • 다양성	• 학교교육과정 운영의 자율화, 다양화, 특성화를 통한 미래지향적 학교 모델 창출 • 공교육에 대한 교육주체의 신뢰도 제고와 사교육비절감	• 존중과 참여의 학교 문화 형성 • 배움 중심의 교육활동 실천 • 교육활동 중심의 학교조직 개편 • 학부모, 지역사회와의 협력적 관계 구축
대전	삶과 앎이 통합하는 행복한 대전교육 혁신	• 공공성 • 민주성 • 창의성 • 도덕성 • 지역성	• 공공적 가치를 추구하는 혁신적인 학교 문화 조성 • 협력과 나눔의 학교 문화 창출 학교 교육 자발성과 창의성 신장 • 학생의 개성과 특성을 존중하며 능력을 계발할 학교교육 구현 • 지역사회 특성과 학생 개개인의 상황과 요구를 반영한 다양한 교육과정 운영 • 민주적 자치 공동체와 전문적 학습공동체에 의한 행복 교육으로 공교육 혁신	• 민주적 학교 문화 조성 • 전문적 학습공동체 운영 • 배움 중심의 교육과정 운영 • 참여와 소통의 교육공동체 운영

울산	서로 배우고 성장하는 행복한 학교	• 소통과 협력 • 존중과 배려 • 참여와 성찰 • 배움과 성장	• 서로 소통하는 학교 문화 • 서로 존중하는 생활공동체 • 서로 같이 참여하는 수업 • 서로 성장하는 교육과정	• 서로 주인이 되는 학교 • 공감과 소통의 민주적 학교 • 학부모, 지역사회와 함께하는 학교 • 서로 존중하고 배려하는 학교 • 시민교육, 관계중심 생활교육 • 학습활동 중심 학교조직문화 • 수업의 개방과 성찰 • 학생참여중심 수업 활성화 • 전문적 학습공동체 활성화 • 학교 교육과정 자율화 • 핵심역량 중심 교육과정 • 교육과정-수업-평가-기록의 일체화
경북	미래 인재를 기르는 경북형 혁신학교	• 공공성 • 창의성 • 민주성 • 역동성 • 국제성	• 교육환경의 변화와 미래사회가 요구하는 인재상의 변화에 적극적으로 대응하기 위한 경북형 혁신학교 모델 개발 • 단위학교 자율경영체제를 바탕으로 특색 있는 교육과정을 운영하여 미래 역량을 갖춘 인재 양성 • 삶의 힘을 키우는 따뜻한 경북교육 실현의 모델학교 확산으로 공교육 신뢰도 제고	• 미래형 교육과정 운영 • 학생 참여형 수업 확산 • 민주적 학교문화 조성 • 단위학교 자율운영
대구	미래를 배운다 함께 성장한다 (시교육청 비전)	-	소규모학교, 도심 공동화나 도심 외곽지역의 학생 수 급감 학교 등 열악한 교육여건의 학교에 지역 및 학교 특성을 고려한 특성화 교육과정을 운영할 수 있도록 지원함으로써 학생 행복, 학부모 만족, 교사 보람을 구현하여 학교 교육력을 높임.	• 학교구성원의 민주적인 의사결정에 의한 학교경영 체제 구축 • 자발성에 바탕을 둔 교원 학습공동체 운영 • 학생·교사·학부모가 함께 가꾸어 나가는 학교문화 조성

혁신교육의 철학과 비전에서 살펴 본 대로 공공성이 가장 강조되고 있었으며, 이는 교육의 공적 역할과 공교육 혁신이라는 과제로 인하여 강조된 것으로 분석된다. 또 '아래로부터의 개혁'이라는 혁신교육의 전개 양상과 맞물려 민주성이 다음으로 빈도가 많았으며, 창의성이 그 뒤를 이었는데, 그동안의 획일적 암기식 입시 위주의 수업을 탈피하고 교육의 다양성을 보장하려는 개인의 창의성 계발을 중시한 결과로 분석된다.

2019년 각 시도교육청의 기본(운영)계획에 나타난 핵심 운영 내용의 첫 번째는 민주적 학교운영 체제 혁신이다. 두 번째로 중요하게 제시되고 있는 것은 배움 중심의 교육과정 운영이다. 세 번째로 많이 제시되고 있는 것은 전문적 학습공동체이다. 네 번째로 중요하게 설정된 핵심 운영 항목은 지역사회와 함께 하는 교육이다. 마지막으로 학교 문화라는 용어가 주요 핵심 운영 내용으로 설정된 곳들이 있다.

❼ 혁신학교의 추진과제

존중과 참여의 학교 문화 형성	교육과정 중심의 교육 지원 체제 구축
① 우리 학교만의 교육 철학 갖기 　- 학교 구성원이 모두 참여하여 학교 비전 만들기 　- 학교가 추구하는 가치 학생, 교사, 학부모 공유 기회 갖기 ② 안전한 학교, 신뢰 받는 학교 문화 조성 　- 폭력, 왕따, 욕설이 없는 서로 사랑하며 배려하는 학교 조성 　- 모든 학생들에게 배움이 일어날 수 있는 친절한 학습 안내 ③ 구성원의 참여와 소통의 기반 형성 　- 참여와 소통을 기반으로 민주적·합리적인 의사 결정 　- 학생 참여 관련 사업 학생의견 반영 　- 학생회, 학생동아리 활동 활성화를 위한 활동 공간 마련 ④ 변화와 다양성을 존중하는 학교풍토 조성 　- 분기별로 주기적인 학교문화 진단 　- 학급운영 및 감수성 훈련, 리더십 연수 등 추진	① 교수·학습 중심 학교 운영(지원) 시스템 구축 　- 학생교육활동 지원 중심의 학교운영 시스템 구축 　- 교무행정전담팀 효율적 운영 ② 창의적 교육활동을 위한 교사 자율성 확대 　- 교육과정 운영 및 평가, 학생활동 등에 대한 권한 위임으로 교사 자율성, 책무성 제고 　- 구성원 모두가 주인의식을 갖도록 정보 공유와 적절한 역할 분담 ③ 교사들이 학생 교육에 전념할 수 있도록 제반 여건과 환경 조성 　- 교무행정전담팀 효율적 활용 　- 관행, 전시성 행사, 전달 중심의 회의 지양 　- 위임 전결 규정 확대 적용을 통한 업무 단순화·간략화 　- 학생 교육활동이 활발히 운영될 수 있도록 제반 교육 환경 확충
창의적 교육과정 편성·운영 및 학생 배움 중심 교육방법 실천	학부모와 지역사회의 협력적 파트너십 구현
① 학교 특성을 살리는 창의적 교육과정 운영 　- 학교 특성과 지역의 요구를 반영한 교육과정 편성·운영 　- 학생 배움 중심의 다양한 교육방법 실천 　- 교육과정의 탄력적 운영 　- 학습부진학생 해소 프로그램 운영 　- 소외계층 지원 특별프로그램 운영 　- 지역사회 연계 프로그램 운영(인적·물적 자원 활용) ② 학습자 중심 교육활동 개선 　- 교과 운영·평가 방식 개선(개인차·수준 반영, 학업성취 향상 등) 　- 자신의 꿈을 찾는 진로교육, 자발적 학생회 활동 　- 학생 의견을 반영한 교육활동 추진 ③ 전문적 학습공동체 구축 　- 교사 전문성 신장을 위한 수업 공개 정례화 및 자율적 연구회 운영 　- 정기적인 교사 연수 및 상시적 외부 전문가 컨설팅 추진 　- 교사 상호작용을 통한 전문성 신장 협의회 운영	① 학교 교육활동 전반에 대한 학부모 및 지역사회의 이해 제고 　- 학교 교육활동에 대한 공개와 참여로 교육 이해도 제고(수업공개 정례화, 교육기부 확대) 　- 자녀 바로 알기 및 다양한 교육 강좌 개설 ② 학부모와 파트너십 구축 　- 학교 교육계획 수립 시 학부모 지역사회 인사 참여 　- 상시 대화의 장 마련과 정보 제공 및 학부모, 학교운영위원 연수 활성화 　- 분기별 학부모, 지역사회 교육만족도 조사 반영 ③ 학교 교육활동 참여 확대 및 활성화 　- 학부모 지원단·명예교사제 운영 　- 학부모 아카데미 운영 　- 학부모 평생교육 프로그램 확대 및 학부모 동아리 운영 　- 지역사회 축제 및 지역행사 공동 추진 ④ 지역사회와 협력 네트워크 구축 　- 학생 교육 및 보육에 지역사회 참여 확대 　- 지역 주민을 대상으로 평생교육(컴퓨터 활용, 독서, 개인 취미활동 등) 기회 제공, 학교 시설 개방

2. 학교내 갈등 관리

갈등이란 개인이나 집단 사이에 목표나 이해관계가 달라 서로 적대시하거나 불화를 일으키는 상태를 말한다. 학교에는 교사, 관리자(교장, 교감), 교무 행정사 모두가 올바른 학생의 교육과 성장을 위하여 협업하고 있으나, 각자가 생각하는 교육의 목표나 이해관계가 다르기에 다양한 갈등이 발생하고 있다. 이에, 각 구성원 간 갈등의 유형과 해결책을 알아보도록 한다.

❶ 갈등의 원인

상충되는 목표와 신념	• 어떤 제도나 업무를 추진할 때, 그 일의 목표에 대해 구성원들이 서로 다른 의견을 지니게 되어 생기는 갈등이다. • 이러한 갈등은 업무의 근본에 관한 문제로 개인의 신념과 관련된 경우가 많다.
방법과 수단에 대한 의견 차이	• 목표에는 공감하지만 이에 도달하는 방법과 수단에 대한 의견의 차이로 생기는 갈등이다. • 목표에는 일단 공감하고 있기 때문에 방법 면에서 문제를 해결하면 되는 것으로 학교 현장에서 많이 발생하는 갈등이다.
정책 및 규정에 대한 해석의 차이	• 정책이나 규정이 애매모호하거나 다양한 해석이 가능하여 생기는 갈등이다. • 특히 교육과정은 추상적이거나 폭넓게 범위를 규정하는 경우가 많아 해석의 차이가 많이 생긴다.
의사소통 방법의 장애	• 사람이 사는 곳에서는 언제나 의사소통이 일어나고 있다. • 학교는 구성원들 간의 의사소통을 통하여 업무를 추진하고 교육 활동을 전개하게 된다. • 학교장은 의사소통을 통하여 구성원을 통솔하고 조직 목표에 공헌하게 한다. • 의사소통은 조직의 기능을 원활하게 하기도 하지만, 부적절한 의사소통은 갈등을 야기할 수도 있다.

❷ 갈등 관리 전략과 사례

문제 해결	• 당사자들이 직접 접촉하여 공동의 노력에 의하여 정보를 수집하고, 대안을 제시하고, 모두가 만족하는 대안을 찾는 것이다. • 당사자들이 서로 다른 의견을 받아들이는 것이 아니라 공동의 노력으로 갈등을 해소하는 것이다. • 이는 당사자들이 협동적인 문제 해결 능력을 지니고 있을 때 효율적이다.
상위 목표의 제시	• 갈등을 일으키고 있는 당사자들이 공동으로 추구해야 할 상위 목표를 제시함으로써 갈등을 완화하는 것이다. • 갈등 상황에 있는 행동 주체가 협력해야만 달성할 수 있는 상위 목표의 제시는 개별적인 갈등 상황을 해소하는 데 효과적이다.
자원의 증대	• 구성원들이 필요로 하는 자원이 부족함으로써 발생하는 갈등에 대해 자원을 증대함으로써 갈등을 해소하는 것이다. • 학교 내의 자원은 방법을 전환함으로써 증대시켜 나갈 수 있다. 학교 상황에 따라서 활용 가능한 면이 많은 전략이다.
관행적 업무, 제도의 개편	• 관행적인 요인을 변경함으로써 근본적으로 갈등을 해소하는 것이다. • 구조적 요인을 개편하는 방법의 예로 인사 교류, 기회 확대, 업무 변경, 보상 체계의 개편 등을 들 수 있다.
정치적 타결	• 정부, 여론 등과 같은 제3자의 지지를 얻어 협상하는 것이다. • 갈등을 완전히 해소하는 데에는 한계가 있으나, 학교장으로서 추진하고자 하는 새로운 교육활동을 전개하고자 할 때 유용하게 활용할 수 있다.

❸ 교사의 갈등

관계	갈등유형	해결방안
교사-교사 간의 갈등	• 공평성 비교 준거의 불완전성(가치관의 대립, 구성원의 인성 차이) • 학년부장이 학년 교사보다 나이가 어린 경우 업무 협조의 어려움 • 승진을 하려는 교사와 승진을 하려는 의사가 없는 교사 간의 갈등 • 학교폭력 승진 가산점, 근평 등의 문제에 예민 • 나이가 어린 신규교사와 선배와의 갈등 • 나이가 어린 교사가 능력이 뛰어나거나 학교의 주요 업무를 담당할 경우	• 상호 소통과 협의를 통한 업무 추진 • 친목활동 활성화 • 경력 교사들의 여유와 경륜 활용 • 원로 교사 예우 • 학교 조직의 민주화 • 경력교사의 솔선수범
교사-교장 간의 갈등	• 담임 배정 또는 부장 임용에 대한 불만 • 근무성적 및 성과상여금 지급에 대한 불만 • 업무추진 방향이나 방법, 업무 배정에 대한 불만 • 전문성이 결여된 자율장학, 업무처리 능력 • 학교장의 독선적인 의사결정, 비합리적 방향의 의사결정 • 지나친 간섭과 비인격적인 행동 및 권위적인 자세	• 변화에 대응할 관리 능력과 전문성 함양 • 사안별 눈높이 조절과 업무파악 • 토론을 통한 의견 수렴 • 학교 구성원들의 효율적이고 적절한 업무 분담 • 민주적이고 자율적 공동사고를 통한 교사들의 협력 유도 • 학교장의 전문적 식견과 변화에 부응하는 마인드 제고
교사-교무 행정사 간의 갈등	• 행정실 직원들의 비협조적인 업무 수행 • 업무 지시, 권위주의적인 업무 수행 • 교육활동 추진 도움 요청에 소극적인 협조 태도 • 행정실 직원의 준 관리자로서의 처신 요구 • 예산 관련 부분을 잘 알지 못하는 교사에 대한 무시 • 교사와 행정가 간 업무 추진 범위 및 한계 • 교사와 경력 있는 교무 행정사 간 위계 • 과다한 업무 해결 부탁 및 상호 이해 부족	• 학교회계예산 편성 기본 지침 숙지 • 예산 이해 및 집행 시기의 적절성 • 서로를 이해하고 인내할 수 있는 기회(예시, 교직원 체육대회, 회식) • 교사들의 행정 업무 처리능력 신장 지원 • 업무 분장 명료 및 협조 체제 구축 • 업무의 경중에 따른 우선 처리 • 교원의 솔선수범 태도 • 상호 인정과 이해, 격려의 태도 함양

3. 민주적인 학교 운영

❶ 수업 측면(학생중심의 교육과 평가)

학생중심의 수업	학생의 성장을 돕는 평가
• 학교는 교과서 중심 수업을 극복하고 학생 중심의 창의적인 수업을 운영해야 한다. • 교사의 적극적인 수업 설계를 통하여 학생과 끊임없이 소통하고, 학생의 자기 주도성과 자발성을 기초로 하는 배움 중심수업을 실천해야 한다.	• 평가는 서열화를 위한 목적에서 피드백을 위한 목적으로, 양적평가 체제에서 질적평가 체제로, 결과중심에서 과정 중심으로 실시해야 한다. • 평가는 모든 학생들의 교육 목표를 성공적으로 달성하기 위한, 학생 개개인의 자아실현을 돕기 위한 과정이어야 한다. • 특히 평가는 인지적, 정의적, 심동적 영역의 균형 있는 평가로 학생의 전인적 성장을 지원해야 하고 참된 학력을 신장하는 데 기여할 수 있어야 한다.
① 학생과 교사 간의 신뢰 관계를 바탕으로 하는 관계 중심적인 수업이 이루어져야 한다. 수업 중에 이루어지는 경청, 수용, 격려, 인정 등 허용적, 공감적, 비지시적 관계 양식은 학습의 능동성을 이끌 수 있다. 따뜻하게 배려하는 면학 분위기 속에서 학생들은 존중받는다는 신뢰감을 갖게 되고 자연스럽게 시민성을 배우고 익히게 된다. ② 교사는 교육과정 재구성을 통하여 수업을 개발해야 한다. 교사 자신의 전문적인 창의력과 교육적 상상력을 발휘하여 교육과정을 운영해야 한다. 나아가 교사들 간의 협력적인 교육과정 재구성과 수업개발이 필요하다. 이는 학교교육의 질을 높일 뿐만 아니라 교사의 전문성 향상에도 도움이 된다. ③ 학생이 스스로 학습 활동을 계획하고, 문제 해결을 위한 실천으로 지식과 경험을 쌓아가는 학습자 중심 수업이 이루어져야 한다. 토론수업, 협력수업, 프로젝트수업 등의 적절한 구성은 학습자의 자기주도성과 자발성을 이끌어낼 수 있다. 학생 중심 수업을 설계할 때 교사는 '무엇을 어떻게 가르쳐야 하는가?'에 대한 고민에 앞서 '왜 가르쳐야 하는가?'에 대한 의미를 되새겨 봐야 한다.	① 교과별 평가에서는 교과의 특성에 맞게 다양한 방식의 과정 중심의 수행평가를 확대해야 한다. 수행 평가는 학생의 자발적 협력과 참여를 이끌어 내고, 학생 스스로 자신의 수행 과정을 평가할 수 있는 기회를 제공한다. 그리고 주어진 답을 찾는 선택형·단답형 평가보다는 자신의 생각을 더욱 깊고 넓게 만들어 가는 데 기여할 수 있는 서술형·논술형 평가의 비중을 높이고 내실화를 꾀해야 한다. ② 평가 결과를 선별과 변별 자료로만 활용하는 것을 지양한다. 학교는 평가 결과를 기초로 학생에게 효율적인 피드백을 강화하여 학생의 성장을 돕는 책무성을 다해야 한다. 또한 교사는 평가 결과를 자신의 교수·학습 개선의 자료로 활용해야 한다. 교사는 학생의 학습 부담이 가중되지 않도록 지나치게 잦은 평가를 지양하고, 특정 시기에 평가가 집중되지 않도록 평가 계획을 수립하고 사전에 이를 예고해야 한다.

❷ 생활지도 측면 (인권친화적 생활교육)

① 학생을 지도와 훈육의 대상이 아닌 자율적 행동변화의 주체로 인식하고 비폭력 대화 등 윤리적인 방법으로 학생들의 생활교육을 개선하도록 한다.
② 체험과 실천 중심의 인성교육, 학교 구성원 간의 관계회복을 위한 윤리적 실천 운동, 학생 자치활동 활성화, 교권 확립을 통한 수업권과 학습권 보호 등으로 실시하도록 하고, 또한 학교 구성원 간 민주적 의사 결정을 통해 학교별 실정에 맞는 학생 생활교육 프로그램을 운영하며, '학교생활 인권규정' 개정과 학생자치법정·성찰교실·선도위원회 등으로 상·벌점제를 대신하도록 한다.

③ 학급운영 측면

① 학생자치에 대한 교직원의 인색을 개선하고, 학교의 의사결정에 학생들에게 주체적 참여기회를 적극 보장함으로써 민주적 학생자치 기반을 조성하도록 한다.
② 교육과정과 연계한 토론, 문제해결능력을 신장하고, 학생인권 및 학생자치 이해교육을 실시하며 학생동아리에 대한 자율적 조직 및 운영을 지원하여 학생 중심의 학생자치 역량을 강화하도록 한다.
③ 민주시민의식 함양을 위하여 학급공동체의 합의에 기초한 학급규칙, 수업규칙을 제정하고 실천하도록 하며, 학급운영규칙을 통한 상호존중의 학교 문화를 조성하도록 한다.

④ 토론을 통한 민주적 학교 운영

1) 토론이 있는 교직원회의

① 그동안의 교직원회의는 구성원의 소통과 협력으로 운영되는 진정한 의미의 '회의'라기보다 업무 전달의 장이었다. 그 결과 교직원 대부분이 학교의 주요 결정 사항에서 소외되어 자존감이 낮아지고 학교 일에 무관심해지고 있음이 확인되었다.
② 학생들에게 민주주의의 소중함을 가르쳐야 하는 교사가 정작 자신이 몸담고 있는 곳에서 민주주의를 경험할 수 없다면 민주시민교육 또한 제대로 이루어질 수 없다. 이에 민주적 학교문화를 만들기 위해서는 토론이 있는 교직원회의를 활성화해야 한다.
③ 민주적 학교 운영은 업무 효율성 면에서도 그 효과가 입증되고 있다. 자발성에 의한 추진력과 책임감 있는 집행력, 높은 만족도는 민주적인 의사소통 시스템에 기반하고 있기 때문이다.
④ 토론이 있는 교직원회의는 의사결정과 권한에 대한 다툼이 아니라 상호 소통의 장으로 학교가 진정 행복한 교육 공동체로 성장할 수 있는 계기로써 중요한 기능을 할 것으로 기대된다.

2) 토론 문화가 교사 조직에 미치는 긍정적 변화

학교 민주주의의 시작	구성원들이 학교운영에 관한 의사결정에 참여하게 되면 자연스럽게 주인의식이 생기고 자발성과 책임감을 갖게 된다.
민주시민교육에 관한 최고의 연수 기회	수평적이고 민주적인 리더십의 경험은 민주시민교육에 관한 생생한 연수가 되며 교사는 학생들과의 만남에서 그것을 자연스럽게 실천한다.
집단지성의 힘을 경험	출구가 보이지 않던 문제도, 혼자서는 해결하기 어려운 문제도 협력적 과정을 거치면 보다 더 좋은 결론에 도달하게 된다.
책임은 나누고 추진력은 높아짐	함께 의논하여 결정한 일이기에 모든 책임을 담당자 한 명이 떠안는 부담을 줄일 수 있으며 집행 과정에서 관리나 강제를 위한 다른 노력을 할 필요가 없어진다.
업무 효율이 높아짐	합리적 협의를 통해 업무를 나누고 맡기 때문에 자신이 잘 할 수 있는 강점 분야에서 일할 수 있어 업무 효율도가 높다.
동료애가 생기고 협력이 잘 됨	개별적으로 일할 때는 알기 어려웠던 동료에 대한 이해와 공감으로 협력적 학교 문화를 만들 수 있다.
수업 혁신의 기회	토론 과정을 통해 일상적으로 자신의 교육철학을 점검하고 성찰할 수 있어 교사를 성장시킨다.

3) 건강한 토론 문화를 형성하기 위한 방법

　　이론적 논의가 핵심인 학문공동체에서의 토론과 달리 교육활동의 실천과 개선을 전제로 한 학교에서의 토론은 그 결과가 구성원의 행동을 직접 제약하기 때문에 참여자들이 항상 합리적인 태도로만 토론에 임하기가 어렵고 때로는 감정이 개입되는 경우도 많다. 토론이 있는 회의가 학교 구성원으로 하여금 교육 활동의 의미를 되찾고 교육 활동에 대한 주체적인 태도를 함양하는 데 유익한 것은 사실이지만 단순히 토론 매뉴얼을 기계적으로 적용한다고 해서 건강한 토론 문화가 정착될 수 있는 것은 아니다. 건강한 토론 문화를 위한 실천 원리는 다음과 같다.

① 건강한 토론 문화의 조성을 위해서는 동료 간 신뢰를 바탕으로 한 우호적 분위기 조성에 힘써야 한다.

　　토론의 결과가 자기에게 불리하게 작용하리라는 것을 예상하더라도 동료에 대한 믿음이 전제되어 있으면 감정적 반응을 자제할 수 있다. 예시로, 한 학교에서 새 학년도 교육활동 추진과 관련하여 전입 교사 중 몇 사람이 이의를 제기하여 전체 교사 토론을 진행하였다. 우여곡절 끝에 결론은 났지만 구성원 간 감정의 골은 쉽게 메워지지 않았다. 겉으로는 학교가 추진해 온 교육활동에 대한 의견이 달랐고 전입 교사에 대한 오리엔테이션이 충분하지 않아 갈등이 발생한 것처럼 보였지만, 사실은 구성원 간 신뢰가 충분히 쌓이지 않은 것이 주요인이었다. 동료 간 신뢰 회복과 더불어 점차 합리적 토론 문화도 자리를 잡아갈 수 있다.

② 학교교육 비전에 공감하고 스스로 전문성 함양을 위해 함께 노력하는 공동체의 형성이 필요하다.

　　토론을 통한 의사 결정을 흔쾌히 수용하지 못하는 이유 중의 하나는, 토론을 중요한 의사결정 수단으로 하다 보면 소위 '좋은 게 좋다'는 식으로, 구성원들이 적극적인 교육 활동을 회피하는 결정을 하게 되지 않을까 하는 걱정 때문인데, 이러한 우려는 구성원들이 학교의 비전에 공감하고 스스로 전문성 함양을 위해 함께 노력하게 될 때 해소될 수 있다. 이는 학습 동아리 구성의 필요성을 말해 주는 것이기도 하다. 학교의 비전 제시에는 학교장의 역할이 크게 작용한다.

③ 공과 사를 구분하는 풍토가 조성되어야 한다.

　　공사의 구분이 없이 토론을 진행했을 때는 합리적인 근거가 아닌 사적 친분 관계에 따른 논리가 의사 결정에 개입하는 등 합리적인 논의가 제약을 받는 경우가 많다. 다소 역설적으로 들릴 수도 있지만 위에서 지적한 첫째 조건인 신뢰에 근거한 동료성 강화가 공사를 구분하는 데 도움이 된다. 서로 신뢰하는 관계에서는 비판을 하는 측이나 받는 측이나 심리적 부담이 크게 완화될 수 있기 때문이다.

④ 단기간에 결정을 내리고 성과를 거두려는 조급함에서 벗어나야 한다.

　　의사 결정의 과정에서 구성원의 의견을 충분히 반영하려면 시간은 다소 지체 되더라도 충분히 숙성된 결정으로 인해 힘 있게 추진할 수 있는 동력이 생긴다. 그러나 이 과정을 생략하면 추진 과정에서 저항에 부딪치는 경우가 많다.

⑤ 토론의 과정에서 목소리가 큰 소수의 지배를 억제할 수 있어야 한다.

　　말없는 다수가 잠잠해 있는 사이에 목소리 큰 소수가 토론의 과정을 지배해 버리면 구성원의 의사가 왜곡될 가능성이 커지기 때문이다. 목소리 큰 소수가 의사 결정을 좌지우지하면 그들 자신이 다른 구성원들로부터 존중과 신뢰를 얻지 못하는 불이익을 받을 뿐더러 구성원 전체의 동료성이 저해되어 결과적으로 모두가 피해를 입을 수 있다. 이에 대비하여 사전에 의사 진행 원칙을 명문화하는 것도 필요하다.

⑥ **구성원에 대한 교장의 믿음이 선행되어야 한다.**

믿을 행동을 하면 믿겠다는 의견도 있을 수 있지만 이는 닭이 먼저냐 달걀이 먼저냐 하는 끝없는 논쟁으로 이어질 뿐이다. 믿으면 믿음으로 보답할 것이라는 믿음이 교장에게는 필요하다.

교육은 예술 활동과 마찬가지로 몰입이 가능한 활동이다. 교육적 몰입이란 교사가 자신의 영혼을 교육 활동에 바침으로써 성취감과 보람을 체험하는 절정 경험이다. 이런 체험은 자신이 하는 교육활동을 주체적으로 받아들여 나의 삶과 하나로 통합할 때만 가능하다. 학교에서의 토론이 구성원의 마음에 상처를 주는 가시가 아니라 서로를 성장하게 하는 디딤돌이 되려면 구성원들이 학교 교육 비전에 합의하고 함께 전문성 함양에 힘쓰는 학습 공동체를 구성할 필요가 있다.

4. 지능정보시대의 학교

❶ 4차 산업혁명사회에서 교육의 방향

4차 산업혁명사회에서 교육의 변화에 관한 주요 논의들을 종합하면 다음 표와 같다.

구 분	내 용	비 고
교육철학 및 목표	'평생학습자' 육성, 개인 개성의 발견과 발전, 협력과 소통, 인간 존중	평생교육체제 안에서 총체적 재구성
교육과정	국가 교육과정의 유연화, 교육과정 경로(course) 다양화, 삶 중심 교육과정 재구성	
교육내용	역량 중심 교육, 인성/시민성/협업능력 강조	
교육방법	다양한 교육방법 활용, 학습자주도, 테크놀로지 기반 교육, 온라인 기반, 네트워크 기반	
교육복지	교육의 공공성 강화, 소수자와 소외자를 위한 교육복지 강화	

4차 산업혁명사회는 우리 교육에 혁신적인 변화를 요구하고 있다. 교육의 개념 자체가 새롭게 규정되어야 하고, 교육철학 역시 새롭게 정립되어야 한다. 주로 학교 안에서 이루어지는 교육에 대한 관점들도 변해야 하고, 교사는 가르치는 사람-학생은 배우는 사람으로 굳어져 있는 교수-학습관도 변해야 한다. 학생을 교육의 객체로 보아왔던 관점들도 수정되어야 할 것이다.

❷ 4차 산업혁명사회에서 학교의 모습

4차 산업혁명사회에서 학교의 모습을 그려보았다. 먼저 다음 표는 4차 산업혁명사회에서 학교의 변화 방향을 정리한 것이다.

구 분	내 용	비 고
학교 체제	유연한 통합 학교 운영(유초, 초중, 유초중, 중고 등), 기능 복합 체제(보육, 평생학습 등)	유, 초, 중, 고 학제를 필요에 따라 융통적으로 운영
학년-학급 체제	학제 유연화, 무학년 및 무학급제 도입, 경험학습인정제 등	테크놀로지(가상현실 등)를 바탕으로 개별화 학습 강조
학교 인프라	테크놀로지 기반(가상학습 환경), 지역사회 교육 자원을 연계, 환경 연계	학교를 넘나드는 지역, 지구촌 학습공동체 구축
거버넌스	교육자치 확대, 단위학교 자율성 강화, 학교자치 확대, 교사 수급과 배치 유연화	
평가	획일화된 평가 지양, 형성평가 강화, 평가 방법의 다양화, 학생의 삶에 초점을 맞춘 평가	
교사의 역할	학습 디자이너, 학습 컨설턴트, 삶의 멘토, 네트워크 관리자	테크놀로지를 바탕으로 교사의 활동 영역 확대 (학교 안팎, 온·오프라인)

4차 산업혁명사회에서 학교는 유연하고 복합적인 학교 체제를 갖추게 될 것이며, 학제 역시 유연화되어 무학년 및 무학급제가 확대될 것으로 예상되고, 학교 인프라는 테크놀로지와 지역사회가 중요 기반이 될 것이다. 그리고 학교 거버넌스 측면에서는 학교자치 및 학교동공체가 활성화될 것이고, 평가는 학생의 삶 및 학습 과정을 평가하는 것이 중심이 될 것이며, 교사는 학습디자이너, 컨설턴트, 멘토, 네트워크 관리자 등의 역할이 중시될 것이다. 학교의 역할과 기능은 새롭게 정립이 필요할 것으로 예상되므로, 4차 산업혁명사회에서 학교의 모습을 분석해보았다.

1) 지능정보 역량을 길러주는 학교

4차 산업혁명사회는 최첨단 지능정보기술이 이끌어 가는 시대라고 할 수 있다(Schwab, 2016). 따라서 4차 산업혁명사회에 필요한 핵심역량은 과학기술에 기반한 지능정보 역량이다. 4차 산업혁명시대를 살아갈 학생들에게 지능정보 역량을 길러 주는 것은 학교의 책임이며, 학교는 지능정보 역량 함양의 장이 되어야 한다. 학교는 컴퓨터, 인터넷 등 ICT활용 역량을 길러 주는 데에서 더 나아가 인공지능, 로봇, 빅 데이터 등을 다룰 줄 아는 역량을 길러주어야 한다. 특히 학교는 지능정보 역량이 약하거나 소외된 학생들에게 좀 더 많은 관심을 기울여야 한다. 학교는 학습자의 다양성과 발달단계를 고려하고, 교수자가 아닌 학습자의 시각에서 교육활동을 수행 할 필요가 있으며, 모든 학습자가 스스로 자신의 지능정보 역량에 적합한 교육활동을 자기 주도적이고 주체적으로 수행할 수 있는 교육이 이루어져야 한다.

2) 융합수업이 일상화된 학교

미래의 학생들이 살아갈 세계 자체가 정태적인 지식 사회가 아니라 이론과 실제, 인간과 비인간, 실제 현실과 가상현실 등이 다양하게 통합, 융합되는 세상이 될 것이다. 이러한 세상에서는 통합 및 융합 역량이 인간의 필수 요소가 된다. 이에 따라 4차 산업혁명사회의 학교에서는 교과 간의 통합이 이루어질 것이다. 4차 산업혁명사회에서는 실제 현실 맥락에 맞는 다양한 주제를 중심으로 현재의 분절적인 교과목들이 통합될 것이다. 인문 교과와 자연 교과의 통합, 일반 교과와 예체능 교과의 통합 등 다양한 통합이 이루어질 것이며, 교과 차원에 머무르지 않고 '인간과 자연에 대한 이해', '민주시민', '세계시민', '환경' 등과 같이 삶을 반영한 주제 중심 교과들이 고등교육뿐만 아니라 초·중등교육에서도 주요 교과목으로서 대두될 것이다. 이에 따라 교사들의 티칭 역시 개별 교사 혼자서 가르치던 방식에서 벗어나 팀 티칭 방식이 일반화가 될 것이다. 여러 명의 교사들이 학생들의 필요와 삶의 맥락에 맞추어 다양한 방식의 팀을 구성하여 가르치게 되는 것이다. 4차 산업혁명사회의 초입이라고 할 수 있는 현재에도 자유학기제와 같은 미래지향적 교육정책에서는 통합 및 융합수업을 강조하고 있으며, 교사들의 팀티칭도 확대되고 있는 추세이다.

3) 무학년제 및 무학급제 학교

온라인 및 가상세계, 글로벌 네트워크 속에서 학생들의 학습 및 적응 양태, 학습 격차는 더 크고 다양하게 나타날 것이다. 따라서 4차 산업혁명사회의 학교에서는 무학년제, 무학급제가 일반화될 것이다. 1년을 기준으로 묶여있던 학년의 틀에서 벗어나 각자의 발달 단계나 필요에 맞게 다양한 학습이 이루어질 것이다. 학교에서 1명의 교과담당 교사에게 1년 동안 배우는 것이 아니라 다양한 학습 네트워크와 온라인 학습 세상 속에서 개별 학생의 필요에 맞는 학습과 경험이 이루어질 것이다. 4차 산업혁명사회에서 학습의 기반은 학교, 학급 차원에 머무르지 않고 다양한 네트워크와 온라인 체제 속에서 전 지구적으로 확대될 것이기 때문에 학년과 학급으로 묶이는 폐쇄 체제에서 국내외를 망라한 네트워크로 연결되는 개방 체제로 전환되어야 한다.

4) 울타리가 없는 학교

학교는 대체로 고고한 성이며, 교실은 여전히 견고한 요새와 같이 독립, 고립화된 곳이다(Hargreaves & Shirley, 2006). 4차 산업혁명사회에서 이러한 학교 울타리는 낮아지거나 없어질 것이며 배움의 장이 광범위하게 넓어질 것이다. 물리적 환경의 영향을 받는 아날로그 시대의 학교와는 달리 온라인 및 가상현실로 대변되는 4차 산업혁명사회에서는 물리적 울타리는 의미가 희미해질 것이다. 온라인 시스템과 네트워크로 학교와 마을, 학교와 지역사회는 하나의 학습공동체가 될 것이다. 네트워크는 글로벌화되어 한국 학교의 교실과 미국 학교의 교실이 실시간으로 함께 연결될 수 있는 것이다. 나아가 인공지능의 발달은 배움의 장소로서의 학교라는 개념을 재규정하게 만들 것이다. 인공지능의 개발 및 발달로 인해 어느 장소에서든 배움이 가능한 세상이 도래하게 되면, 가정, 마을, 일터 등 어느 곳에서나 학습과 배움이 가능하기 때문에 전통적 의미의 학교 울타리는 의미를 상실할 것이며, 일정한 물리적 환경을 기반으로 한 학교 개념 자체도 변화하게 될 것이다. 학교는 세상의 다양한 온라인과 네트워크를 기반으로 한 배움의 거점(base)으로 진화할 것이다.

5) 공동체로서의 학교

지능정보화사회 학교에서 교사나 학생들은 위계 관계 속에 학습을 해 나가는 것이 아니라 다양한 교내 교외의 네트워크 속에서 학습을 해 나가게 되는데 네트워크는 기본적으로 수직적 체제가 아니라 수평적 체제이다. 교사와 학생들의 학습 맥락과 토대가 바뀜으로 인해 학교 체제 역시 바뀌게 되는 것이다. 교장 교감 교사 학생으로 이어지는 위계 체제가 아니라 구성원들이 모두 다양한 네트워크로 연결되는 공동체로서의 학교가 지능정보화사회에서 학교 체제가 될 것이다. 이러한 체제는 단위 학교에 머무르는 것이 아니라 사회 국가 차원으로 확대될 것이며 나아가 지구촌 공동체로도 이어질 것이다. 지능정보화사회에서 빠른 속도로 지식이 생성, 발전, 소멸되어 가는 상황도 학교에서의 공동체적 노력을 필요로 하고 있다. 즉 지식이나 환경 변화에 교사나 학생 개인이 대응하기에는 더욱 어려워지는 시대가 되어 가고 있다. 따라서 학교 구성원, 나아가 학교 외부 관계자들 모두가 함께 탐구하고 함께 찾아 나가지 않으면 적응과 발전이 어려워지는 시대인 것이다. 따라서 학교에서도 공동의 대응과 노력이 필요하며 이러한 학교를 구축하기 위해서는 공동체로서의 학교가 핵심 기반이 되어야 한다.

6) 인간교육의 장으로서의 학교

지능정보화시대에는 인공지능 로봇 등으로 대변되는 과학기술의 급격한 발달로 인해 비인간화 및 인간 소외 문제가 필연적으로 발생할 수 있다. 지능정보화사회에서 이러한 문제에 대비하기 위해서는 학교에서 학생들에게 철저한 인간교육을 실시해야 한다. 인간의 존엄과 가치에 대해 철저하게 교육시켜야 한다. 인공지능이든 로봇이든 그 무엇보다도 인간 자체가 소중하고 귀하다는 것을 깊이 있게 가르쳐야 한다. 그리고 더 나아가 타인에 대한 배려와 존중에 대해서도 엄격하게 가르쳐야 한다. 지능정보화사회가 가속화될수록 인간교육의 필요성은 더욱 절실하다.

❸ 지능정보시대의 교사상

1) 지능정보를 갖춘 교사

지능정보화사회에서 인공지능 로봇 가상현실 등을 다루고 과학기술발달로 발생할 수 있는 윤리적 문제에 대해 고민하고 결정할 수 있는 지능정보 역량은 특정 사람들에게만 필요한 것이 아니라 모든 사람들에게 필요한 역량이 될 것이다. 이러한 역량을 기를 수 있는 가장 기본적인 장이 바로 학교이다. 학교교육을 통해 학생들은 지능정보 역량을 충분히 갖추고 사회에 진출할 수 있도록 해야 하는데 학교에서 학생들에게 바로 이러한 지능정보 역량을 길러줄 역할을 담당할 주체가 바로 교사이다. 지능정보 역량을 학생들에게 길러줄 교사들 역시 지능정보 역량을 갖추고 있어야 한다.

2) 인간의 감성과 감정을 충분히 소유한 교사

지능정보화사회에서는 위에서 언급한 것처럼 과학기술의 급속한 발달 인공지능이나 로봇 등 비인간 기계나 기구들의 급속한 팽창 등으로 인해 비인간화나 인간의 소외 문제가 심각한 문제로 대두될 수 있다. 이러한 문제를 극복하기 위해서는 학교에서 인간교육, 인간 정서나 감성 교육이 실시되어야 하는데 이러한 교육을 담당할 교사는 인간의 감성과 감정을 충만하게 소유한 교사여야 한다. 즉 미래사회를 살아가야할 학습자를 지도하는 교사들은 단순히 주어진 지식을 전달하고 지도하는 수동적 존재가 아니라 인간에게 보다 정의롭고 지속가능한 사회가 무엇인지 사고할 수 있는 능력, 현재 사회에 대한 성찰을 기반으로 주체적 삶을 살 수 있는 능력, 비판적으로 성찰하고 능동적으로 활용할 수 있는 능력을 갖추어야 한다. 그리고 무엇보다도 이러한 능력은 인간에 대해 이해하고 인간적인 감성과 감정을 갖추는 것이 기본이 될 수 있다.

3) 융합지식을 갖춘 교사

지능정보화사회에서의 교육은 지금처럼 교과의 논리로 분화되어 있는 교육활동이 아니라 교과와 교과 간 벽을 허무는 차원을 넘어서 다양한 학문 간의 융합을 이루고 교육의 내용이 사회적 가치와 연계를 이룸으로써 학습자가 미래 사회 속에서 자신의 삶을 주체적으로 꾸려 나갈 수 있는 역량을 키우는 방향으로 나아가야 한다. 교사의 역량 또한 이에 맞추어 이러한 융합을 경험하고 융합을 이끌어 낼 수 있는 역량을 갖추어야 하며 하나의 학문에 대한 전문성이 아닌, 보다 통합적 융합적인 관점에서의 전문성을 갖춘 교사가 필요하다.

4) 인간과 사회에 대한 종합적이고 깊이 있는 이해력을 가진 교사

지능정보화사회에서는 인간과 자연 인간과 인공지능 실제 현실과 가상현실 등의 통합과 융합 등으로 인해 둘 사이의 구분이 모호해지는 세상이 될 것이다. 이때 인간들에게 인간과 사회에 대한 통찰과 깊이 있는 이해가 부족하면 인간으로서의 정체성이나 존엄성을 상실할 수도 있다. 즉 가상현실이나 기계에 의해 인간이 지배당하거나 예속될 수 있고 경제적, 사회적, 문화적 불평등 역시 심해질 수 있다. 이러한 역기능의 위험을 극복하기 위해서는 우리 인간들에게 지금보다 훨씬 더 인간과 사회에 대한 종합적이고 깊이 있는 이해 역량이 필요하며 학교에서 이러한 역량을 길러주어야 한다. 이러한 일들을 담당할 핵심 주체가 교사이기 때문에 교사들 역시 인간과 사회에 대한 종합적이고 깊이 있는 이해 역량을 갖추고 있어야 한다.

5) 공동체 의식을 갖춘 교사

사회나 환경의 변화 속도가 더욱 가속화되고 복잡성이 더욱 심화되는 사회 체제에서는 남과 더불어 함께 살아가고 남을 배려하고 협동할 줄 아는 공동체 역량을 길러주어야 하기에 교사들이 먼저 공동체, 협동역량을 갖추어야 한다. 교사들은 이러한 공동체의식과 협동 역량을 학생들에게 제대로 가르칠 수 있어야 할 뿐만 아니라 교사 스스로 이러한 삶을 살고 학생들에게 모델이 되어주어야 한다.

6) 사회정의 의식을 가진 교사

지능정보화사회에서 과학기술의 발달은 심각한 정보격차, 계층 간 격차, 지구촌 격차를 만들어 낼 것이다. 따라서 더불어 함께 살아가며 공동의 선을 추구해 나가는 뚜렷한 사회정의 의식이 아이들에게 필요한데 이러한 사회정의 의식을 길러줄 수 있는 대표적인 곳이 바로 학교이다. 학생들에게 이러한 사회정의 의식을 길러주기 위해서는 교사들 역시 사회정의 의식을 가지고 있어야 한다. 교사들이 먼저 사회정의와 공동선을 추구해 나가는 역량을 갖추고 있어야 한다.

7) 세계 시민의식을 갖춘 교사

지능정보화사회는 국가 간의 경계도 자유롭게 넘나드는 그야말로 지구촌 사회가 될 것이다. 온라인 및 가상현실은 이미 국경 없는 세상 속에서 펼쳐지고 있다. 이러한 세계 공동체 사회를 맞이하여 우리 아이들에게 그러한 사회에서 왕성하게 활동하며 살아갈 수 있는 역량을 길러주어야 한다.

2 CHAPTER | 교사

1. 교사전문성

❶ 교사 전문성

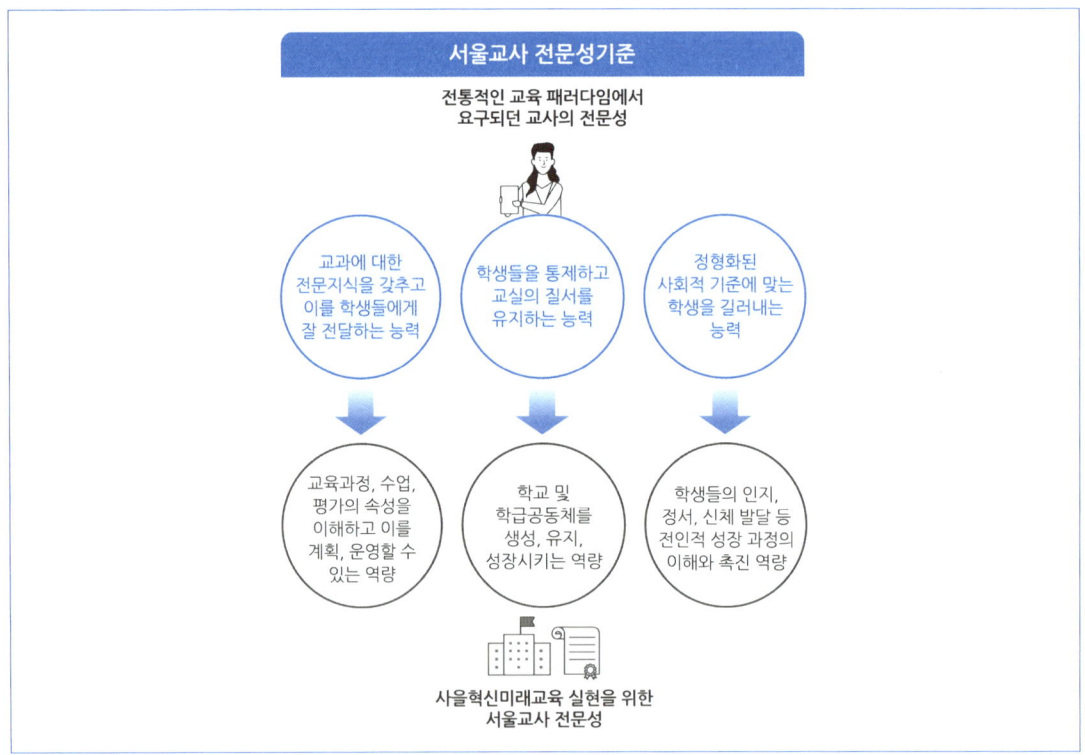

1) 교육과정·수업·평가 설계 및 실행 역량

   ① 교육과정을 재구성하고, 창의적인 수업을 디자인하여 실행하는 능력
   ② 교육과정 및 수업과 연계하여 평가를 실시하고 이를 환류할 수 있는 능력
   ③ 미래사회의 문화와 기술의 변화에 대응하여 교육과정을 기획하고 적용하는 능력

2) 민주적인 학교공동체 운영 역량

   ① 민주적 시민성의 개념을 이해하고 학생들과 더불어 학급 및 학교 문화를 형성하고 성장시키는 능력
   ② 동료 교사들과 수평적 협력을 통하여 학습공동체를 구성하고 유지·발전시키는 능력
   ③ 지역 사회의 교육 주체들과 민주적 교육공동체를 구축하고 운영할 수 있는 능력

3) 학생의 전인적 성장을 촉진하는 역량
   ① 학생들을 창의적인 학습의 주체로 인정하고, 개성과 잠재력을 존중하며 성장을 돕는 능력
   ② 생태, 평화, 비차별 등 세계시민으로서의 태도와 가치를 이해하고 교육 상황에 적용하는 능력

❷ 교사의 전문성 제고를 위한 여건 조성

교사의 전문성 제고를 위해 교육청과 학교가 함께 다음과 같은 여건 조성에 힘써야 한다.
① 교원의 교육활동을 지원하는 학교업무 재구조화
② 교원학습공동체 등 자발적인 교육전문성 신장 활동 지원
③ 토론이 있는 교직원 문화를 통한 학교공동체의 민주적 의사결정 구조 확립
④ 하향식(top down)이 아닌 상향식(bottom up) 교육정책 및 일관성 있는 정책 지원
⑤ 지역사회의 다양한 교육자원 발굴 및 연계 활용 확대

❸ 교사전문성 제고 방안

1) 전문성 신장 수단에 의한 분류

전문성 신장 방안	내용
현직 연수활동의 강화	해당 직무에 대한 적응 능력을 길러주고 교원으로서의 전문 능력과 일반적 자질을 향상시키기 위하여 자발적 혹은 의무적으로 이루어지는 여러 교육 활동
각종 장학 활동의 강화	• 전문성을 신장시키고 교수행위를 개선하기 원하는 교사가 자신이 능력과 자질을 향상시키는 데 필요한 장학적 활동을 스스로 또는 동료와 장학자와 협력해나가는 자율장학 • 교원의 자발적 의뢰를 바탕으로 전문성을 계발하기 위하여 교내외의 전문성을 갖춘 사람들이 제공하는 컨설팅장학 • 교사 자신의 전문적 성장을 위하여 스스로 계획을 세우고 실천하고, 그 결과에 대하여 반성적 평가를 해나가는 자기장학
부단한 자기 개발 노력	• 교사의 신체적 건강과 성격 및 취향, 가정생활 및 사회생활, 취미활동과 종교활동 등의 개인적 발달영역 • 교사의 교육철학 및 교직관, 교육목표 및 교육계획, 교육과정 및 교과지도, 생활지도, 학급경영, 교육기자재 및 자료 활동, 컴퓨터 활동, 교육연구, 학부모 및 지역사회 관계, 교육정보와 시사 등과 관련된 전문적 발달영역 • 학교 경영 계획 및 경영 평가, 학교 경영 조직, 의사소통 및 의사결정, 교직원 간의 인간관계, 교직원 인사관리, 학교의 재정 및 사무·시설관리, 학교의제 규정, 학교의 대외적인 관계 등의 학교조직 발달영역

전문적 학습공동체 구축	• 교원들이 동료성을 바탕으로 함께 연구하고 공동의 목표를 설정하고 함께 문제를 파악하여 해결방안을 모색하는 공동체
	• 단위학교를 중심으로 학교 내 교원들로 구성하여 운영함
	  예 직무연수, 자율연구
	• 여러 학교 간 교원들이 연계하여 학교 밖에서 운영함
	  예 교육연구회(지역 단위 및 도 단위), 기타 연구활동

2) 전문성 신장 내용에 의한 분류

내용 영역	신장 방안
교육철학 및 교직관	• 교육철학 및 현대교육사조에 관한 연수 • 교사의 직무, 사명감, 근무자세, 교사의 권리와 의무 등에 관한 연수
교육목표 및 교육계획	• 교육목표 수립에 관한 연수, 협의, 공동 작업 • 교육계획서 수립에 관한 연수, 협의, 설문조사, 공동 작업
교육과정 및 교과지도	• 교육과정 편성 및 운영에 관한 연수, 협의 • 학년별 교과별 영역 별 교과지도 목표에 관한 협의 • 교과별 학년별 수업 연구 및 수업 공개 활동 • 교내외 교과협의회(연구회)활동 • 교과지도의 제반 내용에 관한 연수, 연구, 협의
생활지도	• 생활지도 활동의 이론과 실제에 관한 연수, 연구 • 인성교육/성교육에 관한 연수, 연구, 협의 • 진로지도의 이론과 실제에 관한 연수, 연구
학급경영	• 학급경영의 이론과 실제에 관한 연수, 연구 • 학급경영 평가에 관한 연수 • 학급경영안의 작성과 활용에 관한 연수, 연구 • 학급환경 조성 방법에 관한 연수, 연구
교육기자재 및 자료활용	• 멀티미디어 등 교단 선진화 기자재 활용에 관한 연수, 연구 • 각종 실험, 실습, 실기 기자재 활용에 관한 연수, 연구 • 각종 교구, 기자재, 자료 활용에 관한 연수, 연구 및 관련자료 공동제작
컴퓨터 활용	• 컴퓨터 활용법에 관한 연수 • 컴퓨터를 이용한 수업자료에 관한 연수 및 여러 소프트웨어 공동 개발
교육연구	• 현장연구 방법에 관한 연수 • 현장연구의 개인 추진 또는 공동 추진 • 각종 연구대회 및 공모전에 개인 출품 또는 공동 출품
학부모·지역 사회 관계	• 교사와 학부모의 관계 및 학부모 면담 기법에 관한 연수 • 학교 운영위원회의 기능과 운영 방법에 관한 연수 • 가정 통신문을 활용하여 학교 홍보 및 학부모 참여유도 연구
교육정보·시사	• 변화하는 교육정책·제도 및 교육개혁에 관한 연수 • 각종 교육신문, 전문지, 서적을 통한 교육정보의 수집·분석·배포 • 각종 교육에 관련된 사회적 이슈나 문제에 관한 연수

❹ 수업전문성 신장 방안

훌륭한 교사의 모습에 대한 기대가 시대와 입장에 따라서 변화되고 있다. 최근에는 교사의 전문성 중에서도 수업 전문성에 대한 관심이 높아지고 있다. 교사의 일반적인 역할은 수업지도, 생활지도, 행정업무 등이 있을 수 있으나, 수업 전문성은 교사의 역할 중 가장 기본적이고 핵심적인 역할이라고 할 수 있다. 또한 교사의 수업 전문성의 개념은 연구 학자에 따라 교사전문성, 교육전문성 등의 개념으로 사용하는 경우도 있으며 교사전문성이 수업전문성의 개념을 포괄하는 상위 개념으로 사용되는 경우도 있다.

교사 전문성은 학교 현장에서 교육 활동을 하는 데 필요한 전문적인 능력을 말하며, 구체적으로 교사가 교육활동을 수행하는 과정에서 요구되는 자질, 능력, 지식, 기술, 태도, 가치관 등을 포괄하는 것으로 업무

수행 및 지적 수월성과 교사로서의 지속적인 성장을 유인하는 심층적 특성으로 구성된다.

수업을 잘하는 교사는 다른 일반적 교사에 비하여 자신의 수업에 대하여 반성적 점검을 자주하며, '반성적 수업'이란 교사가 항상 자신의 수업을 되돌아보고 필요한 수정을 취하는 태도를 의미하고 항상 주의 깊게 자신의 매일의 수업을 되돌아보며 자신의 믿음과 습관적 행동에도 회의적인 태도를 취한다고 한다.

교사의 수업전문성을 향상시키기 위해서는 수업전문성 하위변인인 수업내용, 수업전략, 수업관리 변인 간의 상호관계를 통해서 발전시켜 나가야 한다. 수업 전문성에 대한 하위 요인은 다음과 같다.

1) 수업전문성 하위 요인과 내용

하위요인	세부요인	개념	예시문항
수업내용	명료화	명료한 설명, 핵심내용의 반복, 발음의 명확성 등	수업이 끝나는 시점에 학습 내용을 정리해준다.
	구조화	수업내용 관련짓기(전 시간 복습, 내용요약), 수업 내용의 체계성, 수업 내용의 계열성	
수업전략	다양화	내용제시 및 수업방법의 다양성, 다양한 질문의 활용, 활력과 역동성	수업내용을 설명할 때 여러 가지 자료를 적절히 사용한다.
	동기화	학생의 의견에 대한 격려와 활용, 허용적인 분위기, 교과에 대한 교사의 관심	
수업관리	학생행동관리	수업규칙 마련 및 일관된 규칙 적용, 일탈행동 대처	과제검사 후 적절한 피드백을 제공한다.
	학습 관리	학습 기회 부여, 학업 지향적 태도 강조, 숙제 점검 및 피드백	

> **〈수업 전문성의 정의〉**
> - 수업 능력, 수업 수행 및 수업 효과성을 포함하는 교사의 자질
> - 효과적인 수업을 위한 교사의 행동 양식과 수업 방법, 수업전략 등의 수업기술 능력과 직업적 윤리성, 교육 이상에 대한 실천가로서의 자질
> - 수업목적의 달성을 위한 수단을 처방하는 데 필요한 전문 지식과 기술을 활용하는 교사의 능력 및 수업에 이미 반영되어 있는 가치와 의미를 분석해 낼 수 있는 교사의 이론적 이해

2) 수업전문성 일반 기준의 영역

대영역	중영역	기준 요소 및 지표
지식	내용 지식 및 내용 교수법	• **내용 지식의 이해** ① 교사는 교과의 개념, 원리, 관계, 탐구 방식 등을 충분히 이해하고 있는가? ② 가르치는 내용의 선수 관계를 충분히 인지하고 있는가? ③ 교사는 가르치고 있는 교과와 다른 교과/실생활과의 관련을 잘 인지하고 있는가? • **내용 교수법 및 오개념 인지** ① 교사는 교과 지식을 학생들이 이해하기 용이하게 교수학적으로 전환하는 다양한 방법을 알고 있는가? ② 교사는 학생들이 흔히 범하는 오류와 오개념 유형을 인지하고 적절히 대처하는 방법을 알고 있는가?
	학생 이해	• **발달, 인지학습** ① 교사는 학생들의 발달 특성(지적, 사회적, 정의적, 신체적 특성 등)과 더불어 개별 학생의 차이도 알고 있는가?

			② 교사는 학생들의 인지학습 과정을 이해하고, 유의미한 학습을 촉진하는 방법을 알고 있는가?
			• **개인차** ① 교사는 학생들의 다양한 개인차(관심, 능력, 선행지식, 학습양식 등)에 관해 충분히 이해하고 있는가? ② 교사는 개별 학생들의 수준과 요구에 기초하여 적절하게 학습을 촉진하는 방법을 알고 있는가?
계획 (지식과 실천의 연계)	수업설계		• **학습목표 설정 및 진술** ① 학습목표는 개념적으로 중요한 이해를 강조하며 적절히 도전적인가? ② 학습목표는 명료하게 설정되어 있고 구체적으로 잴 수 있는가? ③ 학습목표는 개별 학생이나 집단의 다양한 요구와 수준을 고려하고 있는가? ④ 학습목표는 교수학습 활동의 특성과 부합하는 방식으로 진술[제시]되어 있는가?
			• **일관성 있는 수업 설계** ① 수업전략 및 학습활동은 학습목표 달성에 적합하고 학생들의 요구에 적절한가? ② 집단 구성 방식은 학생들의 요구 및 학습활동에 적합한가? ③ 선정된 자료와 매체는 학습목표 달성에 적합하고 학생들의 요구에 적절한가? ④ 선정된 평가 기준, 내용, 방법, 도구는 학습목표와 부합하는가? ⑤ 단원 계획을 중심으로 차시별 수업안이 체계적으로 조직되어 있고, 학년/학기 학습목적을 달성할 수 있도록 논리적으로 구성되어 있는가?
실천	학습 환경 조성 및 학급운영		• **안전하고 효율적인 물리적 환경** ① 교실의 물리적 환경은 학생들에게 안전하고 잘 정돈되어 있는가? ② 교사와 학생은 필요한 자원 및 공간에 용이하게 접근할 수 있는가? ③ 책걸상 및 교실 가구 배열이 수업 목적 및 학습활동에 잘 부합하는가? ④ 교사는 교실에 설치된 여러 가지 매체의 사용법을 알고 능숙하게 사용할 수 있는가?
			• **생동감 있는 학급 분위기와 학습문화 조성** ① 학급분위기는 온화하고 민주적이며 학생들은 자발적이고 능동적으로 학습에 참여하는가? ② 교사와 학생간의 상호작용이 활발하고 상호 존중과 신뢰가 형성되어 있는가? ③ 학생들 간의 상호작용이 활발하고, 서로 배려하며 협조적인가? ④ 교사는 학생의 학습에 긍정적인 효과를 줄 수 있다는 신념과 열정을 지니고, 개개 학생의 높은 수준의 성취를 기대하는가?
			• **효율적인 학급운영과 학생지도** ① 교사는 효율적인 학급운영을 위한 절차와 규칙을 마련하여 학생들과 공유하고 있는가?(활동 전환, 시간 활용, 화장실 사용 등) ② 빈번하게 수행되는 행동(학습지 배부, 집단 구성 등)이 일상적인 관례에 따라 진행되는가? ③ 교사는 수업의 흐름이 끊어지지 않도록 부적절한 상황을 효과적으로 대처하는가? ④ 교사는 학생행동 기준(욕설 금지 및 위반 시 벌점, 수업 시간의 자세, 발표 시 학생 참여 방법 등)을 학생들과 공유하고, 학생들의 문제 행동을 효과적으로 예방하고 대처하는가?
	수업실행		• **사전 지식 활성화와 동기유발** ① 교사는 새로운 학습내용을 제시하기에 앞서 관련된 학생의 사전 지식, 배경 경험을 다양한 방식으로 점검하고 활성화하는가? ② 교사는 학생들이 새로운 학습에 필요한 선행 지식을 결여하고 있을 때 적절한 선행조직자(설명, 모형 등)를 제공하는가?

| 실천 | 수업실행 | ③ 교사는 수업 전반을 통해 학습목표와 연계하여 학생의 주의를 집중하기 위한 다양한 동기 유발 활동을 사용하는가?
④ 교사는 학습목표와 연계하여 학습할 내용의 중요성과 실제 생활에서의 유용성을 학생들에게 알려주는가?
• **이해와 사고를 촉진하는 수업전략**
① 교사는 새로운 학습내용을 학생들이 이해하기 쉽게 제시하는가? (설명, 판서, 구체물, 유추, 예, 그림, 모형 등의 활용 포함)
② 교사는 학습목표 달성에 적절한 수업전략을 효과적으로 적용하는가? (강의, 발표, 토론, 협동학습, 탐구학습 등)
③ 교사는 개별 및 소집단 학생들의 수준과 요구에 알맞은 수업 전략을 적용하는가?
④ 교사는 학생들의 깊은 이해와 사고를 촉진하고, 학습내용을 학생들의 생활 경험과 연계시키고자 노력하는가?
• **유의미한 학습활동 및 과제 수행**
① 학생들이 수행하는 학습활동과 과제는 학습목표에 부합하는가?
② 학생들은 학습활동 및 과제 수행에 지적으로 몰입하여 참여하는가?
③ 학습활동과 과제는 유의미한 학습을 이끌고 적절히 도전적인가?
• **효과적인 자료 활용**
① 자료와 매체의 활용이 양이나 질적인 면에서 학습목표 달성에 적절한가?
② 자료와 매체는 학생들이 학습에 능동적으로 참여하도록 조력하는가?
• **명료한 의사소통 및 적절한 언어 사용**
① 교사의 지시나 설명이 학생들의 학습을 안내하기에 충분히 명료하고 정확한가?
② 교사의 음성(크기, 높이, 억양 등), 말하는 속도, 어휘 사용 등이 적절한가?
③ 교사는 신체 언어(제스처, 눈 맞춤, 고개 끄덕이기 등)를 효과적으로 사용하는가?
• **효과적인 질문 사용**
① 교사의 질문 수준과 빈도는 적절한가?
② 교사는 질문 후, 그리고 학생의 반응 후 적절한 대기 시간을 갖는가?
③ 교사는 학생들과 상호작용하며 학생들의 응답에 대해 적절한 탐색 질문을 하는가? (명료화 요구, 추가 정보 요구하기, 방향 바꾸기 등)
④ 교사는 학생의 질문을 장려하고, 학생들과 더불어 '진정한' 토의를 진행해 나가는가? (단순 재생적 정보 확인 상호작용 지양)
⑤ 교사는 질문 시 오류를 범하지 않는가? (질문 반복하기, 자신이 묻고 답하기, 기대하지 않은 답 무시하기, 일부 학생만 호명하기 등)
• **이해 점검 모니터링 및 피드백**
① 교사는 수업 전 과정(도입–전개–정리)에 걸쳐 학생들의 이해도와 학습 참여를 수시로 점검하는가?
② 교사는 정확하고, 건설적이며, 구체적인 피드백을 적시에 제공하는가?
• **유연한 상황 대처**
① 교사는 예기치 못한 상황을 맞닥뜨렸을 때 적절히 대응하는가?
② 교사는 인내를 가지고 특별한 요구를 지닌 학생들(학습부진아, ADHD 등)을 지도하는 효과적인 방안을 모색하는가?
• **구조화된 수업 전개와 효율적인 시간 관리**
① 수업의 도입–전개–정리가 잘 조직되어 있는가?
② 수업의 흐름이 원활하고 수업 전개 속도가 적절한가?
③ 수업 시간이 효율적이고 효과적으로 사용되었는가? (수업 외 업무 수행, 학생 통제 등 비 학습 시간이 지나치게 많지 않았는가?) |

전문성	수업반성 및 전문성 발달	**• 교사의 수업반성** ① 교사는 자신의 수업의 효과성을 객관적으로 평가하고, 자신의 강점과 약점을 정확히 파악하는가? ② 교사는 수업반성에 기초하여 자신의 수업을 개선하기 위해 지속적으로 노력하는가? **• 동료 교사와의 협력** ① 교사는 수업개선을 위해 동료 교사와 협력하는가? ② 교사는 자신이 알고 있는 지식과 정보를 동료 교사와 공유하고자 하는가? **• 학부모와의 협조** ① 교사는 학부모에게 교육 프로그램을 안내하고 학생의 발달, 학습, 생활 지도 관련 정보를 주기적으로 제공하는가? ② 교사는 학부모의 수업 참여 및 지원을 적절히 이끌어내는가? **• 전문성 발달 노력** ① 교사는 교과 지식 갱신 및 수업 기술 향상을 위해 부단히 노력하는가? ② 교사는 실행 연구자, 동료 장학자 등의 전문적 역할을 기꺼이 수행하고자 하는가?

❺ 업무전문성 신장 방안

업무이해 능력 신장	• 자신이 맡은 업무에 대해 잘 파악하고 시기별로 해야 할 역할에 대해 파악해야 함 • 이를 위해선 교육청에서 작성한 업무 매뉴얼을 잘 숙지하고 직무관련 연수를 듣는 방법이 있음
기획 및 행정업무 처리능력 신장	• 학교 행사나 담당업무를 기획하고 할 수 있는 능력을 의미함 • 행사의 목적에 대한 이해와 학생들을 성장시키기 위한 효과적 방안에 대한 고민이 있을 때 좋은 프로그램을 기획할 수 있음 • 뿐만 아니라 공문 작성 요령을 숙지하고 기안 문서마다 다를 수 있는 결재선 이해를 위한 노력이 필요함 • 또한 교무업무시스템의 문서함을 통해 이전 담당자의 작성문서를 참고하는 것도 도움이 될 것임
의사소통능력 신장	• 학교업무는 보통 여러 부서의 협조가 필요한 경우가 많기에 이해관계가 다른 동료 교직원들과의 협력을 증진하기 위한 의사소통 능력 신장이 중요함 • 이를 위해 학교 내 좋은 인간관계를 유지하기 위해 노력하고 비공식적 조직 등을 통해 친목관계를 쌓고, 자신도 다른 부서의 업무를 평소 잘 도와주려는 모범이 필요함
정보처리(ICT) 능력 신장	• 학교 전산 업무를 잘 감당할 수 있는 정보처리 능력을 신장시켜야 함 • 각종 문서제작을 위한 한글 프로그램과 자료를 통계내기 위해 유용한 엑셀 프로그램 등의 사용법에 익숙해지기 위한 노력이 필요함
교육을 위한 신념	• 비록 어려운 일일지라도 학교 내 누군가는 해야 하는 것이 해당 업무임 • 모든 것이 학생의 성장과 발달을 돕기 위함임을 명심하고 교육에 헌신하려는 마음가짐으로 최선을 다하려는 마음가짐이 매우 중요함

2. 교사 역량 및 자질

❶ 중등 교사의 역량

교사역량은 학교 조직의 구성원이 성공적으로 역할과 직무를 실행하는 데에 어떠한 능력과 자질을 갖추어야 하는지에 초점을 두고 등장한 개념이다.

역량군	역량명	역량정의	우수한 교사의 특성
교과지도 역량	교과내용 전문성	담당 교과 내용에 대한 심도 깊은 지식을 소유하고 있을 뿐만 아니라 그러한 지식을 확장하고 활용하며, 전파시키려는 동기까지 포함한 제반 능력	교재연구에 많은 시간을 투자, 담당 교과의 인근 교과목에 대한 풍부한 지식을 소유, 담당교과 관련 연수에 자주 참가
	교수기술 전문성	학생의 수업집중과 학습성취도 향상에 기여하는 제반 수업활동관련 기술	학생들의 현 수준파악을 위해 진단평가를 실시, 학습 목표를 필히 제시함, 칠판 사용을 체계적(구조화)으로 함, 내용 설명이 명료함, 수업 중 이상 행동들을 효과적으로 통제
학급경영 역량	학생육성	학생 한 사람 또는 그 이상의 학생들을 지도하거나 키워주고자 하는 의도로 효과적인 지시, 대인이해, 영향력, 그리고 팀워크와 협력 등을 포함하는 행동	학생에 대한 차별행동이 없음, 학생상담을 자주 함, 학급원들의 출결지도를 잘 함, 조·종례를 필히 하고 잘 운영함
	정보관리	학생지도와 교과지도 관련된 다양한 정보를 수집하고, 효과적으로 활용하고 관리하는 능력	학급원 개인별 특성, 가정환경 등에 대해 잘 파악함, 학급의 요구와 불만을 잘 파악함
	조직관리	효과적인 학급관리를 위한 질서유지 및 면학분위기 조성을 위한 리더로서의 담임교사 행동	학급조직 내 질서유지를 잘 함, 사제동행을 생활화함, 타 학급보다 면학분위기를 좋게 형성함, 자율학습시간에 반드시 *임장지도를 함
교무실 생활 역량	팀워크	조직목표 달성을 위해 다른 조직원과 협력하여, '팀'의 일원으로서 함께 일하려는 진지한 태도, 동기 그리고 행동	학년단의 목표와 실천방향을 제대로 이해함, 동 교사들과의 인간관계가 원만함, 담임단의 팀워크에 신경을 씀, 교직원 연수 및 행사에 적극 참여함
	기본직무 태도	교사 직무수행에 있어서 기본적인 태도(성실성)	성실성이 돋보임, 수업시간을 철저히 준수함, 담당직무를 정확히 수행함

※ 임장지도: (사무실, 교실 등에서 벗어나) 교육 등의 목적으로 '현장에 나가서' 가르치는 것을 말함.

❷ 중등교사의 직무 역량과 역량 정의

역량군	직무역량
대인 관계 역량군	1. 교사와 학생간의 관계 이해: 학생과 원만한 관계를 유지하고 높이는 능력
	2. 학생 간의 관계 이해: 학생 간의 교우 관계를 파악하고 이들 간의 공감적인 요소를 확인하며, 문제 발생 시 적절하고 효과적으로 개입할 수 있는 능력
	3. 교사와 학부모 및 지역사회와의 관계 이해: 학부모 및 지역사회의 이해관계자와 원만한 관계를 형성하고 교육활동에 긍정적인 영향력이 발휘될 수 있도록 이들을 관리하는 능력
	4. 동료교직원과의 관계 이해: 학교 내부의 동료 교직원들과 협력관계를 형성하여 교육 효과성의 확대 및 성장을 모색하는 능력

교과 전문성 역량군	5. 담당교과지식: 교과와 관련된 지식/기능의 보유, 이해 및 활용 능력	
	6. 교과 외 지식: 교과 외의(사회, 문화, 역사, 과학, 예술 등) 교육활동관련 전문지식/기능의 보유, 이해 및 활용 능력	
	7. 교육과정운영: 교과전문성에 근거하여 다양한 교육과정(연간교육과정, 학교교육과정, 학급교육과정)을 이해하고 교과교육활동을 학습자의 흥미와 수준에 맞도록 재구성하여 운영할 수 있는 능력	
학생 이해 역량군	8. 학생의 학습에 대한 이해: 학습 관련이론을 바탕으로 학생 개인의 학습 스타일 및 요구와 수준을 고려하여 진단하고 학습방법을 제시하는 학습컨설팅 능력	
	9. 학생의 발달에 대한 이해: 학생의 신체적, 심리적, 사회적 발달의 단계를 이해하고 학생을 지도하고 교과를 운영하는 능력	
교수 학습 역량군	10. 교수설계 및 개발: 교과의 특성과 학습자의 수준에 맞게 교과의 단원 및 단위시간수업을 설계하고 관련 교수·학습 자료를 개발하는 능력	
	11. 수업운영: 학생들의 흥미를 유도하고 교과에 대한 이해를 증진시켜 효과적으로 수업을 진행하며, 학생들의 이해정도를 점검하는 능력	
	12. 평가: 교과의 특성에 맞는 적절한 평가방법을 개발하여 학생들의 학업성취수준을 명확하게 파악하고 분석하며 피드백을 제공하는 능력	
의사 소통 역량군	13. 언어적 의사소통: 상대방의 의견을 명확하게 이해하고 자신의 의사를 정확하게 전달하여 의사소통을 원활하게 하는 능력	
	14. 비언어적 의사소통: 언어가 아닌 다른 방법(문서 작성, 손짓, 몸짓 등)을 기반으로 자신의 의견과 생각을 정확하고 체계적으로 전달하는 능력	
상담 역량군	15. 상담기법: 상담이론 및 상담기술을 바탕으로 학생 및 학부모를 상담하는 능력	
	16. 생활지도: 학생의 생활모습과 태도를 지도하는 능력	
	17. 진로지도: 학생들의 진로를 안내하고 지도하는 능력	
행정/ 경영 역량군	18. 학급경영능력: 학급을 효과적으로 경영하는 능력	
	19. 학교운영 이해: 학교의 운영에 대한 전반적인 이해	
	20. 교육활동관련 행정업무처리: 학교 및 학생의 교육활동과 관련된 교무행정 및 사무업무 처리 능력	

❸ 교사의 의사소통능력

1) 정의

　　교사가 학생이 처한 다양한 상황적 특성, 곧 인지·정의·신체·가정·배경적 특성 등에 기초하여 현재 특정 학생에게 의미 있는 것이 무엇인지 파악하고 생각과 느낌을 학생과 상호 공유하는 능력

2) 교사의 학생 이해 및 소통을 위해 필요한 요소

대 영역	하위 영역		문항 번호	문항 내용
이해	인지적 이해	학습	1	공부 스트레스 인지
			2	공부 못하는 학생 어려움 인지
			3	성적 변화 인지
			4	공부에 대한 학생 관심 정도 인지
			5	학생 공부 습관 파악
		비학습	6	학생 교우관계 인지
			7	학생들의 문제행동 이유 인지

				8	개개 학생 성격 인지
소통				9	학생 주요 고민거리 인지
				10	학생 간 갈등 존재 시 상황 인지
		공감적 이해		11	학생 입장에서 생각하며 대화
				12	학급규칙에 학생 의견 고려
				13	학생 감정 이해
				14	학생 걱정거리 함께 고민
				15	학생들이 문제를 상의하고 싶어 하는 존재
	소통의 질	경청 태도		16	학생 말 끝까지 청취
				17	학생 말 들으며 이해하는 표정 지음
				18	교사 생각과 다른 학생 의견 경청
				19	이해 안 되는 학생 말 질문으로 확인
				20	성적 관계없이 학생 생각 존중
		개방적 태도		21	교사 생각 강요 안 함
				22	칭찬과 격려 잘 해줌
				23	명령식 표현 안 함
				24	학생 궁금 사항 이해 쉽게 설명
				25	학생 간 의견 충돌 시 상호 입장 정리
	소통의 양 (대화 빈도)			26	공부 방법 관련
				27	숙제 해결 관련
				28	입시나 상급학교 진학 관련
				29	장래 직업 관련
				30	흥미와 재능 관련
				31	방과후 시간 활용 관련
				32	고민(성적, 친구, 생활 등) 관련

④ 교사에게 필요한 인성적 자질

교육은 인격적인 만남과 따뜻한 인간관계를 바탕으로 가르치고 배우는 활동이다. 교사의 따뜻한 인간미는 학생과의 관계를 친밀하게 만들어 교사와 학생간의 상호작용 활동을 활발하게 해준다. 그러므로 교사의 정서활동을 포함한 인간적인 자질은 모든 교수활동에서 가장 중요한 위치를 차지한다.

용기	자신의 실수나 불완전을 인정하는 용기, 학생의 문제 사실이 불합리하다는 것을 직시하면서도 학생들과 함께 할 수 있는 용기, 자신을 솔직하게 보일 수 있는 용기 등
기꺼이 모델이 되고자 함	학생들에게 기대한 바대로 교사 자신이 그렇게 행동하고, 자신이 부족하지만 포기하지 않고 꾸준히 노력하는 모습을 학생들에게 보이기 등
정서적으로 함께 함	학생들의 고통, 슬픔, 죄의식, 분노와 같은 부정적인 정서뿐 아니라 즐거움이나 행복함과 같은 긍정적 정서를 함께 느끼고 나누기
선의와 보살핌	학생들의 복지에 관한 진정한 관심, 존중과 신뢰, 그리고 학생을 가치로운 존재로 수용하기
지도의 효과에 대한 확고한 믿음	교사 자신의 조력행동이 학생의 행동변화에 분명히 기여할 것이라는 믿음

개방성	교사 자신의 모습, 경험, 삶을 학생들에게 내보이기
저항에 대해 방어적이지 않음	학생의 비판이나 부정적 피드백에 대하여 너무 민감하게 반응하거나 위협감을 느끼지 않고 의연하게 대처하기
내적 힘	자신에 대한 신뢰감이나 일종의 카리스마적 힘
신체적·심리적 지구력	학생들과의 관계에서 활기차게 생활할 수 있는 그리고 어려움에 직면하더라도 꿋꿋이 대처해나 갈 수 있는 힘
새로운 경험에 대한 추구	다른 삶을 살고 있는 학생의 입장에 들어가 새로운 경험을 하면서 배우기
자각	교사 자신의 자아정체, 목표, 동기, 욕구, 제한점, 강점, 가치관, 감정 등에 관하여 통찰하기
유머 감각	학생들과의 관계에서 긴장감이 돌 때 유머나 위트를 활용하여 대처할 수 있는 능력
성실성	신선하고 창의적인 아이디어를 가지고 학생들과 관계하기

❺ 교사 지도자의 자질

1) 교육에 헌신하고자 하는 마음

교사 지도자에게 교육에 헌신하고자 하는 마음이 우선적으로 요구된다. 특히 교육활동, 학생들과의 교수-학습과정에 헌신하고자 하는 마음이 중요한다. 교사 지도자는 학교행정가와 달리 학생들과의 교수-학습활동에서 전문성을 발휘하고 교수-학습활동의 질 개선 및 향상을 도모하는 교사다. 따라서 교사 지도자는 우선적으로 교수-학습활동에 헌신하고자 하는 마음이 있어야 한다. 교사 지도자들에게 승진이나 금전적 보상도 의미가 있지만, 무엇보다도 가르치는 활동 그 자체에 의미를 부여하고 그 자체에 헌신하려는 마음을 가지고 있어야 한다.

2) 긍정적 사고방식

교사 지도자에게는 또한 긍정적인 사고방식이 요구된다. 교사 지도자는 동료교사들과 협력하여 학생들의 교육을 이끌어 가는 사람이다. 그리고 대체적으로 새로운 시도나 도전, 변화나 개혁을 추구하게 되는데, 이 과정에서 많은 장애나 어려움을 겪을 수 있으며, 단기적인 성과가 나타나지 않았을 경우 부정적인 인식을 가질 수도 있다. 자신들의 교육활동에 대한 부정적인 인식은 더 이상의 과업 수행을 어렵게 할 수 있다. 따라서 교사 지도자는 분명한 비전을 제시할 수 있어야 하며, 결과에 대한 확신을 가지고 구성원들을 설득할 수 있어야 하고, 어려운 상황에서도 긍정적, 적극적 자세를 가질 수 있어야 한다.

3) 열린 마음과 인간애

교사 지도자에게는 열린 마음과 인간애가 필요하다. 교사 지도자는 동료교사 및 학생들과 협력하여 교육활동을 이끌어 가는 위치에 있다. 따라서 이들과 협력하고, 또 이들을 이끌어 가기 위해서는 이들을 이해하고 받아들이고자 하는 열린 마음이 필요하다. 자신의 가치나 신념만을 중시하고 강요하는 교사 지도자는 성공적으로 교육활동을 이끌어 갈 수 없을 것이다. 특히, 자율성과 전문성을 중시하는 교사들에게는 이들을 존중하고 자율성을 발휘하도록 하는 배려가 필요하다. 그리고 동료교사나 학생들에 대한 인간애는 교사 지도자의 열린 마음의 기본 토대라고 할 수 있다.

4) 불굴의 용기와 의지

교사 지도자에게는 불굴의 용기와 의지도 필요하다. 교사 지도자들이 추진하는 일은 대체적으로 기존 체제에 대한 새로운 도전의 일들이다. 따라서 기존의 관념이나 관행, 관습, 장벽 등을 뛰어넘을 수 있어야 한다. 이를 위해서는 교사 지도자들에게 불굴의 용기와 의지가 필요하다. 특히 보수적 성격이 강한 학교문화 속에서 새로운 개혁이나 시도를 위해서는 이러한 용기와 의지는 더욱 요청된다고 할 수 있다.

5) 확신과 판단력

교사 지도자는 자신이 하는 일에 대한 확신과 판단력을 갖추고 있어야 한다. 교육활동처럼 성과가 비가시적이고 장기적인 특성을 갖는 활동의 경우, 단기적으로 가시적인 성과가 나타나지 않으면 활동에 대한 회의 및 소극성을 가질 수 있다. 이 과정에서 교사 지도자가 확신을 잃을 경우, 그 활동은 실패하게 될 것이다. 철저한 분석과 계획을 바탕으로 수행한 활동이라면 당장의 효과가 나타나지 않더라도 궁극적인 효과에 대한 확신을 가지고 추진해 나가야 한다. 그리고 이러한 효과성에 대한 판단뿐만 아니라, 과업 수행 과정에서의 대립이나 갈등, 환경이나 상황 변화 등의 과정에서 교사 지도자는 명확한 판단과 결정을 내릴 수 있어야 한다.

6) 인내력

인내력 또한 교사 지도자에게 필요한 자질이다. 교육활동의 포괄성만큼이나 교육에 대한 다양한 요구와 필요들이 있다. 관련 교사나 학생들의 필요나 요구를 다 들어 줄 수는 없지만 자의적으로 무시해서도 안 된다. 인내력을 가지고 그들의 필요나 욕구를 살피며 교육활동으로 유도할 수 있어야 한다. 그리고 교사나 학생들의 변화 역시 쉽게 나타나는 것이 아니기 때문에 인내심을 가지고 대할 필요가 있다. 무엇보다도 교육 효과의 장기성에 대해 인식할 필요가 있다. 특히, 학교 내외의 요구에 조바심을 낼 수 있는데, 교사 지도자는 인내심을 가지고 기다릴 줄 알아야 한다.

7) 창의성과 유연성

교사 지도자에게는 창의성과 유연성이 필요하다. 교육활동은 고도로 전문적이고 복잡한 활동이다. 따라서 이론적, 실제적으로 정형화된 틀을 갖기 어렵다. 각 대상이나 사람, 환경 등에 따라 매우 유연하게 대처해야 하는 것이 교육활동이다. 이를 위해서는 교사 지도자들에게도 그에 합당한 창의성과 유연성이 필요하다. 특히 지식의 생명주기가 짧아지고 있는 현대 사회에서 교사들의 교육에 대한 창의성과 유연성은 더욱 요청된다. 교사들은 자신들이 배웠던 것과 다른 내용이나 새로운 내용에 대해서도 받아들이고 탐구할 수 있어야 하며, 가르치는 대상인 학생들의 변화에 대해서도 유연하게 대처할 수 있어야 한다.

3. 지능정보사회 교사역량

교육부는 2016년 '지능정보사회에 대응한 중장기 교육정책의 방향과 전략'을 수립하였다. 이에 따르면 미래학교에서는 무선 인터넷망이 갖추어진 학교 환경을 기반으로 인공지능, 가상현실, 빅데이터 등 첨단기술이 통합된 지능형 학습 플랫폼이 구축되어 맞춤형 학습이 실현될 것이다. 이에 따라 미래지능정보사회의 학교 교육 변화에 대비하여 교사에게 필요한 역량을 알아보도록 하자.

❶ 지능정보사회 학교교육은 어떻게 변화할까요?

① 4차 산업혁명을 이끌어갈 핵심기술인 인공지능(AI) 기술의 현실화가 확산됨에 따라 이에 대비해야 한다는 사회적 공감대가 형성되면서 '지능정보사회'라는 용어에 주목하기 시작했다.

② '지능정보화'는 방대한 정보를 수집 분석, 처리, 저장할 수 있는 컴퓨터 및 지능형 시스템의 발달, 그 컴퓨터 및 시스템들 간의 상호작용 기술에 기반하여 수요자에게 맞춤형 정보가 최적의 형태로 제공되는 것이다.

③ 학교 교육에서 지능정보기술의 발달은 그 자체로서 의미를 갖기보다는 교육의 방향성을 탐색하는데 일조한다. 지능정보기술이 발달하면서 새로운 학습 환경이 구축되었고, 이러한 교육환경에서는 지식 주입을 목적으로 하는 공급자 중심의 교육방식이 더 이상 유효하지 않다. 즉, 기존 교육에서 어려웠던 학습자 중심의 맞춤형 교육의 가능성이 높아지면서 새로운 교육으로의 변화 필요성에 주목하게 되었다.

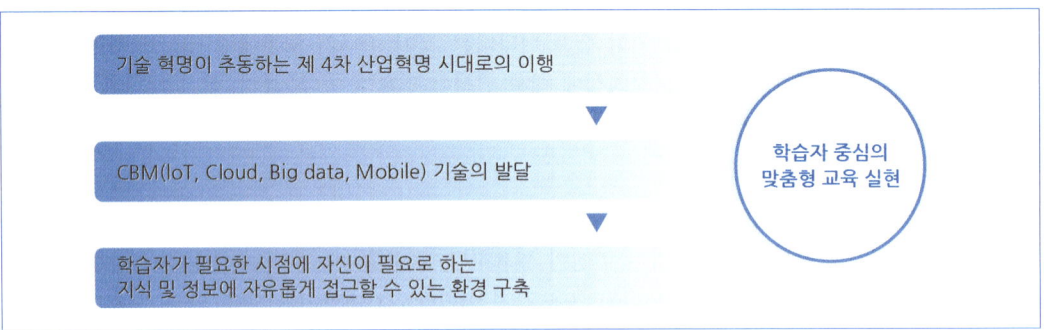

④ 이에 따라 학교 기능의 변화와 교육 방식의 변화에 대해 많은 연구자들이 다음과 같이 전망하고 있다.

학교 기능의 변화	교육 방식의 변화
·학습 시간, 장소, 기회를 확대시켜 초·중등 교육을 넘어 평생교육 기관 및 지역사회 교육공동체로서의 기능을 수행함(주형미 외, 2016). ·물리적인 공간과 가상의 공간을 아우르는 학습생태계로 발전함(Prince, Saveri, & Swanson, 2015).	·학습자의 개인별 학습 데이터 분석에 근거한 최적화된 학습 안내를 제공하는 맞춤형 교육을 실현함 (박균열 외, 2016). ·맞춤형 교육을 위해 가상현실, 인공지능 기술 등이 학교 교육 전면에 등장하면서 다양하고 풍부한 학습 경험을 제공함(홍선주 외, 2016)

❷ **지능정보사회의 학교교육에서 교사의 역할은 어떻게 변화할까요?**

　　기술의 발달에 따라 교사는 학습자 수준과 특성을 체계적으로 분석하게 되고, 확장된 학습의 시공간 내에서 활용할 수 있는 학습 자원이 다양화 되면서 학습자 맞춤형 학습을 지원하기 위해 현재와는 다른 역할들을 수행하게 될 것이다. 구체적으로 살펴보자.

① 지능정보사회에서 교사는 기술에 대한 이해를 바탕으로 학습자 요구와 학습 맥락 등에 맞추어 학습 경험을 재구성하여 제공할 수 있어야 하므로 학습 지원자로서의 교사 역할이 부각된다.

> - 학교 교육 장면에서 기술이 융합된 교수학습 방법이 보편화되고, 온라인에서의 학습이 일상화됨에 따라 학습자는 자신이 사용하는 기기와 자신이 학습하는 방법이나 내용에 대한 자율성을 더 많이 가지게 됨(Johnson et al., 2015).
> - 이로 인해 학습자 중심 교육으로의 전환이 가속화됨에 따라 교사는 개별학습자의 학습을 안내하고 멘토링을 제공하는 학습 지원자로서의 역할을 더욱 요구받고 있음(Luckin & Holmes, 2016)
> - 미래 학교를 학습생태로 보는 관점에서 개인의 역량 개발을 위한 학습자 맞춤형 학습을 지원하기 위한 교사의 역할로 학습 경로 안내, 역량과 학습기회의 연계 능력, 역량 개발에 몰입할 수 있는 학습의 장 구성 능력, 다양한 학습 환경과 맥락에서 학습의 증거를 확인하는 평가 프로토콜 설계 및 사용 능력, 목적 지향적 교육 데이터 분석 및 활용 능력 등을 강조함(Prince et al., 2015).

② 또한 첨단 기술의 학교 도입에 따른 교수학습 방식의 변화와 관련하여 교사 역할 모델이 '푸시(Push) 모델'에서 '풀(Pull) 모델'로 전환 될 것이라는 전망도 제시되고 있다.

> - '푸시 모델'이란 교사가 '동질적으로 취급하는 다수의 학습자들에게 학습내용을 전달'하는 역할을 수행하는 것을 표상함.
> - 전통적인 학교 체제의 수업 장면에서는 내용 전문가로서의 교사가 체계적으로 학습 내용을 조직하여 학습자들에게 효과적, 효율적으로 주입하고자 하였음.
> - 이와 대조되는 '풀 모델'에서 교사는 '상호 연결되어 있는 다수의 이질적 학습자들로 하여금 물리적 공간과 사이버 공간에 존재하는 무궁무진한 학습 자원들 중 개인별로 맞춤화된 자원을 선택할 수 있도록 지능정보기술을 활용하는 역할'을 수행함.

③ 정보지능기술의 발달에 따라 다음과 같이 학교 교육 환경이 변화될 것이다. 또한 지능정보기술은 학습자의 학업 성취, 학습 동기와 학습 방법 분석, 학습 과정 점검 및 학습 성과 등에 대한 데이터 분석 기술이 포함될 가능성이 크며, 이 기술을 활용하여 교사는 개별 학습자들의 특성 진단 및 그에 따라 이질적인 학습자들에게 개별 맞춤화된 학습 환경을 제공한다. 이에 따라 다양한 학습 환경과 맥락에서 수집된 학생들의 특성 데이터에 기반을 둔 교사의 교수학습 설계 능력이 중요해진다.

> - 첫째, 초·중등교육에도 어떠한 형태로든 학습관리시스템, 즉 지능형 플랫폼이 도입될 것이고, 이 플랫폼에 누적되는 학습 관련 데이터의 분석에 기반하여 개인별 맞춤형 학습이 실현될 것임. 이는 지능정보기술의 도입으로 인한 새로운 변화로, 데이터에 기반을 둔 교사의 교수학습 행위의 중요성을 부각시킴.
> - 둘째, 최근 초·중등교육에서도 관심을 받고 있는 메이커스페이스 등을 중심으로 실제적 문제를 해결하는 학습이 디퍼러닝으로 통칭되는 학습자 중심 학습으로의 패러다임 전환과 맞물려 확산될 것임. 이는 새로운 것이라기보다는 종전부터 논의되어온 변화의 방향에서 이를 더 강화하는 것임.

❸ 지능정보사회 학교교육에서 교사에게는 어떤 역량이 필요할까요?

역할모델링을 통해 도출한 지능정보사회 교사의 교수학습 전문가로서의 역량은 교수학습 기반, 설계, 실행, 평가 4개 역량군의 14개 세부 역량이다. 여기에는 통시적 관점에서 변하지 않는 본질적인 부분(지속역량)이 있는 반면 지능정보기술의 도입 등과 같은 사회 및 학교 교육 환경의 변화에 따라 현재 시점과 차별화되는 부분(강조역량)도 함께 존재한다.

- 예를 들어, 교사가 지속적인 자기 개발의 필요성을 인식하고 교사 전문성을 계발할 수 있어야 한다는 점에서 구성된 '지속적 전문성 계발 역량'이나, 사회나 학교 변화를 고려하고 학습자 특성 등을 반영하여 교육과정을 재구성할 수 있어야 하는 것과 관련된 '교육과정 재구성 역량' 등은 교사의 직무가 유지되고 교사로서의 역할이 존재하는 범위에서는 사회의 변화에 크게 영향을 받지 않는 '지속적인 역량'임.
- 이에 비해 디지털 데이터를 다양한 목적으로 활용하는 것과 관련된 제반 역량은 미래 지능형 정보기술의 학교 도입으로 인하여 변화하거나 더욱 강조될 여지가 있는 역량으로서 '강조 역량'에 해당한다고 볼 수 있음.

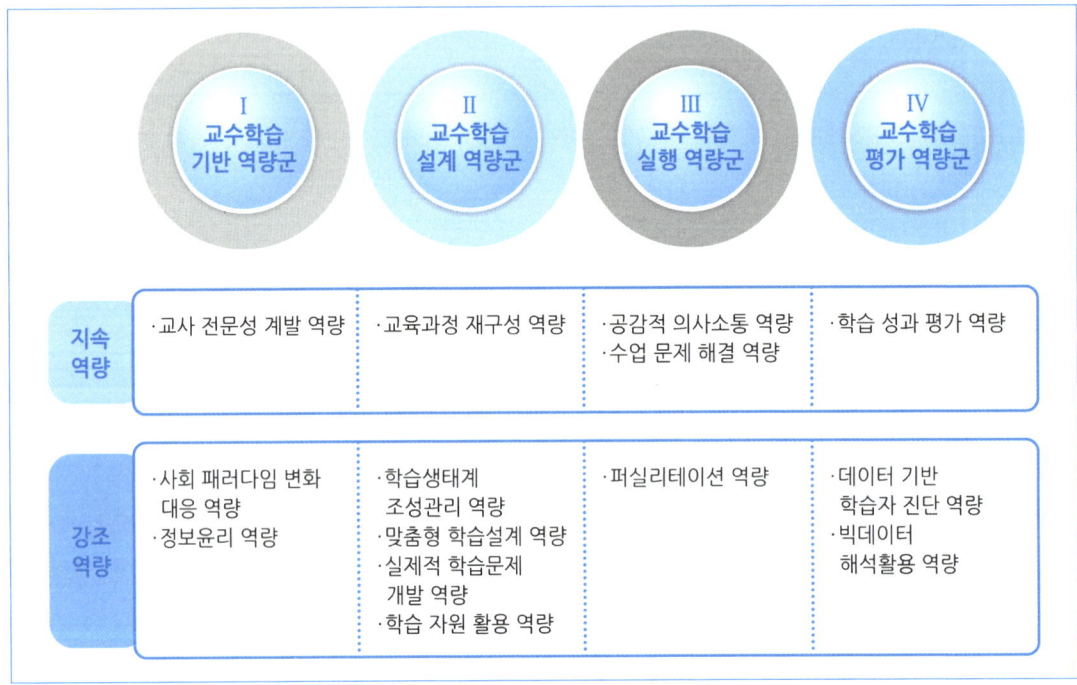

❹ 이러한 역량을 구현하기 위해 교사는 무엇을 해야 할까요?

　교사의 사회변화 대응, 교수학습 설계, 실행, 평가 역량을 학교에서 구현하기 위해 다음의 사항들을 고려한다.

1) 교수학습 기반 역량의 행동지표

	역량	행동지표
지속 역량	① **교사 전문성 계발 역량** - 교육 환경의 변화에 따른 자기 계발의 필요성을 인식하고 교사 전문성을 계발할 수 있는 능력	• 미래 사회에서 지능형 정보기술의 학교 도입에 따라 요구되는 교사 전문성 제고를 위해 자기 계발 계획을 수립한다. • 미래 사회에서 지능형 정보기술의 학교 도입에 따라 요구되는 교사 전문성 제고를 위한 자기 계발 계획을 실천한다.
강조 역량	② **사회 패러다임 변화 대응 역량** - 사회 패러다임 변화와 기술 발달에 따른 학교 교육 변화에 지속적으로 대응할 수 있는 능력	• 사회 패러다임 변화와 기술 발달 동향에 따른 학교 교육 변화를 예측한다. • 지능형 정보기술이 대체할 수 있는 교사의 고유한 역할을 이해한다.
	③ **정보윤리 역량** - 정보윤리 의식을 가지고 데이터를 책임감 있게 관리할 수 있는 능력	• 정보윤리의 개념과 중요성을 이해한다. • 정보윤리 지침에 따라 데이터를 관리한다. • 정보윤리 관련 문제 상황(데이터 유출 등) 발생 시 지침에 따라 대처한다.

2) 교수학습 설계 역량의 행동 지표

	역량	행동지표
지속 역량	④ **교육과정 재구성 역량** - 교육 환경 변화에 대응하여 교육과정을 재구성할 수 있는 능력	• 교육 환경의 변화를 반영하여 교실 수준의 교육과정을 업데이트 한다.
강조 역량	⑤ **학습생태계 조성·관리 역량** - 학교 안팎의 학습 자원을 연계하여 학습생태계를 유지·발전시킬 수 있는 능력	• 학교 안팎의 학습 자원(인적·물적 자원)을 탐색하여 학습의 장(場)을 확장한다. • 학습의 장을 확장하기 위해 협력적 네트워크를 구성한다. • 학습생태계의 발전을 위해 학습 자원의 활용 결과를 환류 한다.
	⑥ **맞춤형 학습 설계 역량** - 학습자 특성을 고려하여 맞춤형 학습을 설계할 수 있는 능력	• 학습자 진단 결과에 따라 개인별/그룹별 학습 목표와 학습 내용을 선정한다. • 개인별/그룹별 학습자 특성을 반영하여 학습 요소(학습경로, 학습 방법 등)를 구성한다. • 데이터에 기반하여 학습 설계를 보완한다.
	⑦ **실제적 학습 문제 개발 역량** - 학습자가 실세계의 변화에 대처할 수 있도록 실제적 학습 문제를 개발할 수 있는 능력	• 실세계 맥락 및 데이터를 도입하여 실제적 학습 문제를 구안한다. • 학습자의 문제 해결 과정을 지원하는 학습 활동을 구성한다.
	⑧ **학습 자원 활용 역량** - 기술의 진보에 따라 활용 가능한 학습 자원을 인식하고 적절한 학습 자원을 선정할 수 있는 능력	• 학습 목표와 학습자 특성을 반영하여 학습 자원 활용 계획을 수립한다. • 학습 자원 활용 양상에 따라 학습 자원 활용 계획을 보완한다.

3) 교수학습 실행 역량의 행동 지표

	역량	행동지표
지속 역량	⑨ **공감적 의사소통 역량** – 학습자의 정서를 고려하여 효과적으로 의사소통할 수 있는 능력	• 학습자의 정서 상태를 파악한다. • 학습자의 정서 상태에 대한 공감을 표현한다. • 공감적 의사소통을 장려하는 분위기를 조성한다.
	⑩ **수업 문제 해결 역량** – 교수학습 과정에서 발생하는 문제에 대처할 수 있는 능력	• 학습 설계에 따른 학습 경험이 유의미하게 제공되지 못하는 문제 상황(지능형 정보기기 활용 능력의 차이로 인한 문제)을 관리한다.
강조 역량	⑪ **퍼실리테이션 역량** – 학습을 안내하고 촉진할 수 있는 능력	• 개인별/그룹별 학습 과정을 안내한다. • 개인별/그룹별 특성에 따라 차별화된 촉진 전략을 실행한다. • 온라인/오프라인 환경에 따라 차별화된 촉진 전략을 실행한다.

4) 교수학습 평가 역량의 행동 지표

	역량	행동지표
지속 역량	⑫ **학습 성과 평가 역량** – 학습 성과를 확인하고 교육과정 재구성 및 교수학습 개선에 환류할 수 있는 능력	• 데이터에 기반하여 학습 성과를 파악한다. • 교육과정 재구성 및 교수학습 개선을 위해 평가 관계를 활용한다.
강조 역량	⑬ **데이터 기반 학습자 진단 역량** – 데이터로부터 학습자 특성을 진단할 수 있는 능력	• 계획한 교수학습에 필요한 학습자 특성을 선정한다. • 학습자 특성에 따른 학습자의 수준과 상태를 판정한다. • 개인별/그룹별로 학습자 특성 분석 결과를 비교한다.
	⑭ **빅데이터 해석·활용 역량** – 빅데이터 분석 결과를 해석·활용하기 위한 의사결정을 할 수 있는 능력	• 빅데이터 분석 결과를 참조하여 학습자의 변화 양상을 파악한다. • 빅데이터 분석 결과를 참조하여 학습과 관련한 다양한 문제의 원인과 해결책을 탐색한다.

4. 교육관, 교직관

❶ 교육관

선발적 교육관	• 선발적 교육관에서는 인간의 능력은 타고나는 것이라고 본다. 한 나라에서 중등교육이나 고등교육을 받을 수 있는 집단은 소수에 지나지 않으므로, 이들을 선발하여 교육시키는 것을 교육정책의 중심에 둔다. • 선발적 교육관에서의 평가는 소수의 우수자 변별에 목적이 있다. 소수의 우수자를 사전에 선발하고, 그들에게 일정한 학습을 시킨 다음, 학생들의 성취수준을 변별하여 그에 맞는 지위와 보상을 주고자 한다.
발달적 교육관	• 발달적 교육관에서는 모든 학습자에게 적절한 교수-학습방법만 제공한다면, 누구나 교육목표에 도달할 수 있다고 전제한다. 그래서 모든 사람에게 적절한 학습의 기회를 제공하여 가능한 모든 학습자가 의도한 바의 교육목표를 달성하도록 하는 데 교육정책과 교육활동의 중점을 둔다. • 발달적 교육관에서는 모든 학생이 가능한 한 의도한 바의 수업 목표를 달성할 수 있도록 적절한 학습방법을 제공하기 위한 진단에 초점을 둔다. 일정한 학습 후에 학습결과의 평가에 있어서도 주어진 수업목표를 어느 정도 달성하였는가를 판단하는 수업목표 달성도의 판단에 평가의 초점을 둔다.
인본주의적 교육관	• 인본주의적 교육관에서는 교육을 인성적 성장, 통합, 자율성을 꾀하고 자아 및 타인 그리고 학습에 대한 건전한 태도를 형성해 가는 자아실현의 과정이라고 본다. 그러므로 학습자의 자율적이고 적극적인 학습에의 참여를 촉구하는 방향으로 이루어 질 때 교육목표에 도달 할 수 있다. • '자아실현의 가능성 개발', 즉 인간의 본성과 욕구에 부합시켜 인간을 사랑하고 깊이 있게 느끼며 내면의 자아를 확장하고 창조함으로써 스스로 배우는 자아실현의 가능성을 개발하는 데 목표를 두고 있다

❷ 교직관

성직관	• 교직의 정신적 봉사성을 강조하거나 성직자와 같은 헌신과 봉사의 정신을 강조하는 행동을 요구하는 것을 말한다.
노동직관	• 성직관과는 정반대로 교원을 노동자로 보고 정신노동도 노동임에 틀림없다는 견지에서 노동조건의 개선을 위한 노동3권(단체결성권, 단체교섭권, 단체행동권)의 보장을 요구하는 입장이다.
전문직관	• 교원은 전문성 확보를 위하여 장기간의 교육과 훈련을 쌓아야 하며, 전문성의 유지를 위해서 계속적으로 연구를 해야 한다. • 교원에게는 엄격한 자격기준이 적용되어야 하며 부적격자는 도태되어야 한다. • 교원은 고도의 자율성과 사회적 책임을 지녀야 하며 이를 위하여 교원윤리 및 교권이 확립되어야 한다. • 교원은 전문적 단체를 통하여 자질과 지위의 향상, 교육정책 참여를 보장받아야 한다.
공직관	• 교직을 인간으로서의 존엄이라는 사회의 공동선을 실현시키는 데 필수불가결한 활동의 하나로 보기 때문에 이를 공적으로 시행해야 한다는 관점으로, 국민의 기본권으로서 교육권이 보장되어야 한다는 입장이다. • 교직이 공직인 이유는 개인의 자아실현을 통한 사회의 공동선의 추구라는 공교육 이념 아래 국민의 교육기본권을 보장하기 위한 보상책으로서 공직제도의 일부를 구성하는 것을 의미한다. • 이것은 교사와 학생의 관계 자체가 공적인 것에서 비롯되는 것이라기보다는 교육목적 달성을 위한 수단 내지 방법적 원리로서 공공성이 요구되기 때문에 공직으로 자리매김 되고 있다.

5. 교사윤리

❶ 교사의 교직윤리

1) 교직윤리의 의미

　　윤리란 인간이 다른 사람들과 더불어 살아가면서 지켜야 할 도리이자, 사람의 행위에 제약을 가하는 사회적 규범이다. 즉, 인간집단이 추구하는 가치나 희망에 비추어 개인의 행위에 가해지는 그러한 규제, 사회적 규범의 기본을 이루는 것이 윤리다.

　　교직윤리는 교육에 종사하는 직업집단에 적용되는 윤리다. 윤리가 적용되는 인간집단이 교직사회 혹은 교사집단일 때, 그곳에 적용되어야 할 윤리가 교직윤리이다. 교직윤리가 교직에 종사하는 사람들이 지켜야 할 윤리인 만큼, 그것을 곧 교사윤리라고 말하여도 무방할 것이다. 교직윤리란 인간을 기르는 교육자로서, 학교라는 조직의 구성원으로서, 또한 국가·사회 발전의 일익을 담당해야 하는 사람으로서, 교사가 지켜야 할 규범이다. 교직윤리는 교사가 교사로서 바르게 일하고 생활하기 위해 요구되는 도덕률이다.

2) 교직윤리의 여러 측면

① 학생에 대한 윤리

교사는 무엇보다도 학생을 사랑해야 한다.

그 사랑은 형식적인 것이 아니라 마음으로부터 우러나오는 진실된 것이어야 하며, 자신의 인격 안에 깊이 내면화된 인간애에 기초한 것이어야 한다. 교사가 자신의 학생을 사랑하는 마음자세는 교사의 으뜸가는 덕목이며, 그러한 학생 사랑은 보다 보편적인 인간애에 뿌리를 둔 것이어야 한다. 교사는 그러한 마음으로 학생들의 생활과 그들의 교육적 성장 과정에 따뜻한 손길을 보내야 한다. 교사가 지니게 될 이와 같은 사랑의 마음과 그 실천은 그가 교사로서 갖추고 행해야 할 모든 덕성과 행위의 기초가 된다.

교사는 학생의 인격과 권리를 존중해야 한다.

학생이 단순히 무지하고 결함 많은 미성숙자로 인식되어서는 안 된다. 학생 각자는 개성을 지닌 엄연한 인격체이며, 그 무엇과도 견줄 수 없는 존엄한 존재들이다. 학생에게 복종과 순응만을 강요하는 일, 학생의 목소리에 귀기울이지 않은 일, 학생에 대한 언어적·육체적 폭력을 가하는 일, 보호되어야 할 학생의 비밀을 발설하는 일 따위는 이를 역행하는 대표적인 사례이다.

교사는 학생을 공정하게 대해야 한다.

어떤 학생이 교사에 의해 불공정하게 취급되었을 때, 즉 정당한 이유 없이 차별되었을 때, 마땅히 누려야 할 교육적 수혜를 상실하게 되며 정서적 손상을 입는다. 교육적 수혜를 상실하게 된다는 것은 그의 존재방식과 그의 인생의 성장 발전에 긴요한 기회를 잃게 된다는 것이고, 정서적 손상을 입는다는 것은 마음에 상처를 안게 된다는 것으로 의연하고 안정된 자아의 형성에 장애를 겪게 될 수 있다는 것이다. 이런 점들을 감안할 때, 교사가 아무런 편견이나 사심이나 부주의함이 없이 학생을 공정하게 대하는 일이 얼마나 중요한 것인지를 잘 알 수 있다.

교사는 학생에 대해 성실하고 진실해야 하며, 그들에게 인내와 관용의 태도를 보여야 한다.

교사는 수업이나 생활지도를 포함해서 학생과 더불어 행하는 모든 공식적·비공식적 활동에서 성심과 진실됨을 보여야 하고, 자신의 행위에 열정이 묻어나게 해야 한다. 학생을 지도하는 일이 최선의 수준에서 이루어지고 모든 학생이 행복한 성장의 과정을 가기 위해서는, 학생을 대하는 교사에게서 성실과 진실, 그리고 인내와 관용의 모습을 발견할 수 있어야 한다.

② 동료교사에 대한 윤리

> **교사는 동료교사를 존중하고 그들의 교육자적 권위를 보호해주어야 한다.**

교사란 사람을 가르치는 특별한 일에 임하는 사람으로서 학생들 앞에 교육자적 위신과 권위를 가지고 나설 수 있어야 한다. 따라서 교사들 각자는 동료교사를 자신과 동일한 교육자로서 존중해야 하고, 그의 교육자적 권위를 인정하고 보호해줘야 한다. 교사들은 서로 아끼고 우애하며, 더 나아가 서로를 존경의 마음으로 대해야 한다.

> **교사는 타 교사들의 다양한 교육관과 교육방식에 대해 관용의 자세를 가져야 한다.**

교사는 교육적 관점이나 신념과 관련하여 자신의 것을 지나치게 강조하거나 일반화하려고 해서는 안 된다. 교육이란 본래 비가시적이고 불명료한 성격을 갖고 있기 때문에, 어느 개인이나 어느 일방의 집단이 자신의 관점이나 이론, 방법만이 옳다는 주장을 펴게 되면 보다 나은 교육을 펼쳐 나가는 데 장애가 될 수 있다. 따라서 교사는 다른 교사들이 보여주는 교육관이나 교육방식에 대해 관용의 태도를 가져야 한다.

> **교사들은 서로 적극적으로 협동하고 조력해야 한다.**

교사들은 수시로 학생을 잘 가르치기 위한 문제나 학교를 발전시키기 위한 문제를 가지고 대화해야 하며, 현실을 개선해 나가기 위해 서로 함께 구상하고 실천해야 한다. 자신이 가진 유용한 정보나 경험을 동료들과 공유해 가며 힘을 합하여 교육과 학교의 문제를 해결해 가야 한다. 동료교사끼리 서로 적극적으로 협동하고 조력해야 하는 것은 교사가 유념해야 할 중요한 규범이다.

> **교사들은 동료교사에 대한 건전한 평가와 비판·격려의 태도를 가져야 한다.**

교사는 동료교사의 행위나 성취에 대해 관심을 가져야 한다. 교사들은 동료가 교사로서 요구되는 행위를 바르게 하며 교직에 임하고 있는지, 학생을 지도하는 교육자이자 학교라는 기관의 직원으로서 어떠한 성취를 이루고 있는지 등에 관심을 가져야 한다. 그리고 그에 대한 적절한 평가를 하는 가운데, 좋은 행위나 성취에 대해서는 아낌없는 칭송과 격려를 보내고 반대의 경우에는 적절한 방식으로 비판할 줄 알아야 한다. 그렇게 할 때, 교직사회는 비로소 좋은 의미의 긴장감도 있고 훌륭한 성취가 인정되어 발전의 동기가 자극되기도 하는 건강한 상태에 이를 수 있다.

③ 학부모에 대한 윤리

> **교사는 학부모의 권리를 존중하고, 학부모를 교육의 동반자로 인정해야 한다.**

교사는 학부모가 자신의 자녀의 교육에 관해 행하는 의사결정이나 요구를 존중해야 한다. 교사는 학부모가 제시하는 의견이나 요구에 귀 기울여야 하고, 그런 의견과 요구를 정당한 절차나 해명 없이 무시하는 일이 없도록 해야 한다. 즉, 교사는 학부모와 동반자적 관계를 유지하면서 서로 대화하고 협력하는 가운데 학생을 지도하는 것이 바람직하다.

> **교사는 학부모와의 원활한 소통 속에 학생 교육과 관련된 정보를 공유해야 한다.**

학부모는 자신의 자녀가 학교에서 어떻게 학습하고 있고, 어떤 생활을 하고 있으며, 어떠한 성취를 이루었는지를 알 권리가 있다. 이를 위해 교사는 학부모와 원활한 인간관계와 소통관계를 유지해야 하며, 그런 관계 속에서 학부모에게 학생의 교육과 관련된 정보를 충분히 제공해주어야 한다. 그런 관계 속에서 교사는 또한 자신이 필요로 하는 정보를 학부모로부터 얻을 수 있는 기회를 가져야 할 것이다.

> **교사는 학부모에 대한 인내와 이해의 자세를 가지고 '부모교육자'로서의 역할을 수행해야 한다.**

학부모는 자신의 자녀의 교육과 관련하여 큰 권리와 의무를 갖지만, 그들이 그런 권리와 의무를 최선의 수준으로 행사하고 이행할 안목과 식견을 가지고 있다고 장담할 수는 없다. 교사는 기회가 닿는 대로 학부모들이 교육에 대해 바람직한 관점과 식견을 구비할 수 있도록 그들을 일깨워줘야 한다. 교육에 관한 학부모의 생각에 문제가 있다고 하더라도, 그런 사정을 인내하고 이해해주는 자세를 잃지 않은 채 가능한 한 여유롭고 부드러운 관계 속에서 그들을 설득하고 일깨워줘야 한다. 즉, 교사는 학부모를 올바로 안내하고 일깨우는 '부모교육자'로서의 역할을 다해야 한다.

④ 학교조직에 대한 윤리

교사는 학교에서 맡은 직무의 성공적 수행을 위해 최선을 다해야 한다.

학교가 원활히 운영되고 유지되기 위해서는 학생을 지도하는 일뿐만 아니라 각종 사무나 지역사회 관계에 이르기까지 다양한 업무들이 효과적으로 수행되어야 한다. 따라서 학교에서 일하는 교사는 이러한 업무들을 성공적으로 수행하는 데 성의를 가지고 임해야 한다. 교사는 수업 외의 업무에 대해서 함부로 냉소하거나 거부하는 태도를 가져서는 안 된다.

교사는 학교조직 내 상급자에 대한 예의에 소홀함이 없어야 한다.

학교조직은 다른 조직에 비해 구성원의 자율성과 독자성의 폭이 상대적으로 크지만 그렇다고 하여 학교 내 직위상의 상하관계가 경시되는 일이 있어서는 안 된다. 교사는 자신이 조직체의 한 일원임을 명심하고 조직 내의 위계 관계를 함부로 무시하는 일이 없어야 한다. 이를테면, 학교장의 위치와 권위는 교사들에 의해 존중되어야 하고, 그의 지도성은 교사들에게 효과적으로 행사될 수 있어야 한다.

교사는 학교의 제반 사항에 대해 관심을 가지고 능동적으로 참여해야 한다.

교사는 애교심을 가지고 학교에서 시책적으로 추진하거나 일상에서 발생하는 문제들에 대해 관심을 가져야 한다. 그러한 관심 속에 협력할 것은 협력하고 비판할 것은 비판해야 한다. 건강한 비판은 학교 발전의 중요한 촉진제가 된다. 학교를 발전시키고 학생들에게 보다 나은 교육 여건을 만들어주는 일에 교사가 무관심과 소극적인 태도를 보이는 것은 잘못된 일이다.

교사는 학교의 건강한 문화를 창조하는 일에 기여해야 한다.

학교의 문화란 학교의 구성원들이 어떠한 가치관과 신념 따위를 공유하고 있느냐를 말한다. 따라서 교사들의 '마음'이 학교의 모습을 결정하는 매우 중요한 변수가 된다. 따라서 교사들은 학교에 건강한 문화를 창조해내는 일에 적극 기여해야 한다. 상호 불신과 갈등, 혹은 교육에 대한 무책임 따위의 태도를 조장하지 말고, 서로 간의 친애 속에 보다 좋은 이상, 가치관, 믿음 따위를 만들어내고, 파급하고, 공유하는 일에 적극 가담해야 한다.

⑤ 교직공동체에 대한 윤리

교사들은 서로 간의 공동 활동에 적극 참여해야 한다.

교직사회가 전체적으로 발전하기 위해서는 개별 교사들의 폐쇄성이나 개인주의적 행태는 사라져야 한다. 자신이 소속된 단위 학교 차원에서도 개별 교사들은 상호 소통과 협동의 미덕을 보여야 하지만, 소속 학교 수준을 넘어 전체적인 교직사회 차원에서도 교사들은 활발히 교류하고, 능동적으로 서로 소통하고, 만나고, 협동해 가는 자세를 갖는 것이 필요하다. 교사들이 그렇게 할 때, 교직사회에는 활력이 있게 될 것이고, 보다 친애적이고 협동적인 분위기가 자리 잡게 될 것이다.

교사들은 가능한 한 교원단체의 일원이 되어 교직사회 발전에 기여하는 것이 바람직하다.

교원단체는 교원들의 권익을 보호하고 교원들의 전문성 향상을 도모함과 아울러 교육시책이 올바른 방향으로 나아갈 수 있도록 영향력을 행사하는 중요한 단체다. 교사들은 교원단체에 적극적으로 참여함으로써 그 단체가 결속력 있는 교직사회 형성과 올바른 교육시책 전개에 기여할 수 있도록 힘을 합쳐야 할 것이다.

교사들은 교직사회의 자정(自淨)을 위해 필요한 행동에 적극성을 보여야 한다.

교직은 전문성과 윤리성을 크게 요구받는 직업이다. 교직이 사회일반으로부터 불신 당하지 않기 위해서는 교직사회가 자정의 능력을 갖추고 있어야 한다. 따라서 교사가 부적격 교사를 애써 무관심해하거나 동료교사라는 이유로 맹목적으로 옹호하는 것은 바르지 않다. 즉, 교직자로서 부적격한 사람이 교직에 입문하는 것을 막고 교원들 중 중대한 결함을 보인 사람을 교직계로부터 배제시키는 일을 교직사회 스스로 앞장서서 해내야 한다.

교사들은 각자 교직자로서의 품위 유지에 주의를 기울여 교직사회에 누가 되지 않도록 해야 한다.

교직사회가 사회적 신뢰와 존경을 받기 위해서는 개별교사 각자가 교육자로서의 품격을 보여야 한다. 교직공동체 전체와 여러 동료교사들의 사회적 신뢰와 품위 유지를 위해 교사들은 각자 자신의 행실이 교육자로서의 도리에 어긋남이 없는지 항상 주의해야 한다.

⑥ 국가·사회에 대한 윤리

> 교사는 국민적 합의가 이루어진 국가의 이념과 이상을 손상시키는 행위를 하지 말아야 한다.

학교를 통해 교육을 실시하는 목적 중 하나는 새로운 세대로 하여금 국민으로서 요구되는 기본적 의식과 소양을 습득하게 하는 데 있다. 그렇게 함으로써 한 국가는 국가적 정체성을 유지할 수 있고 통일과 안정을 확보할 수 있다. 교사는 지성인의 한 사람으로서 학문과 사상의 자유를 누릴 수 있지만, 그것이 국가의 이념과 이상에 반하는 수준으로까지 확대되어서는 안 된다. 교사는 국가가 추구하는 기본적 가치를 몸소 실행하는 가운데 학생들에게 모범을 보이면서 이를 교육해야 한다.

> 교사는 사회의 일원으로서 사회발전에 실천적 관심을 보여야 한다.

교사는 자신이 살아가고 있는 사회에 대해 깊은 관심을 보여야 한다. 사회의 문제와 발전 과제에 대해 고민하고 바른 답을 찾는 일에 주의를 기울여야 한다. 참여하고, 비판하고, 대안을 찾는 일에 적극적이어야 한다. 그러한 과정 속에서 얻은 신념이나 방안들을 적절한 범위 안에서 교육에 접목시킬 줄도 알아야 한다. 교사들의 이러한 사회적 참여가 국가·사회를 '교육적 관점'에서 건강하게 발전시키는 일에 기여하게 된다면, 그들의 참여는 더욱 특별하고 뜻있는 것이 될 것이다.

⑦ 자신의 삶에 대한 윤리

> 교사는 자기 자신을 '잘 교육된 사람'의 본보기로 만들어 가야 한다.

학생은 교사의 삶 혹은 그의 존재 자체를 배운다. 학생이 교사를 통해 구체적인 어떤 교과를 배우든, 혹은 교사와의 다양한 공식적·비공식적 상호작용을 통해 무엇인가를 느끼고 본받든, 학생이 교사를 통해 얻는 것에는 거의 예외 없이 교사의 삶이 반영되어 있다고 보아야 한다. 교사가 학생을 교육한다는 것은 이렇기에, 교사는 그 자신이 교육적 인간상, 달리 말해 '잘 교육된 사람'의 전형에 가까운 삶을 살아야 한다.

> 교사는 자신을 능력 있는 교육자로 부단히 발전시켜 나가야 한다.

교사는 자신의 전문성을 지속적으로 향상시켜 나가야 하는 의무를 갖는다. 따라서 그는 그와 같이 전문성을 계속적으로 향상시킬 수 있는 생활을 해야 한다. 학습과 탐구의 생활을 일상화해야 하고, 더욱 나은 교육적 힘을 갖는 데 필요한 경험이라면 그것을 적극적으로 찾아 얻는 도전의 정신을 가져야 한다.

> 교사는 반성과 실천의 미덕을 갖춰야 한다.

끊임없이 자신의 삶의 목표와 삶의 태도와 삶의 방법을 반성적으로 점검해야 하고, 바른 길이 어떤 것인지에 생각을 모아야 한다. 그리고 동시에 자신이 깨닫고 판단한 바를 실행에 옮기는 실천력을 보여야 한다. 교사는 교육자로서 바람직한 자신의 존재를 만들어 나가는 일에 있어서나, 잘 가르치기 위한 전문적 능력을 구비하는 데 있어서나, 항상 숙고하고 정진하는 모습을 보여야 하고, 거기에는 꼭 반성과 실천의 자세가 함께 해야 한다.

❷ 한국교원단체총연합회의 '교직윤리헌장'

〈교직윤리헌장〉

우리는 교육이 인간의 가치와 존엄성을 높이며, 개인의 성장과 자아실현은 물론 국가와 민족의 미래에 중대한 영향을 준다는 사실을 명심하고, 국민으로부터 부여받은 교육자의 책무를 다하기 위해 최선을 다한다. 우리는 균형 있는 지·덕·체 교육을 통하여 미래사회를 열어갈 창조정신과 세계를 향한 진취적 기상을 길러줌으로써, 학생을 학부모의 자랑스런 자녀요 더불어 사는 민주 사회의 주인으로 성장하게 한다. 우리는 교육자의 품성과 언행이 학생의 인격형성을 좌우할 뿐만 아니라 사회전반의 윤리적 지표가 된다는 사실을 깊이 인식하고, 윤리성과 전문성을 높이기 위해 노력한다. 이에 우리 모두의 의지를 모아 교직의 윤리를 밝히고, 사랑과 정직과 성실에 바탕을 둔 교육자의 길을 걷는다.

〈우리의 다짐〉

1. 나는 학생을 사랑하고 학생의 인권과 인격을 존중하며, 합리적인 절차와 방법에 따라 지도한다.
1. 나는 학생의 개성과 가치관을 존중하며, 나의 사상·종교·신념을 강요하지 않는다.
1. 나는 학생을 학업성적·성별·가정환경의 차이에 따라 차별하지 않으며, 부적응아와 약자를 세심하게 배려한다.
1. 나는 수업이 교사의 최우선 본분임을 명심하고, 질 높은 수업을 위해 부단히 연구하고 노력한다.
1. 나는 학생의 성적평가를 투명하고 엄정하게 처리하며, 각종 기록물을 정확하게 작성·관리한다.
1. 나는 교육전문가로서 확고한 교육관과 교직에 대한 긍지를 갖고, 자기개발을 위해 노력한다.
1. 나는 교직 수행과정에서 습득한 학생과 동료, 그리고 직무에 관한 정보를 악용하지 않는다.
1. 나는 학생이나 학부모로부터 사적이익을 취하지 않으며, 사교육기관이나 외부업체와 부당하게 타협하지 않는다.
1. 나는 잘못된 제도와 관행을 개선하는 데 앞장서며, 교육적 가치를 우선하는 건전한 교직문화 형성에 적극 참여한다.
1. 나는 학부모와 지역사회를 교육의 동반자로 삼아 바람직한 교육공동체 형성을 위해 함께 노력한다.

6. 교권보호

❶ 교육활동 보호의 개념

1) 교원의 권리와 교육활동 보호
   ① 교원의 교육권은 정상적인 교육활동을 보호하기 위해 국제법 및 헌법과 법률에 의해 보장
   ② 학생 학습권과 학부모 자녀 교육권은 교원의 교육활동이 보호될 때 실현 가능

2) 교육활동 침해의 개념
   정상적인 교육활동을 위한 교원의 교육권이 교육행정기관, 학교관리자, 동료교원, 학생, 학부모, 지역주민, 언론 등에 의해 부당하게 간섭받거나 침해되는 현상

3) 교육활동 침해에 대한 처벌
   ① 무관용원칙 적용: 교육활동 침해는 명백한 범죄 행위, 관용적인 태도 지양, 보고 및 신고 의무화
   ② 공무집행방해죄 적용: 교육활동 침해행위는 공무집행방해죄(업무방해죄) 적용 가능, 공무집행방해죄에 의한 가중처벌 효과, 피해교원의 의사와 무관하게 가해자 처벌 가능

❷ 교권보호위원회의 설치 및 운영

시·도교육청 교권보호위원회	학교교권보호위원회
• 교육활동 보호를 전담하는 기관 및 조직의 구성·운영 • 교육활동 보호를 위한 교원 연수 및 홍보 • 교육활동 침해를 당한 교원의 치료, 전보 등 보호 조치 • 피해교원의 법률 상담 • 교육활동 침해 사건 등에 대한 조사 및 관리 • 단위학교 교권보호위원회에서 조정되지 않는 분쟁의 심의·조정	• 학교 자체적인 교육활동 침해 행위 판단 기준 마련 • 교육활동 침해 예방 교육 및 대책 수립 - 침해 사건 발생 시 피해교원 보호 및 사건 조사 • 가해학생·학부모 및 피해교원 면담 등 분쟁의 조정 • 교육활동 침해 학생에 대한 조치 권고

❸ 단위학교에서의 교육활동 침해 예방 방안

① 학교교권보호위원회 구성 및 활동 강화
② 교육활동 침해 예방과 대응을 위한 전담자 지정
③ 교육활동 침해 예방교육 정례적 실시 등 교원의 교육활동 침해 예방 및 대응 역량 강화
④ 학교규칙으로 교육활동 보호 규정 마련
⑤ 자율적인 학교공동체 생활협약 제정
⑥ 보안 시스템 확충 등 안전한 학교환경 조성
⑦ 학생·학부모·교원이 상호 존중하는 학교공동체 문화 조성

④ 교육활동 침해 대표 유형

학생에 의한 교육활동 침해	학부모에 의한 교육활동 침해
• 교원에 대한 폭언 • 교원에 대한 위협·폭행 • 수업진행 방해 • 명예 훼손 • 사이버 매체 폭력 • 교원에 대한 성희롱	• 교원에 대한 폭언 • 교원에 대한 위협·폭행 • 안전사고 책임전가 및 배상 요구 • 학교폭력 책임전가 및 배상 요구

⑤ 교육활동 침해 대응 방안

1) 수업 방해, 폭언, 욕설, 폭행, 성폭력 등 교육활동 침해의 수위가 다양
   ① 교사는 학생 지도 시 혼자일 가능성이 높으므로 다른 교원의 도움을 받는 것이 필요
   ② 다른 교육활동 침해 사안처럼 학생에 의한 교육활동 침해 역시 예방이 중요
   ③ 사안이 발생했을 경우 다른 교원, 해당교육청의 변호사나 주변의 도움을 받아 적절히 대응

2) 학생에 의한 교육활동 침해
   ① 경미한 사안: 학교 내 교육적 지도(학교교권보호위원회, 선도위원회 등)
   ② 심각한 사안: 학교교권보호위원회를 통한 중재와 고발 가해학생의 출석정지 및 특별교육·심리치료 이수 가해학생 학부모의 소환 및 특별교육·심리치료 이수
   ③ 이에 불복 시에는 시·도교권보호위원회에 처리를 요청

3) 학부모에 의한 교육활동 침해
   ① 학교교권보호위원회를 개최하여 중재와 고발
   ② 중재 불복 시에는 시·도교권보호위원회에 처리를 요청하거나 가해 학부모를 고소·고발

4) 학생의 인권을 존중하는 지도 방법이 중요
   ① 교육활동 침해로 이어지지 않고 정당한 지도로 인정받기 위해서는 교원도 학생의 인권을 존중하는 태도가 핵심
   ② 법률에 따라 엄격히 금지된 학생 체벌, 인격을 모독하는 과도한 발언 등은 교육 활동 침해로 돌아올 수 있으므로 주의가 필요

5) 교육활동 침해 사안의 경우 초기 대응이 중요
   ① 상대를 진정시키면서 이성을 잃지 않고 차분히 대응
   ② 교육자로서 단호하고 당당하게 대처
   ③ 당사자는 경황이 없는 경우가 많으므로 주위의 도움(목격자, 중재·상담자, 자료 수집자, 경찰 신고 등)도 매우 중요
   ④ 사건 경위서는 일지 형식으로 자세히 기록하고 세밀하게 자료 수집·확보

6) 유형에 따른 실제적 대응 요령

유형	대응 요령
학생의 폭언	• 즉시 사건에 대한 목격자 진술 확보(진술 학생의 이름, 진술 내용 등의 비밀 보호에 유의) • 학생 및 학부모 반발 시 학교교권보호위원회 개최를 통한 해결 방안 모색 • 피해교사 격리 보호 및 사건 조사·보고 • 교육활동 침해 학생·피해교원 면담 및 중재 • 학생 및 학부모의 선도위원회 결과 불복 시 선도위원회로부터 이관된 요청 사항 심의 및 중재(학생 징계, 특별교육 등) • 학교장에게 심의 결과 이행 권고 • 미해결 시 상급기관 지원 요청 및 심각한 피해 발생의 경우 고소·고발 및 보상 청구
학생의 폭력	• 즉시 사건에 대한 목격자 진술 확보(진술 학생의 이름, 진술 내용 등의 비밀 보호에 유의) • 학생 및 학부모 반발 시 학교교권보호위원회 개최를 통한 해결 방안 모색 • 미해결 시 상급기관 지원 요청 및 심각한 피해 발생의 경우 보상 요구 • 반드시 진단서 등 증거자료 확보하여 경찰에 신고 • 민·형사상 소송이 필요할 경우에는 법률지원단 등의 조력 요청 • 교원에 대한 심각한 폭행을 목격한 학생의 경우 정신적 충격을 받을 수 있으므로 학생들이 다른 교원 등의 인솔 하에 즉시 목격 장소를 벗어나도록 지도하고, 이후 유사한 폭력 상황 재발 방지를 위한 예방교육 및 심리치료 실시
학생의 수업진행 방해	• 교실에서 생활교육을 할 경우 여러 학생들이 있는 상황에서 언쟁 지양 • 의도된 질문으로 수업분위기를 흐리는 학생이 있는 경우 주의를 주고 수업을 계속 진행 • 분노 조절이 잘 되지 않는 학생이 심각하게 반응을 하는 경우 동료교사의 도움 요청 • 학생들의 습관적인 욕설에 대해서는 일일이 대응하기보다는 욕설에 대한 생활교육 등을 실시
명예훼손 및 사이버 매체 폭력	• 인터넷 사이트의 경우 해당기관에 관련 글을 즉각 삭제 요구 • 게시글 원본 또는 사본, 목격자의 사실 확인서 등 증빙 자료 확보 • 증빙자료를 확보하고 언론중재위원회를 통해 정정 기사 요구 • 핸드폰 문자로 욕설이나 협박성 문자가 오면 어떠한 응답도 하지 않고 보존 • 학생이 특별한 의도 없이 한 행동이라도 상대방에게는 큰 정신적 피해를 준다는 사실을 상담을 통해 인지시키고 사이버폭력을 지속하지 않도록 지도
성희롱 및 성폭력 사안	• 사안이 경미한 경우 일관되고 안정된 태도를 유지하고, 사안이 중한 경우 즉시 사건 현장에서 이탈하여 동료교원에게 도움 요청 • 불쾌한 성적 접촉이나 상황에 직면했을 경우에는 분명한 거부의사를 표시하고 날짜, 시간, 장소, 목격자, 가해자의 행동, 자신의 반응과 기분을 메모해 둠 • 성희롱 및 성폭력은 범죄임을 인지시킴 • 가해자에게 직접 본인의 의사를 전달하기 어려울 때는 주위 교원들과 문제를 의논하고 공동으로 대응 • 학교 관리자, 전문 상담기관에 신고, 또는 상담을 의뢰하고 심리적 극복이나 법적 절차에 대한 도움 요청 • 학생 대상 성폭력 예방교육을 강화하여 사전에 성희롱 및 성폭력 발생 예방
학부모의 폭언·폭행	• 흥분된 상대방을 대할 때에도 이성을 가지고 냉정한 자세로 대처 • 폭력 사안 발생 시 즉시 사고 현장 탈피 및 주변 교원들에게 도움 요청 • 학교장은 교원에 대한 물리적, 심리적 폭력에 대하여 경찰 등에 신속히 신고 조치(형사상 처벌 가능) • 사건 증거 자료 확보 • 사안 발생 즉시 시·도교육청(교육지원청)에 보고

학교 안전사고 민원	• 상당 기간 경과 후 문제를 제기할 수도 있으므로 이에 대비하기 위하여 목격자 진술서, 진단서, 녹취록, 기사 사본 등을 확보 및 보관 • 피해자로 하여금 학교에서 최선을 다하고 있다는 의식을 갖도록 학교 관리자나 사건 관계자 등의 병원 방문이나 성의 있는 언행 등으로 모든 조치를 강구하여 대처 • 사건의 결과를 예단하거나 말을 함부로 하지 말고 말꼬리를 잡고 논쟁 금물 • 불필요한 논쟁으로 사건의 본질은 제쳐두고 감정을 상하게 하여 문제를 악화 시키지 않도록 조심 • 잘못된 사실 관계가 언론 등에 공표되지 않도록 보안 • 학교안전사고가 소송으로 비화 시 소속 시·도별 학교안전공제회에 변호사 선임 및 법률 지원 요청 • 교원의 중과실이나 고의에 의한 사고가 아닌 경우에는 사용자(시·도 교육감 또는 학교법인)를 상대로 보상을 요구하거나 소송을 제기해야 한다는 것을 분명하게 안내
부당한 교육활동에 대한 간섭 및 민원 제기	• 교사의 교무일지, 학급 일지 등 학생 지도 및 교육활동과 관련된 기록 확보 • 학교교권보호위원회 개최를 통한 갈등 중재 및 해결방안 모색 • 피해 교사 격리 보호 및 사건 조사·보고 • 교육활동 침해 학부모 대상 면담 및 갈등 중재 실시 • 학교장에게 심의 결과 이행 권고 • 미해결 시 상급기관 지원 요청 및 심각한 피해 발생의 경우 고소·고발 및 보상 청구

> **TIP** 「교원의 지위 향상 및 교육활동 보호를 위한 특별법」 개정 (2019.10.17. 시행)
>
> • 교육활동 침해로부터 교원을 보호함으로써 교육활동에 전념할 수 있도록 교원에 대한 법률상담, 특별휴가, 심리상담 및 조언 등의 보호조치를 마련합니다.
> • 교육활동 침해 시 제재의 실효성을 확보하기 위하여 교육활동 침해 학생에 대해서는 학교교권보호위원회의 심의를 거쳐 전학, 퇴학 등을 포함한 조치를 합니다.
>
> ※ 특별교육 또는 심리치료에 참여할 의무가 있는 보호자가 참여하지 아니한 경우에 300만원 이하의 과태료를 부과합니다.

CHAPTER 3 | 학생

1. 학생역량

❶ 핵심역량에 대한 정의

핵심역량(Key Competency)은 지식 위주의 교육과정, 전달 위주의 교수방법, 획일적인 학습자 평가에서 벗어나 21세기 지식기반 사회의 다양한 문제해결 상황을 해결하는 능력 함양을 위해서 OECD가 제안한 개념이다. 역량의 정의는 다음과 같다.

① 역량은 단순히 지식이나 기능을 소유하고 있는 상태라기보다는 과제 수행 맥락에 따라 적합한 자원을 가동시킬 수 있는 능력이다.
② 역량은 절차화된 지식이나 기능의 반복적 재생 능력이 아니라 **효과적 과제 수행을 위해 사용 가능한 자원들을 적절하게 구성할 수 있는 능력**, 즉 자신이 갖고 있는 지식이나 기능, 전략, 태도 등을 재조정하고 다양한 방식으로 조합하여 운용할 수 있는 능력이다.
③ 역량은 **맥락을 제대로 이해하고 그에 적합한 자원을 제대로 활용했는지 등에 대한 반성적 성찰을 함의하는 능력 개념**이다. 즉 역량은 과학적 지식이나 원리적 지식을 자동적으로 적용하는 능력이 아니라 **반성적 성찰 과정을 통해 실천적 상황에 적합한 지식과 기능을 가동시키고 활용하여 문제를 해결해가는 능력**을 의미한다.
④ 역량은 초·중등학교 교육을 통해 누구나가 길러야 할 **기본적이고 보편적이며 공통적인 능력**을 의미한다.

❷ 핵심역량기반 교육과정

핵심역량기반 교육과정이란 미래 학습자에게 필요한 역량을 기르기에 적합하도록 개발되거나 설계된 교육과정을 의미한다. 즉 역량기반 교육과정은 **학습자가 교과 내용 지식의 습득을 넘어 현상을 이해하고 설명하거나, 구체적인 문제해결 과정에서 자신이 갖고 있는 정보를 수집하고 분석하여 사용할 수 있는 능력을 습득하도록 돕는 교육과정**이다.

❸ 핵심역량 함양 교육과정 설계 원칙

학교 교육목표에 대한 역량 반영 방법	• 기존의 학교 교육목표 및 인간상에 역량을 연계 • 학교만의 역량을 설정하여 제시
학교 교육과정 재구성	• 교육과정 재구성의 중점(교육내용 중심/역량 중심) • 교육과정 재구성 방법 (교과 내 연계·통합/교과 간 연계·통합/교과와 창의적 체험활동 연계·통합/창의적 체험활동 프로그램 운영)
교수·학습의 변화	• 학생 참여 중심 수업 • 실생활 문제 중심 수업 • 협력 및 토의 중심 수업
평가의 변화	• 과정 중심 수행평가 강조 • 동료평가 및 자기 평가 강조 • 정의적 특성 평가 시도
학교 교육과정 설계를 위한 준비	• 교사들 간의 소통과 협력 • 분산된 리더십의 발휘 • 학부모 및 학생과의 소통 및 참여
학교 교육과정 설계 지원	• 교사 연수 • 자료 보급 • 교사의 자율권 확대 • 인프라 개선(교사 업무부담 경감, 재정지원 등)

❹ 핵심역량 함양을 위한 학교 교육과정 설계의 방향

핵심역량 함양을 위한 학교 교육과정은 배운 것을 실생활 맥락에 적용하는 경험을 통하여 학생이 배움을 삶과 연계하여 타인과의 협력을 통하여 의미를 재구성해나가는 것을 돕는 방향으로 설계되어야 한다.

❺ 핵심역량 함양을 위한 학교 교육과정 설계의 원리

교육과정 측면	• 실생활과 연계된 주제중심 교육과정 재구성
	  – 핵심역량은 삶의 맥락에서 요구되는 실천적 능력을 의미하므로 교과 지식을 실생활의 맥락과 관련하여 학습하는 노력 속에서 함양될 수 있음
	  – 즉, 핵심역량 함양을 위해서는 교과 내, 교과 간, 교과와 창의적 체험활동 간 연계·통합을 통한 교육과정 재구성이 필요함

교수·학습 측면	• 학생의 참여 수업·협력학습·자기성찰
	  – 핵심역량을 함양하기 위해서는 교육과정, 교수·학습, 평가의 계획 단계에서부터 학생들을 적극적으로 참여시키는 것이 무엇보다 중요함
	  – 또한 교사 중심의 설명식 교수 방법보다 주어진 과제 및 문제 해결을 위해 자신이 가지고 있는 지식이나 기능, 전략 등을 능동적으로 사용하고, 그 과정에 대한 반성적 성찰을 통해 자신의 역량을 확장해가는 학습 경험이 제공되어야 함
	  – 또래끼리의 협력 학습, 토의·토론을 통한 문제해결 과정에 대한 경험도 제공될 필요가 있음

평가 측면	• 과정 중심의 수행평가
	  – 핵심역량 함양을 위한 평가는 학습자에게 적절한 피드백과 가이드를 제공함으로써 평가 과정 자체가 학습자의 역량 개발을 위한 학습 경험이 되도록 해야 함
	  – 평가의 초점은 학습내용의 재생을 넘어 주어진 과제 해결을 위해 필요한 지식이나 기능을 창조적으로 재구성할 수 있는 수행 능력을 평가하는 데에 있으며, 자신의 학습에 대한 성찰 능력을 신장시킬 수 있는 평가가 되어야 함

학교 문화적 측면	• 학교 구성원 간 협력
	  – 핵심역량 함양을 위한 학교 교육과정을 설계하기 위해서는 권위주의적이고 위계적인 학교문화에서 수평적이고 협력적인 학교 문화로 전환되어야 함
	  – 교사 간, 교사와 학생 간, 교사, 학생, 학부모, 지역사회 간 협력이 원활하게 이루어져야 함

❻ 핵심역량의 유형

1) 2015 개정 교육과정 핵심역량

자기관리 역량	자아정체성과 자신감을 가지고 자신의 삶과 진로에 필요한 기초 능력과 자질을 갖추어 자기주도적으로 살아갈 수 있는 역량
지식정보처리 역량	문제를 합리적으로 해결하기 위하여 다양한 영역의 지식과 정보를 처리하고 활용할 수 있는 역량
창의적 사고 역량	폭넓은 기초 지식을 바탕으로 다양한 전문 분야의 지식, 기술, 경험을 융합적으로 활용하여 새로운 것을 창출하는 역량
심미적 감성 역량	인간에 대한 공감적 이해와 문화적 감수성을 바탕으로 삶의 의미와 가치를 발견하고 향유하는 역량
의사소통 역량	다양한 상황에서 자신의 생각과 감정을 효과적으로 표현하고 다른 사람의 의견을 경청하며 존중하는 역량
공동체 역량	지역·국가·세계 공동체의 구성원에게 요구되는 가치와 태도를 가지고 공동체 발전에 적극적으로 참여하는 역량

2) 경기도 학생 핵심역량

자주적 행동 역량	긍정적 자아 이해를 바탕으로 자신의 생각과 가치에 따라 스스로의 삶을 계획하고, 능동적이며 책임 있는 방식으로 행동하는 역량
비판적 성찰 역량	신념이나 행동, 현상에 대한 합리적 근거에 기초하여 반성적으로 숙고하고 평가하는 역량
창의적 사고 역량	폭넓은 기초 지식을 바탕으로 다양한 분야의 지식·기술·경험을 융합하거나 활용하여 새롭고 의미 있는 것을 창출하는 역량
문화적 소양 역량	다양한 삶의 가치와 문화·예술을 편견 없이 이해하고 수용하며 행복한 삶을 향유하는 역량
의사소통 역량	다양한 텍스트와 상징을 이용하여 타인의 의사를 이해하고 공감하며 자신의 의사를 전달할 수 있는 역량
협력적 문제 해결 역량	학습이나 삶에서 발견한 문제를 협력하여 합리적으로 해결할 수 있는 역량
민주시민 역량	공동체의 구성원으로서 요구되는 책임을 다하고 권리를 누릴 수 있으며 공공의 선에 기여할 수 있는 민주시민 역량

3) 서울학생 역량기준

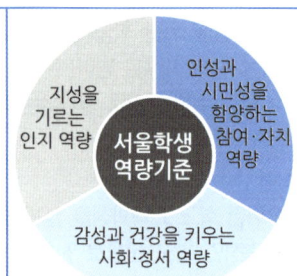

- **서울학생 미래역량**
  지성·감성·인성을 기르는 데 필요한 지식, 기능, 태도, 가치, 능력과 의지의 총체로 미래 변화에 대응하기 위해 필요한 역량

- **서울학생 역량기준**
  - 지성을 기르는 인지 역량
  - 감성과 건강을 키우는 사회·정서 역량
  - 인성과 시민성을 함양하는 참여·자치 역량

지성을 기르는 인지 역량	• 알고 있는 사실을 타인에게 잘 설명하는 능력 • 주어진 현상과 지식 및 정보를 분석하고 종합하는 능력 • 기존의 사실이나 지식에 대한 비판적 사고력 • 지식과 정보를 연결하여 새로운 상황에 적용하는 능력 • 인류의 문화유산에 담긴 지혜를 이해하고 해석하는 능력 • 미래 사회의 변화에 대응하는 자유로운 상상력과 창의력
감성과 건강을 키우는 사회·정서 역량	• 자연 현상이나 예술적 산물에 대한 심미적 감수성 • 자신의 생각을 다양한 방법으로 표현하는 문화예술적 능력 • 다른 사람의 감정을 이해하고 공감하는 태도 • 타인과 협력하고 갈등을 관리하며 사회적 관계를 맺는 능력 • 신체 활동을 통하여 놀이, 학습, 일에 참여하는 능력 • 각종 미디어의 오용이나 중독으로부터 자신을 보호하는 태도 • 신체적, 정서적, 사회적 건강을 키우고 유지하는 능력
인성 및 시민성을 함양하는 참여·자치 역량	• 자아존중감을 바탕으로 자신을 이해하고 관리하는 능력 • 민주적 절차와 방법으로 의사를 결정하고 실행하는 능력 • 타인의 고통을 이해하고 극복하기 위해 함께 실천하려는 태도 • 정의와 비차별 정신을 바탕으로 공공의 이익을 위해 참여·행동하려는 태도 • 생태, 평화, 인권에 대한 윤리적 인식을 바탕으로 책임감 있게 참여하는 태도 • 문화 다양성에 대한 이해를 바탕으로 세계시민과 공감하고 교류하는 태도

영역	서울학생 역량기준	2015 개정 교육과정	OECD 핵심역량	세계시민교육 영역
지식	지성을 기르는 인지영역	지식정보처리역량 창의적 사고 역량	도구적 활용능력	인지적 영역
가치	감성과 건강을 키우는 사회·정서 역량	의사소통 역량 심미적 감성 역량	이질집단에서 상호교류 능력	사회·정서적 영역
태도	인성과 시민성을 함양하는 참여·자치 역량	자기관리 역량 공동체 역량	자율적 행동 능력	행동적 영역

4) 인천교육핵심역량

자기관리능력	• 자기 동기화, 할 수 있다는 자신감, 능력 있는 학습자라는 자신에 대한 믿음을 기반으로 자신을 반성적으로 돌아볼 수 있는 자질을 의미한다. • 이는 높은 기대수준을 갖고 자신의 목표와 계획을 세우고 프로젝트를 완수해가며 그 과정에서 부딪히는 다양한 도전에 대처할 수 있는 전략을 개발할 수 있는 역량을 뜻한다.
의사소통능력	• 의사소통능력은 개인, 사회적으로 효과적이고 적절하게 의사를 전달하고 받아들이는 능력이다. • 세부적으로는 언어 표현 능력, 경청하기, 텍스트 이해 능력 등을 포함하며, 인지적 측면뿐만 아니라 자아존중감과 타인을 배려하는 자세와 관용의 정신 등과 같은 정서적 기능과도 연계되어 있다.
시민의식	• 민주주의의 기본 정신 하에 지역, 국가. 지구촌의 구성원으로서 요구되는 가치와 태도를 수용, 실천하고, 보다 나은 상태로의 변화를 위하여 지역, 국가, 지구촌의 공동 문제 해결에 적극적으로 참여하려는 행동 성향을 말한다.
대인관계능력	• 타인과의 건전한 관계를 형성·유지하기 위해 요구되는 능력과 태도를 일컫는 것으로서, 구체적으로 타인의 의견과 생각, 가치와 태도를 존중하고, 민주적 생활태도를 바탕으로 타인에 대한 공감, 배려, 타협, 협력적 태도를 발휘하여 타인과 발생할 수 있는 갈등을 예방, 해소할 수 있는 능력으로 규정할 수 있다.
문제해결력	• 생활에서 직면하게 되는 문제를 올바른 가치 판단과 합리적인 선택을 통해 해결할 수 있는 능력을 일컫는 것으로서, 당면 문제의 원인을 분석하여 이를 해결하기 위한 방안을 탐색, 평가하고 최적의 대안을 선택·적용할 수 있는 능력을 말한다.
정보처리 활용능력	• 사실과 현상의 이해와 직면하는 문제의 해결을 위해 다양한 정보와 자료를 수집, 분석, 평가, 분류, 조직하여 자료와 정보에 내재된 의미를 올바르게 파악하고, 그것을 효과적으로 활용할 수 있는 능력이다.
창의적 사고능력	• 비판적, 논리적, 발산적 사고를 통해 새롭고 의미 있는 결과나 아이디어를 산출해낼 수 있는 사고 능력을 말한다. • 유창성, 융통성, 독창성, 정교성, 유추성 등과 같은 창의적 사고 기능(인지 능력) 및 민감성, 개방성, 독립성, 과제집착력, 자발성 등과 같은 창의적 사고 성향(정의 특성)을 포함한다.

2. 회복적 생활교육

❶ 인권 친화적 생활지도(회복적 생활교육)의 의의

학생을 지도와 훈육의 대상이 아닌 자율적 행동변화의 주체로 인식하고 비폭력 대화 등 윤리적인 방법으로 학생들의 생활교육을 개선하는 지도방안이다. 주요 내용은 체험과 실천 중심의 인성교육, 학교 구성원 간의 관계회복을 위한 윤리적 실천 운동, 학생 자치활동 활성화, 교권 확립을 통한 수업권과 학습권 보호 등으로 구성되어 있다. 또한 학교 구성원 간 민주적 의사 결정을 통해 학교별 실정에 맞는 학생 생활교육 프로그램을 운영할 수 있으며, '학교생활 인권규정' 개정과 학생자치법정·성찰교실·선도위원회 등이 상·벌점제를 대신하게 된다.

❷ '생활지도'에서 '생활교육'으로

많은 교사들이 관료체제였던 학교 문화를 수평적이고 협력적인 관계로 만들기 위해 노력하고 있다. 학생은 학교생활의 주체이며 그 주체가 의사 결정권을 갖고 학교의 일을 추진해 나가고, 교사와 학생이 상호 존중하며 목표를 향해 나아가는 새로운 존중의 시대가 열린 것이다. 이러한 시대적 요청에 의해 교사-학생이 수직적 관계의 의미를 내포하고 있는 '생활지도'보다는 교육의 의미를 담고 있는 '생활교육'으로 용어가 전환되어야 한다.

'생활지도'에 담긴 의미는 잘못된 행동에 대한 교정을 의미하고 있으며 훈육과 매우 비슷하다. 회복적 생활교육에서는 응보적 정의에 의한 처벌을 버리고, 회복적 정의에 의한 조정과 화해 방식을 추구한다. 이러한 면에서 볼 때, 생활지도는 훈육에 가깝고, 훈육은 응보적 정의에 가깝기 때문에 '생활교육'이라는 용어를 사용하게 되었다. 기존의 교사(학교) 중심의 권위주의적 생활지도 방법에 대한 재고를 통해 교사들이 생활교육에 대한 새로운 이해와 수용의 변화를 시도하고 있다. 이 변화는 교사와 학생의 동등한 인격과 상호존중에 바탕을 둔 새로운 생활교육의 방법으로의 전환인 것이다.

❸ 상·벌점 중심 생활지도(응보적 생활지도)와 인권 친화적 생활지도(회복적 생활교육)의 비교

비교항목	응보적 생활지도	회복적 생활교육
방법	처벌 중심	관계 회복 중심
의식	판단중심(잘잘못)	가치 및 구성원들의 욕구 중심
관계	승패경쟁, 지배구조, 리더 중심	상호 호혜성, 힘의 공유, 모두의 욕구 중심
문제행동에 대한 자세	규제를 주어 행동을 멈추게 해야 한다고 생각함	관계의 단절로 봄, 문제행동을 일으키는 내면의 욕구를 살펴봄
문제해결방법	가해자가 합당한 벌을 받음	가해자가 피해자와의 관계를 회복하는 것에 책임을 짐
행동동기	처벌과 보상, 비난, 칭찬, 강요	자발성, 관계 회복에 기여하고자 하는 열망
조직문화	수직적	수평적
고통 다루기	처벌로 고통을 주기	공감으로 함께 하기
느낌의 근원	다른 사람의 행동 및 사건	자신의 욕구에 의해 야기
권위의 출처	외부	자신의 내면

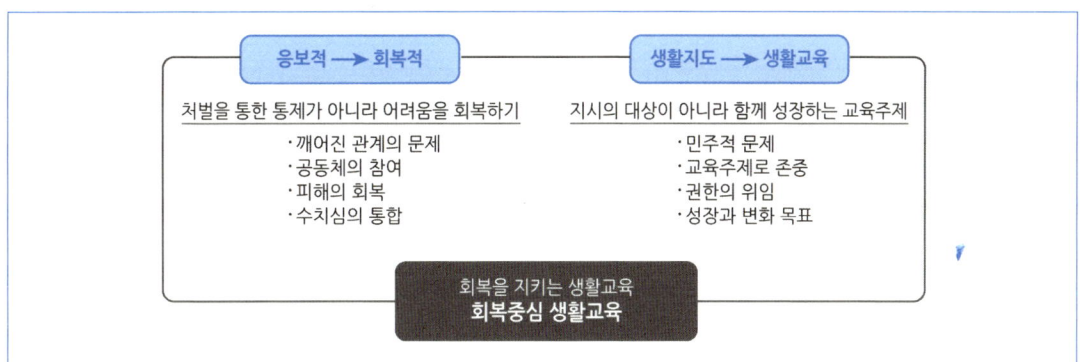

④ '회복적 생활교육'의 접근 방식

회복적생활교육의 구체적인 실천은 갈등정도에 따라 3단계로 나눌 수 있다. 가장 기초가 되는 〈평화로운 교실을 위한 준비〉에서는 문제해결에 초점이 아닌 평화로운 공동체의 문화를 만들기 위해 관계형성에 목적을 두고 평화 감수성을 높이는 다양한 회복적 실천을 적용한다. 〈회복적생활교육 운영〉에서는 가벼운 문제 행동을 다루는 영역으로 일반적으로 교사라면 누구나 적용할 수 있는 실천적인 회복적생활교육의 방법들을 제공한다. 그리고 〈회복적 대화모임〉은 심각하고 공식적인 회복적 대화모임 진행에 관련된 내용으로 숙달된 진행 기술이 필요한 영역이다.

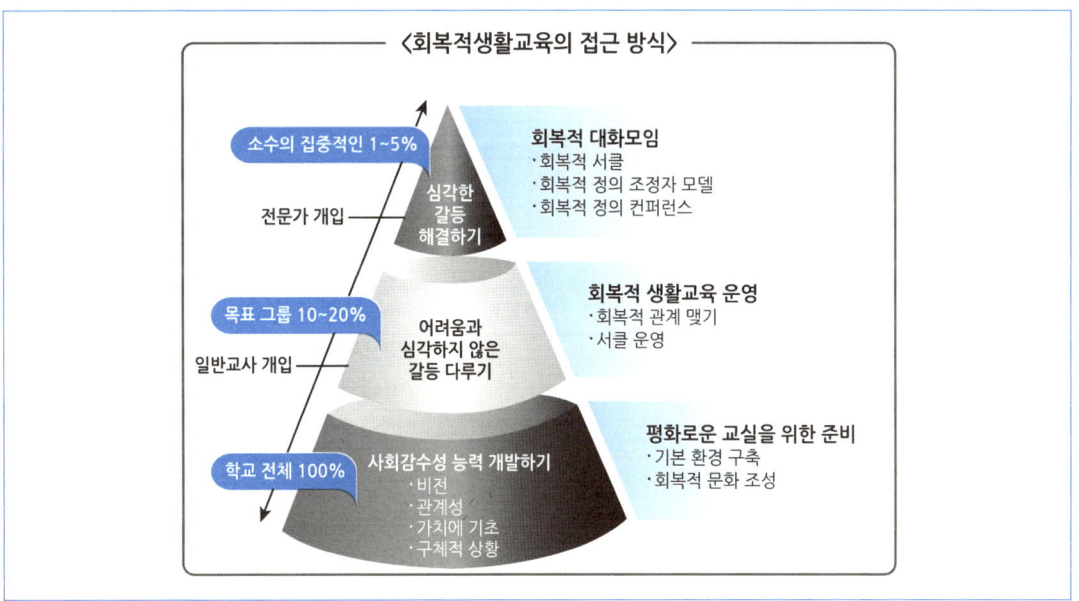

❺ 교사의 '회복적 생활교육'의 실천

			모듈명	매뉴얼 소개	이럴 때 사용해요	비고
평화로운 교실을 위한 준비	1. 기본 환경 구축	1	우리들의 약속	교실을 평화로운 공간으로 만들기 위한 합의된 규칙 만들기	학년 초 존중의 학급문화 형성	필요시 계속 수정 가능
		2	체크인·체크아웃 서클	활동의 시작과 끝에 자신과 공동체를 살피고 생각을 나눌 수 있는 시간 만들기	학급에서 평소에 존중, 친밀, 우정, 배려의 관계를 형성하길 원할 경우	꾸준한 실행 필요
		3	PEACE 평화명상	명상을 통해 내면을 성찰하는 힘을 길러주기	학생들이 평화로운 마음을 갖기를 원할 경우	5가지 명상법
	2. 회복적 문화 조성	1	적극적 경청	상대방의 말을 있는 그대로 들어주기	서클로 진정성을 갖고 대화 원할 경우	모델제시
		2	비폭력 대화	상대방에게 상처주지 않고 자신의 생각을 솔직하게 말하기	서클로 진정성을 갖고 대화 원할 경우	모델제시
		3	학급자치 서클	서클의 원리로 학급회의 운영하기	학생들이 스스로의 과제나 문제를 해결해야 할 경우	평화 리더십 형성
회복적 생활교육 운영	1. 회복적 관계 맺기	1	회복적 질문하기	관계 회복과 자발적 책임을 돕기 위한 열린 질문하기	자주 지각하는 경우, 교실을 어지럽히는 행동, 청소 안하고 도망간 경우 등	적절한 질문선택이 중요
		2	적극적 경청을 통한 회복적 교육	감춰진 느낌과 욕구를 찾아내어 읽어주고 전달하기	부적절한 언어를 사용한 경우, 짜증과 분노를 참지 못하는 학생의 경우 등	가벼운 모든 갈등상황
		3	일탈행위에 대한 회복적 대화	일탈행위 시 학생의 입장을 충분히 듣고 개인과 공동체를 위한 대안 찾기	교사에게 반항하는 경우	자기연결 필요
		4	회복적 학부모 상담	학부모의 생각과 욕구 이해하고 함께 해결하기	학교나 교사에 대하여 부정적인 생각을 하고 있는 학부모와의 상담	공감기술 사용
		5	회복적 성찰문	자신의 행동이 공동체에 미친 영향을 이해하고 스스로 책임 질 수 있는 방법 성찰하기	수업을 방해하는 경우, 교사를 모욕하는 경우, 과제물 미제출, 부정행위 등	성찰공간 필요
	2. 서클 운영	1	신뢰서클	서로를 연결하여 공동체성 강화하기	평상시에 서로를 이해하고 존중할 수 있는 문화를 만들어갈 때	문제해결 서클 전
		2	문제해결서클	공동으로 다루어야 할 문제를 서클로 해결하기	도난사건, 기물 파괴, 낙서, 청소를 안 하고 도망간 경우, 계속되는 지각이나 규칙을 어기는 행동의 경우 등	작은 부적절한 말, 행동들
		3	회복적 서클을 위한 또래조정	회복적 서클의 진행방식을 활용한 갈등 조정하기	교사에 대한 무례한 행동, 소동, 언쟁, 다툼, 폭력, 친구를 놀리는 경우 등	가벼운 모든 또래 갈등상황
		4	수업 서클	서클을 활용하여 수업하기	수업주제를 위한 공동학습이 필요할 경우	모둠서클로도 활용
		5	교사 서클	교사들이 서클을 활용하여 연결되기	교사들 간 평화롭게 의견 교환과 논의를 원할 경우	존중의 문화 정착

❻ '회복적 생활교육'의 실천 원리

- 기본원리 1 – **관계**가 공동체 형성의 중심이라는 점을 잊지 말 것
  - 모든 학생과 교직원이 학교 공동체의 가치 있는 일원으로 다 함께 서로 존중하는 문화와 분위기를 형성한다.
  - 학생들이 반드시 학교 공동체에서 생활하면서 지켜야 할 가치와 원칙(학교규칙, 학급규칙)을 만드는 일에 직접 참여한다.

- 기본원리 2 – 잘못된 행동과 피해를 해결할 수 있는 **관계 회복시스템**을 고안할 것
  - 이 시스템(학교정책)을 고안하는 일엔 모두가 참여한다.
  - 이 시스템은 학생 생활교육 시에 발생하는 현상적 문제만이 아니라 그 근본 원인을 다루어야 한다. 잘못된 행동의 원인은 다양할 수 있으며, 그에 걸맞게 다루어져야 한다.

- 기본원리 3 – 단순 규범 위반이 아닌 **피해가 발생한 부분**에 초점을 맞출 것
  - 피해를 입은 당사자가 관계 문제 해결에 있어 1차적 고려 대상이다. 2차 관계자들은 사건에 영향을 받았을 다른 학생들, 교사, 학부형, 교직원, 주변 공동체 등이 될 수 있다.
  - 본인이 겪은 부당함을 바로 잡으려다가 잘못된 행동이 발생할 수도 있다. 피해를 입은 사람들은 자신이 부당하게 대우받고 있다고 생각한다. 학생 생활지도는 반드시 이런 인식을 바로 잡을 수 있는 여지를 문제 해결 과정 속에 남겨 놓는다.

- 기본원리 4 – **피해자**가 자기 목소리를 낼 수 있게 할 것
  - 피해자가 지금 당장 느끼는 안전에 대한 우려를 우선적으로 다룬다.
  - 피해자에게 자신이 문제 해결에 직접 목소리를 낼 수 있도록 기회를 준다.

- 기본원리 5 – **공동으로 참여**하는 문제 해결방식을 활용할 것
  - 가족과 학생들, 공동체는 서로 격려함으로써, 함께 문제를 인식하고 근본적 필요를 충족할 수 있는 해결책을 찾아 나간다.
  - 잘못된 행동에 대해 모두가 함께 참여하여 해결책을 찾아나가면, 이 또한 귀중한 배움의 시간이 될 수 있다.

- 기본원리 6 – **변화와 성장**이 가능하도록 힘을 실어줄 것
  - 학생들이 변화하고 성장할 수 있게 하려면, 우리는 아이들로 하여금 자기들의 요구를 인식하게 하고, 그런 요구를 충족시키는 생활 방식과 대안을 찾아갈 수 있도록 돕는다.
  - 문제를 해결하는 과정이 경청과 성찰, 문제 해결방식 공유, 신뢰와 책임 등을 통해 관계를 바로 세우는 데 맞춰져 있다면, 갈등은 변화를 위한 좋은 기회가 될 것이다.

- 기본원리 7 – 모든 생활교육을 통해 **책임감**을 키워줄 것
  - 진정한 책임감은 자신이 한 행동이 다른 사람에게 어떠한 영향을 주었는지 이해하는 것이다. 그것을 인식함과 동시에 그 영향이 부정적이었을 경우 이를 바로잡으려고 노력한다.
  - 학생들에게 반드시 지속적으로 책임감과 협동심을 키우는 기회를 제공한다.
  - 어떤 학생들은 스스로 변화의 지점을 찾기를 거부하고, 자신들이 어떤 책임을 감당해야 하는지에 관한 결정을 어른들이 내려주기를 바란다.
  - 가끔은 학생이 스스로 자기 행동으로 생긴 피해 결과를 인식하기 전까지는 '곁에서 걷기(올바른 행동을 하도록 학생들을 점검하고 지시하는 것)'보다는 계속 '뒤에서 걷기(필요한 경우 뒤에 누군가 있다는 사실을 학생으로 하여금 알게 하는 것)' 전략을 쓰는 것이 필요하다.

3. 학교폭력

❶ 학교폭력 사안 대응 기본지침

1) 교사의 대처방안 3단계

사전관리	• 위기상황을 사전에 예측하여 방지
	   - 표면화되어있지 않은 피해자 발견 → 확대 방지·개입
	   - 개개인 학급 생활파악 → 선도 필요 학생 적극적 면담

↓

발생시 관리	• 위기발생직후 피해 최소화 - 피해학생과 가해학생 즉시 격리 • 신속한 해결 • 안전상태로 조기회복

↓

사후관리	• 2차 피해와 재발방지를 위한 대책 수립 • 위기교육 활동

2) 학교폭력 발생 시 대응요령

① 주요 대상별 초기 대응 요령

피해학생 조치	• 피해를 당한 학생의 마음을 안정시키고 가해자와 격리시키며 신변안전이 급선무다. (심호흡, 안정을 취하는 말 등) • 가벼운 상처는 학교 보건실에서 1차적으로 치료하고, 상처 정도가 심해 학교 보건실에서 치료할 수 없을 때는 2차적으로 병원으로 신속히 이송한다. • 탈골, 기도 막힘, 기타 위급상황이라고 판단된 경우 자리에서 움직이지 않고 119에 도움을 청한다.
가해학생 조치	• 피해학생의 상태가 위중하거나 외상이 심한 경우, 가해학생 역시 충격을 받아 예측하지 못하는 돌발행동을 할 수 있다. 그러므로 심리적으로 안정될 수 있도록 교사가 계속 주의를 기울이고 빨리 부모에게 연락을 취한다. • 이후 가해학생에게 지나친 질책 및 감정적 대처를 하지 않도록 유의한다.
보호자 조치	• 보호자에게 사실을 빠르게 알린다. • 연락할 때 보호자들이 지나치게 흥분하거나 놀라지 않도록 연락하고, 학교에 오면 사전에 정해진 장소에 가서 자녀를 만날 수 있도록 안내한다. • 사안의 내용과 학교 측의 대처사항에 대해 보호자에게 정확히 알려준다. • 피해·가해학생이 귀가했을 경우, 학생이 가정에서 심리적 안정을 취할 수 있도록 부모에게 안내한다. 특히 피해학생인 경우, 부모가 자녀에게 정서적 지지와 지원을 아끼지 말 것을 당부한다.
목격학생·주변학생 조치	• 폭력을 목격하거나 폭력 현장에 있음으로 인해 심리적·정서적 충격을 받은 간접 피해자도 유사한 문제 반응이 나타날 수 있다. • 주변학생들의 현장 접근을 통제하고, 특히 초등학교 저학년의 경우 동화책 읽어주기, 종이접기 등 흥미 있는 활동으로 주의를 돌려 심리적 충격을 완화시킨다. • 사안에 관련된 학생 및 목격한 학생들에게 상황을 인식시키고, 차후 유사한 폭력상황이 벌어지지 않도록 예방교육을 한다. • 사안에 관련된 학생들에 대해 낙인을 찍어 따돌리거나, 사안과 관련하여 사실과 다른 소문을 퍼뜨리지 않도록 주의시킨다.

② 사안 조사 시 유의사항
- 서면 조사, 관련 학생 및 목격자의 면담 조사, 사안 발생 현장 조사 등을 통해 종합적인 방법으로 신속하게 증거 자료를 확보한다.
- 면담 조사를 하는 경우에는 육하원칙에 근거하여 구체적으로 확인서를 받는다.
- 객관적이고 공정하게 사안조사를 실시한다.
- 피·가해학생 간의 주장이 다를 경우, 목격 학생의 확인을 받거나 직·간접 증거자료 확보를 통해 적극적으로 사안조사에 임한다. 피·가해 학생이 일관된 진술을 하는지, 증거자료와 진술 내용이 일치하는지 등을 살펴야 한다.
- 전담기구 소속교사는 학생, 보호자, 목격자, 담임교사 등을 면담조사한 후에 확인된 사실을 바탕으로 학교폭력 사안조사 보고서를 작성한다.

③ 상담 시 유의사항
- 관련학생을 한 장소에 모이게 한 후 조사를 하는 것은 피해학생에게 위축감, 불안감을 줄 수 있으므로, 각자 개별적으로 상담한다.
- 집단폭행이나 목격학생을 조사할 때에는 관련 학생 모두를 한꺼번에 불러 다른 장소에서 일제히 조사하는 것이 바람직하다. 그렇지 않으면 상황을 조작할 가능성이 있고, 소수 학생의 의견에 다른 학생들이 동조할 위험이 있다.
- 2차 피해 예방을 위해 관련학생 상담 또는 조사 과정 등이 주위에 알려지지 않도록 유의한다.
- 가해학생에게 훈계나 평가를 하는 것은 오히려 역효과를 줄 수 있으므로, 비난이나 심문하는 태도를 취하지 않는다.

[학생 유형에 따른 상담법]

1. 피해학생 상담
    ① 적절한 위로와 지지를 해준다.
    ② 피해 상황과 욕구를 파악한다.
    ③ 가해학생으로부터 보복을 당하지 않도록 교사가 책임감을 가지고 지도·관리할 것을 인지시켜 준다.

2. 가해학생 상담
    ① 폭력은 용인되지 않으며 가해학생이 저지른 행동은 잘못된 것이라는 사실을 알려주고 피해학생이 당한 충격과 상처를 이해시킨다.
    ② 조사과정에서 가해학생을 낙인찍거나 체벌하지 않는다.
    ③ 가해학생들이 폭력을 사용하게 된 상황(가정적 요인 포함)에 대해 충분히 탐색한다.
    ④ 추후에 가해행동이 재발되지 않도록 주의를 주고, 재발할 경우 심각한 수준의 처벌을 받을 수 있음을 알려준다.
    ⑤ 가해학생이 가해행동에 대해 피해학생에게 사과할 의사가 있는지 여부를 확인하고, 사과를 희망하는 경우 공개적이고 진심어린 사과를 해야 함을 안내한다.

3. 목격학생 상담
    ① 비밀 보장에 대해 충분히 안내하여 보복에 대한 두려움을 갖지 않도록 한다.
    ② 관련 정황을 구체적으로 확인서에 쓰도록 한다.
    ③ 목격학생의 심리적 충격여부를 확인하여 위로 등 적절한 조치를 취하고, 필요시 전문가에게 상담을 의뢰한다.

❷ 멈춰 프로그램

학교교실 등에서 폭력 상황이 발생하였을 때 주변 학생들이 "멈춰"라고 외치면, 주변의 모든 학생들이 다 함께 "멈춰"라고 외침으로써 폭력 사태의 진전을 막음과 동시에 학생 1~2명은 즉시 선생님께 달려가 폭력 발생 사실을 알리고, 교사는 즉시 현장으로 가서 학교 폭력 사태를 종결시키는 선생님과 학생들이 자율적으로 폭력 문제를 해결해 나가는 프로그램

[멈춰 프로그램의 구체적 실행방안]

① 학급별로 정기적으로 멈춤이, 알림이, 상담이, 지킴이 역할을 부여한다.
② 1달 또는 1주 단위로 전 학급원이 알 수 있도록 역할을 지정(학급 게시판 등을 활용하여 안내)
③ 역할 시연 및 교육을 통해 각자 폭력 발생 시 대처하는 역할을 수행할 수 있도록 지도한다.

- 멈춤이
  - 모든 학생
  - 학교폭력 발생 시 "멈춰"라고 외침
- 알림이
  - 학급별 2명 정도
  - 학교폭력 발생 시 즉시 달려가 선생님께 알림
  - 학교폭력의 낌새와 징후가 보이면 선생님께 알림
- 상담이
  - 또래 상담자로서 학급별 2명 정도
  - 학교폭력이 발생한 이후 학교폭력 가해자와 피해자를 상담
- 지킴이
  - 학급 담임교사
  - 학생들을 학교폭력으로부터 보호해 주는 수호천사 역할 수행

CHAPTER 4 학부모

1. 학부모 학교 참여

❶ 학부모 학교 참여

자녀 교육에 대한 참여	교육현장에의 참여	교육주체로서의 참여
학부모가 자녀를 바르게 이해하고 자녀의 교육을 지원하기 위한 일체의 교육 참여 활동을 의미	학부모가 교육기관과 긴밀한 유대를 가지고 학교 및 교사와 소통하며 자녀 학습현장에 직접 참여하는 것을 의미	학부모가 의사결정자, 지원자, 교사보조자 등 교육주체로서의 역할을 행사하는 것을 의미

❷ 학부모 학교 참여 의의

1) 학부모 학교 참여의 필요성

교육 주체로서의 학부모 역할 확대	• 학부모가 과거 수동적인 역할에서 변화하여 능동적인 주체로서 학교 교육 및 운영의 의사결정과정에 참여, 자신들의 의견을 적절하게 학교정책에 반영할 수 있도록 노력하는 것이 필요하게 되었다.
학부모 역량강화 필요	• 학부모가 자녀를 바르고 건강하게 길러낼 수 있도록 자녀양육 역량을 향상시킬 필요가 있다. • 고령화 사회·평생학습시대에 맞게 학부모의 잠재력 개발을 위한 지속적인 교육이 요구되고 있다.
시대 변화에 따른 교육공동체 구현 필요	• 학부모의 학교교육에 대한 이해도를 높여 교사 및 학교와의 파트너십 관계를 구축하고 상호보완적인 역할을 하도록 해야 한다. • 맞벌이·한부모·다문화·북한이탈 가정 등 가족구조가 다양화되는 시점에서 효율적인 교육을 위해 가정-학교 간 지속적인 소통 및 정보교환이 필요하다.

2) 학부모 학교 참여의 목적

수요자 중심의 학교교육 실현	• 학교 교육 및 운영에 대하여 학생과 학부모의 의견을 수렴한다. • 학부모 모니터링 기능을 강화하여 보다 발전적인 학교교육의 실현을 돕는다.
가정-학교 간 소통 활성화 및 협력관계 구축	• 학부모 참여활동을 통하여 가정-학교 간 소통을 활성화한다. • 학부모와 학교가 학생의 성장을 위하여 긴밀한 협력관계를 구축할 수 있도록 돕는다.
학부모 역할 정립 모색 및 역량 강화	• 학부모가 더욱 능동적이고 주도적인 학부모 역할을 정립하도록 돕는다. • 학부모가 자녀교육에 필요한 역량을 강화할 수 있는 기회를 제공한다.

학부모교육 및 교육기부 기회 확대	• 학부모에게 자녀양육 및 자기계발에 관한 지속적인 교육의 기회를 제공한다. • 학부모가 학교 및 지역사회 활동에 참여할 수 있도록 다양한 교육기부 기회를 마련한다.
학부모정책 수립·추진 기반 마련	• 국가 차원의 지속적인 학부모 지원을 도모한다. • 학부모지원정책 등 학부모 지원을 위한 제도적 기반 마련에 이바지한다.

3) 학부모 참여의 기대효과

① 부모의 자녀이해를 도와 건강한 부모-자녀 관계 정립을 도모하고, 학생의 심리적 안정과 함께 학교생활 적응력을 높인다.
② 가정-학교 간 협력관계를 구축하여 학교교육의 성과를 높인다.
③ 지역사회 사안 및 활동에 가정과 학교 단위의 참여를 높여 가정-학교-지역사회 간 소통을 활성화한다.
④ 국가 차원에서 실효성 있는 학부모정책을 수립할 수 있도록 토대 마련에 기여한다.

4) 학부모 참여 활동

① 의사결정 과정 참여
  ㉠ 학부모 총회 : 학부모 총회는 가장 기본적인 학부모 참여 활동의 일환으로, 학부모가 학부모와 관련된 학부모회 구성이나 활동, 학교운영 등에 관하여 직접 논의하고 결정하는 자리이다. 학부모는 학부모 총회에 참여함으로써 주체적으로 자신들의 의견을 학교교육에 반영시킬 수 있다.
  ㉡ 학교운영위원회 : 학교운영위원회는 학교구성원들이 학교운영의 중요한 사항에 대해 민주적인 절차에 따라 자율적으로 결정하는 단위학교 차원의 교육자치기구로서, 모든 유·초·중·고등학교 및 특수학교에 설치되어 있다. 학교운영위원회의 위원으로 선출된 학부모는 심의·자문 활동을 통해 개별학교의 실정과 특색에 맞는 교육이 이루어질 수 있도록 돕는다.

② 학교교육 참여
  ㉠ 학교 수업공개 참여 : 학부모의 학교 참여는 자녀교육에 대한 관심으로부터 시작된다. 학부모는 수업 참관을 통해 수업이 어떻게 이루어지는지, 자녀가 어떻게 수업에 참여하고 있는지를 살펴볼 수 있다. 내 자녀뿐만 아니라 또래 학생들을 봄으로써 발달시기 특성을 이해할 수 있으며 그로 인하여 내 자녀에 대한 이해 또한 높일 수 있다.
  ㉡ 학교교육 모니터링 : 학부모가 학교 참여 활동을 하는 가장 큰 목적은 학부모와 학생이 만족할 수 있는 교육을 만들어가는 것이다. 따라서 학부모회가 학교교육을 모니터링하고 의견을 제안하는 활동은 학부모회의 가장 중심적 활동이 되어야 한다. 학부모회는 학교교육의 발전을 위해 지속적인 모니터링을 실시하여야 한다. 학교교육 모니터링은 학교를 감시하거나 간섭하는 활동이 아니라, 학교에 건전한 의견을 제시하고 학부모-학교 간 소통의 기회로 활용해야 한다.
  ㉢ 학부모상담 참여 : 학교에서는 학생과 관련하여 학부모와 교사 간의 소통을 강화하고 학부모들이 학교교육에 대해 잘 이해할 수 있도록 학부모상담주간을 마련, 학부모상담을 진행하고 있다. 자녀의 교육 및 학교생활 적응과 관련하여 궁금한 점이나 어려움이 있다면 학교에서 자녀를 가장 잘 알고 있는 담임선생님과 상담하는 것이 바람직하다. 학부모는 담임교사와의 상담을 통해 학습태도, 교우관계 등 자녀의 학교생활에 대한 정보를 얻을 수 있을 뿐 아니라 선생님들의 교육활동에 대해 대화함으로써 학교교육에 대한 이해를 높일 수 있다.

ⓔ **학교 설명회 참여** : 학교설명회는 가정과 학교가 소통하는 장으로서, 학교에서 학부모들의 학교에 대한 이해를 높이기 위해 학교의 교육목표와 교육과정, 학생생활 규정, 건전한 학부모 참여활동 등에 대한 정보를 제공하는 자리이다. 학교설명회 후 학년이나 학급 단위로 학부모-교사 간 간담회가 진행되기도 하므로 적극적으로 참여하여 자녀 학교교육에 대한 이해를 높이는 것이 좋다.

③ 학부모 교육

사회가 변화되면서 가정의 형태 및 교육환경에도 다양한 변화가 생겨났다. 학부모는 학부모로서의 역할수행에 더 많은 어려움을 느끼게 되었고 학교교육공동체의 일원으로서 역량강화가 절실히 필요하게 되었다. 학부모회에서는 학부모들의 자녀교육 및 학교참여에 도움이 되는 다양한 교육 프로그램을 운영할 수 있으며, 학부모교육을 통해 학부모들의 자발적인 참여를 이끌어낼 수 있다. 학부모교육은 학부모 자녀교육 역량을 신장시켜 가정의 교육적 기능을 강화하는 데 도움을 줄 것이다. 또한 자녀교육에 대한 다양한 정보 제공을 통해 사교육비를 경감시키는 데에도 기여할 수 있을 것이다.

영역	내용	분야
학부모 역량강화	자녀교육 역량강화	자기 주도적 학습지도
		교과학습 지도
		독서·글쓰기 교육
		창의성 계발
	자녀이해 및 성장지원	자녀의 진로지도
		바르고 건강한 자녀 양육
		학부모와 함께하는 체험학습
		부모역할 훈련
		생활지도
		인성교육
자녀교육 정보제공	학교 참여와 교육정책 이해	교육정책 이해
		학교 참여
학부모 평생교육	학부모 평생교육 교실	정보화교실
		교양교실

④ 교육기부

'학부모 교육기부'는 학부모가 주체가 되어 학교교육을 위해 학부모가 보유한 시간과 지식, 기술 등의 서비스를 제공하는 활동을 의미한다. 학교운영과 교육과정을 위하여 학부모의 시간과 육체적 노력을 요하는 활동에서부터 더 나아가 학교 내의 창의적 체험활동, 진로교육 등 학부모가 가진 지식이나 전문성을 활용하여 교육에 직접적으로 기여할 수 있는 활동까지를 모두 포함한다.

학부모는 조직적인 차원에서 학교 교육이나 운영에 참여하는 것 외에도 여러 가지 활동에 자발적으로 참여할 수 있다. 창의성 발달 및 인성교육에 대한 관심이 높아지고 주5일제 수업과 함께 체험활동 중심의 교육환경으로 변화되면서, 전문성과 자발적 참여를 모두 만족시킬 수 있는 학부모의 교육지원활동이 필요하게 되었다. 교육기부 활동은 학부모에게 다양한 학교참여의 기회를 제공하고 학교와 지역사회의 다양한 필요를 충족시킬 뿐 아니라 더 나아가 학부모 자아실현의 기회로도 이어질 수 있다는 점에서 의의가 있다.

2. 회복적 학부모 상담

❶ 학부모 상담

1) 교사와 상담하는 학부모 마음
   ① 자녀에 대한 초조 불안감: 혹시 자녀에 대해 부정적인 내용을 듣게 되지는 않을까 하는 불안한 마음이 있다.
   ② 교사에게 확인하고 싶은 심정: 자녀의 발달 상태, 적응 상태, 또래 관계와 성격 등을 교사에게 객관적으로 확인하고 싶어 한다.
   ③ 교사에게 인정받고 싶은 심정: 자녀를 잘 키웠다는 인정을 받고 싶어 한다.
   ④ 담임의 역량을 확인하고 싶은 마음: 실제로 집안에서의 여러 문제 상황을 얘기하며 교사의 대처 방법, 도움말을 들으며 교사를 평가하는 경우가 많다. 평소에 비협조적이었던 학부모일 경우도 당황하지 말고 차근차근 상황을 자세히 되물어 보고, 부모가 해온 방식을 확인하며, 부모가 잘 받아들일 수 있는 방법들을 친절하게 설명해줄 수 있어야 한다.

2) 학부모 상담의 장점
   ① 학생의 흥미와 능력에 관해 도움이 될 만한 정보를 모을 수 있다.
   ② 가족 간의 역동을 관찰하여 아동의 행동을 설명할 수 있는 단서를 찾을 수 있다.
   ③ 교육의 과정에서 파트너로서 학부모의 도움을 구할 수 있다.
   ④ 학생을 위한 상호 동의된 목표를 세우고 이를 위해 함께 협력할 수 있다.

3) 학부모 상담 준비
   ① 안내문을 통해 상담내용과 시간·장소를 부모에게 미리 알려야 한다.
   ② 교사는 개별학생의 발달 상태에 그동안 기록해 온 것을 준비한다.
      - 각각 학생에 대한 학교생활의 일화기록장, 평정척도표, 체크리스트 등 평소 교사가 꼼꼼히 준비해온 것들을 내놓는다.
   ③ 상담환경 조성
      - 만남에 있어서 교사가 편안하다고 느낄 수 있는 장소이고, 필요한 서류나 자료를 즉각 찾아볼 수 있고, 학생이 행한 중요한 행동들을 생각나게 하는 이점이 있는 장소를 염두에 두고 부모상담 준비를 하는 것이 좋을 것이다.
      - 좌석은 부모와 교사가 서로 마주보거나 잘 볼 수 있도록 배치해야 한다.

4) 학부모 상담 기술
   ① 교사와 부모가 만나 학생에 관해 의논하거나 부모들로 하여금 학생의 교육문제에 직접 참여하도록 하기 위해서는 교사가 부모와 이야기를 나눌 수 있는 의사소통 기술을 가지고 있어야 한다.
   ② 교사는 학부모의 표정과 비언어적 태도, 말하지 않아도 부모의 이면의 욕구까지도 읽을 수 있는 여유와 전문적 시간, 지식을 가질 수 있도록 노력해야 한다.
   ③ 의사소통 기법으로는 칭찬하기, 경청 등의 기본적인 방법부터 스스로 답을 찾아가도록 돕는 부모코

칭 질문기법, 인정하고 수용해주기, 중립적 언어 사용 등의 대화방법이 있다.

- 몸짓, 얼굴표정, 목소리 톤 등 비언어적 태도도 주시할 것
- 학생과 가정환경을 이해하고, 학생에 대해 구체적으로 알려고 노력할 것
- 타 학생과 비교하지 말고 학생에 대해 긍정적으로 바라보고 이야기할 것
- 부모의 이야기를 많이 들어주고, 포용하는 자세로 부모의 욕구를 파악할 것
- 친근감 있는 태도로 대하고, 맥락적 경청을 하며, 알아듣기 쉬운 말을 사용할 것
- 먼저 상황을 수용하고, 인정해주고, 사소한 부분이라도 칭찬하기부터 시작할 것
- 호흡 맞추기, 중립적인 언어를 사용하고, 평가하거나 비판하거나 설득하지 말 것

5) 학부모 상담의 수집 평가 내용

학부모 상담에서 수집되고 평가되어야 하는 내용들을 요약하면 다음과 같다.

① 주로 호소하는 문제 : 이 문제로 일상생활에서 겪는 어려움은 무엇인가?
② 문제의 지속성과 심각성 문제가 언제부터 시작되었는가? 문제가 발생했을 때 부모나 주변사람들은 어떻게 대처했는가?
③ 학생의 현재 적응상태, 학업성취 정도는 어떠한가? 일상적인 생활습관과 태도는 어떠한가?
④ 학생의 발달력 출생 전(임신기간), 출산과정, 출생 후 질병의 유무
⑤ 학생의 문제에 영향을 줄 수 있는 부모환경 : 부모의 성장과정이나 성격문제, 결혼 생활(부부갈등, 고부갈등 등 가족관계의 갈등 등)

6) 학부모상담 기법

① 개방적 질문

상담자는 정보를 얻는 데 관심을 갖지만 정보를 어떤 주제로부터 끌어내야 할지는 내담자가 선택하도록 한다.

- 상담자: 아이 때문에 우울하다고 하셨는데, 우울한 마음에 대해 말씀해주시겠습니까?
- 부 모: 조그만 일에도 울음이 나와요.

② 반사

부모의 이야기에 나타나고 있는 정서반응에 부모가 집중할 수 있도록 이야기에 동반되는 감정을 강조해준다.

- 부 모: 학교에 입학시켜야 하는데 아이의 문제가 개선되지 않으니 소화도 잠도 이룰 수 없어요.
- 상담자: 자녀 문제로 무척 불안을 느끼시는군요.

③ 긍정적인 강화

부모가 하기 힘든 이야기를 어렵게 하는 경우 상담자는 이를 긍정적으로 지지해주고 강화해준다.

- 상담자: 그때 어떤 기분이 드셨나요?
- 부 모: (한참 대답이 없다가)아이를 포기하려고 했어요.
- 상담자: 그런 마음이 드셨군요. 그런 대답을 해주시니 어머니의 마음을 충분히 이해할 수 있게 되는군요.

④ 침묵

　　상담과정에서 침묵을 적절하게 이용하는 것은 내담자로 하여금 그가 말한 내용에 거리를 두고 그 의미를 찾는 기회를 제공해준다. 때론 내담자는 상담자가 자신이 계속 말하기를 원한다고 잘못 생각하여 계속 말하려는 경우도 있다. 따라서 상담자는 침묵이 바람직하다는 것을 깨우쳐주어야 한다.

⑤ 해석

　　상담자는 내담자의 동기, 생각, 감정, 행동의 의미를 이해하여 노력하며, 이를 해석해준다. 해석은 내담자가 자신을 이해할 수 있게 돕는데 필요한 핵심적 기법이다.

> 부　모: 남편에게 아이의 문제를 상의하려고 애썼지만 남편이 너무 냉담했어요. 너무 화가 나 소리를 지르고 말았어요.
> 상담자: 어머니는 자신의 노력이 좌절될 때면 곧 후회하게 될 행동을 하게 되는군요.
> 부　모: 이전에는 깨닫지 못했는데 이제 보니 그런 것 같군요.

7) 성공적인 학부모 상담의 실제

① 학부모의 마음을 편하게 해주어라.

　　처음에는 무조건 학부모의 마음을 편하게 해주는 것이 현명한 일이다. 오시느라 수고하셨다거나 학생에 대한 진실한 관심이 있는 발언, 또는 학부모들을 편안하게 할 수 있는 발언 등으로 시작하여 분위기가 부드러워지게 한 후 상담의 취지를 말한다.

② 긍정적인 분위기를 조성하라.

　　학생의 장점이나 가장 최근에 관찰된 중요한 학교생활에 관련된 기록을 꺼내 말하면서 상담을 진행해 나간다. 긍정적으로 시작하면 학부모도 마음을 열고 응할 것이다. 아주 작은 사례부터 시작하여 학부모의 참여를 유도한다. 예를 들어, 등교 상황이라든지 최근 학생이 좋아하는 활동, 혹은 최근에 한 말 등을 이야기하면 좋다.

③ 대화는 일방통행이 아닌 쌍방향작용으로 한다.

　　학부모상담은 부모들의 생각을 알아가는 것이 중요하므로 교사는 서로 생각을 주고받을 수 있게 진행해야 한다. 교사가 자기 말만 많이 하게 되면 학부모의 입장에서 핵심을 이해하지 못하면서 이야기를 전개하게 될 뿐 아니라 부모의 의견을 존중하지 않고 전개해 나가는 상담이 되어 버릴 수도 있다. 그래서 듣는 시간과 말하는 시간을 적당하게 조절하면서 비언어적 표현까지도 잘 감지하여 학부모의 다양한 생각과 욕구를 읽어야 한다.

④ 학부모보다 앞서서 예견하는 듯한 상담은 피해야 한다.

　　예를 들어 교사가 "○○이는 주위가 산만하고 학습동기가 낮아서 인지 학습능력이 떨어지는 편입니다."라는 식으로 이야기해버리면 학부모의 기분을 이미 상하게 할 수 있다. 이런 경우 상담은 더 이상 진행되지 않게 될 뿐 아니라 학부모는 학생에게 문제가 있다고 생각하지 않고 교사가 학생에 대해서 나쁜 감정을 가지고 있기 때문이라고 생각을 하는 경우가 종종 있다.

⑤ 친근감 있는 태도로 대하라.

　　진지하면서도 유쾌하고 긴장을 풀어주는 자세로 임해야 한다. 무관심한 교사의 태도는 부모의 반응에 악영향을 끼친다.

⑥ 알아듣기 쉬운 말을 사용하라.

어휘선택을 조심해야 한다. 일반적인 어휘를 사용해야 한다. 잘 알아듣지 못하는 말을 삼가야 한다. 부모와 상호 대화하는 것은 학생의 학교생활 전반에 관한 것을 돕기 위한 것임을 기억해야 한다. 이것은 오로지 서로 문제에 대해 명확하게 인식함으로써 이루어진다. 알아듣기 쉬운 말을 사용해야 한다. 교사와 부모가 같은 수준에서 대화하는 것이 의사소통을 돕는다.

8) 학부모 유형에 따른 올바른 상담법

비협조적인 부모	• 자주 만난다. • 교육목표와 방침, 프로그램의 내용, 목표, 근거 등에 대해 자세히 설명하여 이해를 구한다. • 빠른 시간 안에 공감대를 느낄 수 있을 만한 부분을 찾아 대화한다. • 일단 학부모의 생각을 높이 평가하고 공감하여 동질감을 느끼게 한 후 협조를 구한다.
빠른 변화를 원하는 학부모	• 아이의 성장과 발달, 그리고 변하는 때가 있다는 것을 설명한다. • 아이의 변화를 위해서는 기관뿐 아니라 학부모의 협조와 노력이 중요하다는 것을 알려 준다. • 아이가 준비되었을 때 자극을 주고 끌어주는 것이 아이에게 최상의 결과를 안겨 준다는 것을 설명한다. • 학부모의 조급함이 오히려 아이에게 해를 끼칠 수 있다는 점을 설명하고 이해시키는 것이 좋다.
자기 자식에게만 신경 써 줄 것을 요구하는 학부모	• 개별적인 상담이라면 "최선을 다할 것이다"라고 수용한 후, "하지만, 모든 아이들이 학부모들에게는 가장 소중하기 때문에 모든 아이들에게 고루 관심을 둘 수밖에 없다"고 부드럽게 이야기한다. • 다른 사람의 관심을 나누어 갖고, 서로 부딪치는 과정에서 아이의 사회성과 정서가 발달한다는 것을 알려준다.
교육적·비교육적 소문에 대해 민감한 학부모	• 교육적·비교육적 소문에 대해 민감하게 반응하는 학부모의 요구에 즉각적인 반응을 보일 필요는 없다. • 학생 교유의 교육철학을 유지하고 그 안에서 흔들리지 않는 교육을 고수해야 할 것이다.
무리한 것을 요구하는 학부모	• 학부모들의 의견을 경청하기는 하지만 결정권이 학부모 측에 있는 것은 아님을 분명히 알려 준다. • 교육과 양육의 일관성과 계획이 중요함을 알려 주고 이 일은 전문지식을 가진 교장과 교사들이 한다는 것을 알려준다. • 현실적으로 무리하거나 불가능한 요구에 대해 그것이 가능하지 않은 이유를 알려주고 단호하게 거절한다.
자녀를 객관적으로 파악하지 못하는 부모	• 갑작스럽게 아이의 문제행동을 알리기보다는 차근차근 하루 일과를 평이하게 이야기하듯 조금씩 아이의 상황을 인식시켜 주는 것이 좋다. • 아이의 문제점이나 단점을 이야기할 때는 반드시 장점을 함께 이야기한다. • 교사 자신의 경험과 인상에 의지하기 보다는 심리검사나 전문가의 평가와 같은 권위에 의지해서 아이의 문제를 학부모에게 알려준다. • 전문가를 초빙해서 유아와 아동기 발달장애 등에 관한 강좌를 여는 것도 좋은 방법이다.
책임을 전가하는 학부모	• 학부모와 싸우려 하지 않는다. • 학부모와 교사 각자가 아이에게 미치는 역할과 도움이 될 수 있는 부분을 충분히 설명한다. • 교사와 학부모의 협조가 아이의 변화에 반드시 필요하다는 것을 알려준다.

지적 프로그램을 과도하게 요구하는 학부모	• 단순 지식만을 과도하게 받아들이는 것은 사고방식과 문제해결 방식에서의 발달 왜곡을 가져와 수동적이고 피상적인 사고를 하게 되고 문제해결능력이 부족해지기 쉽다는 사실을 알려 준다. 지적 프로그램은 흥미와 재미가 덜하기 때문에 아이들이 동기를 쉽게 상실하고, 학습부진의 원인이 될 수 있다는 것을 설명한다. • 학교가 단지 공부를 가르치는 기관이 아니라는 점을 지적하고 이해시킨다. • 사회에서 성공은 단지 지식뿐 아니라 사회성, EQ, 지구력, 노력, 성취동기 등 지적인 요인 이외의 많은 요인이 작용하며, 또한 지적인 성취를 위해서도 지적인 호기심과 탐구활동, 논리적 사고력, 학습동기 등이 더 중요하며, 인지적 발달에도 단계가 있고 그런 발달을 촉진할 수 있는 적당한 시기가 있다는 것을 알려주어야 한다.
무관심한 학부모	• 무관심한 것 같은 학부모가 나중에 한꺼번에 불만을 토로할 수 있다. 그러므로 학부모가 무관심하다고 교사나 기관도 무심해서는 절대 안 된다. • 아이를 매개로 자주 대화를 시도하고 학부모의 의사를 때때로 살펴야 한다.
가해학생 학부모	• 가해학생 학부모의 감정을 일단 수용하되 가해 행위는 정확하게 통지한다. • 피해학생의 피해 정도를 정확하게 고지한다. • 피해자 측에 대한 가해자 측의 진심어린 사과의 중요성을 인지시킨다. • 사안처리 절차와 예상되는 결과를 충분하게 설명한다. • 가해학생에게 교육적인 지도와 선도가 이루어질 것임을 약속한다. • 이번 일로 가해학생이 학교에서 낙인찍히지 않을 것임을 확인한다. • 가정에서 학생에 대한 특별한 관심과 지도를 부탁한다.
피해학생 학부모	• 우선 학부모의 감정이 격앙됨을 이해한다. • 학부모의 감정을 수용하고 이야기를 경청한다. • 학부모가 말하는 학생의 피해사실에 대해 객관적으로 인지한다. • 학생의 피해사실을 구체적으로 메모한다. • 학생의 피해에 대해 진심어린 사과와 유감을 표시한다. • 피해학생·학부모가 현재 무엇을 원하는지 정확히 인지한다.(화해, 전학, 가해학생 처벌 등) • 추후 처리 과정에 대해 설명한다. • 진실과 사실에 근거하여 문제를 해결할 것을 약속한다. • 학생의 보호와 안정, 적응을 위해 노력할 것을 약속한다. • 사건 은폐를 의심할 만한 어떠한 진술도 하여서는 안 된다.

❷ 회복적 학부모 상담

1) '회복적 학부모 상담'은 언제 효과적인가?

불만을 품고 학교에 찾아오는 부모들의 경우, 학교나 교사에 대해 부정적 생각들을 가지고 오는 경우가 많다. '학교가 이래도 되나', '저 선생님은 공정하지 못해' 또는 '무능한 교장과 교사'라는 이미지를 가지고 오는 것이다. 이러한 부모의 경우, 분노라는 감정에 쌓여 있는 경우가 많이 있다. 그렇기 때문에 말이나 태도가 거칠고 교사를 비난하거나 때론 폭력이 수반되는 경우도 있다. 불만이 크다는 건 해결해야 할 문제가 시급하고 또 절실하다는 것이다. 회복적 관점에서 이러한 부모와 대화한다는 것은 표면적으로 나타나는 그들의 감정 이면에 있는 자녀 문제에 대한 맥락과 두려움을 이해하여 교사로서 학생이 올바른 성장을 할 수 있도록 부모와 함께 해결책을 공동으로 모색해 가는 태도를 유지하는 것이다. 불만을 가지고 있든 없든 사람이라면 누구든 자신이 지향하는 가치와 충족하려는 욕구가 있기 때문에 불만이 크지 않은 학부모와 만날 때에도 의미 있게 활용할 수 있다.

2) '회복적 학부모 상담'은 어떻게 운영하는가?

① 운영 방식과 그 준비

무엇보다 내 마음 안에 있는 상대에 대한 부정적 이미지, 즉 상대에 대해 내가 가지고 있는 어떤 적대적인 생각이나 이미지가 있는지를 확인하는 게 중요하다. 내가 상대에 대해 고정된 어떤 생각을 가지고 있다면, 그것은 말투나 표정 그리고 어조 등에 고스란히 투영되어 나타난다. 그리고 주머니에 있는 못은 언제고 나타나는 것처럼 나의 표정과 행동에서 상대방은 이 신호를 읽게 된다. 불만 있는 부모를 만날 예정이 있다면, 우선 내 마음 안에 있는 부정적 이미지를 있는 그대로 들여다보고 내 자신을 먼저 공감해 주는 시간을 가지는 게 필요하다. 그러나 실제 상황에서는 이러한 내면 작업을 할 여유가 없이 부모 면담을 할 경우가 있다. 그럴 때에는 아래 순서에 유의하여 면담하는 게 도움이 된다. 시간을 내서 자기 안의 부정적 이미지 공감하기 작업을 하여 마음의 여유를 찾는 것도 좋은 방법이다.

② 진행순서

침묵으로 자기와 연결하기	만남이 이루어지기 전 1분 정도 침묵하면서, 자신의 의식을 지금/여기로 연결한다. 과거의 불만이나 미래의 불안이 아니라 현재에 머무르도록 자신의 몸과 마음을 정리한다.

이해하며 반영하기	먼저 불만 있는 부모님의 이야기를 듣는다. 적극적으로 경청하기 모듈에서 배운 반영하기 방법을 떠올린다. 부모님의 불만을 있는 그대로 듣고, 자신이 정확히 들었는지 반영하고 맞는지 확인한다.

깊은 가치와 욕구를 공감하기	학부모가 불만을 통해 표현하고 있는 언어 그 뒤에 그들이 지향하는 가치 또는 충족하려는 욕구에 반응한다. 때론 침묵하면서 마음속으로 그들의 가치와 욕구를 추측하는 것이 더 효과적일 수 있다.

대안 찾기	부모의 이야기를 충분히 듣고 교사 자신이 중요하게 여기는 가치를 표현하고, 학부모의 가치와 교사의 가치를 모두 구현할 수 있는 공동의 대안을 함께 모색한다.

③ 실제 진행 예시

1. 침묵으로 자기 자신과 연결한다

- 고요히 눈을 감는다. 지금 나의 몸 상태는 어떠한가. 머리부터 발끝까지 살펴본다. 어깨가 무겁고 소화가 안 되는 듯 속이 더부룩하다. 부모님을 만나서 들을 수 있는 이야기는 다소 거칠고 나를 자극하는 내용이 있을 수도 있으리라. 그것을 감당할 수 있을까. 한편에선 두려움과 불안이 올라온다. 내가 부모님을 만나려고 하는 까닭은 학생에게 최선이 무엇일지에 대해 함께 의논하려는 것이다. 부모님이 어떤 말을 하여도 그건 나에 대한 비난이 아니라 본인이 필요한 것을 표현하는 것뿐이라는 말을 기억하자.

2. 부모님의 이야기를 이해하며 반영한다.

- '(불만을 듣고 마음속으로) 이 어머님은 자기 자식이 억울하게 당했다고 생각하시는구나. 학교에서 이런 일이 벌어졌을 때, 학교 측에서 적절하게 조치를 취해야한다고 보는 거네. 자기 자신도 이 상황에서 어떻게 해야 할지 잘 모르지만 화가 치밀어서 집에만 있을 수는 없다고 말하네.'
- "어머님께서는 ○○이가 억울하게 당했다고 생각하시는 거죠. 그 일과 관련해서 학교 측에서 적절한 조치를 하지 않은 것에 대해 화가 나신 것이고요."

3. 깊은 가치와 욕구에 공감한다.

- '(침묵하며 학부모가 말한 언어 뒤의 충족하고자 하는 가치나 욕구를 속으로 공감한다) 어머님은 자식이 학교에서 공평하게 대우 받기를 원하시나보다. 학교 측의 성의 있는 배려와 보살핌도 중요하고, 이런 상황에서 아이를 보호하기 위해서 자신이 어떻게 행동해야하는 지에 대한 확신도 필요하구나.'
- "아이가 공평하게 대우받고 배려와 보살핌을 받아서, 어머님이 안심하고 아이를 학교에 보내길 바라시는 거죠."

4. 자기를 표현하고 협력하여 대안을 모색해 볼 것을 제안한다.

- "어머님 말씀 잘 들었습니다. 속에 있는 이야기를 해 주셔서 감사드려요. 제가 교사로서 아이를 위하는 길을 함께 찾을 수 있을 듯해서 안심이 됩니다. 이제 어머님 말씀하신 것 에 대해서 제 의견을 말씀드리고 싶은데요, 그렇게 해도 될까요?"
- "제가 중요하게 생각하는 것도 우리 ○○이를 잘 보살피고, 학교에서 뭐 하나라도 배울 수 있도록 돕는 일입니다. 이번 일로 인해서 어머님께서 많이 놀라신 것에 대해서 충분히 이해합니다. 지금 제게 중요한 건, 우리 ○○이를 보호하고 다른 친구들과 어떻게 하면 다시 관계를 회복할 수 있도록 도울 수 있을까하는 점입니다. 제가 제 마음을 잘 표현했는지 걱정이 됩니다. 해결 방안을 모색하기 전에 제 마음이 전달되었는지 알고 싶어요. 어머님 께서 제 이야기에서 무엇을 들었는지 제게 말씀해 주실 수 있을까요?"(상대방이 어떻게 들었는지 듣는다.)
- "들은 대로 말씀해 주셔서 고맙습니다. 어머님께서 중요하게 여기시는 건, 공정함, ○○에게 배려와 보살핌이 제공될 수 있을 거라는 믿음과 확신이신거죠. 그리고 제가 중요하게 여기는 것 또한 그렇습니다. 조금 덧붙인다면, 저는 ○○이가 친구 간의 관계를 회복하는 데 도움을 주고 싶어요. 우리가 어떻게 하면 그러한 가치를 구현하는 데 함께할 수 있을까요?"

CHAPTER 5 | 교육과정운영

1. 교육과정 - 수업 - 평가(기록) 혁신

❶ 교육과정 – 수업 – 평가 혁신의 방향

교육과정 혁신	• 교과서 진도 나가기 식의 교육과정 극복 • 교사의 자율적 전문성과 학생의 경험을 중심으로 한 교육과정 재구성
수업 혁신	• 교사의 일방적 강의식 수업 극복 • 학생의 참여와 협력을 중심으로 하는 배움 중심 수업
평가 혁신	• 학생의 서열화를 위한 일제식 평가 극복 • 학생의 성장과 발달을 위한 평가

❷ 교육과정 재구성이란?

1) 개념

'이미 정해진 교육과정(국가 수준 교육과정)'의 취지나 한계를 성찰하고 '학생들에게 의미 있는 배움의 과정'을 제공하기 위해 '학교 및 교사 차원'에서 교육과정을 새롭게 구성하는 것

2) 근거 – 「2015 개정교육과정 총론」

"교과와 창의적 체험활동의 내용 배열은 반드시 학습의 순서를 의미하는 것은 아니므로, 필요한 경우에 지역의 특수성, 계절 및 학교의 실정과 학생의 요구, 교사의 필요에 따라 각 교과목의 학년군별 목표에 대한 지도 내용의 순서와 비중, 방법을 조정하여 운영할 수 있다."

3) 교육과정 재구성은 교사의 권리 – 교원의 지위에 권한 권고(UNESCO, ILO, 1966)

① "교직은 전문직으로 간주되어야 한다"
② "교직은 엄격하고도 계속적인 연구를 통하여 습득·유지되는 전문적 지식과 전문화된 기술을 필요로 하는 공적인 업무의 하나이다"

4) 교육과정 재구성의 원칙

살릴 것 (공교육의 목표)	① 교육이념 : 홍익인간(세상을 널리 이롭게 하는 인간) ② 교과별 성취기준 – '교과서'가 아닌 '교육과정(성취기준)'을 가르쳐야 함 – 성취기준도 재구성할 수 있음

	'성취기준'이란 학생들이 교과를 통해 배워야 할 내용과 이를 통해 수업 후 할 수 있거나 할 수 있기를 기대하는 능력을 결합하여 나타낸 활동의 기준을 의미하며, 학교의 특성, 학교 여건 등에 따라 교육과정 및 교과서 내용을 분석하여 교과협의회를 통해 재구성할 수 있다. (교육부, 2019 학생생활 작성 및 관리지침 해설 및 기재요령)

비울 것
(교육과정 적정화)
	① 적정하지 않은 교육과정 : 너무 어렵고, 너무 많은 분량
	② 적정하지 않은 교육과정의 문제점
	  - 진도 나가느라 학생들의 배움의 과정을 살필 여유가 없음
	  - 배움이 느린 학생 등이 배움으로부터 소외됨, 교육 불평등 심화
	  - 많이 배웠으나 남는 것이 없음('깊이'보다 '양'을 추구)
	③ 적정한 교육과정
	  - 교사가 '진도 나가기'에 급급하지 않은 속도
	  - 배움이 느린 학생들도 배려하는 난이도와 분량
	  - 학생 중심의 활동 및 수행평가를 위한 시간이 확보되는 여유
	  - '더 적게 가르치고 더 많이 배운다'('양'보다 '깊이'를 추구)
	  - '핵심가치'와 '본질적 이해' 중심의 교육과정

합칠 것
(교육과정 통합)
	① '분절적 교육과정'의 문제점
	  - '지식/기능(탐구)/태도(가치)'의 분리, 단편적 지식만을 중시하게 됨
	  - '교과와 교과' 사이의 분리로 인해 통합적인 이해를 하지 못함
	  - 학생들이 배운 내용을 자신의 삶과 통합하지 못함
	② 통합 교육과정
	  - 교과 내 통합 : '지식/기능(탐구)/태도(가치)'의 통합 → 무엇을 알아야 하는가? 무엇을 할 수 있어야 하는가? 어떤 존재가 되어야 하는가?
	  - 교과 간 통합 : 교과 간 단절 극복
	  - 교과와 학생의 삶의 통합 : 삶의 주인으로서 성장
	  - 교과와 사회의 통합 : 민주시민으로 성장

5) 평가 혁신

① 평가의 원칙

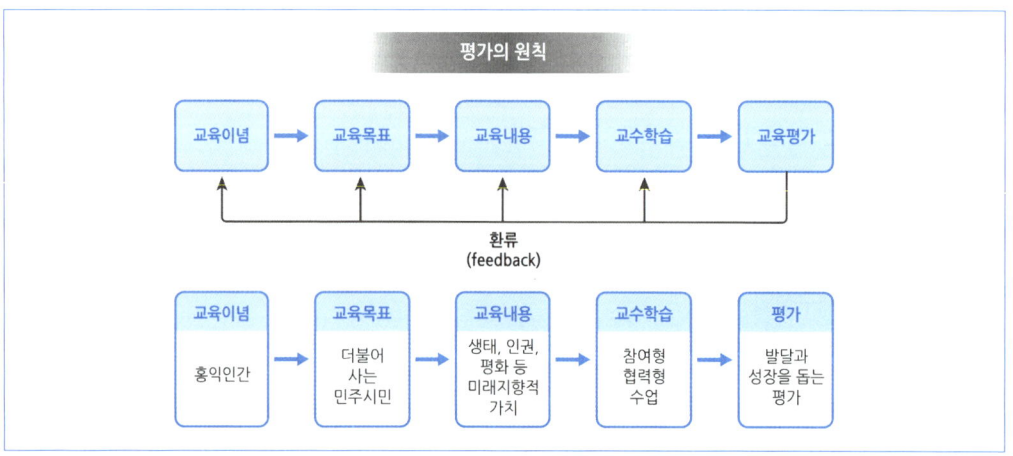

② 현행 평가체제의 한계

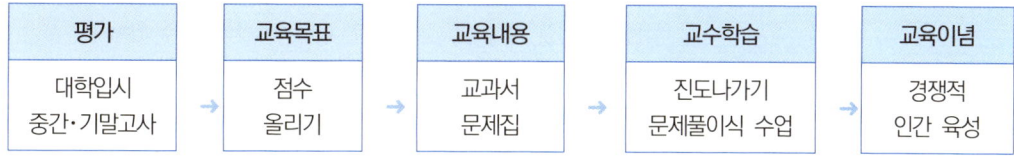

③ 평가 혁신의 방향
  ㉠ 상대평가에서 절대평가로 : 학생서열화 → 학업성취 수준의 파악
  ㉡ 양적 평가에서 질적 평가로 : 점수만 확인하는 평가 → 학생의 다양한 잠재력을 확인하는 평가
  ㉢ 결과 중심의 평가에서 과정 중심의 평가로 : 수업과 단절된 평가 → '교육과정－수업－평가'의 통합
  ㉣ 일제식 평가에서 교사별 평가로 : 획일적 평가 → 다양하고 창의적인 평가

④ 평가 혁신과 수행평가
  ㉠ 절대평가와 수행평가
    － 학생 서열화를 최소화하는 평가
    － 약한 평가등급 : "잘했어요", "아주 잘했어요", "아주 아주 잘했어요"
  ㉡ 질적 평가와 수행평가
    － 학생의 다양한 잠재력을 교사가 확인하는 평가
  ㉢ 과정 평가와 수행평가
    － 교수학습 과정과 연계되는 평가, '학교에서 끝내는' 수행평가
    － 학생의 문화적, 사회적 자본에 따른 격차를 최소화하는 평가
  ㉣ 교사별 평가와 수행평가
    － 교사의 수업, 평가의 자율성이 존중되는 평가
    － 교사마다, 교실마다 세부적으로 달라질 수 있는 평가

⑤ 성장중심평가
  ㉠ 역동적 평가(성장중심평가의 이론적 기반)

  | 잠재적 발달수준 |
  | (교사의 지원, 또래학습과의 협력을 통해 문제를 해결할 수 있는 수준) |
  | **근접발달영역(ZPD)** |
  | 실제적 발달수준 |
  | (학생 혼자서 해결할 수 있는 수준) |

  ㉡ 성장중심평가의 관심사
    － 학생들이 서로 협력하여 문제를 해결할 기회를 준다면?
    － 교사가 문제 해결 과정에 대한 도움을 준다면?
    － 시간의 제약을 두지 않는다면?
    － 재도전의 기회를 준다면?

- 다양한 평가도구를 사용한다면?

> 학생들은 어떤 잠재력을 갖고 있고, 어디까지 성장할 수 있는가?
> (잠재적 발달수준의 실제적 발달수준으로의 전환)

ⓒ 성장중심평가에서의 수행평가
- 학기당 1~3회의 의미 있는 수행과제 실시(포트폴리오, 프로젝트 등)
- '충분한 학습' → '계획 단계' → '실행 단계' → '공유 및 성찰'을 아우르는 수행평가
- 교사의 피드백과 학생의 성장
  - 계획, 실행, 산출, 공유 단계에서 교사의 피드백과 재도전 기회 부여
  - 모든 학생이 목표에 도달할 수 있도록 돕는 평가

ⓔ 성장중심평가의 흐름

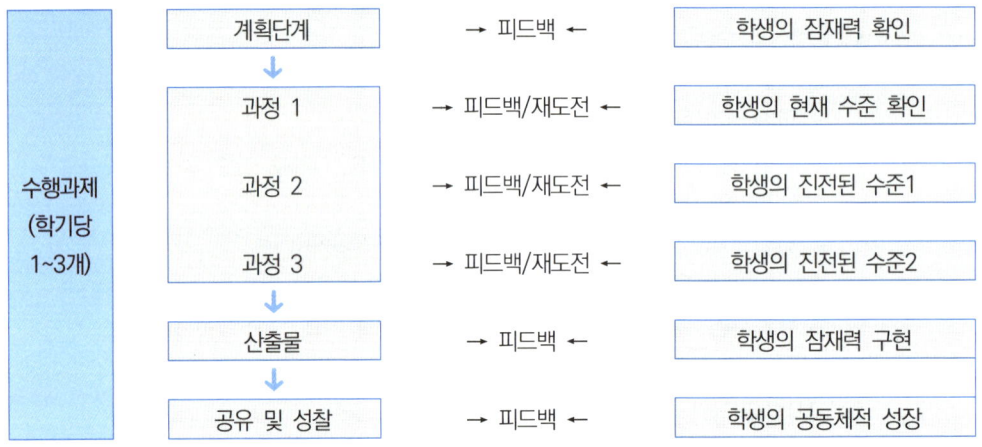

6) 평가 결과에 대한 기록

성취수준(루브릭)에 충실한 유형	"주제에 알맞은 한 편의 글을 포함한 다양한 자료를 이용하여 필요한 내용을 구체적이고 적절하게 선정하였음."
수업 중 활동에 충실한 유형	"교과서에 없는 스물 다섯 편의 시가 실린 '작은 시집'에 스스로의 생각과 느낌을 적는 과제를 성실하게 수행하였음. 또한 한 학기 동안 혼자서 수필, 소설, 시 등을 창작하여 40쪽 정도를 채우는 난이도 높은 과제(국어 노트 쓰기)를 끈기있게 완수하였음."
성취수준과 수업 중 활동을 모두 반영한 유형	설명하고자 하는 대상이나 개념에 맞게 적절한 설명 방법을 사용하여 이해하기 쉽게 글을 썼음.(**성취수준에 대한 일반적 진술**) 우리 고장의 유적지에 대한 설명문을 다른 학급에서도 예시로 활용할 수 있을 정도로, 이해하기 쉽게 작성하였음(**구체적 학습활동**) 친구들의 글을 읽고도 꼼꼼하게 조언을 하여 다른 친구들의 고쳐쓰기 과정을 도왔으며, 친구들의 조언을 받아들여 글을 수정하려고 노력함.(**태도 및 정의적 영역**)

※ 수업 혁신은 배움중심 수업을 참고할 것

2. 배움중심수업은 무엇인가

❶ 개요

　기존의 학교는 학생의 관심을 고려하지 않는 입시위주의 주입식 교육, 그로 인한 행복하지 않은 학교생활을 야기하는 문제점을 가졌다. 이에 미래사회에서 요구하는 창의성, 비판적 사고, 삶의 적응성을 함양하고, 학생 스스로 의미를 구성하고 새로운 지식을 만들어내는 창의적인 배움이 필요하게 되었다. 또한 사회가 복잡하게 변화할수록 새로운 것을 학습할 수 있는 적응력, 타인과 함께 문제를 해결할 수 있는 협업능력, 다양성을 존중하는 공감능력의 중요성이 커지고 있다. 학생의 지적능력과 실행능력 그리고 정의적 능력을 균형 있게 함양해주는 창의지성교육을 구현하기 위한 방법론으로서 등장한 것이 바로 배움중심수업이다.

❷ 배움중심수업의 정의

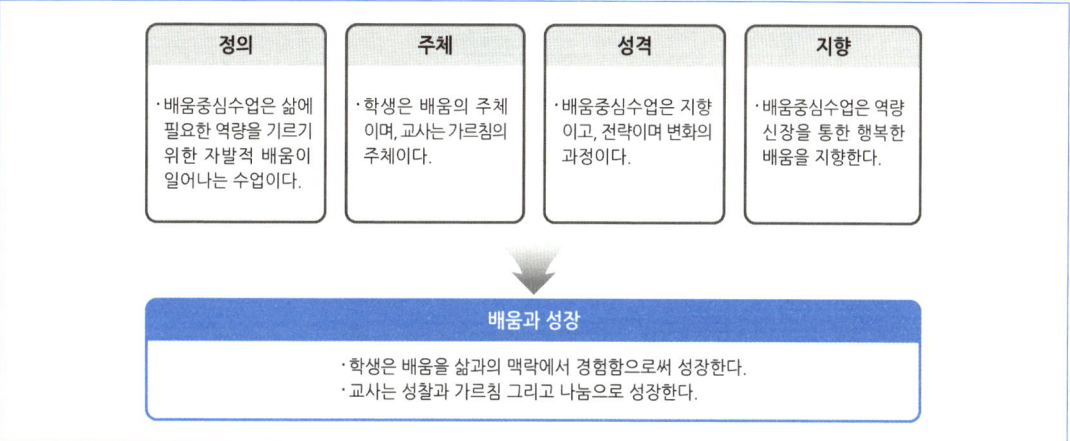

❸ 배움중심수업의 철학

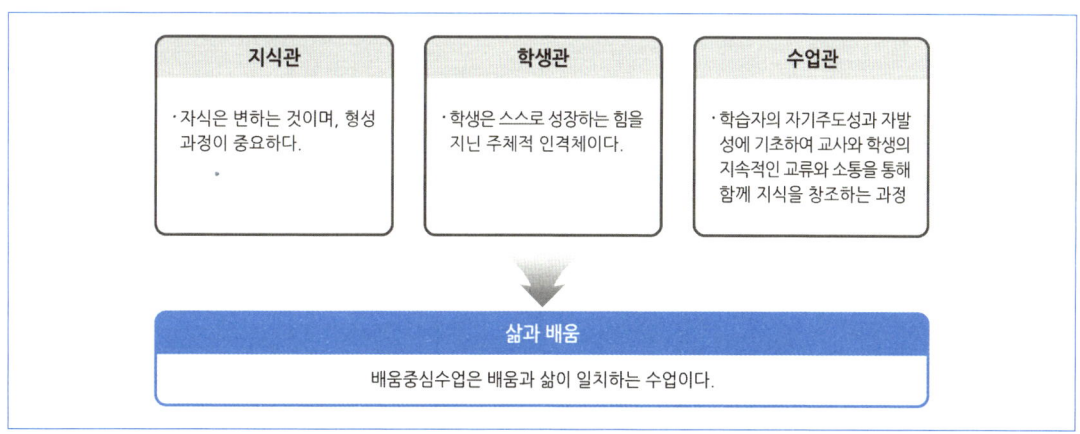

❹ **배움중심수업, 교사는 무엇을 바라봐야 하는가?**

① 표준화된 교과서 중심의 교수 행위에서 학생의 학습 행위, 즉 배움중심수업으로의 전환은 수업을 바라보는 교사 시각의 변화를 요구한다.
② 교사는 배움중심수업에서 무엇을 바라봐야 하는가?

❺ **배움중심수업에서 교사와 학생의 성장**

① 배움중심수업은 교사와 학생에게 성장의 기회이다.
② 성장은 독립적, 자율적인 사고와 소통과 협력의 과정을 통해 만들어진다.

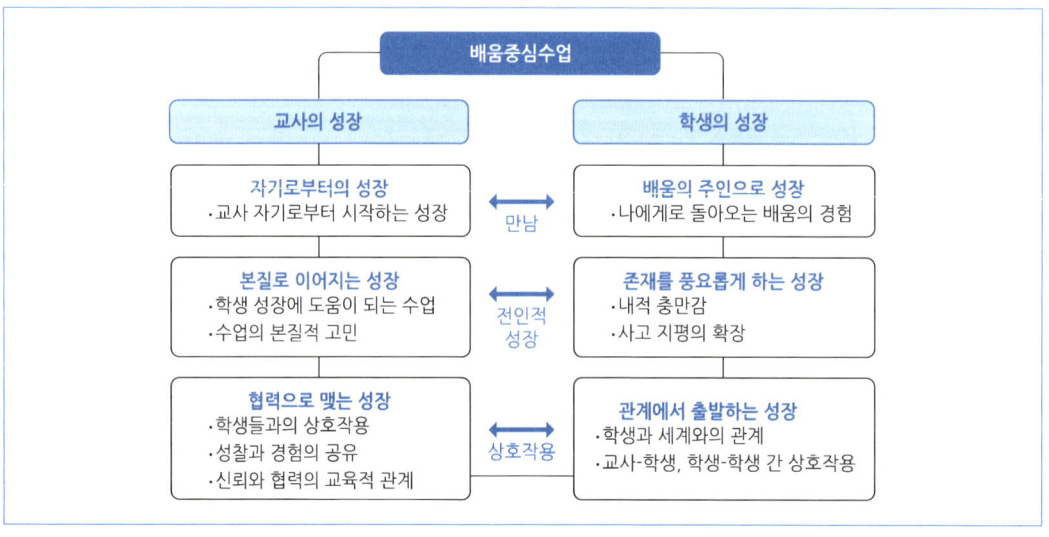

⑥ 배움중심수업 성찰

① 배움중심수업 2.0은 가르침의 주체를 교사로 설정한다. 기존의 표준화된 교과서 중심 수업을 지양하고, 교사 주도적인 수업설계와 실행을 통해 본질적 역할을 회복하기 위함이다.
② 가르침은 교사의 배움중심수업을 통해 그 의미를 갖는다.

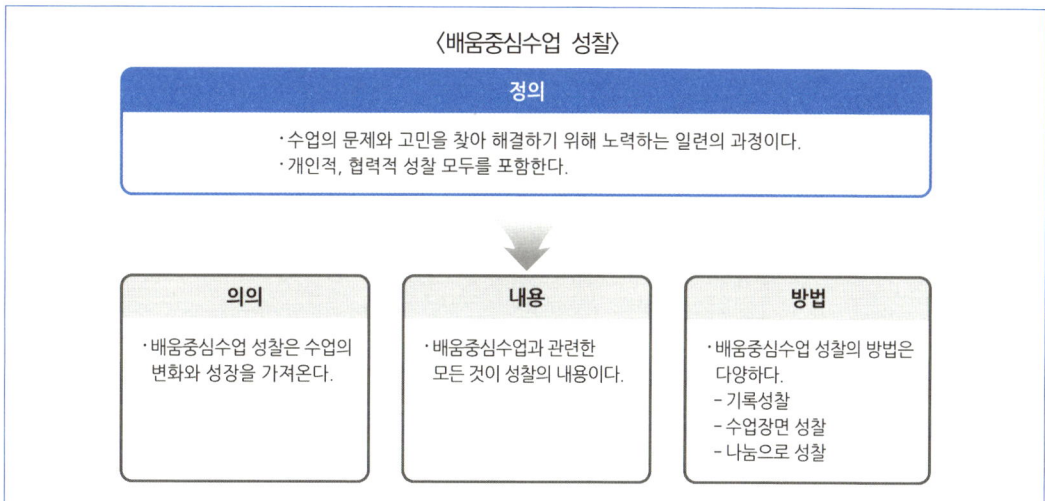

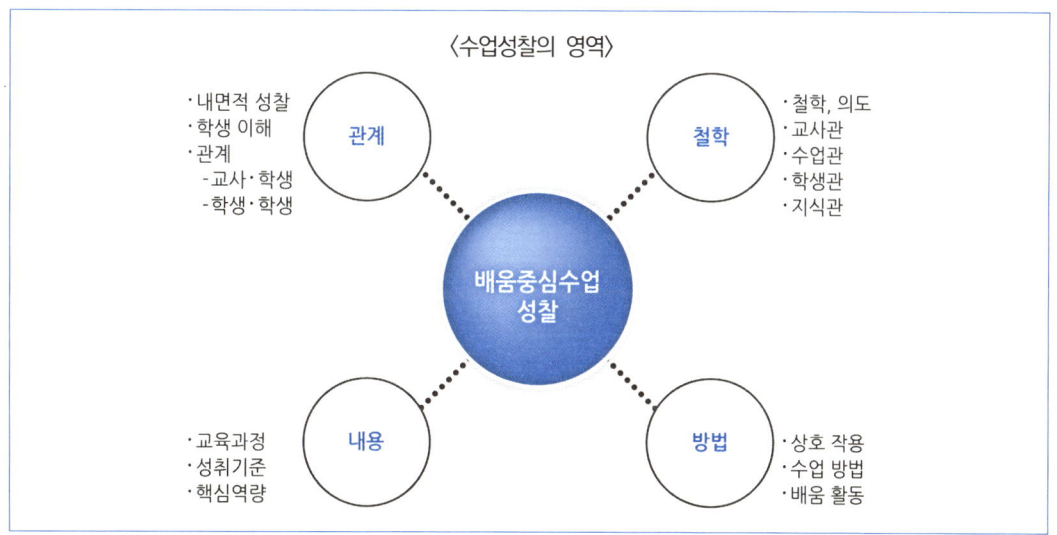

- 수업성찰은 크게 개인적 성찰과 협력적 성찰로 구분한다.
  - 성찰을 위한 배움중심수업 일지, 성찰 저널, 수업 비평 등 기록을 활용할 수 있다.
  - 동영상 촬영 후 반성적 사고와 협력적 나눔으로 성찰할 수 있다.
  - 수업코칭, 컨설팅, 동료와의 전문적학습공동체 활용 등을 통한 협력적 성찰의 방법도 있다.

❼ 배움중심수업의 전략

① 프로젝트 학습
② 협동 학습
③ 토의·토론 학습
④ 하브르타 학습
⑤ 플립러닝
⑥ 스마트 교육

3. 교수평가 일체화

❶ 교육과정-수업-평가-기록의 일체화의 의미

1) 교육과정-수업-평가-기록이란?

　　교사들에게 교육과정, 수업, 평가, 기록이라는 개별의 어휘는 일상적이다. 이러한 일상적인 어휘들이 분절적으로 사용되고 있다. 그러나 학교에서 교사와 학생 사이에 일어나는 교육활동은 분절적이지 않다. 성취기준을 중심으로 교과교육과정을 재구성하여, 그것만을 중심으로 학생중심 수업을 실천하고, 수업 활동 과정을 관찰하여 평가하며 그 평가 과정을 기록하고 그것이 자연스럽게 진학 자료나 피드백 자료의 활용으로 이어지고 연속적으로 이루어진다. '-'를 사용하여 '교육과정-수업-평가-기록'으로 표현한 것은 바로 이 연속성 때문이다.

2) 일체화란?

　　교육과정, 수업, 평가의 경계가 사라지고 융합되는 경향을 잘 표현해 주는 것으로 교사의 교육활동에서 서로 밀접하게 영향을 주고받는다는 의미로 사용한다.

❷ 용어 변화에 따른 교육적 시사점

　　정책연구나 경기도교육청의 정책 시행과정에서 사용한 용어를 살펴보면 아래의 순으로 변화했다.

① 교육과정, 수업, 평가혁신 연계
② 교육과정, 수업, 평가(기록) 일체화
③ 교육과정-수업-평가(기록)의 일체화
④ 교육과정-수업-평가-기록의 일체화

　　교육과정, 수업, 평가가 분절적으로 나타나는 학교 현장의 교육행태를 비판하고, 교사의 교육과정재구성을 기반으로 배움중심수업을 실현하고, 이를 과정중심의 평가를 통해 학생의 성장을 도와야 한다는 정책담당자들의 고민이 담겨 있으며, 학교급에 따라 확장되어 가는 과정의 모습이 담겨 있다. 즉, ①과 ②는 '학교생활기록부(이하 '학생부') 기록'을 의식하면서 나타났다. 대학입시에서 학생부종합전형의 확대로 학생부 기록이 부각되면서 중등에서는 기록을 도외시할 수 없었다. 다만 이 기록을 독립할 것이냐, 교사평가권으로 보아 평가에 포함할 것인가가 논쟁의 대상이 되었다. 정책용어는 현장 교사들의 행동에 큰 영향을 준다. 그리고 초등과 함께 사용하기 때문에 (　)안에 넣는 것으로 일단락되었다.

　　②와 ③의 변화는 '-'의 사용이다. 분절적으로 인식하던 교육과정, 수업, 평가 활동이 서로 밀접한 연관이 있다는 인식 전환을 위해서는 시각적인 조치가 필요했다. '→'를 사용하자는 의견도 있었으나 순차적이라는 의미가 강하기 때문에 상호연관성을 의미하는 '-'로 대체한 것이 ③이다. ④는 '기록'을 독립시킨 것이다. 여기에 '기록'(학생부 기록)이라는 용어가 더 추가가 된 것은, 학생부 기록에 대한 다음과 같은 인식의 큰 변화가 있었기에 가능하였다.

첫째. 학생부가 단순히 성적 표기만이 아닌, 학생 성장의 기록으로 가능하다는 인식
둘째. 학생부의 기록에 대한 대학의 인식 변화
셋째. 학생부종합전형의 확대
넷째. 교육과정, 수업, 평가의 결과를 진학으로 연계시키고자 하는 노력의 일환

학생부는 학생의 성장을 담는 구체적이고 신뢰성 있는 이력서가 되어야 한다. 그러기 위해서는 학생선택 중심의 교육과정과 학생참여 중심의 수업, 수업밀착형평가가 우선시 되어야 하며, 이러한 과정들은 별개의 것으로 분리되어서는 안 되며, 일체화되어야 한다. 대학들은 이 성장기록부를 바탕으로 학생들을 선발할 수 있다. 학생부종합전형의 근본적인 취지이고, 철학은 바로 이것이다.

교육과정-수업-평가-기록의 일체화는 현재 상황에서 학교의 중심은 교실이고 그 교실에는 교사와 학생이 서로 관계를 맺으며 함께 성장한다는 교육 본질에 가장 가깝게 다가설 수 있다는 실천적 개념에 가깝다. 다시 말하면, '교육과정-수업-평가-기록의 일체화'란, 새로운 개념이라기보다는 그동안 왜곡되고 파행적으로 이루어졌던 교육행태들을 바로 잡기 위한 '기본적이고 원칙적인 교육시스템으로의 회귀'라는 중·고등학교 교사 공동체가 가져야할 실천적인 개념이라 할 수 있다.

❸ 교육과정, 수업, 평가, 기록을 어떻게 해야 하는가?

교사가 교육과정을 재구성하여 수업을 디자인해야 한다.

학생들이 질문을 하고, 토의·토론을 통해 수업에 적극적으로 참여하도록 해야 한다. 이를 학생참여수업, 또는 학생중심수업이라고 한다. 이는 기존의 교사의 일방적인 지식 전달이 중심이 되는 강의식 수업과는 달리 학생의 활동이 강조된다. 수업은 학생들의 통합적 사고력과 문제해결력 그리고 협력을 통한 탐구활동으로 학생과 교사가 함께 성장하는 배움이 일어나도록 해야 한다.

평가는 결과중심에서 과정중심으로 바뀌어야 한다. 수업시간에 일어난 활동으로 학생들을 평가해야 한다. 과정평가는 수행평가의 비율이 크다. 수행평가는 학생들이 어떤 주제를 탐구하는 과정을 평가하는 방식이다. 수행평가 과제를 주고 그 과제의 결과물로 평가하는 방식이거나, 일제식 지필평가의 변형으로 생각하면 안 된다. 김성숙 외(2015)는 가장 실제적인 대안으로 교사가 수업 중 시행하고 있는 형성평가와 수행평가를 내실화하고 발전시키는 것이라고 한다.

기록은 기록을 위해서만 존재하는 것이 아니다. 교사가 1년 동안 학교에서 하는 교육 활동 속에서 학생이 어떻게 성장했는가를 담는다.

❹ 교육과정-수업-평가-기록의 일체화 활용 방안

고민성 교사(저현고)의 수업방식은 일체화의 과정을 분명하게 보여준다.

고 교사는 성취기준을 중심으로 교육과정을 분석하고 재구성한다. 그리고 이를 바탕으로 구체적인 수업 모형을 설계한다. 평가는 수업시간 중에 하고 이를 학생부에 기록한다. 분절적인 교육활동을 이렇게 연결하는 것이 교육과정-수업-평가-기록의 일체화이다.

1단계	2단계	3단계	4단계	5단계
기존교육과정 분석 **(성취기준)**	교사 교육과정으로 **재구성 (융합)**	구체적 수업모형**설계** (Work)	수업 전개 및 **평가 (수행평가)**	학생부 **기록 (과세특, 과독)**

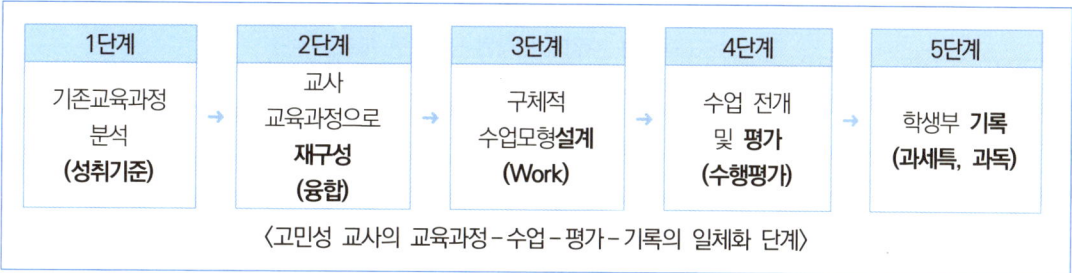

〈고민성 교사의 교육과정-수업-평가-기록의 일체화 단계〉

각 단계는 1단계, 2단계: 교육과정, 3단계: 수업, 4단계: 평가, 5단계: 기록으로 구성되어 있다.

이는 학교에서 교사와 학생들 사이에서 일어나는 가장 기본적인 교육활동을 중심으로 구성되어 있다. 수업에서 이루어진 활동이 평가의 중심이 되고 다시 기록으로 담긴다. 이렇게 하기 위해서는 교사와 학생의 관계가 매우 중요하다. 교사는 수업을 학생들이 적극적으로 참여할 수 있도록 디자인하여야 한다. 활동으로 드러난 학생들의 구체적인 모습을 기록으로 남긴다. 교육과정-수업-평가-기록의 일체화가 학교 현장에서 안착하기 위해서는 무엇보다도 학교의 가장 중심축인 교사-학생의 관계망에서 출발하게 된다. 관계 맺기에서 시작한 수업의 변화는 평가를 바꾸고, 마찬가지로 평가의 변화가 수업의 질을 높이는 상호작용을 한다. 또한 수업의 변화는 기록을 풍부하게 할 수 있다. 이러한 것들이 모여 학생의 성장을 이끌어 낼 수 있다.

〈교육과정-수업-평가-기록의 일체화 과정〉

단계	내용
1. 교육과정의 재인식	• 교육과정의 탐색 - 국가수준 교육과정(총론, 교과교육과정) - 경기도교육과정
2. 학생 요구 분석	• 학생들의 삶 이해하기 - 학생이 흥미를 갖고 참여하는 수업을 위한 학생 이해
3. 교과 내 단원 재구성	• 교과에서 학생 배움의 의미 고찰 • 교과 성취기준을 중심으로 단원 내용 재구성 • 재구성 내용을 중심으로 평가계획 수립 • 평가와 관련한 배움중심수업 차시 정하기
4. 교과 간, 교과와 비교과 간 통합 재구성	• 학교(학년) 교육목표 또는 발달단계를 고려한 중점 가치 정하기 • 교과 내용 파악하기 • 주제 선정하기 • 주제 교과 단원 구성안 만들기
5. 재구성된 교육과정으로 배움중심수업 실천	• 배움중심수업 관점 이해하기 • 교과 핵심 개념을 중심으로 학습 내용 재구조화 • 교과특성에 맞는 학생 참여형 수업

6. 재구성된 교육과정, 배움중심수업과 연계한 평가	• 교육과정, 수업과 밀착된 평가도구 개발 - 지필/수행, 서술형/논술형, 총괄평가/성장 중심의 과정 평가, 정의적 능력 평가, 학생 참여형 수업에 맞는 관찰평가 등 평가 방법 다양화
7. 평가 결과 피드백	• 교사에겐 교수학습의 질 개선, 학생에겐 성장 중심의 정보 제공 성장중심의 통지 방법 개선, 학생부 기록 등

❺ **교육과정 – 수업 – 평가 – 기록의 일체화 추진 방안**

학교	교육지원청	도교육청

〈중등〉
• 교육과정에 대한 상시적 의견 및 문제 수렴, 교육과정 워크숍 개최, 피드백
• 교과 성취기준, 학생 특성을 반영하여 교육과정 재구성하고 수업하고 평가하기
• 수업 분석 및 성찰의 결과를 교수학습 과정에 수시 반영하기
  - 교과 운영 평가 및 피드백
	• 단위학교 교육과정 – 수업 – 평가(기록) 일체화 교과 운영 역량 강화
	• 교육과정 – 수업 – 평가(기록)가 일체화된 교과 운영 사례 발굴 및 공유
	• 학교별 차이 반영하여 교육과정 운영 단계별 맞춤 지원
		• 교육과정 – 수업 – 평가(기록) 일체화 정착을 위한 정책 개발
		  - 교육과정 정책 평가 지표 개발
		• 교육과정 – 수업 – 평가(기록) 업무 통합 운영

CHAPTER 6 상황별 학생지도

1. 학생 상담의 기초

❶ 학생 상담의 핵심

① 학생 상담 및 지도에 있어서 무엇보다 우선시되는 것은 관계형성임
② 학생과 이야기를 나눌 때에는 가급적 조용하고 안정된 환경을 만들어 주는 것이 좋음
③ 학생이 긴장하거나 불편하지 않도록 편안하고 허용적인 분위기에서 상담을 진행하는 것이 좋음
④ 교사는 학생이 스스로 문제를 해결할 수 있도록 도와줌으로써 학생의 성장을 촉진해 주어야 함

❷ 학생 상담의 진행 과정

1단계
학생과의 만남에서 비언어적 태도를 통한 관계 형성
	• 의사소통에 있어서 말보다 비언어적인 요소가 더 큰 영향을 줌
	  - 교사의 태도나 말투 등의 비언어적인 요소 93%, 말의 내용 7%
	• 학생과의 관계 형성 및 소통을 위한 비언어적인 태도의 기본
	  - 약간 앞으로 기울인 자세와 적절한 눈 맞춤을 유지함
	  - 비판단적 어조로 말은 천천히 하며 대화 중간 고개를 끄덕이면서 경청하는 것이 중요함

2단계 학생에 대한 관심 갖기 및 어려움 살피기	• 학생에게 걱정되고 염려되는 상황, 혹은 학생이 제기한 문제 상황에 대하여 들어주기 예 "요즘 ○○이가 조금 힘들어하는 것 같은데 선생님이 염려되고 걱정되는구나.", "○○이가 이런 부분에서 힘들다는 말을 들으니 선생님이 걱정이 되는구나. 어떤 상황이었는지 좀 더 구체적으로 말해볼 수 있을까?", "그랬었구나, 이야기를 들으니 네가 그동안 얼마나 힘들었는지 알겠어. 그동안 선생님이 몰라서 미안하고 안타깝네.", "선생님이 ○○이를 도와줄 수 있는 부분이 있다면 함께 해줄게. 선생님이 어떻게 도와주면 되겠니?", "이제 우리가 이 일을 어떻게 해결하면 좋을지 같이 이야기해 볼까?"

3단계
학생의 문제 상황에 대한 구체적인 탐색 및 해결방안 모색
	• 교사의 주관적인 판단보다는 현재 학생이 상황이 어떠한지 구체적으로 알아보는 것이 중요하며 이를 통해 목표를 구체적으로 계획할 수 있음
	  예 지금의 상태를 1점부터 10점 사이의 점수로 표현해보면 몇 점이라고 할 수 있을까?
	• 학생 스스로 해결책을 찾도록 도와주기
	  - 교사가 해결책을 주는 것이 아니라 학생 스스로 생각할 수 있도록 공감과 이해, 지지와 격려를 해주면서 '왜' 대신 '무엇'과 '어떻게'의 적절한 질문을 몇 가지만 해도 학생은 스스로 답을 찾아감
	  예 "만약 오늘 ○○이의 상태가 5점이라면 1점을 높이기 위해 어떻게 하면 좋을까?", "그 점수가 되었을 때 어떤 점이 달라져 있을 것 같니?"
	• 교사가 "그럴 때 이렇게 해봐!"라고 해결책을 제시해줄 때 학생들은 "그건 이미 해봤는데 안돼요."라고 말하는 경우가 있음
	  예 "○○이가 이 문제를 해결하기 위해 시도했던 경험들이 있었을 것 같은데 어떤 노력을 해봤니?", "그랬구나. 그럼 어떻게 하면 좋을지 같이 고민해 보자."

4단계 대화기법을 활용한 학생과의 면담	① 원무지계 전략 　– 원 / 원하는 것이 뭐니? 　　🔵 넌 뭘 하고 싶니? 어떻게 달라지면 좋을 것 같니? 　– 무 / 무엇을 해봤니? 　　🔵 네가 원하는 것을 얻기 위해 어떻게 해 봤니? 　– 지 / 지금부터 무엇을 해야 할까? 　　🔵 지금부터 무엇을 할 수 있을지 그 방법을 찾아보자! 　– 계 / 계획을 세워보자 　　🔵 지금 할 수 있는 가능한 실천계획을 작은 것부터 차근차근 세워보자. ② 나–전달법을 활용한 면담[행동(사실)+영향+감정+부탁(요청)] 　– 문제가 되는 학생의 행동과 상황을 구체적으로 말하고 이때 어떤 평가, 비판, 비난의 의미를 담지 말고 객관적인 사실만을 말함 　　🔵 ○○이가 수업시간에 친구에게 말 걸고 장난을 치면 　– 학생의 행동이 교사에게 미친 영향을 구체적으로 말함 　　🔵 다른 친구들이 수업에 집중할 수가 없고 선생님도 수업을 할 수 없단다 　– 그러한 영향 때문에 생긴 감정을 솔직하게 말함 　　🔵 이러면 선생님도 속상하고 수업을 할 수 없어 걱정이 된단다 　– 교사가 원하는 것을 명확하고 구체적이며 현재 실천가능한 말로 부탁하거나 요청함 　　🔵 ○○이가 친구에게 할 말이 있으면 쉬는 시간에 하면 좋겠어.
5단계 성장을 위해 노력한 학생에 대한 격려와 긍정적 행동 강화	• 학생이 가지게 된 문제 해결의 의지를 지지하고 격려해 줌 • 칭찬을 할 때에는 구체적인 근거를 들어 칭찬하고 행동을 한 즉시 칭찬하는 것이 효과적임 　🔵 "그동안 학교 오는 것을 힘들어 했는데 오늘은 제 시간에 학교에 왔구나. 어떻게 그런 변화가 일어날 수 있었니?", "○○이가 스스로 그렇게 행동할 수 있었다니 정말 기특하다. 잘했어.", "그 변화가 다시 한 번 일어나게 하려면 어떻게 해야 할까?" • 학생의 작은 변화를 진심으로 칭찬하며 학생은 교사를 신뢰하고 학생 스스로도 노력을 하게 됨

2. 친구관계에 어려움이 있는 학생

❶ 친구관계에 어려움이 있는 학생

1) 문제의 원인이나 유형에 대해 파악

① 행동관찰, 면담, 또래 지명법, 체크리스트, 학부모 상담 등의 방법으로 친구관계에서의 어려움을 파악
② 친구관계의 어려움이 어떤 이유 때문인지를 종합적으로 판단하여 각 유형에 따라 도움을 줌

2) 유형별 개입 및 지도

유형	교사의 도움전략
위축형	• 관계 기술을 가르치고 친구관계에서 연습의 기회를 만들어주며 적절히 코칭함 • 성격과 기술의 변화가 필요하므로 단기간의 변화를 강요하지 말고 노력하는 모습을 지지하며 긍정적 강화를 주도록 함
미숙형	• 친구들과 관계 맺는 방법에 대해 단순하고 구체적인 지도가 필요함 • 다양한 상황과 친구의 감정 변화에 대해 어떻게 반응하는 것이 적절한지 알려주고 공감하기나 위로하기 등 친구관계에서 필요한 행동을 직접 알려줌 • 경계성 지능이나 다른 심리적 문제로 인한 어려움이 있을 수 있음을 생각하며 지도해야 함
문제 행동형	• 충동적이고 공격적인 행동으로 친구관계에서 겪게 되는 어려움에 대해 상담하고 문제 행동을 줄여나갈 수 있도록 지도함 • 학생이 자신에 대해 비난하는 것으로 받아들이지 않도록 주의하며 자신의 문제행동으로 인해 스스로가 고립되고 힘들어지므로 변화의 필요성을 느낄 수 있도록 도움
상호무관심형	• 친구관계에서의 무관심이 학생의 일상생활에 어느 정도 문제가 되는지 파악하고 필요한 관계 기술을 습득할 수 있도록 지도함 • 친구관계에서의 어려움이 일상생활에 지장을 주는 상황이고 자신의 관심 분야에 몰입하고자 하는 학생의 경우에는 무리하게 관계 형성을 요구하는 것보다 학생의 강점을 발휘할 수 있도록 도움

3) 친구관계에 어려움이 있는 학생을 도와주는 방법

일대일부터 시작하여 연습	• 친구를 사귀는 것은 일대일부터 시작하게 하며 짝이나 앞뒤에 앉은 친구와 서로 이름 말하기, 인사하기, 질문하기, 공통화제로 대화나누기 등 친구관계에서 나눌 수 있는 대화와 행동에 대해 구체적으로 알려주고 단계적으로 연습하게 함 **예** ○○아, 친구관계 기술은 누구나 처음부터 갖고 있는 것은 아니고 연습을 많이 할수록 향상되는 거야. 선생님과 함께 쉬운 것부터 하나씩 연습해보자. 우선 매일 아침 짝에게가 ○○이가 먼저 인사하기부터 해보자. 처음에는 부끄러울 수 있고 짝도 의아해 할 수 있지만 몇 번 하다보면 서로 괜찮아질 거야. 일주일간 노력해보고 어땠는지 다시 얘기 나누자.
성향이 맞을 수 있는 도와주는 학생을 선택	• 교사는 학급의 회장이나 사교성이 좋은 학생을 선택하기도 함 • 이 경우 도와주는 학생이 주도하여 관계를 이끌어가게 되어 처음에는 호전된 듯 보일 수 있어도 깊이 있는 관계로 발전하기 어려우며 도와주는 학생도 한계를 느낄 수 있음 • 성향이 비슷하거나 비슷한 어려움을 겪었던 학생을 선택하여 짝을 지어주면 함께 성장하는 기회가 될 수 있음

거절을 연습의 기회로 삼도록 도움	• 친구관계에서 용기를 내기 어려운 학생들의 마음 속에는 '친구가 나를 싫어하면 어쩌지?', '같이 놀자고 했는데 거절하면 어쩌지?'와 같은 두려움이 있을 수 있음 • '거절'이 곧 '네가 싫어'의 의미는 아니라는 것을 알려주고 이번이 아니어도 다음에 도전할 수 있도록 응원해 줌 • 누구나 친구관계에서 거절을 경험할 수 있음을 알려주고 거절에 대한 속상함을 자신의 존재에 대한 거부로 받아들이지 말고 연습의 기회로 삼을 수 있도록 함 예 우리는 각자 자기만의 생각과 개성 그리고 상황이 다르단다. 선생님은 매운 음식을 좋아하지만 ○○이는 싫어할 수도 있어. 무엇을 먹고 싶은지, 어디를 가고 싶은지, 어떤 연예인을 좋아하는지 등 모든 일들에서 서로의 생각이 다를 수 있어. 친구들은 자신의 생각과 다를 때 거절할 수 있어. 그런 거절이 나를 싫어하거나 거부해서만은 아니란다. 그리고 ○○이뿐 아니라 누구나 이런 거절을 경험하는데 이러한 상황을 포용적으로 받아들일 때 친구들과 더 원만하게 지낼 수 있단다.
친구들과 관심사를 공유할 수 있도록 함	• 운동이나 댄스 등 친구들과 관심사를 공유할 수 있는 기회를 만들어 줌 • 다른 친구들의 관심사에 대해 흥미가 없는 경우라도 또래의 관심사를 이해하기 위해 노력하게 함
친구들이 호감을 느낄 수 있도록 자기관리를 함	• 개인적인 청결관리나 단정한 외모, 상냥한 말투, 배려하는 태도 등 친구관계에서 호감을 느끼게 할 수 있도록 지도함 • 주변 친구들을 관찰하여 친구관계에서 필요한 자기관리를 배우도록 함

> **TIP** 이것만은 기억하세요.
>
> • 도와주기에 앞서 주의할 점은 절대 강요하지 않는 것임
> • 관계기술이 서툰 학생의 경우 교사가 개입하여 억지로 친구를 만들어주어도 얼마 지나지 않아 관계가 틀어지기 쉬우며 이 경우 다시 실패의 경험을 하게 되어 자신감을 잃을 수 있음
> • 시간이 걸리더라도 학생이 관계 기술을 습득하고 연습할 수 있도록 도우며 칭찬과 격려로 지지해 주어야 함

❷ 학부모에게 효과적인 대처방법 안내

- 자녀를 이해하고 가정에서 노력할 수 있도록 안내하기
    ① 친구와 보내는 시간을 의미 없는 시간이라 생각하지 않고 존중하도록 안내함
    ② 자녀와 또래 친구들이 좋아하는 것은 무엇인지 함께 대화를 나누고 관심을 보이되 자녀의 사생활은 인정하도록 함
    ③ 사회성은 집에서부터 길러지므로 가족 간의 감정을 이해하고 잘못에 대해 솔직하게 사과하는 분위기를 형성하도록 함
    ④ 자녀가 따돌림이나 학교폭력을 당하고 있는지 주의 깊게 살펴보고 어려운 이야기를 들어주며 함께 고민해 주도록 함
    ⑤ 다른 친구를 괴롭히거나 따돌리는 무리와 동조하는지 살펴보고 가해 행동을 멈출 수 있는 방법을 강구하도록 안내함
    ⑥ 교육적 도움으로 해결되지 않는 심각한 어려움이 있는 경우 전문기관의 도움을 받도록 함

3. 반항적인 학생

❶ 반항적인 학생을 지도하는 방법

학생이 진정할 수 있는 시간을 줌	• 학생의 반항 행동을 중단시키고 자기 스스로 감정을 조절할 수 있는 시간과 장소를 제공함 ⦿ **예** ○○아, 선생님은 네가 왜 그렇게 화가 났는지 이야기하고 싶어. 그러려면 네가 진정하는 것이 먼저야. 네 자리에 가서 5분 동안 진정한 후에 우리가 이야기할 수 있게 선생님 자리로 와줄래?
학생의 입장에서 생각해 봄	• 학생이 반항 행동을 할 때 교사는 화를 내거나 고함을 지르는 것과 같은 즉각적인 반응을 보이지 말고 차분하게 왜 반항 행동을 보이는지 생각해 봄 • 요즘 학생들은 어른들 앞에서도 자신의 생각을 거침없이 말하는 경향이 있으며 이때 학생이 자신의 주장을 당당하게 말하는 것은 좋지만 예의를 갖추어야 한다는 것을 가르쳐야 함 • 만약 학생의 주장이 옳다면 교사도 수용할 수 있다는 사실을 알게 하는 것이 좋음
동기를 탐색함	• 학생의 반항적인 행동은 다른 사람의 관심 끌기, 어른과 힘겨루기, 어른에게 복수하기, 그리고 위축된 학생들은 자신의 반항을 어떠한 활동에도 참여하지 않는 것으로 들어내기도 함 • 학생이 반항하는 궁극적 목적이 무엇인지 탐색하고 해결 방식을 찾거나 대안 행동을 배울 수 있도록 도와줌
언쟁하지 않음	• 학생을 지도할 때 언쟁의 꼬투리가 될 수 있는 말을 하지 않도록 함 • 교사가 반항 행동에 직면했을 때 학생과의 불필요한 말다툼을 하지 않도록 조심해야 함 • 만약 교사가 학생과 언쟁에 빠졌다고 느낀다면(목소리가 커지고, 학생을 질책하고, 분노감을 느낌) 즉시 마음의 평정을 찾는 전략을 사용함(학생과 잠시 떨어져 있기, 교사의 지도사항을 업무적으로 말하기, 낮은 톤으로 부드럽게 천천히 말하기 등)
열린 질문을 사용함	• 문제 행동을 한 학생은 종종 자신이 적대적 행동을 하게 된 원인이 무엇인지 모를 때가 있음 • 교사는 중립적인 태도를 취하고, 반응하기 전 좀 더 자세한 정보를 얻기 위해 열린 질문을 사용함 ⦿ **예** ○○아, □□랑 이야기할 때 무엇 때문에 화났니?
두가지 선택을 제시함	• 우선 부정적이거나 따르기 꺼려지는 제안을 한 후에 학생이 선택할 것이라 기대되는 긍정적인 제안을 함
예의 바르게 행동하는 것에 대해 자세하게 알려 줌	• 버릇없는 행동을 하는 학생들은 상당수가 자신의 말과 행동이 버릇이 없다는 것을 알지 못하기도 함 • 서로를 존중하고 예의 바르게 행동하는 것에 대해 설명하고 절대 해서는 안 되는 행동의 기준을 제시함 • 버릇없는 행동을 하면 교사와 다른 친구들의 감정이 상한다는 사실을 알려주고 예의 바른 행동을 했을 때는 칭찬해 줌 • 장난으로 하는 욕설이나 무례한 행위가 누군가에게는 상처와 괴롭힘이 될 수 있다는 사실을 인식시킴 • 또래 사이에서도 예의를 지켜야 한다는 점을 인식시킴

> **TIP** 평상시 학생과 우호적인 관계 형성하기
>
> • 단순한 아침 인사라도 학생에게 먼저 미소를 지으며 인사하여 우호적인 분위기를 만들기
> • 적절한 행동을 했을 때는 적극적으로 칭찬하여 긍정적인 관심을 가지고 있다는 것을 알게 함
> • 부정적인 지시보다는 긍정적인 지시를 사용함

4. ADHD

❶ ADHD 학생에 대한 교사의 마음가짐

1) ADHD는 질병임을 인식해야 함
   ① 교사는 ADHD 학생의 문제 행동이 신체적 질병으로 인한 것임을 받아들일 필요가 있음
   ② 학생이 일부러 말을 안 듣거나 반항하려고 하는 것이 아니라는 사실을 이해해야 함
   ③ ADHD는 야단치고 미워할 문제가 아니라 조기에 발견하고 치료를 해야 할 문제임

2) 교사의 도움이 중요한 이유
   ① ADHD 학생들의 학교 적응을 위해서는 교사의 도움이 필수적임
   ② 긍정적인 역할 모델이자 지지자인 교사가 있는 학교 환경은 매우 중요한 보호 요인이기 때문임
   ③ 교사가 ADHD 학생에게 지지적인 자세와 적절한 교육적 개입을 할 경우 학생의 심리사회적 치료접근이 가능할 뿐 아니라 학급의 친구들 역시 ADHD 학생을 배척하거나 무시하지 않고 긍정적 상호작용을 할 수 있음

❷ 교실에서 ADHD 학생을 도와주는 방법

일반적인 도움	• ADHD 학생들은 분명하고 일관성 있는 규칙 시행이 필요하므로 학급규칙, 시간표, 과제를 분명히 적어두는 등 교실환경을 구조화하여 예측 가능하도록 하는 것이 좋음 • 지도가 필요할 때 교사는 침착성을 유지하고 감정이 실리지 않은 사실적인 목소리를 사용하여 짧고 분명하게 반복해서 지시해야 함 　예 ○○아, 수업시간에 돌아다니지 말자 • 바른 행동을 보일 때를 포착하고 긍정적 면에 보상을 해주도록 함
ADHD 학생의 「부주의」 증상 극복을 돕기	• 집중을 요할 때 제시되는 신호를 정하여 주의가 분산될 때 다시 집중할 수 있도록 신호 줌 • 교사의 지시사항을 다시 한 번 따라 말하게 하여 지시사항을 기억하도록 도움 • 준비물을 잘 적도록 하고 꼭 필요한 물건은 장소마다 마련해 두는 것이 좋음 • 주의가 분산되지 않도록 소음이 덜한 조용한 자리 제공 • 애매하지 않고 단순하며 분명한 지시가 도움이 됨 • 수업시간에 해야 할 행동을 구체적으로 지시 • 복잡한 일은 작은 단위로 나누어 지시함
ADHD 학생의 「과잉행동」 증상 극복을 돕기	• 큰 행동에 대해 제재하고 대안으로 할 수 있는 작은 행동을 제시해 줌(팔, 다리를 움직이는 대신 손가락을 움직이게 하거나 작은 공을 쥐어주거나 만지작거릴 수 있는 물건을 이용하도록 함) • 자신의 순서가 아닐 때 말하지 않는 신호를 정하고 교사가 신호를 보낼 때 이를 지키도록 함 • 수업에서 각 활동 시작 전에 해야 할 것에 대해 구체적이고 단순하게 제시해 줌 • 수업시간에 유인물 배부나 필요한 심부름 등의 역할을 주어 자연스럽게 움직일 수 있는 시간을 줌 　예 ○○이가 친구들에게 학습지를 나누어 주자 • 가끔씩 일어서거나 서서 공부해도 크게 문제가 되지 않는 경우에는 허용해 주는 것도 괜찮음 • 움직여도 되는 시간과 장소에 대해 제시함

❸ 학부모와 협력하여 도와주는 방법

학부모에게 효과적인 대처방법 안내	• 학부모와 협력하여 학교와 가정에서 일관성 있게 교육하는 것이 중요함 • 자녀를 미워하거나 야단칠 문제가 아니라 고쳐 주어야 할 병임을 알게 함 • 자녀의 자존감을 키워주는 것이 학습 능력을 향상시키는 것보다 훨씬 중요함을 이해시킴 • 자녀가 한 좋은 일들에 대해 이야기해줄 시간을 갖도록 권고함 • 과거의 일까지 들추지 말고 현재의 문제 해결에 초점을 맞추게 함 • 자녀가 최상으로 수행할 것이라는 기대를 어느 정도 낮추고 자녀의 독특한 강점과 재능을 발견하도록 노력하도록 함 • 자녀 스스로도 ADHD가 어떤 것인지 정확히 알게 하되 ADHD가 갖고 있는 긍정적인 측면(풍부한 에너지, 창의력이 높음 등)에 초점을 두어 이야기하도록 안내함
전문기관에 연계하기	• ADHD에 대한 정확한 진단은 전문가에게 의뢰하는 것이 바람직함 • 교실환경에서의 관찰을 통해 위험군을 발견하여 조기에 적절한 도움을 받을 수 있도록 관련 전문기관에 의뢰해야 함 • 전문기관에서는 심리사회적 치료, 부모교육, 가족치료, 약물치료 등의 접근을 함 • ADHD의 주요 증상에는 약물치료가 효과적이지만 학업이나 사회적 기능에는 심리사회적 개입이 더 효과적일 수 있기 때문에 심리사회적 개입과 약물치료가 동시에 이루어져야 함

5. 무기력하고 우울한 학생

❶ 무기력한 학생을 도와주는 방법

강요하지 말고 이해해주기	• 불안하고 두려운 상태일 수 있으므로 억지로 활동을 강요하기보다는 학생의 감정을 읽어 주고 기다려줌 • 지쳐서 쉬고 싶다는 표현일 수 있으므로 채찍질을 하기보다는 따뜻한 위로의 말을 해줌 **예** ○○아, 선생님이 보기에 네가 지쳐보이는구나.
학생의 입장에서 생각하고 지지하기	• 혹시 주변이나 부모의 과한 기대에 상처를 받아 스스로를 부족하고 모자란 존재로 여기는 것은 아닌지 살펴봄 • 무기력한 학생들도 자신에 대해 고민하고 있음을 이해하고 학생의 눈높이에서 대화를 시도해 봄 • 평가나 비난보다는 격려해주고 시작을 응원하며 성취를 경험하도록 도움 **예** ○○아, 네가 힘들텐데도 너 자신을 위해 노력하고 있다니 보기 좋구나. 네가 지금 할 수 있는 쉬운 것부터 해보면 어떨까?

❷ 우울한 학생을 도와주는 방법

편안한 인사를 자주 나누도록 함	• 학생의 기분 상태를 확인하며 너무 자세한 이야기보다 편안한 인사로 안부를 자주 물어봄 • 학생들 사이에서도 서로 관심을 갖고 인사를 나누는 분위기를 만들어 줌 **예** ○○아, 오늘 표정이 좋아보이는구나.
신체 증상과 기분의 연관성에 대해 알려줌	• 생각과 감정과 행동은 서로 긴밀하게 연결되어 있어 몸이 아프면 기분이 우울하고 부정적 인 생각을 할 수 있음 • 반대로 우울한 감정이 부정적인 생각을 만들고 몸을 아프게 할 수도 있음
우울함이 심각할 경우 상담을 통해 확인함	• 학생의 상황을 관찰하여 심각한 경우 상담을 통해 확인함 • 막연하게 모든 것이 좋아질 것이라고 말하기 보다는 함께 방법을 찾아보자고 하는 것이 도움이 됨 **예** ○○아, 요즘 들어 표정이 어둡고 기운도 없어 보이는데 혹시 무슨 일 있니? 고민되는 일이 있으면 선생님과 함께 방법을 찾아보자.
활동 증진시키기	• 공통의 흥미를 가진 또래와의 과외활동을 격려함 **예** ○○아, □□이가 너처럼 웹툰에 관심이 많은데 이번에 우리 지역에서 웹툰 박람회가 있다고 하네. 둘이 같이 한번 알아보렴. • 좋아하는 교사와의 활동이나 집단 활동에 참여하게 함 • 충분한 간식 섭취와 신체활동을 격려함 • 학업성취와 학생의 흥미를 연결해줌

❸ 지지기반을 형성해주는 방법

힘들 때 도움을 요청하도록 알려줌	• 정말 힘들 때 도움을 요청하는 것도 용기라는 점을 학급에 전체적으로 알려줌 • 친구가 힘든 이야기를 할 때 서로 들어주고 도와주는 역할을 할 수 있도록 교육함
주변 친구를 통해 도와주는 방법	• 우울한 친구에게 말을 걸어주거나 말을 들어주게 함 • 우울한 친구가 활동을 할 수 있도록 격려하게 하고 맡은 일을 할 수 있도록 돕게 함
모임을 주선해 줌	• 동아리 활동과 같이 자연스럽게 어울릴 수 있는 기회를 만들어 줌

❹ 학부모에게 효과적인 대처방법 안내

자녀와 신뢰관계 쌓는 법	• 자녀의 장점을 칭찬하고 자녀의 말에 적극적인 반응을 보이도록 함 • 자녀를 충분히 도와줄 수 있다는 믿음을 심어주도록 함
자녀의 감정 표현을 돕는 방법	• 자녀의 심리상태에 관심을 기울이고 행동 변화에 민감하게 대처하도록 함 • 자녀가 자신의 생각, 기분을 표현할 수 있도록 유도하기

❺ 전문기관에서 치료

1) 심리치료

　① 놀이치료 : 감정표현과 조절능력 향상
　② 인지행동치료 : 인지적 왜곡과 결손을 교정
　③ 사회기술훈련 : 대인관계 갈등을 다루고 사회성을 향상시킴

2) 부모교육과 가족치료

　① 우울증에 대한 이해를 돕고 올바른 치료를 받게 함
　② 가족들을 치료과정에 참여시켜 학생의 변화를 촉진함

3) 약물치료

4) 입원치료

　① 심각한 자살시도나 자기 파괴적 충동이 큰 경우
　② 약물 남용이나 의존이 동반된 경우
　③ 사회적 지지체계의 손상이 심각한 경우

6. 걱정이 많고 불안한 학생

❶ 불안한 학생에 대한 교사의 마음가짐

학생의 불안반응 이해하기	• 불안증상이 있는 학생은 안절부절 못하거나 집중을 오래 유지하기 어려울 수도 있음 • 시간에 맞게 과제를 끝내거나 여러 가지 과제를 동시에 하는데 어려움을 겪을 수 있음 • 갑작스런 변화에 적응이 어렵고 평가에 불안이 더욱 증가할 수 있으며 자극에 민감해질 수 있음 • 불안으로 인해 두통이나 소화불량 같은 증상이 나타날 수 있음
'꾀병'이라고 생각하지 않기	• 특별한 질환이 없는데도 신체 증상 호소가 잦다면 심한 스트레스나 불안이 있는지 알아보아야 함 • 학생들이 심리적인 스트레스로 신체 증상을 호소한다면 그 고통과 불편감은 실제로 존재하므로 '꾀병'이라고 생각해서는 안됨

❷ 불안한 학생을 도와주는 방법

들어주고 정상화하기	• 교사가 이야기를 들어주고 학생의 감정에 공감해주는 것만으로도 마음이 편해질 수 있음 　예 "그래, 너처럼 느낄 수 있겠구나.", " 사람마다 차이는 있지만 누구나 불안감을 느낀단다."
긴장을 이완하도록 도와주기	• 학생이 안절부절 못하고 조바심을 낸다던가 잔뜩 긴장한 모습을 보일 때에는 무엇보다 먼저 마음을 차분히 하고 긴장을 완화할 수 있도록 이완훈련을 적용함 • 심호흡하기, 긴장이 풀리는 음악 듣기, 스트레칭 등을 통해 교감신경을 낮추고 부교감신경을 활성화시킬 수 있음 　예 "○○아, 우선 잠시 깊게 숨을 들이쉬고 천천히 내쉬어 보자."
생각 습관을 바로 잡도록 도와주기	• 학생이 실제보다 과장해서 지나치게 부정적으로 생각하거나 걱정이 많은 경우에는 생각 습관을 바로잡도록 도와줌 • 대개 불안한 학생들은 실제 일어나는 일보다 훨씬 더 부정적이거나 위험하게 지각하고 상상하는 경향이 있음 • 이때 무조건 안심시키기 보다는 학생으로 하여금 그렇게 생각할 만한 이유가 있는지를 물어봄으로써 생각의 근거를 확인해보게 함 　예 "○○아, 네가 그렇게 생각하는 이유가 있니?", " 정말로 그런 일이 있었던 적이 있니?" • 학생으로 하여금 걱정스런 생각을 하는 대신 마음을 편안하게 하는 차분한 생각을 하도록 도와줌
불안이나 걱정을 없애는 상징적 방법을 사용하도록 도와주기	• 학생이 불안해할 때 '걱정 인형'에게 걱정을 맡기도록 한다거나 '걱정 쓰레기통'을 만들어 자신의 걱정을 적어 그 곳에 버리도록 하는 방법 • 하루 종에 아예 걱정하는 시간을 따로 정해놓고 그 시간에만 걱정을 하도록 유도하는 방법 • 이와 같은 방법이 불안을 근본적으로 극복하는데 도움이 되는 건 아니지만 자신의 마음을 어느 정도 스스로 다스리고 통제하는데 도움을 줄 수 있음
단계적으로 직면하도록 도와주기	• 학생이 불안문제로 인해 어떤 상황을 자꾸 회피하는 경우에는 그 상황에 단계적으로 직면하도록 도와줌 • 예를 들어 학생이 친구들과 다툼이 있은 후에 친구들과 어울리는 것을 피한다면 이것을 목표행동으로 정하고 이 행동을 하게 되는 과정들을 작은 단계로 나누어 직면시킴(제일 편안해하는 친구에게 먼저 말 붙이기 → 친구와 같이 쉬는 시간 동안 이야기하기 → 친구와 집에 같이 가기 → 친구네 집에 놀러가기 또는 친구를 집에 초대하기) • 첫 단계의 시도는 작고 쉽게 설정하여 학생이 성공할 수 있도록 도와주어야 함 • 각 단계가 끝날 때마다 학생에게 적절한 관심과 보상을 해줘야 함

| TIP | 시험불안이 심한 학생을 도와주는 방법 |

- 비공식적이고 점진적인 시험을 종종 실시
- 문항을 쉬운 것부터 점차 어려운 것으로 배치
- 교과서와 사전 등의 보조 자료를 이용하여 시험 보도록 함
- 학생들에게 시험이나 평가문항에 대해 분석하고 평가할 기회 제공

| TIP | 불안한 학생에 대한 잘못된 지도 방법 |

- 무조건 학생을 안심시키기: 학생이 불안을 보일 때마다 무조건 안심시키는 것은 결과적으로 학생을 더 의존하고 매달리게 할 수 있음
- 지나치게 지시하거나 개입하기
- 불안해하는 상황을 회피하도록 허용하기: 학생이 꺼려하는 어떤 행동을 회피하도록 허용하는 것은 궁극적으로는 학생에게 도움이 되지 않음

7. 인터넷, 스마트폰에 지나치게 의존하는 학생

❶ 인터넷, 스마트폰 과의존 학생을 도와주는 방법

현재의 상황 알아보기	• 학생들은 자신이 인터넷, 스마트폰 과의존이라는 것을 모르거나 개선하려는 의지가 부족하여 담임 교사와의 면담에 소극적이거나 부정적인 태도를 보일 수 있음 • 처음 접한 시기, 사용 시간 및 용도(게임, 동영상, 채팅 등), 인터넷, 스마트 폰 사용으로 인해 겪은 신체적 및 심리적 불편함, 얻게 되는 만족감의 종류 등을 확인함 • 며칠 동안 일기장이나 알림장 등에 인터넷, 스마트폰 사용 시간과 용도, 사용 장소를 적어 오도록 하여 눈으로 직접 확인할 수 있도록 하면 도움이 됨 • 부모님이 인터넷, 스마트폰 과의존이거나 가족간의 소통이 어려운 것이 학생의 과의존 원인인 경우도 많으므로 가정의 분위기 및 가족과의 관계에 대해 알아봄 • 필요한 경우 인터넷, 스마트폰 충동 진단 검사를 사용하여 학생과 함께 상황을 점검해 볼 수 있음 **Tip. 학생 상담에서의 대화 전략** 학생이 관심 있어 하는 게임, 동영상, 새로운 용어 등에 대한 질문이나 이야기로 상담을 시작하면 학생의 관심을 끌게 되어 대화를 자연스럽게 이어갈 수 있음
인터넷, 스마트폰 사용 조절의 필요성을 학생 스스로 인정하는 것이 좋음	• 학생에게 지시적으로 조절하라고 말하는 것은 반감을 일으킬 수 있음 • 상담 과정 속에서 자신의 인터넷, 스마트폰 과의존 상황을 깨닫고 개선을 할 필요가 있음을 느끼도록 함 　예 ○○아, 선생님이 보기에 네가 스마트폰을 사용하는 시간이 좀 긴 것 같구나, 네 생각은 어떠니? • 나-전달법으로 교사의 걱정스러운 마음과 조절에 대한 의견을 전한 후 학생에게 의견을 물어보는 것도 좋은 방법임 　예 ○○이가 밤에 잠을 못자서 낮에 힘들어하고 성적도 떨어지니 선생님이 걱정이 되는구나. 네 생각을 듣고 싶구나.
학생과 함께 실천 목표 정하고 실천하도록 도와주기	• 인터넷, 스마트폰에 대한 자기조절능력을 키워주는 것에 목표를 두어야 함 • 과의존 학생이 처음부터 목표대로 실천하기는 매우 어려운 일이므로 조절하기로 결심한 것 자체에 의미를 두고 조급해하지 않도록 함 • 실천할 수 있는 작은 목표부터 도전하도록 하며 결과에 따라 목표를 조금씩 상향 조정하면서 장기간에 걸쳐 진행하도록 함 　예 "○○이는 하루에 평균 4시간 정도 사용하고 있는데 선생님 생각에는 조금 많은 것 같구나. 선생님은 ○○이가 사용시간을 줄였으면 좋겠다고 생각하는데 네 생각은 어때?", "그럼 하루에 몇 시간 정도 사용하면 적당하다고 생각하니? 네가 스스로 정하렴.", "갑자기 2시간으로 줄이는 건 어렵지 않을까? 네가 실제로 성공할 수 있는 수준으로 다시 생각해보자." **Tip. 유의할 점** 학생들이 무리한 목표를 설정하는 경우에는 실천 가능한 수준의 목표로 다시 설정하도록 교사가 유도해야 함(사용 시간을 줄일 때 처음에는 20~30분 정도 줄이는 것이 적당함)
욕구를 충족할 수 있는 방법과 다른 취미활동 안내하기	• 사이버 세상 속에서 학생이 궁극적으로 얻고자 하는 것(게임 실력 향상을 통한 자신감 획득 및 친구들이 인정, 채팅을 통한 외로움 극복, 스트레스 해소 등)이 무엇인지를 꼭 확인하여 실제 생활 속에서도 충족할 수 있도록 도움

	• 인터넷, 스마트폰 사용시간을 줄임으로써 생기는 여가 시간 동안 할 수 있는 활동들을 정하여 실천하도록 함(가족과 함께 여가활동하기, 운동하기, 친구들과 바깥놀이하기, 책 읽기 등) • 인터넷, 스마트폰 과의존 학생들은 사이버 세상이 아닌 실제 생활 속에서도 만족과 자신감이 느껴지는 경험을 하는 것이 매우 중요함
실천 결과를 학생과 함께 평가하고 목표 다시 정하기	• 학생이 목표를 달성하지 못했더라도 비난하지 않도록 함 • 단 한번이라도 실천했거나 변화를 위해 노력한 점이 있다면 그것에 큰 격려와 지지를 보내주도록 함 • 목표를 그대로 유지하여 재도전할 것인지 목표를 조금 더 높일 것인지 학생 스스로 결정하도록 함
그 외 도움이 되는 방법 알려주기	• 디지털 기기 및 충전기를 침실에 가져오지 않기 • '사용 종료시간' 알람을 정해 수면시간 확보하기 • 스마트폰 사용관리 앱을 활용하여 사용 습관 기르기 • 스마트폰을 보관할 특정 장소를 정하여 그곳에 두기 • 진로와 학업에 유용한 앱이나 사이트 등을 이용해 보기 • 인터넷, 스마트폰 사용 이외에 나만의 취미생활 만들기 • 미디어 사용 수칙 및 약속 실천표(보상과 벌칙도 포함) 만들기

❷ 학보모와 협력하여 지도하는 방법

학부모의 어려움을 공감해주기	• 학부모는 인터넷, 스마트폰 사용 문제로 이미 자녀와 갈등을 겪고 있을 수 있고 지도에 어려움을 느낄 수 있음 • 이러한 어려움을 교사가 충분히 공감해주면서 인터넷, 스마트폰 과의존 학생을 돕는 과정에 학부모의 협력을 이끌어 내야 함
학부모의 도움이 절실함을 충분히 안내하기	• 학생들이 대부분 학교 밖에서 인터넷, 스마트폰을 사용하기 때문에 가정에서 도와야 하고 가장 중요한 역할을 학부모가 할 수 있음을 이해시킴
자녀가 인터넷, 스마트폰에 의존하게 된 이유를 찾아보도록 하기	• 학부모 스스로 원인을 생각하다보면 가족들의 모습을 자연스럽게 떠올리게 되어 해결책을 찾는데 도움이 됨 • 부모의 인터넷, 스마트폰 사용 습관과 양육태도 및 자녀에 대한 신뢰도나 관심을 확인함 예 ○○이가 언제부터 인터넷, 스마트폰을 많이 사용하게 되었을까요?
자녀를 도울 수 있는 방법 안내하기	• 최근 학생들의 인터넷, 스마트폰 사용 문화에 관심을 가지며 인터넷, 스마트폰 사용 문화에 관심을 가지며 인터넷, 스마트폰이 놀이의 한 종류임을 인정하도록 함 • 자녀가 인터넷, 스마트폰을 할 때 옆에 앉아 자녀가 하고 있는 것에 대해 호기심을 표현하며 대화를 시작할 수 있음 • 가족 여가활동 횟수를 늘리고 변화를 위한 자녀의 작은 행동에도 칭찬과 격려를 하도록 안내함 • 초등학생은 또래 집단 활동에 참여시키거나 중·고등학생은 학부모가 자녀의 관심사에 동참하여 대화의 통로를 확보하는 것도 도움이 됨 • 인터넷, 스마트폰 사용을 조절하는 과정에서 자녀가 스트레스로 인해 반항적 태도를 보이더라도 자녀의 힘든 점을 공감하고 변함없는 믿음을 표현하여 신뢰를 회복할 수 있도록 함
가정에서 인터넷, 스마트폰 사용규칙 만들기	• 잠자기 전이나 식사할 때 인터넷, 스마트폰 사용하지 않기 • 사용시간을 정하여 사용하도록 하기 • 사용하지 않을 때 스마트 기기 보관 장소를 따로 마련하기

- 스스로 인터넷, 스마트폰 사용을 끝내도록 하기
- 무조건 사용을 금지하기 보다는 대체할 수 있는 가족 여가활동 시간을 늘리기
- 일주일 중 스마트폰 쉬는 날 정하기
- 인터넷, 스마트폰을 할 수 있는 요일과 시간을 정하기
- 약속을 지킬 경우 주어지는 보상과 지키지 않을 경우 수행해야 할 벌칙을 함께 정하기
- 인터넷, 스마트폰으로 학습을 해야 할 경우 학습 시간을 30분~1시간으로 제한하는 것이 좋음

❸ 일상생활이 거의 불가능할 정도로 과의존이 심한 경우

- 치료 차원의 접근이 필요함
    ① 인터넷, 스마트폰 과의존이 심할 경우 정신질환을 유발하기도 함
    ② 학부모 상담을 통해 인터넷, 스마트폰 과의존이 심각한 질병임을 이해하도록 돕고 전문적 상담과 치료를 병행하도록 안내함

8. 학교 오기 싫어하는 학생

❶ 학교 오기 싫어하는 학생을 도와주는 방법

학생의 마음상태를 이해하고 공감하기	• 학생이 학교에 안 오는 것이 아니라 못 오는 경우일 수도 있으므로 학생의 행동에 대하여 질책하지 말고 이야기를 잘 들어주며 학생 이해하기 예 "○○이가 요즘 계속 학교를 못 오고 있으니 ○○이에게 무슨 일이 있는건 아닌지 선생님은 걱정이 되는구나.", " 어떤 부분 때문에 학교 오는 것이 힘든지, 그리고 선생님이 어떻게 도와주면 좋을지 말해줄 수 있겠니?"
학생의 긍정적 행동과 변화에 대한 관심과 칭찬	• 학생들이 많은 곳에서 비난하거나 부정적 평가 등을 하는 것보다는 학생이 잘 하고 있는 행동에 먼저 관심 갖기 • 칭찬을 하기 위해서 학생에게 관심을 갖고 꾸준히 관찰하며 좋은 점을 발견하도록 노력하기 • 학생의 작은 변화를 진심으로 칭찬하며 학생은 교사를 신뢰하고 스스로도 노력을 하게 됨 예 "어떻게 그런 변화가 일어날 수 있었니?", "○○이가 오늘은 제 시간에 왔구나. 정말 기특하다. 잘했어.", " 그 변화가 다시 한번 일어나게 하려면 어떻게 해야 할까?"
긍정적 표현을 사용한 해결방안 제시	• '~하지마'보다는 '~을 멈추고, ~했으면 좋겠다'라는 긍정적인 표현을 사용하면서 해결방안을 함께 제시 예 선생님은 ○○이가 제 시간에 학교에 왔으면 좋겠어
학생의 현재 상황 파악 및 목표 수준 탐색	• 일반적으로 학생들은 감정의 느낌의 정도를 주관적으로 표현하며 문제에 대해서도 애매모호하고 추상적으로 설명함 • 이에 문제 상황과 목표수준 및 본인의 노력에 대하여 구체적인 탐색을 통해 객관적으로 살펴보기

❷ 학생이 실제 어려움이 있어 등교를 못하는 경우

친구관계의 어려움	• 친구관계 문제는 학생의 성격과 대인관계 기술의 부족으로 만성적일 수 있으나 특정한 사건으로 인해 갈등 상황에 빠졌을 수 도 있음 • 학생의 성격과 대인관계 기술은 「2. 친구관계에 어려움이 있는 학생」편을 참고
우울증으로 인한 어려움	• 우울증을 겪고 있는 학생은 무기력함으로 인해 학교 오기를 힘들어 할 수 있음 • 「5. 무기력하고 우울한 학생」편을 참고하고 우울증으로 인해 등교를 못하는 학생의 경우 전문기관에 의뢰하여 도움을 받도록 함
인터넷, 스마트폰 과의존으로 인한 어려움	• 인터넷과 스마트폰에 빠진 학생들은 지나치게 몰입하여 취침시간이 늦어지고 아침에 일어나 등교하는 것이 어려워지기도 함 • 「7. 인터넷, 스마트폰에 지나치게 의존하는 학생」편을 참고하고 가정에서의 지도가 중요하므로 학부모 상담을 통해 가정과 학교가 함께 지도하는 것이 좋음
학교폭력으로 인한 어려움	• 학교폭력 피해를 당하고 있는 학생은 두려움으로 인해 원인을 숨기고 혼자 고민하며 학교 오기를 힘들어 할 수 있음 • 「10. 학교폭력으로 힘들어하는 학생」편을 참고

9. 다른 문화적 배경으로 힘들어하는 학생

❶ 학생과의 상담

학생의 환경적 특성 파악하기	• 먼저 다문화학생의 이주배경, 사회경제적 특성, 가족적 특성 등 환경적 특성을 살펴보는 것이 중요함 • 각 가정 및 개인에 따라 다양한 이주경험을 통해 한국사회로 진입하게 되므로 이주배경에 대한 이해가 무엇보다 선행되어야 함
긍정적인 면에 초점을 두고 이야기하기	• 자신을 소중하게 바라보는 자세를 갖고 자기 자신을 더욱 깊이 있게 탐색할 수 있도록 돕기 • 문제점을 이야기하기보다는 장점과 자원을 이야기하고 부각시키는 것이 효과적임 • 문제와 과거에 집중하기 보다는 해결과 미래에 집중하는 것이 핵심 • 다문화학생의 장래 목표행동 형성하기 • 장래 목표행동 실현을 위한 작은 변화를 계획하고 실천하기 • 작은 변화를 실천했을 때 이를 학생이 알아차릴 수 있게 설명하고 아낌없이 칭찬하여 학생의 자아존중감을 높임 • 학생은 이러한 작은 긍정적 변화를 통해 긍정적 정서와 자신감, 희망 등을 갖게 되어 더욱 긍정적 변화의 행동을 하게 됨 • 주위의 편견에 맞설 수 있는 내면의 힘을 가질 수 있도록 꾸준한 지원이 필요함 　예 ○○이가 두가지 언어를 한다는 것은 큰 장점이란다. 그 장점을 계속 발전시켰으면 좋겠구나.

> **TIP 중도입국·외국인 학생과 소통하기**
>
> • 의사소통이 안 되는 중도입국·외국인 학생의 특기를 파악하여 이를 활용하여 자존감을 키워줄 수 있음
> • 피아노를 잘 치는 학생에게 출신국의 노래 피아노 연주를 부탁한다거나 전교생이 함께하는 행사활동에 애국가나 교가를 연주하게 하는 방법이 있음

❷ 다문화학생 지원을 위한 노력

학급 내 도와주는 친구 두기	• 먼저 학습의 모든 친구들에게 다문화학생이 혼자 있을 때는 서로 친구가 되어 주도록 부탁하기 • 배려심이 많고 친절한 학생을 도와주는 학생으로 선정하여 외로움을 느끼지 않도록 배려하기 • 고운 말투와 바른 대화법을 지도해 교우 관계를 개선하고 조별 활동을 강화해 소속감과 동료의식 고취하기
올바른 자아정체성 확립 지원	• 다문화학생이 자신의 정체성을 긍정적으로 인식할 때 바람직한 또래관계가 형성될 수 있음을 안내 • 다문화학생이 자신감 있게 생활할 수 있도록 지도 및 지원 • 다문화 감수성 제고를 위하여 다문화교육(연간 2시간 이상)을 실시, 다문화 학생이 차별받지 않는 교육환경 조성
각종 교육 지원에 관심 갖기	• 방과후학교, 대학생 멘토링 등 다문화학생을 위한 각종 지원에 소외받지 않도록 지원 Tip. 대학생 멘토링 제도 　- 다문화학생의 학교적응 및 기초학력 향상을 돕고 대학생의 다문화 감수성 및 봉사 의식을 높이기 위해 추진하는 사업 　- 학기 초 공문으로 신청 　- 학습지도뿐만 아니라 친언니, 친누나처럼 조언해주는 역할도 하기 때문에 학생들의 선호가 높음

한국어 이해 및 기초학력을 위한 지원	• 교과 주요 개념, 어휘를 설명한 보조교재 '스스로 배우는 교과서 어휘' 활용(다문화교육포털 탑재, 초등 및 중등 국어·사회) • 각 지역 다문화가족지원센터의 '언어발달프로그램' 참여 안내
이중언어교육 장려	• 한국 사회에서 원하는 글로벌 감각을 갖춘 인재육성을 위해 '이중언어교육' 장려 • 학부모 상담 시 가정에서 이중언어교육 환경을 조성할 수 있도록 권장 • 이중언어 말하기 대회, 지역자원, 다문화언어강사 배치 등 각종 지원 제도 활용

❸ 학부모의 어려움을 이해하고 도와주는 상담

언어장벽 보완하기	• 가정 내에 학생이 한국 사회를 이해하고 진로를 선택하는데 조력할 수 있는 보호자가 있는지 확인 • 학부모가 한국어 소통이 가능하지 않은 경우 통역을 도와줄 사람과 함께 올 수 있도록 안내(학교 내에서 통역 지원이 가능한 경우 학부모에게 미리 안내) • 학생이나 학부모의 한국어 수준을 고려한 적절한 어휘를 취사선택하도록 하며, 통역 지원의 경우 통역을 위한 시간 확보에 유의하며 진행
공감적 이해를 바탕으로 이야기하기	• 문화적 적응 문제, 한국어 능력, 자녀교육 등 다문화가정만이 갖는 독특한 고충을 이해하고 신뢰 관계 형성하기 • 자녀가 부모 및 양육자의 충분한 사랑과 신뢰를 받고 있음을 깨닫도록 하여 자아존중감을 키워주는 일이 가장 중요한 부분임을 강조 • 가족관계와 가족 내 엄마의 위치를 파악하고 학생에게 영향력이 있는 구성원을 함께 상담하는 것이 효과적임
다문화가정 학부모를 위한 인터넷 사이트 안내	• 국가평생교육진흥원 유튜브 채널: 다문화가정 학부모를 위한 한국교육제도와 진학정보(한국어, 영어, 중국어, 일본어, 베트남어, 러시아어 제공) • 다문화가족지원 포털 '다누리': 13개 언어로 중도입국·외국어 학생 교육 정보 및 전국 다문화가족지원센터 현황 등 지원

> **TIP** 중도입국·외국인 학생에 대한 가정에서의 언어지도 안내
>
> • 인지 발달의 균형을 위해 이중언어 교육이 반드시 필요함을 부모가 인식하고 도전해 보도록 격려하기
> • 학교에서는 한국어, 가정에서는 모국어를 사용하는 규칙을 정해 실천해보도록 함
> • 이중언어가 강점이 될 수 있음을 지속적으로 인식시키고 도전할 수 있는 기회를 제공함(예 이중언어 말하기 대회, 글로벌 브릿지 사업)

❹ 탈북학생의 이해

1) 탈북학생이란

   북한 또는 중국 등에서 태어나 한국에 입국한 후 재학 중인 북한이탈주민의 자녀

2) 탈북학생과 학부모에 대한 일반적인 이해

   ① 북한사회의 최근 변화와 북한이탈주민 삶의 여정 등에 대한 다양한 자료를 접하기
   ② 탈북학생들이 살아갈 한국사회의 현재와 미래의 변화를 파악하고 앞으로 나아갈 방향을 제시할 수

있는 역량 갖기

3) 탈북학생 지도 교사의 역할
　① 학생의 전체적인 삶에 대한 이해를 토대로 교육 활동을 진행하는 것이 중요
　② 학생 스스로가 현실적이고 바람직한 미래를 계획할 수 있도록 교사가 도와야 함

10. 학교폭력으로 힘들어하는 학생

❶ 이런 모습을 보일 수 있어요

1) 학교폭력 이해하기

① 학교폭력이란 학교 내·외에서 학생을 대상으로 발생한 상해, 폭행, 감금, 협박, 약취·유인, 명예훼손·모욕, 공갈, 강요·강제적인 심부름 및 성폭력, 따돌림, 사이버 따돌림, 정보통신망을 이용한 음란·폭력 정보 등에 의하여 신체·정신 또는 재산 상의 피해를 수반하는 행위(학교폭력예방 및 대책에 관한 법률 제2조)

② 학교폭력예방 및 대책에 대한 법률의 학교폭력은 '학교내·외에서 학생들을 대상으로 하는 폭력'이므로 가해자가 학생이 아닌 경우에도 필요시 피해학생에 대한 보호 조치를 할 수 있음

> **TIP** 유의할 점
>
> • 사소한 괴롭힘, 학생들이 장난이라고 여기는 행위도 학교폭력이 될 수 있음을 인식할 수 있도록 분명하게 가르쳐야 함

2) 학교폭력의 징후

피해학생의 징후	• 늦잠을 자고 몸이 아프다고 하며 학교 가기를 꺼림 • 성적이 갑자기 혹은 서서히 떨어짐 • 안색이 안 좋고 평소보다 기운이 없음 • 학교생활 및 친구관계에 대한 대화를 시도할 때 예민한 모습을 보임 • 갑자기 짜증이 많아지고 가족이나 주변 사람들에게 폭력적인 행동을 함 • 밖에 나가는 것을 힘들어하고 집에만 있으려고 함 • 학교나 학원을 옮기는 것에 대하여 이야기를 꺼냄 • 용돈을 평소보다 많이 달라고 하거나 스마트폰 요금이 많이 부과됨
사이버폭력 피해 징후	• 불안한 기색으로 정보통신 기기를 자주 확인하고 민감하게 반응함 • 부모가 자신의 정보통신기기를 만지거나 보는 것을 극도로 싫어하고 민감하게 반응함 • 온라인에 접속하여 문자메시지나 메신저를 본 후 당황하거나 정서적으로 괴로워보임 • SNS 상태 글귀나 사진 분위기가 갑자기 우울하거나 부정적으로 바뀜 • 갑자기 SNS계정을 탈퇴하거나 아이디가 없음
가해학생의 징후	• 부모와 대화가 적고 반항하거나 화를 잘 냄 • 친구관계를 중요시하며 귀가시간이 늦거나 불규칙함 • 다른 학생을 종종 때리거나 동물을 괴롭히는 모습을 보임 • 자신의 문제 행동에 대해서 이유와 핑계가 많고 과도하게 자존심이 강함 • 평소 욕설 및 친구를 비하하는 표현을 자주 사용함 • SNS 상에 타인을 비하, 저격하는 발언을 거침없이 게시함

| TIP | 유의할 점 |

- 학교폭력 징후는 교사뿐 아니라 보호자도 파악할 수 있으며 학교폭력 징후를 통해 학교폭력을 초기에 감지하여 차단하도록 노력해야 함
- 어느 한 가지 징후에 해당한다고 하여 학교폭력의 피·가해학생으로 특정지을 수는 없으며 여러 상황을 고려하여 판단해야 함

❷ 이렇게 도와주세요

1) 교사의 역할 : 학교폭력의 인지·감지 노력
   ① 교사는 학교에서 많은 시간을 학생들과 같이 보내므로 주의를 기울이면 학교폭력 발생 전에 그 징후를 발견할 수 있는 가능성이 많음
   ② 교사는 학교폭력 상황을 감지·인지했을 때 신속하고 적극적으로 개입해야 함
   - 예) "○○아, 요즘 학교생활하면서 어려운 점이 있니?", "○○아, 좀 힘들어 보이는구나. 혹시 무슨 일이 있으면 선생님에게 얘기해주면 좋겠어."
   ③ 모둠활동이나 학급 내 다양한 활동 시 학생들로부터 소외되고 배제되는 학생 파악
   ④ 쉬는 시간이나 점심시간에 반복해서 친구들을 피해 자신만의 공간(화장실, 도서관 등)에 머무는 학생이 있는지 확인
   - 예) "○○아, 요즘 네가 혼자 있는 모습이 자주 보이네. 친구들과 어울리기 어려운 일이 있는 거니? 선생님은 언제든 들을 준비가 되어 있단다."

| TIP | 유의할 점 |

학교폭력이 감지된 경우 학교장에게 보고하여야 하며 학교장은 지체없이 전담기구 또는 소속교원으로 하여금 사실여부를 확인하도록 해야함

| TIP | 교사의 관찰 및 조사 요령 |

- 피해학생 관찰 : 피해학생이 신체적, 심리·정서적으로 어려움을 겪고 있는지를 파악
- 가해학생 관찰 : 가해학생이 특정 학생을 괴롭히는지 혹은 다수의 학생을 괴롭히는지, 가해학생이 학급 내에서 다른 학생들과 어떤 관계를 형성하고 있는지 등을 파악
- 주변학생 관찰 : 목격학생 및 주변학생들의 심리상태(불안감 등)는 어떠한지 등을 파악
- 학교폭력 조사 요령 : 교사가 사안을 인지하고 있다는 것에 대해 먼저 말하기보다 학교생활이나 교우관계 등을 물어서 파악하는 것이 좋음

2) 학교폭력 관련학생 상담

피해학생 상담	• 초기 상담 시 피해학생의 이야기를 판단이나 충고 없이 경청하고 적절한 위로와 지지를 해줌 • 피해 상황을 듣고 학생의 욕구를 파악함 • 가해학생으로부터 보복을 당하지 않도록 교사가 책임감을 가지고 지도·관리할 것을 알려줌 • 자치위원회 절차 및 내용, 진행 과정, 준비 사항, 보호 조치 등을 설명해 줌 ⊙ "그동안 많이 힘들었겠구나. 어떤 일이 있었는지 자세히 말해주면 선생님이 너를 도울 수 있을 것 같아.", "○○의 이야기를 들으니 그동안 네가 얼마나 힘들었는지 알겠어. 선생님이 미처 알아채지 못해서 미안하구나.", "○○이가 편안한 학교생활을 할 수 있도록 선생님이 옆에 있을게."
가해학생 상담	• 폭력은 용인되지 않으며 가해학생이 저지른 행동은 잘못된 것이라는 사실을 알려주고 피해학생이 당한 충격과 상처를 이해시킴 • 가해학생이 폭력을 사용하게 된 상황을 충분히 탐색함 • 가해학생에게 어떤 과정을 거쳐 조치가 내려지는지 알려줌 • 추후에 가해행동이 재발되지 않도록 주의를 주고 재발할 경우 심각한 수준의 처벌을 받을 수 있음을 알려줌 • 가해학생이 가해행동에 대해 피해학생에게 사과할 의사가 있는지를 확인하고 사과를 희망하는 경우 공개적이고 진심어린 사과를 해야함을 안내함 ⊙ "어떤 일이 있었던 거니? 어떤 상황이었는지 구체적으로 이야기해줄래?", "그랬구나. 그래서 지금 네 기분은 어떠니?", "○○이는 기분이 어땠을까? □□이가 앞에 있다면 어떤 말을 하고 싶니?"
목격학생 상담	• 비밀보장에 대해 충분히 안내하여 보복에 대한 두려움을 갖지 않도록 함 • 관련 정황을 구체적으로 파악함 • 목격학생의 심리적 충격 여부를 확인하여 위로해주며 필요시 전문상담교사에게 상담을 의뢰함 ⊙ "○○이가 많이 놀랐겠네. 선생님에게 자세하게 얘기해줘서 고마워. 네가 이야기했다는 것은 비밀로 할게. 혹시라도 힘들거나 마음이 불편하면 언제든 선생님께 얘기하렴."

TIP 유의할 점

- 학교폭력자치위원회 조치 결과가 나오기 전까지는 피해학생과 가해학생을 구분하지 않고 '관련학생'이라 칭함
- 관련학생을 한 장소에서 함께 상담하는 것은 피해학생에게 불안감을 줄 수 있으므로 개별적으로 상담하는 것이 좋음
- 관련학생 상담, 조사 과정에서 비밀유지 및 인권보호에 유의함
- 가해학생에게 훈계나 평가를 하는 것은 오히려 역효과를 줄 수 있으므로 비난이나 심문하는 태도를 취하지 않음

3) 학부모 상담

피해학생 학부모 상담	• 피해학생의 학부모는 자녀의 피해 사실에 대해 놀라고 당황스러워하는 한편 가해학생에 대한 분노와 원망, 억울함, 자신의 자녀에 대한 미안함 등으로 자녀를 대신하여 무엇이라도 해주고 싶은 마음이 들 수 있음 • 피해학생 학부모의 감정이 격양됨을 이해하고 수용하는 것이 중요함 ⊙ 많이 놀라셨죠? ○○이에게 이런 일이 생겨서 저 또한 걱정이 되고 안타깝습니다. • 피해학생의 학부모가 말하는 상황이 본 사안과 직접적으로 관련한 사실이 아닐지라도 처음에는 온전히 들어주는 것이 필요함 • 학부모가 말하는 학생의 피해사실에 대해 객관적으로 인지함

	ⓘ 학생의 학교폭력 피해사실을 언제, 어떻게 알게 되셨습니까? ○○이는 누구에게, 얼마동안, 어떤 일이 있었다고 이야기하였나요? 혹시 주변에 이 사실을 객관적으로 본 친구가 있을까요? • 학생의 피해에 대해 진심 어린 사과와 유감을 표함 • 피해학생과 학부모가 현재 무엇을 원하는지 정확히 파악함 • 추후 처리과정에 대해 설명하고 사실에 근거하여 문제를 해결할 것을 안내함 　ⓘ 앞으로 ○○이에게 어떤 일이 일어났는지 상황을 보다 객관적으로 조사하여 ○○이를 보호하고 가해 행동이 재발하지 않도록 하는 조치가 진행될 것입니다. • 피해학생의 보호와 안정 및 학교 적응을 위한 학교에서의 노력 안내 　ⓘ 현재 가장 중요한 것은 ○○이가 안전하게 학교생활을 하는 것이라고 생각합니다. 심리적인 충격 없이 다시 학교생활을 잘 할 수 있도록 학교에서도 노력하겠습니다.
가해학생 학부모 상담	• 가해학생 부모 역시 자녀가 다른 학생에게 폭력을 휘둘렀다는 사실에 당황스러움과 혼란스러움, 의심, 미래에 대한 불안감 등을 경험하게 되고 동시에 잘못을 인정하면 더 큰 피해를 입을 수도 있다는 우려를 할 수 있음 • 가해학생 학부모의 감정은 수용하되 가해학생의 행위는 정확하게 알려줌 　ⓘ 많이 놀라고 당황하셨지요? 저 또한 안타깝고 ○○이가 걱정이 됩니다. • 자녀의 가해행위에 대해 인정하지 않을 경우에는 사실에 근거하여 가해학생의 행동과 그 결과에 대해 알려줌 　ⓘ 현재 상대학생은 이번 일로 인해 신체적으로 ~하고, 심리적으로 ~한 상태로 알고 있습니다. • 추후 진행과정 안내 및 사과의 중요성에 대해 인지시킴 　ⓘ "앞으로의 절차는 그 날 무슨 일이 있었는지 객관적으로 알아보고 ○○이의 행동에 대한 교육적 조치와 상대학생을 보호하기 위한 절차가 진행될 것입니다.", "○○이가 상대학생의 힘든 마음을 이해하고 진심으로 사과한다면 □□이가 안정을 찾는데 큰 도움이 될 것 같습니다." • 가해학생에 대하여 학교가 교육적으로 적절하게 지도할 것을 안내 　ⓘ 이 문제를 해결하는데 있어 가장 중요한 것은 우리 학생들이 모두 심리적 충격 없이 학교생활에 잘 적응하는 것입니다. 원만한 문제 해결과 자녀의 교육적 성장에 도움이 될 수 있게 어른의 입장에서 함께 생각해 보는 것이 좋겠습니다.

TIP 학교폭력 피·가해학생의 학부모 상담 시 유의할 점

• 피·가해학생 어느 쪽의 편을 들고 있다는 인상을 주지 않도록 하며 학생과 학부모의 상황과 심정에 대한 이해와 공감을 통해 신뢰를 형성하고 불필요한 분쟁이 추가적으로 발생하지 않도록 함
• 교사는 흥분한 학부모의 태도에 동요하지 말고 말해야 함
• 피·가해학생 학부모와 상담할 경우에는 사실만을 전달하거나 확인해야 함
• 가해학생에 대한 징계 수위나 피해학생에 대한 보호 조치 수준에 대해 말해서는 안되며, 면담 결과는 학교폭력 전담기구와 공유함
• 피·가해학생 학부모를 같은 자리에서 만나게 하는 경우 감정이 격양되어 오히려 문제해결을 악화시킬 수 있으므로 한 가족씩 따로 만나는 것이 더 효과적임

4) 성폭력 사안처리

① **성폭력이란**

성폭력이란 상대방의 의사에 반하여 성을 매개로 가해지는 모든 폭력(신체적, 심리적, 언어적, 사회적)행위로 성추행, 성폭행 뿐만 아니라 개인의 '성적 자기결정권'을 침해하는 행위를 모두 포괄하는 개념임

② **성폭력 사안 발생 시 대처 요령**

㉠ 성폭력 사안 발생 인지 후 즉시 신고
㉡ 성폭력 피해학생 응급조치
  - 사건 발생 직후 몸을 씻지 않은 상태로 신속히 의료기관으로 학생을 데리고 감
  - 몸에 외상이 있을 경우 가급적 얼굴과 함께 사진 촬영을 함
㉢ 성폭력 전문기관과의 연계
㉣ 성폭력 사건 피해학생에 대한 보호 조치
  - 피해학생 중심의 적극적인 보호조치 마련
  - 가해학생과의 적극적인 분리 조치를 통해 피해학생의 심신 안정 도모
㉤ 피해학생 보호관련 학부모와 협의
  - 피해학생의 학부모와 협의하여 피해학생이 학교생활에 적응할 수 있도록 가능한 범위 내에서 최대한의 보호 조치를 강구
㉥ 피해학생의 등교 거부 시 조치 및 성적 처리에서의 불이익 금지
  - 피해학생이 치료받는 기간은 학교생활기록부 작성지침의 '기타 부득이한 사유로 학교장의 허가를 받아 결석하는 경우'로 처리하여 출석으로 인정
  - 피해학생이 등교를 거부하는 경우 학교폭력예방 및 대책에 관한 법률에 의해 학교장의 인정을 받아 결석을 출석일수에 산입 가능

> **TIP 유의할 점**
>
> - 피해학생 보호 및 진술오염 방지를 위해 초기 진술은 녹음하는 것이 좋음
> - 성폭력 발생 시 피해자의 동의 여부와 상관없이 수사기관에 반드시 신고함
> - 성폭력 사건을 숨기거나 학교 내에서 임의로 해결하려고 하지 않음
> - 다른 교직원이나 학생들에게 비밀이 누설되지 않도록 유의하고 침착하게 대응

11. 아동학대가 의심되는 학생

❶ 아동학대 발견을 위한 노력

관찰 및 지속적인 관심	• 매일 학생의 건강과 안전 살피기 • 평상시와 다른 상흔 또는 감정의 변화가 있는지 확인하기 • 친구나 이웃 등의 제보에 관심 갖고 주변의 이야기에 귀 기울이고 기록하기
무단결석 학생에 대한 적극적 대응	• 결석 학생의 결석 사유 확인하기 • 소재, 안전 확인 불가 시 경찰에 수사 의뢰

❷ 상담 중에 아동학대가 의심될 경우 이야기 나누는 법

학생에게서 상흔이나 감정의 변화를 발견하였을 경우	• 상흔이나 감정의 변화에 대해 개방적인 질문을 던짐 ◉ "많이 아파 보이는데 어떻게 하다가 다친 건지 말해줄 수 있니?", "오늘 많이 힘들어 보이네. 불안해 보이기도 하고. ○○이에게 힘든 일이 있는 것은 아닌지 걱정되는구나. 무슨 일인지 선생님에게 말해줄 수 있겠니?"
대화 과정에서 학대를 받은 정황이 드러날 경우	• 학생의 힘든 마음을 알아주고 결정을 존중해 줌 ◉ "그 동안 정말 많이 힘들었겠다. 그 힘든 일을 너 혼자 견뎌내고 있었다는 생각을 하니 선생님 마음이 너무 아파.", "선생님도 그런 상황이었다면 ○○이와 같은 마음이었을 거야.", "말하기 어려웠을텐데 선생님에게 이야기해줘서 너무 고마워."
"네 잘못이 아니야"라고 말해주기	• 대체로 가해자들은 사랑하는 마음으로 아동을 제대로 가르치기 위해 그랬다며 자신이 가한 폭력을 정당화하기도 함 • 학대를 당하는 과정 속에서 아동도 가해자의 논리를 그대로 받아들여 자신을 탓하기도 함 • 본인의 잘못으로 인해 일어난 일이 아님을 알려줌 ◉ "이건 네 잘못이 아니야. 네가 이상한 사람이라서 그런 일을 겪은 것이 아니니까 스스로를 탓하거나 미워하지 않았으면 좋겠어."

> **TIP 유의할 점**
>
> • 약속을 하지 않아야 함
>   - 다른 사람에게 말하지 않을게. (×)
>   - 내가 지금부터 네게 학대를 당하지 않도록 해줄게. (×)
> • 학대를 가정한 질문이나 유도 질문은 하지 않도록 함
>   - 혹시 누가 너를 때리거나 괴롭혀서 생긴 상처니? (×)
> • 학대의 이유를 아동에게 물으면 자신이 잘못하여 그런 일을 당하는 것이라고 생각할 수 있음
>   - 그 사람이 너를 왜 때렸을까? (×)

❸ 아동학대 발견과 신고

① 아동학대를 알게 된 경우, 아동학대의 의심이 있는 경우 신고 전화 ☎ 112
② 신고에 필요한 내용
- 신고자의 이름, 소속
- 아동의 이름, 성별, 나이, 주소
- 학대행위자로 의심되는 사람의 이름, 성별, 나이, 주소
- 아동이 위험에 처해 있거나 학대를 받고 있다고 믿는 이유
   ※ 아동이나 학대행위자의 정보를 파악하지 못해도 신고 가능
③ 신고 후 아동 보호 조치
- 신고 후에는 아동학대범죄의 처벌 등에 대한 특례법에 따라 경찰과 아동보호전문기관 직원이 출동하여 초동 조치를 취함
- 경찰과 법원은 피해아동을 안전하게 보호하고 재발 방지를 위한 조치를 취하게 됨
④ 신고자의 안전과 보호
- 신고자의 비밀 철저히 보호
- 불이익으로부터 보호
- 신변보호를 받을 수 있음

> **TIP 아동학대 신고 시 주의사항**
>
> - 아동이 불안에 빠지지 않도록 큰 일이 난 것처럼 하지 않고 일상적으로 대함
> - 가해자인 보호자에게 신고내용을 알리는 등의 행위로 아동학대 증거가 은폐되지 않도록 주의함
> - 가능한 한 증거사진, 동영상 등을 확보함
> - 성학대의 경우 증거 확보를 위해 씻기거나 옷을 갈아입히지 않음
> - 진술의 오염이 있을 수 있으므로 학대에 대해 계속 캐묻거나 유도질문을 하지 않음
> - 신고 후 피해아동의 정보가 외부에 노출되지 않도록 주의함
> - 신고 후에도 지속적으로 수사기관 또는 아동보호전문기관에 협조하는 것이 필요함
> - 학교는 신고의무자의 신고 시 신고자의 정보가 노출되지 않도록 함

❹ 피해학생 보호를 위한 학교의 역할

학대받은 학생을 위한 일상생활 지원	• 생활 속에서 안전하게 보호받고 성공적인 경험을 하는 것이 학생들의 회복에 도움이 됨. • 교사는 학생들과 친밀한 관계를 가지고 많은 시간을 함께 하므로 정서적인 지원을 충분히 하는 것이 좋음
학생 치유 지원 및 보호	• 상태가 심한 경우 외상 후 스트레스 장애 증상을 보일 수도 있으므로 학생들이 안전하다는 느낌을 받고 스스로 조절력을 회복할 수 있도록 도움이 필요한 아이라는 마음가짐으로 지원해야 함 • 안전감과 조절력을 주기 위해 학생의 행동을 무조건 받아주고 기다려주기 보다는 적절한 한계를 설정하고 규칙 안에서 학생을 보호하는 것이 필요함

❺ 학생이 학교로 돌아왔을 때 도와주는 방법

학생이 학교로 돌아왔을 때	• 따뜻하고 안정감있게 맞이해 주는 것이 필요함 ⓔ "○○아, 힘든 일을 겪고 학교로 돌아왔구나. 네가 학교에 나와서 선생님은 매우 반가워", "○○아, 네가 힘들 때에는 언제든지 선생님께 이야기하렴. 선생님은 너를 보호하고 필요한 도움을 주도록 할거야."
학생 표정이 어둡고 말을 하지 않거나 멍하게 앉아있는 경우	• 우울증을 겪고 있을 수도 있고 교실이 아직도 안전하지 않고 신뢰할 수 없다고 생각할 가능성도 있음 • 이따금씩 교사가 관심을 가지고 도움을 주고자 기다리고 있음을 상기시키는 것이 좋음 ⓔ ○○아, 오늘 기분은 어떠니? 선생님이 보기에 네 표정이 좀 걱정스러워 보이는구나. 도움이 필요하면 언제든 이야기하렴. 선생님은 늘 기다리고 있으니 네가 필요하면 언제든 얘기해줘.
학생이 공격적인 행동을 할 경우	• 공격적인 행동이 반복될 경우 교사는 엄격하면서도 따뜻한 어조로 교사의 마음을 전달하는 것이 중요함 ⓔ ○○아, 선생님은 네가 나쁜 의도로 이런 행동을 했다고 생각하지는 않아. 네가 힘들어 하는 점은 돕고 싶지만 학교에서 모두의 안전을 해치는 행동은 안된단다.

12. 학업중단을 고민하는 학생

❶ 학업중단을 고민하는 학생과 상담하기

학업중단 위기 원인 탐색 및 공감	• 학업중단 위기에 처해 있거나 학업을 중단하겠다고 의사를 밝힌 학생이 있을 경우 원인을 탐색하고 학생의 문제 행동에만 초점을 두지 말고 그 학생의 심정에 대해 공감해줌 예 "○○이가 학교를 그만두는 것을 고민하고 있다니 선생님도 걱정이 되는구나. ○○이 나름대로 어떤 이유가 있을 것 같은데 선생님에게 이야기해줄 수 있겠니?", "그랬구나 ~한 이유로 그렇게 생각하게 되었구나." "네 이야기를 들으니 그동안 얼마나 고민했는지 이해가 되는구나"
학교 밖에서의 교육활동 안내	• 학교와 학교 밖에서의 직·간접적인 교육활동을 통해 학생의 진로에 대하여 신중히 선택하고 성장해 나갈 수 있게 지도함 예 "이런 결정을 하기까지 여러 가지 방법들에 대해서도 고민했을 것 같은데 어떤 생각을 해봤니?", "혹시 이것 외 다른 방법은 없을까? 혹시 대안학교나 학업중단 숙려제라고 들어본 적 있니?" "학업중단 숙려제에 대해 알아보고 함께 고민해보자."

❷ 숙려기간 및 운영 횟수

① 숙려 횟수 : 당해 학년 2회

② 숙려 기간 : 최소 1주일 ~ 최대 7주까지(주 단위로 운영)
- 자퇴원을 제출한 경우 : 자퇴원 제출일 다음날부터 적용하여 숙려 기간 마지막 날짜까지(행정상의 자퇴처리를 하는 날은 제외)
- 자퇴원을 제출하지 않은 경우 : 숙려제 프로그램(상담, 매일 프로그램)에 참여한 기간

13. 자해행동을 하는 학생

❶ 교사가 자해행동을 하는 학생을 도와주는 방법

학생에게 믿음 주기	• 학생의 감정을 수용함 • 교사가 학생을 걱정하고 있고 도우려고 한다는 사실을 알게 함 • 학생의 자해 행동이나 스트레스 상황에 대해 비판하지 않는 태도로 이야기를 들어줌 • 학생이 죄책감이나 수치심을 갖게 하는 것은 도움 되지 않음
학생과 스트레스에 대한 대처 방안 탐색하기	• 대처 방안 없이 그냥 멈추라고 말하지 않음 • 스트레스를 감소시킬 수 있는 방법을 함께 찾아 봄 • 대인관계 기술을 향상시킬 수 있도록 도움

> **TIP 유의할 점**
>
> • 자해는 쉽게 주변 학생들에게 확산될 수 있으므로 공개적으로 자해행동에 대해 거론하지 않는 것이 좋음
> • 자해 행동 자체의 심각성에 압도되지 말고 자해하는 학생의 심리적 원인에 주목할 것
> • 학생이 자해 행동을 할 정도로 힘들었던 상황과 심리적인 어려움에 공감해 줌
> • 자해 행동 자체에만 관심을 두고 접근하면 자칫 부정적인 행동으로 주위의 관심을 얻으려는 의식적·무의식적 행동이 증가할 수 있음

❷ 자해하는 학생과 자해행동에 대해 이야기하기

차분하게 자해에 대해 이야기하기	• 자해 경험이 있는 학생은 다시 자해를 할 수 있는 가능성이 높으므로 시간이 지나면 저절로 좋아진다고 낙관하는 태도로 학생을 대하는 것은 부적절함 • 직접적으로 학생과 자해에 대해 이야기해야 하며 자해를 함께 이야기한다고 해서 그것만으로 자해가 늘어나지는 않음 　예 "○○야, 선생님이 우연히 네 팔목에 있는 상처를 보게 되었어. 너를 돕고 싶은데 이 상처가 어떻게 생기게 되었는지 이야기해줄 수 있겠니?"
당황하기 않고 안정감 있게 대하기	• 학생과 이야기할 때 교사는 당황하지 않고 안정감 있게 학생을 대하는 것이 중요함 • 부드럽고 차분한 목소리로 학생의 정신적·신체적 고통을 인정하고 학생이 느끼는 것에 대해 공감하기 위하여 노력하는 자세가 필요함
공감하기	• 교사는 자해 행동 자체에 관심을 두는 대신 학생들이 느끼는 스트레스 상황에 대해 공감해야 함 　예 "그랬구나. 그 일로 네가 심리적으로 얼마나 힘들고 막막했을지 선생님도 이해가 되네."
질문하기	• 구체적인 상황을 대답하게 하는 개방형 질문이 유용함 　예 "어떤 상황에서 이러한 행동을 하게 되니?", "너에게는 ~에 관한 스트레스가 어떻게 느껴지니?"
관찰하기	• 만약 학생이 자해에 대해 이야기하고 싶지 않다고 한다면 그러한 반응이 당연할 수 있다고 생각하고 기다려줌 • 지금 당장은 아니지만 이후 학생의 기분이 이야기를 할 정도로 나아지면 '그동안 무엇이 자해 행동을 촉발시키는지', '자해 직전 학생의 내면 상태가 어땠는지', '자해 행동을 시작하게 하였거

	나 계속 하게 만드는 외부자극(SNS 사진, 가족 문제, 친구 문제, 성적 문제, 외모 문제 등)이 무엇인지' 등에 대해 궁금하다는 것을 미리 알림 • 이후에도 이야기 나눌 수 있다는 점을 학생에게 알려주고 조금은 특별한 관심을 가지고 학생을 관찰함
대안 찾기	• 학생과 교사의 신뢰관계가 형성된 후 자신의 스트레스나 강렬한 감정을 다룰 수 있는 다른 즐거운 일을 같이 생각해보고 해볼 수 있도록 도움 • 걷기, 춤추기, 음악 듣기, 자신과 비슷한 어려움을 겪는 아이들에 대한 문학책 읽기, 도움이 되는 친구와 이야기하기, 땀 흘리며 운동하기 등
격려하기	• 학생이 가진 장점이나 잘한 행동에 대해서 지지하고 격려함 • 인정과 칭찬으로 학생에게 관심을 보여주며 긍정적인 관계를 지속적으로 유지하는 것이 좋음

TIP 교사가 피해야 할 태도

- 대안 없이 자해를 멈추라고 말하지 않음
- 학생이 죄책감을 갖지 않도록 함
- 일방적으로 학생에게 훈계하듯 이야기하지 않음
- 학생의 자해 행동을 비웃거나 조롱하듯 대하지 않음
- 가혹하고 장기간의 벌칙으로 느껴지는 제한은 피하도록 함
- 학생이 누릴 수 있는 권한을 박탈하거나 강압적으로 자해 행동을 막는 것은 바람직하지 않음

❸ 협력체계 구축하기

학교 안에서 협력체계 구축하기	• 학생의 자해에 대하여 알게 되었다면 교사 혼자서 대처하지 말고 학교 관리자, 학년부장, 전문상담교사, 보건교사 등 동료 교사들과 어떻게 할 지 논의하기
심각한 자해 행동에 대처하기	• 학생의 자해 행동이 심각할 경우 매우 장기간에 걸쳐 교사의 도움이 필요할 수 있음을 이해하고 동료 교사들과 논의하기 • 학교위기관리위원회를 열어 학생을 돕기 위한 방안을 모색할 필요가 있음

❹ 학보모와 협력하기

일반적인 학부모의 반응	• 충격을 받고 현실을 부정하고 싶어 함 • 공감, 연민, 슬픔 등 다양한 감정이 교차함 • 자녀를 충분히 사랑하고 돌보지 못했다는 죄책감을 느낌 • 자녀가 학부모에게 힘든 점을 숨겼다는 생각에 분노, 좌절, 무기력감을 느끼고 자녀를 비난함 • 그 사실을 선생님이 먼저 알게 되었다는 점에 화가 나거나 부끄러워 선생님을 공격하기도 함
학부모의 마음 이해하고 공감하기	• 교사는 학부모의 반응에 같은 어른으로서 공감함 • 교사도 학생을 돕기 위한 조력자로서 노력하겠다는 점과 가정에서도 상황에 적절한 관심을 기울여 주시길 바란다는 점을 전달해야 함

❺ **전문기관에서의 치료**

① **심리치료** : 인지행동치료(CBT), 변증법적 행동치료(DBT), 문제해결치료(PST)

② **가족치료** : 가족들로부터의 지지체계를 형성하고 해결방법 탐색을 도움

③ **약물치료**

14. 자살징후를 보이는 학생

❶ 자살징후를 보이는 학생과 상담하기

학생의 말을 경청하고 공감해야 함	• 자살생각과 자살시도 행동에 대한 공감이 아닌 그런 상황에 이르기까지 힘들었던 심리적 상황에 대해 공감해주기 • 자살을 예방하는 가장 강력한 무기는 인간적 이해와 관심임 • 어떤 부분이 힘든지, 왜 죽고 싶은지에 대한 이유를 경청하고 공감하는 모습을 보여주는 것이 좋음 ⓔ "○○아, 자살을 생각할 정도로 너를 힘들게 하는 일들이 무엇인지 선생님에게 이야기해 줄 수 있겠니?", "그랬구나, 그래서 그렇게 힘들었구나."
구체적인 질문이 도움이 됨	• 자살의 위험을 가지고 있는 학생에게 자살에 대한 이야기를 꺼내는 것은 자살을 부추기는 것 같아 피해야겠다고 오해하는 경우가 많음 • 자살하려는 학생은 자신의 생각에 고립되어 있고 강렬한 감정에 압도되어 있음 • 학생은 자살에 대해 교사와 구체적으로 이야기하고 질문에 대답하면서 자살 충동이나 위기상태에 대해 표출할 기회를 얻게 되기 때문에 오히려 긴장감이 해소되고 자신의 상황을 좀 더 객관적으로 볼 수 있게 됨 • 자살에 대한 질문이 부담스럽다면 학생의 자살생각과 자살계획 및 이전의 자살시도 경험 등에 대해서 체크리스트를 활용하여 구체적으로 질문할 수 있음 ⓔ "○○아, 혹시 죽고 싶다거나 죽는게 더 낫다고 생각한 적이 있니?", "최근에 어떻게 죽어야겠다고 계획을 세운 적이 있니?"

> **TIP** 유의할 점
>
> • 교사는 자살징후를 보이는 학생이 있을 때 당황스럽고 부정하고 싶은 마음이 들 수 있으며 섣부르게 모든 일이 다 잘될 거라고 말할 수도 있음
> • 교사의 회피하는 태도나 섣부르게 단정하는 말들은 학생으로 하여금 자신의 문제를 선생님과 이야기하고 싶어하는 마음까지 없앨 수 있으므로 유의해야 함

❷ 자살이 우려되는 학생을 도와주는 방법

연락망 열어놓기	• 학생이 위기상황에서 도움을 요청할 수 있도록 연락망을 열어놓아야 함 ⓔ ○○아, 도움을 요청하는 것은 어렵고 용기가 필요한 일이지만 선생님은 들을 준비가 되어 있단다. 정말 힘들 때에는 꼭 이야기를 해줘.
주변의 친구들을 통해 지지기반을 형성해주기	• 친구와 자주 대화하고 친구가 겪고 있는 힘든 일들에 대한 이야기를 경청하기 • 그런 상황에 이르기까지 힘들었던 친구의 감정을 공감하기 • 친구에게 자살생각과 자살계획을 구체적으로 질문하기 • 선생님, 힘든 친구의 가족에게 친구의 자살생각을 알리고 도움 요청하기 • 평소 학교에서 자살예방교육을 실시하여 학생들이 주변 학생들의 자살경고 신호를 세심하게 살피도록 지도함

도움자원 파악 및 의뢰	• 학생에게 도움 받을 수 있는 자원을 소개하고 이용 방법을 지도하기 • 자살과 같은 학생에게 위험이 될 수 있는 부분은 비밀로 보장할 수 없음을 알리고 전문가에게 의뢰하기
교사의 지속적인 지지와 보살핌	• 긴급한 위기상황을 넘긴 후에도 지속적으로 지지하며 보살펴 주어야 함 예) 선생님은 언제나 너를 걱정하고 응원하고 있어
학교 내 협조체제 구축	• 위기관리위원회를 통해 학교 내 협조체계를 구축하고 자살시도 학생에 대해 관련 교사들이 함께 협력함
입원이 필요한 자살위기의 학생	• 자살하겠다고 공언을 한다던가 자살계획이 있는 경우 • 과거에 자살시도 경험이 있거나 가족력이 있는 경우 • 가족의 대처능력과 지지적 관계가 저조하거나 생활환경이 열악한 경우 • 심각한 정신질환이 있을 경우

❸ 학부모에게 효과적인 대처방법 안내

학부모에게 알리고 도움 요청하기	• 현재 상황을 알리고 전문기관의 도움을 받기를 권유하며 가정에서 자녀를 잘 살펴보도록 안내하고 위험한 도구를 치우도록 설명함 • 자녀의 힘든 상황과 자살생각에 대해 구체적으로 이야기 나눌 수 있도록 방법을 안내함 • 문제가 심각한 경우 즉시 전문기관의 도움을 받도록 권유함
자살 징후를 보이는 자녀와 대화하는 방법 안내하기	• 관찰되는 모습에 대한 염려를 표현하고 이유를 물어보며 죽음에 대해서 직접적으로 물어보아야 함 예) "요새 표정이 어두워 보이는구나. 혹시 무슨 일 있니?", "네가 죽고 싶다고 써 놓은 메모를 봤어. 엄마(아빠)는 너무 걱정이 되는구나." • 자녀가 죽고 싶다고 이야기한다면 매우 당황스럽겠지만 일단 충분히 듣고 더 구체적으로 물어보고 언제부터, 왜 그런 생각을 하게 됐는지 물어보아야 함 • 혹시 구체적인 계획이 있는지, 어떤 방법으로 하려고 했는지, 죽음에 필요한 도구를 준비하거나 장소를 물색하거나 죽으려는 행동을 시도한 적이 있는지 물어봐야 함 • 집안의 위험한 물건(칼, 약물 등)을 없애거나 감추어 두고 위험한 행동을 사전에 차단함 • 문제의 심각성을 부정하거나 미리 판단하지 말고 자녀의 입장에서 충분히 공감해줌 • 표현을 한 자녀에게 고마움을 표현하고 도움을 주고자 하는 부모님의 마음을 전달하며 방안을 함께 모색함 예) 엄마(아빠)에게 솔직하게 말해줘서 고마워. 엄마(아빠)가 널 어떻게 도우면 좋을까? • 이전에 자살을 시도한 적이 있는 자녀가 다시 자살생각을 하고 있는 경우 혹은 자살에 대한 구체적인 계획이 있거나 시도한 적이 있는 경우에는 반드시 전문가에게 도움을 요청해야 함

15. 화를 잘 내고 공격적인 학생

❶ 학생의 공격적인 행동에 대한 교사의 관점

공격성의 이해와 한계 설정	• 공격성을 이해한다고 난폭하고 무례한 행동을 무조건 용인한다는 뜻은 아님 • 행동의 이면을 이해하되 '용납될 수 없는 행동'에 대해 한계 설정을 분명히 해야 함
수업시간에 분노를 표현하는 학생을 대할 때 원칙	• 학생과 교실에서 대결을 벌이지 말아야 함 • 많은 학생들이 있는 교실에서 지도하기보다는 수업 후에 상담으로 지도해야 함 • 교실에서 나머지 학생들이 구경꾼이 되어서는 안 됨

❷ 수업시간에 학생이 친구에게 공격적인 행동을 했을 때 지도 방법

그 상황이 끝나도록 함	• 교실에서 학생이 흥분하고 있는 상황 자체를 멈추게 함 • 상황을 환기시키기 위해 학생을 잠시 불러 선생님을 보도록 하고 심호흡이나 숫자세기를 따라하도록 지도하여 진정시킴 예 "○○아, 지금 너무 화가 난 것 같은데 잠깐 선생님을 보자.", "○○아, 잠깐 멈추자. 너무 흥분한 것 같은데 일단 선생님을 따라서 심호흡부터 해보자."
화난 학생의 이야기를 들어주고 감정을 공감함	• 교사가 상황을 판단하기 위해서가 아니라 학생의 화난 감정을 진심으로 들어주고 싶다는 것을 전달함 • 학생의 이야기를 들은 후 학생의 감정을 공감해 줌 예 "○○아, 네가 이렇게 화가 난 건 분명 이유가 있을거야. 선생님이 도와주고 싶은데 같이 이야기 나눠보자.", "아 그렇구나! 그래서 네가 화가 많이 났구나."
화난 학생과 이야기를 나눔	• 어느 정도 감정이 진정되었다면 상황에 대해 이야기를 나눔 • 상대 학생이 있는 자리에서 교사의 판단을 유보하고 가급적 이야기를 들어줌 예 "이 일이 어떻게 시작된 거니?", "네 입장에서는 이 상황이 ~한 이유로 벌어졌다는 거구나."
상대 학생과 이야기를 나눔	• 상대 학생은 기다리는 동안 많이 긴장하고 불안해하며 걱정하고 있을 수 있음 • 상대 학생에게 화난 학생을 먼저 부른 이유를 설명함 예 "□□아, 선생님이 ○○이가 감정적으로 너무 흥분한 상태라 ○○이의 이야기를 먼저 들어보았어. 이제 네 입장에서 이야기를 해 볼래?" • 화난 학생이 그렇게 행동했을 때 어떤 느낌이나 감정이 들었는지 들어주고 공감해 줌 • 아 그랬구나. 네 입장에서는 ~게 느껴져서 그렇게 했다는 거구나. 예 "○○이가 너에게 책을 던지고 욕을 했을 때 어떤 감정이 들었니?"
서로의 입장 이해하기	• 서로의 이야기를 들으며 두 학생은 자신의 행동을 상대의 시각으로 보는 기회를 갖게 됨 예 "○○아, □□의 입장에서 생각해보면 이 상황이 어떻게 느껴졌을 것 같니?, □□야, ○○의 이야기를 들어보니 어떤 생각이 들었어?"
문제를 다뤄줌	• 두 학생이 진정되었다면 서로의 이야기를 들어보고 질문을 해보고 서로 고치고 사과해야 할 것들을 이야기 함 예 "사람들이 화가 날 때는 저마다 이유가 있겠지만 잘못된 방법으로 화를 내게 되면 주변의 오해를 받을 수 있단다.", "자신이 상대방에게 상처 준 점이 무엇인지 먼저 생각해보자. 그리고 사과해야 할 부분이 있다면 사과를 해보자." • 문제가 정리되면 교실의 학생 전체에게 다시 한 번 상황을 정리하여 전달함

	예 "오늘 수업 중에 ○○이와 □□의 일로 다들 놀라고 당황했을 것 같다.", "우리가 함께 생활하기 위해서 누군가의 안전을 해치는 행동은 용납되지 않는다는 것을 알고 지켜줬으면 좋겠다."

> **TIP** 유의할 점
>
> - 이야기가 짧게 종료되지 않는다면 교실의 학생들이 함께 보고 있음을 유의하여 수업 후에 두 학생과 따로 이야기함
> - 만약 학생들 간의 몸싸움이 심하여 교사가 혼자 중재할 수 없는 경우에는 다른 교사에게 즉각 도움을 요청해야 함

❸ 분노 조절에 대한 예방교육

분노 조절의 핵심	• 분노의 감정을 이해하고 • 분노를 인정하며 • 분노를 원활하게 표현하고 • 분노의 감정에 오래 머무르지 않는 것
예방교육의 필요성	• 감정 조절이 어려운 상황에 대해 평소에 미리 대처방법을 교육해야 학생들이 화난 상황에서도 감정을 다룰 수 있음 • 학급회의를 통해 공격적인행동과 관련된 행동규칙을 정하는 것이 좋음
화가 난 자신을 알아차리게 하기	• 분노 조절에 어려움이 있는 학생들은 화가 나면 자신도 모르게 공격적인 행동을 하게 된다고 생각함 • 자신이 화가 났음을 인지할 수 있도록 화가 났을 때 몸이 어떻게 느끼는 지에 대해서 이야기 나눔
화가 났을 때 하는 나쁜 행동의 결과 알려주기	• 화가 났을 때 하는 행동에 대해 이야기 나눔 • 화가 났을 때 하는 나쁜 행동은 일시적으로 기분이 나아지게 할 수 있으나 결국 자신과 타인에게 상처가 될 수 있다는 것을 알게 함 • 또한 자신의 잘못이 아닌 일도 자신이 화를 내면 그 화낸 행동 때문에 자신의 잘못처럼 보일 수도 있음을 알려줌
화가 날 때 도움이 되는 행동 알려주기	• 심호흡하기, 마음 속으로 숫자 세기, 도움을 줄 수 있는 친구나 어른에게 마음 이야기하기, 평소에 좋아하는 활동하기 등 • 위의 방법들이 격양된 감정의 뇌를 진정시키고 생각의 뇌가 다시 잘 돌아가게 도와줌을 이해시킴

MEMO

WHY TO HOW 교직적성 심층면접

PART 4

예상문제

1. 예상문제
2. 예상문제 예시답안

CHAPTER 1 예상문제

1. 학교

1

다음 그림을 보고, 교직원회의 문화 개선의 방향과 이러한 문화가 정착되기 위해 갖추어야 할 자세를 3가지 말하시오.

"동상이몽"

2

'학교민주주의'는 모든 학교 구성원이 학교의 공동 주인으로서 자율과 자치를 통해 현안 문제를 깊이 논의하여 실천 방법을 구체화하고, 실행한 결과에 대해 공동 책임지며 함께 성장하는 것을 의미한다. 이를 실현하기 위한 방안을 2가지 제시하시오.

2. 교사

1

다음 지문을 읽고 질문에 답하시오.

 강당에서 전교생이 모여 학교 행사를 치르고 있었다. 김 교사가 학생이 담배를 가지고 있는 것을 발견하고 이를 압수하자 A 학생은 김 교사에게 담배를 돌려 달라고 요구하였고 받아들여지지 않자 김 교사의 머리를 수차례 폭행하는 상황이 발생하였다.

[질문]
1-1. 이 순간 김 교사가 취해야 할 올바른 초기 대처방안에 대해 3가지 말하시오.

1-2. 이러한 교육활동 침해를 단위학교에서 사전에 예방할 수 있는 방안에 대해 3가지 말하시오.

2

다음은 교육에 대한 교사들의 소견이다. 이 중 자신이 되고자 하는 교사를 선택하여 말하고, 그 이유를 자신의 교육적 신념과 관련지어 말하시오.

 A 교사: 수업 전문성을 갖추어 학생들에게 많은 내용을 알려주고, 교과서와 참고서를 깔끔하게 요약 정리하여 제시하는 것이 중요합니다. 배움이란 학습 목표가 담고 있는 중요한 내용에 도달하는 과정에서 일어납니다.
 B 교사: 배움에 앞서 '만남'이 우선이 되어야 합니다. 지식을 잘 전달하는 것에 주목하기보다는 학생들이 배움을 그들의 삶에서 경험하기를 바랍니다.

3

다음 글을 읽고, 다음 3문항에 답하시오.

A 교사는 교육 경력과 연수 경험이 많으며 카리스마 있는 성격이다. 최근 진행된 인성 교육 연수에서도 교사들의 불편한 점이나 건의 사항을 대표로 나서서 말할 정도이다. A 교사 덕분에 연수 환경이 어느 정도 개선되었지만, 일부 교사들은 A 교사의 이러한 태도로 인해 연수 분위기가 무거워지고, A 교사가 다른 교사들과 상의도 없이 혼자 대표로 나서서 의견을 제시하는 것에 불만을 갖고 있다. A 교사는 연수 평가에서 발표나 과제 등의 성적은 우수하나, 인성교육과 관련된 지필평가에서는 평균보다 낮은 점수를 받았다.

3-1. A 교사가 위와 같은 행동을 한 이유에 대해 A 교사의 입장에서 대변하시오.

3-2. A 교사에게 부족한 점을 교사의 역량과 교직윤리 측면에서 각각 2가지씩 제시하시오.

3-3. 자신이 학교장이라면, A 교사를 인성 전문 교사로 임명할 것인지 입장을 밝히시오.

4

면접관을 A 교사라고 가정하고 교원능력개발평가의 필요성에 대해 설득하시오.

A 교사: 교원능력개발평가는 없어져야 할 것 같아요. 이런 걸 왜 하는지 모르겠어요. 학생들이 너무 감정적으로 평가하고 말도 안 되는 요구사항을 적어 놓습니다. 정말 열심히 수업을 하는데 아이들이 개인적인 감정으로 점수를 나쁘게만 주는 것 같아요. 그래서 저는 몇 년 전부터는 아예 평가 결과를 보지도 않습니다. 괜히 기분만 나빠지거든요.

* 조건: 아리스토텔레스의 3요소(에토스, 파토스, 로고스)가 드러나도록 할 것

5

인성에 대한 두 철학자의 의견이다. 교사로서 인성 교육과 관련하여 자신의 교육적 신념과 일치하는 철학자를 고르고 그 이유를 교사의 역할과 관련지어 설명하시오.

고자: "사람의 본성은 물과 같은 것이다. 동쪽으로 터놓으면 동쪽으로 흐르고, 서쪽으로 터놓으면 서쪽으로 흐른다."
루소: "조물주가 처음에 만물을 창조할 때는 모든 것이 선하였다. 그러나 인간의 손이 닿으면서 모든 것이 타락한다"

6

다음과 같은 갈등 상황을 분석하고, 교사로서의 해결 방안을 2가지 이상 말하시오.

○○ 중학교는 작년에 7급 행정실장이 근무했을 때에는 교사들과 협력하며 좋은 분위기를 지속해 나갔었다. 그러나 올해 6급 행정실장이 학교에 오면서부터 갈등이 생기기 시작했다. 교사들에 대한 행정실장의 고압적인 자세, 기안 품의에 대한 반려, 출장비 지급에 대한 공문서 축소 해석 등으로 인해 교사들이 행정실장과의 대면을 꺼리게 되었으며, 예산이 필요한 교육활동을 진행하는 데 어려움을 겪고 있다.

7

현행 대학입시제도의 큰 틀이다. 다음을 읽고 물음에 답하시오.

수시 학생부교과전형: 1학년 1학기부터 3학년 1학기의 내신성적만 대학입시에 반영
수시 학생부종합전형: 고교시절의 내신과 비교과 활동, 자기소개서 등을 종합적으로 판단하여 선발
정시: 대학수학능력시험만 100% 반영하여 선발
지역균형선발: 지역별로 인원을 배정하여 선발. 시골, 벽지와 같은 교육적 기회가 상대적으로 박탈된 학생을 선발할 수 있다.

[질문]

7-1. 자신이 가장 선호하는 대학에서의 학생 선발 전형과 가장 선호하지 않는 대학의 학생 선발 전형에 대해 합리적 이유와 함께 설명하시오.

7-2. 본인이 선호하지 않는 것으로 선택한 선발 전형의 교육적 장점에 대해 설명하시오.

8

아래 제시문은 학급특색활동에 대해 설명하고 있다. 자신이 교사가 되었을 때 실시하고 싶은 학급특색활동과 구체적 운영 방안에 대해 말하시오. 그리고 그 활동의 교육적 의의 2가지를 설명하시오.

"우리 학교에서는 학급마다 특색활동이 있어. 각 반 담임선생님께서 교육적으로 의의가 있다고 생각하는 활동을 정한 후 각 반에서 1년 동안 꾸준히 실행해. 정말 신기한 건 그 특색활동에 맞춰 각 반 아이들이 서로 다르게 성장하고 고유의 특징을 갖게 되던걸? 우리 반도 마찬가지였어."

9

본인이 교사가 되어 운영하고 싶은 전문적 학습공동체에 대해 말해보시오.

10

다음과 같은 상황에서 박 교사에게 학습지도 측면에서 부족한 역량을 2가지 제시하고, 그것을 보완하기 위한 방법을 2가지 제시하시오.

* 학생들은 자발적으로 수업에 참여하기보다는 교사의 지시에 따르는 수동적인 학습태도를 보인다.
* 박 교사가 수업시간 중간 중간 제공하는 외적 강화물에 관심이 있을 뿐, 학생들은 학습에서 오는 즐거움을 갖지 못한다.
* 수업목표를 제시하지 않은 채 수업이 진행되었다. 수업이 끝난 후 학생들에게 '오늘 무엇에 대해 배웠지?'라고 물었을 때 대답을 하지 못한다.

3. 학생

1

다음 상황에서 A 교사의 입장에서 면접관을 B 교사라고 가정하고 다음의 조건에 맞추어 설득해보라.

A 교사: B 선생님, 이번 학기에는 학교폭력 예방교육을 어떻게 실시하실 건가요? 학생들이 이해하기 쉽게 컨텐츠를 활용하려 하는데요.
B 교사: 아니, 지금 맡은 업무들도 많은데 그런 것에 신경을 써야 하나요?

1) 근거를 들어서 말할 것
2) 교사의 공감을 얻어낼 수 있도록 할 것
3) 유창성을 갖춰 말할 것

2

여러 각 시도교육청에서는 '상벌점제'를 폐지하고 있다. '상벌점제 폐지'는 교육현장의 학생, 학부모 등 학교 구성원이 처음의 학교(평화롭던 본래의 학교) 돌아가자는 취지로 추진되었다. 상벌점제의 문제점과 대안방안에 대하여 각각 2가지 제시하시오.

> **3**
>
> 다음은 중학교 전문상담교사와 지역기관 전문가의 대화이다. 이를 읽고, 물음에 답하시오.
>
> A 교 사: 어떤 학교는 자살예방 교육을 해야 된다고 아무리 주장해도 교장, 교감 선생님이 "애들 성적 때문에 뭐 시키는 것도 모자라 죽겠는데, 왜 들어가나? 전교생 모아놓고 그냥 강사 하나 불러." 이렇게 하시면 제가 무슨 힘이 있어요.
> B 전문가: 충분히 공감되는 이야기네요. 저도 학교에 가서 스쿨 클리닉이라는 사업을 하고 있어요. 학교에서 의뢰를 주시면 자해 내지는 자살 시도 경험이 있는 아이들 학교 상담을 하고 있는데 지역기관 전문인력 3명이 감당하기에는 상당히 수가 많고 점점 더 증가하는 추세입니다.
>
> [질문]
> 3-1. 대화에서 알 수 있는 학생 자살 예방 및 대응에 있어서의 문제점을 설명하시오.
> 3-2. 학생 자살을 효과적으로 예방하고 대응하기 위한 정책적 노력을 2가지 제시하시오.

> **4**
>
> 다음은 학생들 간의 대화이다. 이를 읽고, 물음에 답하시오.
>
> A 학생: 우리 학교는 학교생활규칙에 따라 등교 시 휴대폰을 내야 하잖아. 이 규정에 대해 어떻게 생각해?
> B 학생: 나는 저번에 부모님과 급하게 통화할 일이 있었는데 휴대폰이 없어서 정말 불편했어. 수업 시간에만 사용하지 않는다면 휴대폰 소지에 대한 자유를 보장해주어야 한다고 생각해.
> C 학생: 나도 같은 생각이야. 그렇다면 이번 학급 회의에서 휴대폰 사용과 관련된 학교생활규칙 개정에 대해 이야기해보는 건 어떨까? 우리의 의견을 수렴해서 전달하면 좋을 것 같아.
>
> [질문]
> 4-1. 학생자치를 통한 교육활동 참여 확대의 효과 2가지와 학교생활규칙 제·개정 시 유의할 점을 4가지 말하시오.
> 4-2. 휴대폰 사용과 관련하여 학생들의 의견이 반영되어 학교생활규칙이 개정되었다고 가정하고, 개정된 학교생활규칙을 홍보하기 위한 방법을 3가지 이상 말하시오.

5

A 중학교는 신도시에 위치해 있다. 이에 여러 타시도 지역에서 유입된 전학생이 많아 학생들 간의 학교폭력 문제가 자주 발생하고 있다. 다양한 지역에서 모인 아이들이 학교에 적응을 돕고 통합하기 위한 구체적인 방안에 대해 3가지 말하시오.

6

다음 글을 참고하여 회복적 생활교육의 필요성 5가지를 설명하시오.

덩치가 큰 범이는 친구들과 더불어 수 개월에 걸쳐 같은 학급 친구인 약한 원이를 지속적으로 괴롭혔다. 결국 피해자인 원이는 마음속에 상처만 남게 되었고 범이는 학교폭력위원회에 회부되어 처벌을 받았지만 자신은 이미 처벌을 받았으니 다 끝난 일이라며 반성하지 않는다. 당연히 둘 사이는 멀어지게 되었고 서로 눈도 마주치지 않을 정도로 미워하게 되었고 학급의 분위기는 싸늘해졌으며 학급공동체는 자연스레 붕괴되었다. 학급 친구들은 이러한 일련의 사태들은 소위 '정의'라는 것과 거리가 멀다고 느끼게 되었다.

7

다음 글을 읽고 물음에 답하시오.

전교학생회장 선거를 앞두고 과거 친구 폭행 사실로 인해 징계를 받은 A 학생이 입후보 신청을 하였다. 여러 선생님들은 친구들에게 인기가 많지만 과거 징계 사실이 있는 A 학생에게 입후보 철회를 권유하였고 A 학생은 그럴 수 없다며 맞섰다. A 학생은 자신의 지난 과거를 반성하고 있고 피해 학생과도 과거의 아픔은 극복하고 서로에게 최고의 친구가 되었다며 담임교사에게 속상함을 털어놓았다. 예전의 피해학생 역시 A 학생을 학생회장으로 추천한다며 직접 찾아와서 진심으로 부탁하기도 하였다.

문제: 본인은 담임교사로서 A 학생을 지원할 것인가? 그 선택에 대한 합리적인 이유를 밝히고 구체적인 지원 방안을 말하시오.

8

다음은 '교내 휴대전화 사용'과 관련된 학교 규칙을 개정하기 위한 다모임 중 학생들의 견해이다. 이를 읽고, 질문에 답하시오.

A 학생: 현재 우리 학교는 휴대전화를 아침에 걷어서 하교할 때 돌려주고 있습니다. 그러나 이러한 규칙은 인권침해의 소지가 있습니다. 휴대전화는 지금 사회에서는 관계를 맺는데 사실 필수적인 도구이며, 기록수단 등으로도 많이 사용되는데, 휴대전화를 아예 아침에 걷는다는 건 과도한 규제라고 생각합니다.

B 학생: 학교에서 처음부터 휴대전화를 이렇게 일괄적으로 걷었던 것이 아닙니다. 소지를 허용했더니 수업시간에 책상 밑에다 넣어놓고 들여다보고 검색하고 게임하는 등 수업 분위기가 엉망이 되었기 때문에 이러한 규칙이 생긴 것입니다. 따라서 저는 수업의 집중을 위해서라도 휴대전화를 아침에 걷어야 한다고 생각합니다.

[질문]
1. 학생 A와 학생 B 중 자신의 견해와 부합하는 의견을 선택하고, 그 이유를 밝히시오.
2. 학교 자치활동 내실화 방안과 인권 친화적 학교공동체 문화 조성을 위한 방안을 각각 2가지씩 말하시오.

9

다음 글을 읽고 물음에 답하시오.

개교한지 5년된 A 중학교는 신도시에 위치해있으며 매년 학생수가 증가하여 과밀상태로 여러 가지 문제점을 지니고 있다. 특히 학생들이 급식소 공간이 협소해져 급식실 이용 시 줄을 서지 않고 습관적으로 새치기를 하며 체육관이나 급식실을 이용할 때 부주의로 인해 자주 신체를 다친다.

급식실이나 특별실에서 질서를 지키지 않는 문제점을 학교 내에서 해결할 수 있는 방안을 3가지 말하시오.

추가질문: 이러한 문제를 해결하기 위해 학교에서 규칙을 제정하고 학생들에게 안내하고자 한다. 규칙을 학생들에게 효과적으로 안내하기 위한 유의점을 말하시오.

4. 학부모

1

소규모학교의 중학교 교사이다. 학교주변의 환경오염이 심각하여 긴급하게 학부모를 대상으로 환경교육을 실시하였는데 참여가 저조하였다. 문제원인을 2가지 진단하고 각각의 문제에 대한 해결방안을 제시하시오.

2

정 교사는 반 학생인 수정이가 다른 아이들을 괴롭힌다는 사실을 알게 되었다. 그러나 수정이의 부모는, "수정이가 그럴 리 없다. 우리 애는 절대 그럴 아이가 아니다"라고 하며 오히려 피해자인 학생과 그 부모를 더 비난하며 수정이의 잘못을 인정하지 못한다. 수정이 부모와 상담 시 부모님의 공감과 객관적 시각을 가져올 수 있는 대화를 위한 유의사항을 말하시오.

> **3**
>
> 축제 준비기간 중 학부모가 학교로 찾아와 민원을 제기하였다. "축제기간 동안 학생들이 공부에 관심이 없고 놀기만 하는 것이 아닌가요? 밤 10시까지 야간자율학습을 하고 그 후에 교실에서 친구들이랑 축제준비한다고 매일 밤 늦게 오네요. 아침에 일어나는 것도 힘들어 하고.. 이럴 바에야 축제가 꼭 필요한지 모르겠어요. 공부에는 도움이 안되고 애들만 힘들고요."
>
> 질문: 이러한 상황에서 면접관을 학부모라 생각하고 학부모의 걱정을 불식시킬 수 있도록 교사의 입장에서 축제의 필요성에 대한 2가지 근거를 들어 설득하시오.

5. 교육과정운영

1

'공교육 정상화'를 이루고 창의·융합형 인재를 양성하는 2015개정교육과정의 목표를 달성하기 위해 교실 내에서 적용할 수 있는 방안을 교수측면과 평가측면으로 나누어 제시하시오.

2

성장중심평가의 일환으로 논술형 평가를 실시했을 때 학생에게 기대되는 효과에 대해 2가지 말하고, 논술형 채점의 신뢰성과 객관성을 확보하기 위한 방안에 대해 언급하시오.

3

다음은 어느 교사의 일지이다. 이를 읽고 꿈·끼 탐색주간에 운영할 구체적인 프로그램을 구상해 말하시오.

학기말 시험이 끝나자 학생들이 어수선해졌다. 매년 반복되는 부실한 학기말 학사 운영을 개선하기 위해 이 주간을 꿈끼 탐색주간으로 운영하기로 하였다. 구체적인 계획을 세우기 위해 학년 회의를 진행하기로 했다. 꿈 끼 주간은 융합수업, 토론학습, 프로젝트수업 등 학생참여중심 수업이 일반학기에 확산되어야 하며, 진로탐색활동과 진로체험활동 등이 일반학기와의 체계성을 갖추어 운영된다는 점을 고려했을 때, 어떤 프로그램을 운영할 수 있을까?

4

학생의 잠재 능력을 계발·신장하고 자아실현의 기초를 형성하기 위한 효과적인 동아리 활동 운영 방안을 3가지 말하시오.

5

다음 글을 읽고, 물음에 답하시오.

학교는 교과서 중심 수업을 극복하고 학생 중심의 창의적인 수업을 운영해야 한다. 교사의 적극적인 수업 설계를 통하여 학생과 끊임없이 소통하고, 학생의 자기주도성과 자발성을 기초로 하는 배움중심수업을 실천해야 한다. 이를 위해서는 클릭수업, 진도나가기, 특정 사이트에 의존하는 수업을 지양하고, 교육과정과 수업, 평가가 연계된 수업을 실현해야 한다. 또한 공감수업을 구체화하고, 수업성찰, 수업비평을 통한 수업 나눔을 통해 스스로의 수업을 반성적으로 살펴야 한다.

[질문]
1. '통제, 존중, 경청'을 활용하여 공감수업에 대해 설명하시오.
2. 수업성찰에 대해 설명하고, '수업 속 대화성찰'과 '수업 속 내용성찰'의 예시를 각각 2가지씩 제시하시오.

6

플립드 러닝(Flipped Learning)의 개념을 말하고, 이를 적용한 지도방안을 2가지 제시하시오.

교육시스템은 강의 중심의 일방적 주입식 교육으로 주류를 이루고 있었다. 그러나 최근 정보기술의 발달로 지식 습득 창구는 다양해졌다. 이러한 수업방법개선에 대한 새로운 경향으로서 플립드 러닝(Flipped Learning)이 주목받고 있다.

7

다음 그림 속 김 교사의 평가의 문제점에 대해 말하고 그림을 고려하여 이러한 문제를 해결하기 위한 올바른 평가에 대해 2가지 말하시오.

8

학생들의 의견을 토대로 하여, 교실 수업 혁신의 방향과 이를 현장에 적용하기 위해 교사가 해야 할 노력을 각각 2가지씩 구체적으로 말하시오.

학생 A: 선생님께서는 설명은 잘 하시지만 질문과 발표할 기회를 주지 않으세요.
학생 B: 저는 수업 내용을 이해하기까지 시간이 조금 걸리지만, 선생님께서는 기다려주지 않으세요. 수업에서 소외되는 것 같아서 수업을 듣기 싫어요.
학생 C: 혼자서 모든 과제를 해결하다보니 부담이 돼요. 친구들과 자유롭게 생각을 공유하고 싶어요.

9

다음을 읽고, 물음에 답하시오.

범 교사: 그동안은 교사가 전체 학습 집단을 동시에 지도하여 교사에게 모든 것이 집중되었었다. 하지만 이제는 교사와 학생이 함께 머리를 맞대고 해결안을 찾아가는 활기차고 재미있는 수업을 구현하고 싶다. 정해진 정답을 찾기보다는 함께 탐구하고 질문하는 수업을 전개한다면 학생들이 더욱 능동적인 모습을 보이지 않을까? 잘하는 학생 위주의 수업이 아닌 한 명도 소외 없는 학습 활동을 통해 모든 학생이 배움의 즐거움을 깨닫도록 하고 싶다.

9-1. 범 교사가 추구하는 수업의 방향을 설명하고, 이에 적합한 평가 방식을 말하시오.

9-2. 9-1과 관련하여 교사의 전문성을 신장하기 위한 방안을 말하시오.

10

다음 글을 읽고 물음에 답하시오.

[A] 의무적으로 하는 운동은 몸에 해가 되지 않는다. 그러나 강제로 습득한 지식은 마음에 남지 않는다. - 플라톤

[B] 김 교사는 인문계 고등학교 교과 담당 교사로서 수년간의 입시 지도 경험을 바탕으로 수능에 나올만한 어려운 내용을 유인물로 잘 구조화하여 학생들에게 제시한다. 효과적인 지식 전달을 위해 강의식 수업이 주를 이루며 시험의 공정성을 위해 지필평가의 비중은 최대로 한다. 원활한 진도를 위해 질문은 수업이 끝난 후 교무실에서 받는 것을 원칙으로 한다. 학생들은 좋은 성적을 받기 위해 서로 경쟁의 대상이 되며 상위권 학생들은 김 교사의 수업에 집중하지만, 중하위권 학생들은 수업을 따라가는 것을 버거워하며 큰 재미를 느끼지 못한다.

질문1: [A]의 시사점과 관련한 [B]의 김 교사의 문제점을 2가지 제시하시오.

질문2: 김교사의 문제점을 개선하기 위한 방안을 교육과정, 수업, 평가의 측면에서 제시하시오.

11

다음을 읽고 물음에 답하시오.

신규교사인 경 교사는 A 고등학교에 근무하게 되었다. 동 교과 선배 교사이고 정년이 얼마 남지 않은 범 교사와 함께 고등학교 2학년 6개 반을 함께 수업하게 되어 수업에 관한 논의를 하였다. 경 교사는 함께 배움중심수업을 실시하자고 건의하였지만 범 교사는 배움중심수업이 좋은 것은 알지만 자신에게는 낯설고 자료도 없을뿐더러 퇴직이 얼마 남지 않은 시점에 새로운 것을 배울 시간도 용기도 없으며 자신은 강의식 수업으로도 그동안 문제가 없었다며 대화조차 거부하였다. 경 교사는 참여형 수업으로 토론, 토의, 협동학습 등을 하고 싶었지만 범 교사의 의지가 강하여 속상하였다.

1) 범 교사가 위와 같은 행동을 한 이유에 대해 범 교사의 입장에서 대변하시오.

2) 범 교사의 행동에서 교사로서 부족한 역량과 소홀한 의무에 대해 말하시오.

3) 수험자 본인이 경 교사라고 가정하고 위와 같은 상황에 어떻게 대처할지에 대한 구체적인 방법을 말하시오.

12

중학교의 다문화 학생 '기초미달' 비율은 초등학교보다 더 심각하다는 사실을 교육부의 '2015년 다문화학생 교육지원 계획'에 제시된 자료를 통해 확인할 수 있다. 특히, 학습에 가장 중요한 도구교과인 국어 과목의 경우 일반 학생은 '기초미달' 비율이 2.0%인데 비해 다문화 학생의 '기초미달' 비율은 13.0%로 6.5배나 되었다. 이러한 다문화 학생의 학업 능력을 증진시킬 수 있는 방안 3가지 이상 말하시오.

(단위 %)

		국어			수학			영어		
		보통 이상	기초 학력	기초 미달	보통 이상	기초 학력	기초 미달	보통 이상	기초 학력	기초 미달
중학생	일반	87.3	10.7	2.0	66.8	27.5	5.7	75.2	21.4	3.3
	다문화	64.6	22.4	13.0	40.5	46.0	13.5	49.9	41.6	8.5

13

다음은 담임교사와의 상담에서 A학생이 진술한 내용이다. 이를 읽고 물음에 답하시오.

요즘 친구들 때문에 너무 힘이 들어요. 역사 시간에 일제강점기와 일본군 위안부에 대해 배웠어요. 최근 한일 관계가 안 좋아지며 친구들이 저희 보모님이 일본인이라는 이유로 저에게 욕하고 일본으로 돌아가라고 해요. 저 역시 일본 사람들이 잘못이 있다고 생각한다고 아무리 말해도 소용없어요. 학교 다니기가 점점 힘들어요. 그래서 다른 교과 선생님들은 저희 부모님이 일본인이라는 사실을 모르셨으면 좋겠어요. 선생님들마저 저를 싫어하실까봐 겁이 나요.

(상황: A 학생은 중도입국학생으로서 한국어 구사 수준이 기본적인 의사소통은 가능하지만 어려운 교과 내용을 이해할 만한 수준은 아님)

[질문]

13-1. 제시문을 참고하여 담임교사로서 학급 아이들을 대상으로 다문화학생의 국가와 관련된 역사교육(계기교육)을 할 때 유의할 점을 3가지 말하시오.

13-2. 자신이 A 학생의 담임교사라면 다른 교과 선생님들께 A가 다문화학생임을 말할 것인가? 그러한 결정을 한 교육적인 이유에 대해 2가지 말하시오.

14

다음 대화를 통해 자유학년제 실시에서 발생하는 문제점을 3가지 추론하고, 이를 개선하기 위한 방안을 각각 제시하시오.

이 교사: 다른 학년들은 아직도 시험을 보니까 교과 협의가 잘 안돼요. 3학년은 입시가 있고 학업평가가 있기 때문에 3학년에 맞게끔 수업을 하고 1학년을 자유학기 하니까. 다른 선생님들의 입장이 있으니까 조정이 쉽지 않습니다.

정 교사: 수업방법 혁신을 해야 하기 때문에 이런 부분에서 선생님들에게 업무 부담이 되고 어떻게 재구성해야 하는지 방향도 없어서 제대로 준비하기 어렵습니다.

학 부모: 시험이 없어서 학생들이 공부를 하지 않는다는 생각 때문에 불안합니다. 시험을 보지 않는다면 어떤 방법으로 학생들의 능력을 평가할 수 있나요? 성적이 오히려 떨어질까 두렵네요.

6. 상황별 학생지도

1

A 학생은 자기표현에 소극적이고, 학업성취도는 중하위권이며, 학교에서 별 문제를 일으키지 않는 조용한 아이인데 우울한 기색을 보이며 교우관계도 원만하지 않다. 최근 한 교과 선생님이 학생이 자살하고 싶다고 쓴 쪽지를 발견하고 알려왔다. 이러한 자살 위험군 학생에 대한 대처방안에 대해 4가지 이상 제시하시오.

2

다음 상황에서 B 교사의 입장에서 면접관을 A 교사라고 가정하고 설득해보라.

A 교사: 요즘 저희 반 학생들과 사이가 좋지 않아 고민이에요. 수업시간 소란을 피울 때마다 "조용히 해!"라고 소리를 지르거나 책상을 자로 치곤 하거든요. 학생들이 문제를 일으킬 때마다 화를 내게 되고… 악순환인 것 같아요.
B 교사: 선생님, 학생들의 잘못된 행동을 변화시키기 위해 회복적 생활교육을 적용하시는 게 어떨까요?

* 조건: 아리스토텔레스의 3요소 (에토스, 파토스, 로고스)가 드러나도록 설득하시오.

3

다음은 어느 교사의 일기이다. 이를 읽고 물음에 답하시오.

수업 시간에 다른 학생들을 괴롭히고 수업을 방해하는 A 학생 때문에 고민이 많다. 문제행동을 보일 때마다 지도를 했음에도 불구하고 나아지지 않아 교실 뒤로 나가있으라고 했다. 그러자 A 학생이 "네가 나가."라고 했다. 그 일로 인해 내 마음에도 상처가 났고, 교사로서의 자긍심도 깊이 손상되었다. 이러한 나의 상태를 있는 그대로도 드러내면서 A 학생과의 관계도 회복하고 싶다. 그리고 그 친구의 이야기도 듣고 싶다.

[질문]
1. A 학생과 같은 일탈 행동에서 회복적 대화가 필요한 이유에 대해 말하시오.
2. 면접관을 A 학생이라 가정하고 회복적 대화를 진행하시오.
   (단, 회복적 대화는 '대화 준비, 시간 및 장소 협의, 대화 열기, 대안찾기(선택사항)'의 순으로 진행되며, 답변은 '대화 열기'부터 진행할 것.)

4

다음은 담임교사와의 상담에서 학생이 진술한 내용이다. 이를 읽고, 물음에 답하시오.

요즘 친구들 때문에 너무 힘이 들어요. 제가 학교에서 친하게 지내는 친한 친구 모둠이 5명이 있었어요. 늘 함께 다니고 등하교도 같이 하고 밥도 같이 먹었었는데, 한 친구가 갑자기 저를 소홀히 하는 것 같아요. 정말 친했던 친구인데 그렇게 되니 점점 소외감을 느끼게 되더라고요. 그리고 그 친구가 제 흉을 보고 다닌다는 것을 알게 되었어요. 친구에게 내가 왜 싫은지 울면서 물어보았는데 제가 한번 실수를 한 것이 용서가 안 된다고 하네요. 자꾸 우울해지고 눈물도 나고, 하루 종일 그 일에 대한 생각만 하게 돼요. 하루를 시작하기도 싫고, 계속 걱정만 되고, 아무것도 할 수 없어요. 친구들과 잘 지내던 시절로 돌아가고 싶어요. 새 친구를 만들 자신도 없고 혼자 있는 게 너무 무섭고 외로워요. 정말 죽고 싶어요. 내가 죽으면 그 아이들이 많이 속상하고 미안해하지 않을까 생각도 해요.

[질문]
4-1. 담임교사로서 위 학생에 대한 위기관리 방안을 2가지 말하시오.
4-2. 가해학생과 피해학생이 모두 회복되고 치유될 수 있는 생활교육을 위한 방안을 2가지 말하시오.

5

다음의 상황을 분석하고, 이를 사전에 예방하기 위한 지도 방안을 2가지 이상 말하시오.

○○중학교 2학년 A는 학급에서 특정 4~5명의 학생들에게 계속해서 언어적·신체적 폭력 등을 당해오다 폭력 상황에 대한 두려움과 공포가 심해지면서 학교에 늦게 등교를 하게 되고, 학교에 나와서도 숨이 가쁘고 머리가 아프다는 등 여러 가지 이유를 대며 양호실에 가 있는 등 학교수업을 거의 받지 못하고 있다. 학급의 다른 학생들도 폭력을 행사하는 행위에 침묵으로 동조하면서 A를 기피하고 무시하게 되자 이를 견디지 못한 A는 학교에 나오지 않고 있다.

6

A 학생에게 필요한 미래 핵심 역량 2가지와 이러한 무기력한 학생을 지도할 수 있는 구체적인 지도방안을 3가지 말하시오.

고등학교 2학년에 재학 중인 A 학생은 장래 희망도 계획도 없다. 자신의 정체성의 대한 혼란과 자신감 부족으로 매일 어깨를 축 늘어뜨린 채 교실 구석에 앉아 있다. 고등학교 졸업장만 따라는 부모의 말에 못 이겨 어쩔 수 없이 학교만 다니고 있는 상황이다. 삶의 의미도 가치도 찾을 수가 없어 매일 매일이 고통스럽다. 이런 저런 방법을 해봤지만 해결책을 찾지 못했고 그 결과 무기력에서 벗어나질 못한다.

7

다음을 읽고 물음에 답하시오

○○고등학교는 집에서 A 학생이 자살로 사망했다는 연락을 받게 되었다. 이때 각 담임교사가 반 학생들에게 자살 소식에 대해 전달할 때 유의해야 할 사항을 5가지 말하시오.

8

다음 글을 읽고 물음에 답하시오.

5교시 수업을 한창 하고 있던 최 교사는 갑작스레 건물이 흔들리는 느낌을 받았다. 깜짝 놀라 학생들을 보니 상당 수의 아이들이 지진이 발생했음을 인지하고 놀란 얼굴로 최 교사를 바라보고 있었다.

수험자 본인이 최 교사라고 가정하고 올바른 학생 지진 대피 요령과 대피 후의 학생 안전 확보 방안에 대해 각각 3 가지씩 말하시오.

CHAPTER 2 | 예상문제 예시답안

1. 학교

01 예시답안

제시된 그림에서는 교직원 회의에서 상호 소통이 이루어지지 않고 있습니다.

이러한 문제를 개선하기 위해서 교직원 회의가 의사결정과 권한에 대한 다툼이 아니라 상호 소통의 장으로, 학교가 진정 행복한 교육 공동체로 성장하기 위해서는 '토론 중심의 교직원 회의 문화'가 형성되어야 합니다.

이를 통해 학교 민주주의가 시작되며, 구성원들이 학교운영에 관한 의사결정에 참여하게 되면 자연스럽게 주인의식이 생기고 자발성과 책임감을 갖게 됩니다. 또한 집단지성의 힘을 경험할 수 있습니다. 출구가 보이지 않던 문제도, 혼자서는 해결하기 어려운 문제도 협력적 과정을 거치면 보다 더 좋은 결론에 도달할 수 있습니다. 그리고 개별적으로 일할 때는 알기 어려웠던 동료에 대한 이해와 공감으로 협력적 학교 문화를 만들 수 있습니다.

다음으로, 이러한 토론 중심의 교직원회의 문화가 정착되기 위해서는 교사는 다음과 같은 자세를 갖추어야 합니다.

① 첫째, 건강한 토론 문화의 조성을 위해서 동료 간 신뢰를 바탕으로 한 우호적 분위기 조성에 힘쓰는 자세를 가져야 합니다. 토론의 결과가 자기에게 불리하게 작용하리라는 것을 예상하더라도 동료에 대한 믿음이 전제되어 있으면 감정적 반응을 자제할 수 있습니다. 또한 동료 간 신뢰 회복과 더불어 점차 합리적 토론 문화도 자리를 잡아갈 수 있습니다.

② 둘째, 학교교육 비전에 공감하고 스스로 전문성 함양을 위해 함께 노력하는 자세를 가져야 합니다. 토론을 통한 의사 결정을 흔쾌히 수용하지 못하는 이유 중의 하나는 구성원들이 적극적인 교육 활동을 회피하는 결정을 하게 되지 않을까 하는 걱정 때문인데, 이러한 우려는 구성원들이 학교의 비전에 공감하고 스스로 전문성 함양을 위해 함께 노력하게 될 때 해소될 수 있습니다.

③ 셋째, 단기간에 결정을 내리고 성과를 거두려는 조급함에서 벗어나야 합니다. 의사 결정의 과정에서 구성원의 의견을 충분히 반영하기 위한 과정을 생략하면 추진 과정에서 저항에 부딪치는 경우가 많습니다. 이 과정을 충실히 진행한다면, 시간은 다소 지체 되더라도 충분히 숙성된 결정으로 인해 힘 있게 추진할 수 있는 동력이 생길 수 있습니다.

이상입니다.

02 예시답안

학교민주주의는 교육활동에 자율성과 책임 의식을 갖고 함께 참여하고, 서로의 권리를 존중하고 협력하는 민주적인 삶을 실천하며, 생명의 소중함을 알고 평화를 존중하는 세계시민을 키워가는 학교라 할 수 있습니다.

이러한 학교민주주의를 실현하기 위한 방안을 민주시민교육 활성화 방안과 관련지어 말씀드리자면 다음과 같습니다.(5개 답변 중 택2)

① 첫째, 교육과정을 연계한 민주시민교육을 실시하도록 합니다. 교과 및 창의적 체험활동을 연계하여 토론 등의 방법을 통해 지도하거나 학교 특성에 맞는 프로그램을 구성하여 교육을 실시하도록 합니다.
② 둘째, 세계시민교육을 실시하도록 합니다. 교육과정 재구성, 동아리 활동 등을 통하여 세계시민의식 함양 교육을 실시하거나 지역사회와 연계한 민주시민교육 프로그램을 실시하도록 합니다.
③ 셋째, 생명감수성 교육을 실시합니다. 교육과정과 연계하여 동영상이나 생명감수성 증진 프로그램을 통하여 생명존중교육을 진행하도록 합니다.
④ 넷째, 평화통일교육을 실시합니다. 관련 기관과 연계하여 체험 중심의 평화통일교육을 진행하거나 계기교육, 전시, 체험학습 등의 통일교육주간을 운영하도록 합니다.
⑤ 다섯째, 회복적 생활교육을 실시합니다. 학급자치서클, 회복적 대화모임 등의 프로그램을 운영하거나 가정과 연계한 회복적 생활교육, 비폭력 대화를 통하여 책임과 존중의 회복적 생활교육 문화를 조성하도록 합니다.

이상입니다.

2. 교사

01 예시답안

현재 교사의 정당한 교육활동 중 심각한 교권 침해 현상이 발생하였습니다. 단순한 학생의 잘못된 언행이나 실수는 회복적 생활교육을 통해 교사와 학생이 민주적으로 해결할 수 있습니다. 그러나 위와 같은 교사의 교육활동을 심각하게 침해하는 행위가 있을 때는 교육부의 무관용 원칙에 따라 단호히 대처할 필요가 있습니다.

① 우선 김 교사는 상대를 진정시키면서 이성을 잃지 않고 차분히 대응해야 합니다.
② 교육자로서 단호하고 당당하게 대처하여야 하며 당사자는 경황이 없는 경우가 많으므로 목격자 확보 등 주위의 도움이 매우 중요할 것입니다. 이때 주의할 점은 교육활동 침해로 이어지지 않고 정당한 지도로 인정받기 위해서는 교원도 학생의 인권을 존중하는 태도가 핵심이기에 체벌, 인격을 모독하는 과도한 발언 등은 교육 활동 침해로 돌아올 수 있으므로 주의가 필요합니다.
③ 그 후 사건이 어느 정도 진정된다면, 학교교권보호위원회를 통한 중재와 고발, 가해학생의 출석정지 및 특별교육 및 심리치료 이수와 가해학생의 학부모를 소환하고 특별교육과 심리치료를 해야 합니다. 이에 불복 시에는 교권보호위원회에 처리를 요청할 수 있습니다.

단위 학교에서 이러한 교육활동 침해를 사전에 예방하기 위해서는

① 평소 학생, 학부모, 교사를 대상으로 정례적인 교육활동 침해 예방 교육을 실시해야 하며, 학교안전지킴이·배움터지킴이 또는 학교보안관 배치 확대를 통해 학교 안전을 강화해야 합니다.
② 또한 학생 인권을 존중하는 지도방법을 실천하여야 하고 민주적 의사소통을 통한 생활규칙을 마련하여 학생들 스스로 학생자치와 학급자치를 중심으로 생활민주주의를 실천할 수 있도록 민주시민교육을 실시합니다.
③ 또한 학교규칙 및 기타 준수 사항들에 대한 교육 주체들의 자발적인 토론을 통한 협약을 마련하는 것 역시 중요하며 이때 생활협약 마련 단계부터 교육활동 보호에 관한 동의 및 공감대 형성을 위해 노력해야 합니다.

이상입니다.

02 예시답안

['A 교사'를 선택할 경우]

① 저는 A 교사와 같이 수업 전문성을 갖춘 교사가 되고 싶습니다. 훌륭한 교사는 교직에 대해 바람직한 태도와 가치관을 가져야 하며, 교직 수행에 필요한 지식 및 이해, 그리고 기술 및 실기 능력을 가져야 한다고 생각합니다.
② 저는 교수 전문가로서 제 역할을 다하는 교사가 되고 싶습니다. 교사는 교과의 내용과 학생의 능력 및 요구 그리고 습득해야 할 학습 목표 등 다양한 요인을 고려하여 끊임없이 연구해야 합니다. 학생에게 알맞은 학습 과정이나 단계를 거쳐 학습 목표에 도달시킬 수 있는 능력이 교사에게 있다면 교육적 효과가 극대화될 수 있다고 생각합니다. 즉, 교사는 수업 설계에 대한 전문가입니다. 그러므로 정확한 판단력을 토대로 구조적이고 체계적인 방법으로 학생들의 학습 지도를 할 수 있도록 부단히 연구해야 합니다.

③ 또한, 저는 항상 새롭고 흥미 있게 학생들의 호기심을 이끌고 동기 유발을 시켜 줄 수 있는 교사가 되고 싶습니다. 교사는 학생들이 항상 즐거운 상황에서 웃으며 공부할 수 있는 학습 분위기를 조성하기 위해 힘써야 한다고 생각합니다. 알기 쉽고 재미있게 실례를 많이 들어주면서 정성껏 가르치고, 무리한 학습을 시키지 않고 학생들의 의욕과 동기유발을 잘 시켜 즐거운 학습이 이루어질 수 있도록 노력하는 교사가 되고 싶습니다.

이상입니다.

['B 교사'를 선택할 경우]

① 저는 B 교사와 같이 '만남'과 삶으로 이어지는 '성장'을 지향하는 교사가 되고 싶습니다. 훌륭한 교사는 학생들을 성장 중에 있는 인격체로 존중하며, 배움이 수업에서의 활동으로만 끝나는 것이 아니라 학생들의 삶과 연결할 수 있어야 한다고 생각합니다.

② 저는 교사와 학생, 학생과 학생 사이의 신뢰 관계없이는 배움 자체가 불가능하다고 생각합니다. 배움에 앞서 학생들과의 신뢰롭고 허용적인 교실 분위기를 만들고, 학생들을 교사만의 방식으로 재단하거나 판단하지 않고, 학생들의 잠재 가능성을 진심으로 신뢰해야 합니다. 또한 학생들을 성장 중에 있는 인격체로 존중하며 수업의 안과 밖에서 인격체로 만나려는 노력을 다해야 합니다.

③ 또한, 삶으로 이어지는 "성장"이 있는 수업을 통해 교과와 학생의 삶의 간격을 좁혀 학생들에게 의미 있는 배움이 일어나도록 해야 한다고 생각합니다. 교과서와 교육과정에 제시되어 있는 낱낱의 사실, 개념, 지식을 잘 전달하는 것에 주목하기 보다는 수업에서의 배움이 학생들의 삶에 닿기를 바라고, 즉 수업에서의 배움이 학생들 삶으로 이어져, 학생들이 배움을 그들의 삶에서 경험하기를 바랍니다.

이상입니다.

03 예시답안

[A교사가 한 행동의 이유]

A 교사의 입장에서 해당 문제 상황은 교직공동체를 위한 일이었다고 생각합니다.
A 교사는 동료 교사들이 보다 나은 환경에서 연수를 받을 수 있도록 불편한 점이나 건의 사항을 전달한 것입니다. 교육 경력도 많으며, 연수 경험도 많아 연수 상황을 보다 잘 이해할 수 있기 때문에 동료 교사들의 의견을 잘 전달할 수 있었습니다. 또한 이러한 노력 덕분에 연수 환경도 개선되어 다른 동료 교사들이 더욱 연수에 집중할 수 있게 되었습니다. 따라서 리더십을 발휘하여 팀원들의 의견을 종합하고 이를 효과적으로 전달하는 것은 공공의 이익을 위해 한 일이라 할 수 있습니다.

이상입니다.

[역량과 교직윤리 측면에서 A교사에게 부족한 점]

이어서 A 교사에게 부족한 점을 교사의 역량과 교직윤리 측면에서 각각 말씀드리겠습니다.

① 먼저, A 교사는 교과내용 전문성과 팀워크 역량이 부족합니다. A 교사는 인성교육과 관련된 지필평가에서 낮은 점수를 받은 것으로 보아, 인성교육에 필요한 핵심적인 요소에 대해 풍부한 지식을 갖추고 있지 못함을 알 수 있습니다. 또한 조직목표 달성을 위해서는 다른 조직원과 협력하는 '팀워크' 역량이 필요하지만, A 교사는 다른 교사들과 소통하기보다는 독단적으로 행동하고 있습니다. 인성 교육 연수를 받는 동료 교사들과 함께 하기 위한 진지한 태도와 동기 그리고 행동이 필요하지만, 자신의 교육 경력과 연수 경험만을 믿고 독단적인 행동을 보이고 있습니다.

② 다음으로, A 교사는 동교교사와 자신의 삶에 대한 교직윤리가 부족합니다. 교사는 동료교사를 존중하며, 서로 적극적으로 협동하고 조력해야 합니다. 하지만 A 교사는 동료교사를 존중하고 있지 않으며, 다른 교사들과 상의도 없이 자신의 의견을 전달하고 있습니다. 또한 불편한 점이나 건의사항을 전달하기 전에는 이러한 현실을 개선하기 위해 서로 함께 구상하고 실천하는 자세를 갖추어 논의하는 자리가 필요하지만 이를 실천하고 있지 않습니다. 그리고 자신의 태도에 대한 반성적 성찰을 보이지 않는다는 점에서 숙고와 정진의 자세가 부족하다고 할 수 있습니다.

이상입니다.

[A교사를 인성 전문 교사로 임명할 것인지에 대한 입장]

제가 학교장이라면, A 교사를 인성 전문 교사로 임명하지 않겠습니다.

① 그 이유는 A 교사는 앞서 말씀드린 것과 같이 팀워크 역량이 부족하여 동교교사들과의 인간관계가 원만하지 않으며, 다른 조직원과 협력하는 모습을 보이지 못하고 있기 때문입니다. 또한 동료교사와 자신의 삶에 대한 윤리도 부족하여 인성 전문 교사로서 적합하지 않기 때문입니다.

② 인성 전문 교사는 인성 교육과 관련된 전문적인 지식을 갖추어야 할 뿐만 아니라 이를 삶 속에서 실천할 수 있는 역량을 갖추어야 합니다. 하지만 A 교사의 경우 지필평가 결과에서도 알 수 있듯이 인성 교육과 관련된 기초 소양이 부족하며, 이를 삶 속에서 실천하고 있지 못해 동료 교사들과의 갈등이 예상되고, 그로 인해 업무가 원활히 이루어지지 않을 것입니다.

따라서, 제가 학교장이라면 A 교사의 역량만으로는 인성 교육이 효과적으로 이루어지기 어렵다고 판단되므로, A 교사를 인성 전문 교사로 임명하지 않을 것입니다.

이상입니다.

04 예시답안

① A 선생님, 선생님께서는 누구보다 학급 아이들을 사랑하고 열심히 수업하신 다는 것, 저를 포함한 모든 교사들이 알고 있습니다. 평소 A 선생님의 열정을 닮고 싶어 저 역시 많은 노력을 하고 있습니다. 이러한 열정을 학생들이 몰라 줘서 많이 섭섭하시죠?

② 하지만 교원능력개발평가는 말 그대로 교원의 능력을 개발하기 위한 평가입니다. 그렇기에 그 존재 가치가 있습니다. 학생들로부터 교사의 수업 및 학생지도에 관한 전문성을 진단하고 자기 발전에 필요한 자료를 얻어 학교교육의 질 향상 및 공교육에 대한 신뢰를 높이는 것을 목적으로 합니다. 공자는 '삼인행(三人行)에 필유아사(必有我師)'라고 했습니다. 세 사람이 같이 가다보면 그중에 반드시 나의 스승이 있다는 말입니다. 우리가 더 좋은 교사가 되기 위해서는 학생들의 솔직한 말이 꼭 필요합니다. 더 나은 교사가 위해 주변의 말에 귀를 기울이고 매년 교원능력개발평가로부터 얻은 학생들로부터의 따끔한 충고를 잘 받아들여 더 좋은 교사가 되기 위한 밑거름으로 쓴다면 학생도 행복하고 우리 교사들도 더욱 전문성 있고 학생들 앞에 자신 있게 설 수 있을 것입니다.

이상입니다.

05 예시답안

[고자의 성무선악설을 선택한 경우]

① 저는 루소의 성선설과 고자의 성무선악설 중 고자의 성무선악설을 지지합니다. 우리 인간은 백지 상태로 세상에 태어나며 주변의 환경과 교육에 의해 인성을 함양하게 됩니다. 즉, 사람의 본성은 본래 선도 아니고 악도 아니며, 다만 교육하고 수양하기 나름이며 수행의 과정에서 그 어느 품성으로도 될 수 있다고 생각합니다. 그래서 교육이 더욱 중요하다고 생각합니다.

② 교사로서 학생에게 좋은 모습을 보이고 좋은 경험을 만들어주고 좋은 생각을 갖게 하는 것이 교사의 역할이라고 생각합니다. 그렇기에 교사로서 더 모범적인 언행을 보이고 학생들 간 평화로운 학교 분위기에서 생활하고 좋은 지식을 전달해주는 것이 교육에서의 교사의 역할이라고 생각합니다.

또한 플라톤의 동굴의 비유에서 잘 나와 있듯이 교사는 학생들로 하여금 그들이 혼자서는 보지 못하고 생각지도 못할 수 있는 지식과 삶의 경험을 알려주어 학생들의 삶을 밝게 만들어 주는 것이 교사의 역할이라고 생각합니다.

이상입니다.

[루소의 성선설을 선택한 경우]

① 저는 루소의 성선설과 고자의 성무선악설 중 루소의 성선설을 지지합니다. 우리 인간은 주변 환경에 상관없이 선한 존재로 살아갈 수 있습니다. 이는 나쁜 환경에서 자라도 베푸는 사람이 있고 부모의 인성에 상관없이 선한 사람이 있다는 사실로 증명될 수 있습니다.

② 이러한 사실은 교사로서 반드시 가져야 할 마음가짐이라고 생각합니다. 모든 학생은 기본적으로 선한 존재라는 사실을 명심해야 합니다. 겉으로 보기에는, 주변의 평판이 안좋더라도, 혹은 그 학생이 지금까지 행한 나쁜 일이 많더라도 그 학생 자체는 악한 존재가 아니라 선하게 태어난 존재라는 것을 알아야 합니다. 이러한 학생에 대한 교사의 믿음이 있어야 어떤 학생일지라도 포기하지 않고 교육할 수 있기 때문입니다.

또한 교사의 생각만을 강요하는 것이 아니라 학생 스스로 자신의 장점과 선을 발견할 수 있도록 지원하고 스스로의 노력을 통한 자발적인 학습을 강조하여 적성에 맞고 자발적인 학습이 발생할 수 있도록 도와야 합니다.

이상입니다.

06 예시답안

교사와 경력 있는 교무 행정가 간의 위계로 인하여 갈등을 맺고 있음을 보여줍니다. 이와 같은 사례에서 신규 교사로서 취할 수 있는 조치를 제시하면 다음과 같습니다.

① 첫째, 상호 인정과 이해, 격려의 태도를 함양하도록 합니다. 신임 교사는 교무 행정가의 경력을 통한 행정 업무 능력을 인정하고, 그의 의견을 이해하려는 태도를 갖추는 것이 필요합니다.
② 둘째, 행정업무 처리 능력을 신장하도록 합니다. 행정 관련 업무에 대해 잘 알지 못함에 있어 갈등을 초래할 수 있으므로 지역별, 학교별 행정 업무에 대하여 기본 지침을 숙지하고 이를 토대로 업무를 수행하도록 합니다.
③ 셋째, 명료한 업무 분장이 이루어지도록 합니다. 교사와 행정가 간 업무 추진 범위가 모호하여 갈등을 초래할 수 있으므로 교사, 행정가 간 업무를 명료하게 분장하여 각 역할을 수행할 수 있도록 합니다.
④ 넷째, 서로를 이해하고 인내할 수 있는 기회를 갖도록 합니다. 상호 이해의 부족으로 인한 비협조적 태도로 갈등을 초래할 수 있으므로 친목행사 등을 갖도록 하여 상호이해를 통한 협조 체제를 구축할 수 있도록 합니다.

이상입니다.

07 예시답안

① 제가 가장 선호하는 대학 입학 전형은 학생부 종합전형입니다.
학생부 내신, 비교과, 자기소개서, 추천서 등을 종합적으로 판단하여 선발함으로서 학생들이 학교 공부에만 매진하는 것이 아니라 다양한 진로와 관련된 활동, 독서, 동아리 등에 참여함으로서 전인적인 교육이 가능하기 때문입니다. 또한 중, 고등학교에서의 교-수-평-기를 가장 잘 반영해주고 유지해 줄 수 있는 학교 현장의 실제 교육과도 일치하기에 큰 의의가 있습니다.

② 반면 제가 가장 선호하지 않는 전형은 학생부교과전형입니다.
이는 친구들끼리의 협동과 협력보다는 무한 경쟁을 초래하는 단점과 학생의 비교과적인 측면을 보지 못하는 단점이 있습니다. 그렇기에 공부에만 매진하며 전인적 성장을 위한 독서, 동아리, 기타 진로활동을 소홀히 하여 전인적 성장이 이루어지지 않을 위험성도 있습니다. 또한 1학년 1학기 내신이 대학을 결정해버릴 수도 있으며 3년 내내 입시지옥으로 만들어 버릴 부작용도 있을 수 있기 때문입니다.

③ 이어서 제가 선호하지 않는 전형은 학생부 교과전형입니다.
학생부 교과전형은 고등학교에서의 내신 성적만으로 학생을 선발하는 방법입니다. 이는 학생들로 하여금 학교수업에 더욱 열심히 참여하게끔 동기를 불러일으켜 주기에 사교육을 줄일 수 있습니다. 또한 정성적 평가가 아닌 정량적 평가가 이루어지기에 평가자의 주관이 개입할 가능성이 적어 공정성 역시 높다는 장점이 있습니다.

이상입니다.

08 예시답안

[실시하고 싶은 학급특색활동과 구체적 운영방안]
① 제가 교사가 되었을 때 학급에서 행하고 싶은 특색 활동에 대해 말씀드리겠습니다. 예전부터 제가 생각해왔던 학급 특색사업으로 학급 라디오시간을 운영하는 것이 있었습니다. 학생들의 사연과 학부모의 편지도 받아서 라디오처럼 진행하는 시간을 가져보는 것입니다.
② 구체적 방안에 대해 말씀드리겠습니다. 카카오톡 단톡방이나 SNS, 유튜브 등을 이용해 학부모님과 학생들로부터 사연과 신청곡을 받아 학생들이 순번을 돌며 진행자가 되고 방송기술자가 되어 학급 홈페이지에 올리는 것입니다.

[실시하고자 하는 학급특색활동의 교육적 의의]
이러한 학급 라디오 시간 운영의 교육적 의의에 대해 말씀드리겠습니다.
① 첫 번째, 인문계 고등학교 같은 경우는 학생들이 아침 일찍 학교에 등교하여 밤 늦게 귀가합니다. 주말에도 자율학습이나 동아리활동으로 친구들과 있어 다양한 문제가 발생합니다. 부모님과는 소통의 시간이 없고, 친구들과는 자주 다투기도 합니다. 학생들이 학교생활에 있어 힘들어 하는 큰 이유들 중 하나입니다. 이러한 문제를 해결하기 위해 부모님께서 학생들에게 하는 격려, 자녀의 부모님께 드리는 깜짝 영상편지, 친구들 간의 갈등을 해결하는 사과의 말 등을 방송함으로써 기쁜 일이나 슬픈 일이 있을 때 함께 나누는 소통의 장이 될 것입니다.
② 두 번째로, 학생들이 직접 진행자, 영상 촬영자, 편집자, 홍보자의 역할을 실행하며 협동하고, 의사소통하며, 발생하는 문제를 합리적으로 해결하기 위해 다양한 영역의 지식과 정보를 처리하고 활용하며, 심미적 감성을 키우고 창의적으로 사고하며 결과물을 만들어 가며 하나의 공동체가 되는 과정을 겪게 됩니다. 이러한 과정 속에서 현대 교육이 강조하는 핵심 역량이 강화되고 한층 학생들이 성장할 수 있을 것이라고 기대합니다.

이상입니다.

09 예시답안

제가 참여하고 싶은 전문적 학습공동체는 학교 안 전문적 학습공동체 중 교과 수업 연구회라 할 수 있습니다.

수업은 교사의 교육 활동 중 가장 본질적인 영역이기 때문에 수업을 잘 하기 위해 필요한 수업, 즉 동료의 수업을 학습하여 이를 배우고자 합니다. 교과 수업 연구회를 통해 동료 교사들과 함께 집단 지성을 발휘하여 외부 연수에서 들었던 교수 지식 이외에도 학생들에게 필요한 정보를 제공하기 위해 노력할 것입니다. 우리 학교, 우리 학생들을 대상으로 동료 교사들과 협의하고, 다른 교사의 수업을 보고 제 수업에 적용해보기도 하고, 새로운 수업 방법에 대해 시도해보는 등 협력적인 연구 활동을 통해 아이들이 성장할 수 있도록 교실 수업을 변화시키겠습니다. 동료 교사와의 협력을 통해 함께 일하며 배우고 더불어 성장하는 기쁨과 자긍심이 살아있는 전문적 학습공동체를 구축하도록 하겠습니다.

이상입니다.

10 예시답안

교사는 하늘로부터 부여받은, 학생들에 대하여 헌신하고 봉사하는 존재라 할 수 있습니다. 이를 위해 교사로서 갖추어야 할 능력과 자질을 갖추어 성공적으로 역할과 직무를 수행해야 합니다.

① 박교사는 교사 주도의 수업으로 학생이 수동적인 학습태도를 보이고, 내재적인 동기를 유발하지 못한 것으로 보아 학생을 학습의 주체로서 내재적 동기를 이끄는 교육을 제공하는 자발성 원리의 교수학습역량이 부족하다고 할 수 있습니다.
따라서 박 교사는 학생중심의 수업을 이끌기 위하여 교재를 학습자의 발달단계나 능력에 맞추어야 하고, 학습하게 될 내용은 장래의 생활에 중요하다는 사실을 인식시켜 자율적으로 학습하도록 해야 하며, 내발적 자발적인 동기유발의 방법을 사용하고, 학습목표를 이해시키고 흥미를 유발시키며, 학습자에 적합한 학습환경을 조성해야 합니다.

② 둘째, 학생이 수업목표를 인식하지 못하여 적극적인 학습활동이 이루어지지 못한 것으로 보아 목적을 가진 의식적인 교육을 제공하는 목적의 원리의 교수학습역량이 부족하다고 할 수 있습니다.
따라서 교사는 수업목표를 구체적으로 제시하고, 학생들에게 받아들여질 수 있도록 그에 맞는 교재 및 자료를 선택·활용하여 교사와 학생 간의 교수 학습지도와 학습활동이 효과적인 결과를 산출할 수 있도록 해야 합니다.

이상입니다.

3. 학생

01 예시답안

① B 선생님, 바쁜 업무 중에 예방교육 업무까지 맡으셔서 많이 힘드시죠? 선생님의 마음 충분히 이해합니다.
② 하지만 학생들이 다니고 싶은 학교, 즐거운 학교가 되는 것이 행복교육을 실현하기 위한 가장 기본적인 전제입니다. 「학교폭력예방 및 대책에 관한 법률」 제15조제1항에 따르면 학교는 학생의 육체적·정신적 보호 및 학교폭력의 예방을 위해서 학생들을 대상으로 학기당 1회 이상 학교폭력의 개념·실태 및 대처방안 등을 포함한 학교폭력 예방교육을 실시해야 합니다. 또한 학교폭력예방 및 대책에 관한 법률에 따르면, 학교폭력 예방교육을 실시할 때는 강의, 토론 및 역할연기 등 다양한 방법으로 하되, 다양한 자료나 프로그램 등을 활용해야 합니다.
③ 따라서, 학생자치법정, 또래활동, UCC 경진대회, 학급회의, 역할극 등 체험적인 방법 활용하거나 국어, 도덕, 사회, 예술, 체육 등 인성교육 관련 교과의 정규 수업시간에 학교폭력 예방 관련 주제로 프로젝트형 인성교육을 통하여 내실 있는 학교폭력 예방이 이루어지도록 노력해야 할 것입니다.

이상입니다.

02 예시답안

학교는 '작은 사회'라고 불리며 올바른 사회구성원을 양성하는 기관입니다. 여기서 '올바른 사회구성원'이란, 규격화된 사회질서에 순종과 복종의 태도만을 취하는 존재가 아닌 사회를 비판적으로 바라보는 능동적인 주체를 의미합니다. 학생을 지도와 훈육의 대상이 아닌 자율적 행동변화의 주체로, 학생에 대한 생활지도는 민주주의 원칙에 따라 이루어져야 합니다.

이러한 관점에서 상벌점제의 문제점에 대하여 말씀드리자면 다음과 같습니다.

① 첫째, 비합리적이고 비민주적이기 때문입니다. 상벌점 항목을 정하는 것부터 학생들의 참여가 충분치 않고 학생들의 의견을 반영하지 않음으로써 규정 자체가 비합리성을 가지거나 수용이 되지 않는 문제가 생깁니다. 또한 과연 어떤 문제 행동을 어떻게 판단할 것인지에 대해 학교 구성원들의 인식차가 많이 존재합니다. 이런 상황에서 시행되는 상벌점제는 아예 출발부터 비합리성을 지닐 수밖에 없습니다.
② 둘째, 비즉시적이기 때문입니다. 어떤 사안은 문제 행동이 발생하는 즉시 개입하는 것이 효과적인데 상벌점제 규정과 절차는 그러한 문제에 대한 처리를 지연시켜 적절한 교육 시점을 놓치게 되는 경우도 발생합니다. 예를 들어 무단 결석의 문제는 벌점으로 해결하기보다는 즉시 원인을 파악하여 조치를 해야 할 문제입니다. 또 교사에 대한 지도 불응의 문제는 뒤로 미룰 것이 아니라 즉시 개입해야 합니다. 이런 문제들에 대해 별 구분 없이 벌점 항목에 넣고 다른 사안과 동일하게 획일적으로 상·벌점 누적에 따른 처리 절차에 따라 처리하고자 하는 것은 합당하지 않습니다.

이러한 상벌점제의 문제를 극복하기 위한 대안방안에 대하여 말씀드리자면 다음과 같습니다.

① 첫째, 학교 구성원과 민주적으로 생활실천에 대하여 규칙을 제정하고, 학생 자치 법정을 활용하여 자율적이고

주체적으로 학생 행동에 대하여 스스로 책임질 수 있는 기회를 제공하도록 합니다.
② 둘째, 비폭력 대화를 통하여 학생들이 자신의 행동에 대하여 성찰할 수 있는 기회를 제공하고, 구성원 간 관계회복을 이끌어내어 이차적 문제를 예방할 수 있도록 합니다.

이상입니다.

03 예시답안

학생들은 안전한 학교에서 건강하고 안전하게 생활하며, 삶의 문제를 스스로 해결하는 힘을 기를 수 있습니다. 모든 학생이 건강하게 살아가는 따뜻한 학교, 다양한 위기상황에서 문제를 해결하는 힘을 기르기 위해서는 학생의 다양한 위기 상황을 이해하고 통합적으로 관리, 지원할 수 있는 체계와 학교문화 조성이 필요합니다.

제시문에서 보이는 학생 자살 예방 정책의 문제점에 대해 말씀드리면 다음과 같습니다.

① 먼저, A 교사의 말에서 알 수 있듯이 학생 대상 생명살림 교육(자살 예방 교육)과 교사 대상 자살 예방 연수가 형식적으로 이루어지고 있음을 알 수 있습니다.
② 또한, B 전문가의 말을 통해서 전문상담(교)사의 업무과부하로 인해 위기학생 관리의 어려움이 발생하고 있음을 알 수 있습니다.

이러한 어려움을 해결하고 학생 자살을 효과적으로 예방하고 대응하기 위해서는 다음과 같은 정책적 노력이 필요합니다.

① 첫째, 자살사망과 자살시도에 대한 차별화된 접근을 위해 두 가지 차원에서의 지원이 필요합니다. 자살사망 후속 대응 차원에서는 학교의 안정화와 자살 도미노 현상 차단을 목표로 유가족을 비롯한 학교 구성원의 트라우마 극복, 상실에 대한 애도 과정 진행, 자살 고위험군 학생에 대한 집중 관리에 중점을 두어야 합니다. 자살시도 후속 지원 차원에서는 자신의 어려움을 극단적으로 호소하는 방식으로 자해를 선택하는 경우가 많음을 고려하여 다양한 자살 시도 이유 탐색, 학교구성원 및 지역사회 전문기관의 역할 분담을 통한 학생지지 체계 마련이 필요합니다.
② 둘째, 자살 위기 학생에 대한 학교의 인식 및 이해도를 높이는 정책이 실행되어야 합니다. 학생의 다양한 위기 상황 및 이를 촉발시키는 요인에 대한 학교구성원의 인식도를 높이기 위해 이들을 대상으로 인간에 대한 이해, 학생 위기 상황에 대한 이해와 관련한 교육이 필요합니다.

이상입니다.

04 예시답안

학교생활규정이란 학교라는 조직 내에서 서로 배려하며 행복한 학교생활을 하기 위해 지켜야 할 규범들의 집합을 의미합니다. 제시문에서는 학생들이 학생자치를 통해 자율적으로 참여하고 학교 구성원으로서 역할을 다하고 있음을 알 수 있습니다.

① 학생자치를 통한 교육활동의 참여가 확대된다면 첫째, 주체적 참여 기회 확대를 통해 '민주시민'으로 성장할 수 있으며, 둘째, 자율과 책임을 실천하는 학교 구성원으로서의 학생 역할을 증진할 수 있습니다.

② 다음으로, 학교생활규칙 제·개정 시 유의할 사항으로는 첫째, 학생·학부모·교사 모두가 지켜야 할 규정이라는 공감대를 형성하고 제·개정에 대한 계획을 세우고 실행하는 단계가 필요합니다. 둘째, 시대의 변화요구를 반영하고 있는지, 상위법에 어긋남이 없는지 확인해야 합니다. 셋째, 학교운영위원회의 심의를 거쳐 홈페이지, 가정통신문을 통해 홍보해야 합니다. 넷째, 학생·학부모·교사는 합의된 학칙의 내용을 준수하여 '약속과 규정이 살아 숨쉬는 학교문화 조성'에 노력해야 합니다.

③ 마지막으로, 개정된 학교생활규칙을 홍보하기 위해서는 첫째, 각 학급 및 학교 게시판에 게시하여 홍보할 수 있습니다. 둘째, 등굣길 교문맞이 시간을 활용하여 홍보 활동을 전개할 수 있습니다. 학교생활규정 UCC동영상을 제작한 후 학급자치 시간에 상영할 수 있습니다. 넷째, 학칙 준수 서약식을 시행합니다. 다섯째, 교과시간을 활용하여 글짓기, 표어, 포스터그리기 등의 활동을 통해 학교생활 규칙을 홍보할 수 있습니다.

이상입니다.

05 예시답안

답변 드리겠습니다.(5개 답변 중 택3)
최근 A 중학교는 자연스레 타시도에서 전입 오는 인구가 점차 늘어나고 있습니다. 이에 따라 학생들의 적응을 지원하고 하나의 공동체로 통합하기 위한 세 가지 방안을 말씀드리겠습니다.

① 첫 번째, 인권 친화적 학교공동체 문화를 만들어야 합니다. 구체적인 방안으로는 교사는 존중어 사용하기, 등·하굣길 하이파이브 인사를 통해 서로 존중하고 배려하는 협력적 학교문화를 만들 수 있습니다.

② 두 번째, 공감언어(비폭력대화)를 사용하여 서로를 배려하고 소통하는 행복한 학교분위기를 조성해야 합니다. 담임교사를 중심으로 공감하는 언어를 활용하는 캠페인을 진행하고 언어순화교육을 실시하며 조·종례시간에는 공감밴드(팔찌)를 활용한 공감대화를 사용하여 남을 비난하는 말과 욕설을 줄이며, 자신의 언어습관을 성찰하는 시간을 갖습니다. 이를 통해 친구간의 신뢰를 형성하게끔 돕고 하나 되는 학교를 만들 수 있습니다.

③ 세 번째, 학기 초 창의적체험활동 시간을 활용하여 서로를 알아가는 친구탐색 시간을 갖습니다. 자신의 꿈과 학교생활에 대한 포부를 모둠별로 토의하며 발표하는 시간을 갖는다면 서먹서먹한 학기 초에 학교에 적응을 도울 수 있을 것입니다.

④ 네 번째, 수업 시간에도 학생들의 상호작용을 극대화하는 수업을 진행해야 합니다. 협력학습, 프로젝트 학습, 토의·토론학습, 참여 학습, 역할놀이, 모의법정, 액션러닝 등 학생들이 수업에 적극 참여하는 수업 방식을 확산하여 학생들 간 대화의 기회를 확대하고 서로를 이해하는 시간을 가질 수 있습니다.

⑤ 다섯 번째, 평화교육과 학교폭력 예방 교육 활성화로 행복한 학교문화를 조성합니다. 실천 중심의 생활교육을 강화하여 학생들의 학교 적응을 돕고 하나 된 공동체를 형성할 수 있게 합니다. 구체적인 방안으로는 평화교육·학교폭력 예방 프로그램을 적극적으로 운영하고 또래상담프로그램을 진행합니다. 또한 생활교육 내실화를 위한 '학생생활지원단'을 운영하는 것도 큰 도움이 될 것입니다.

이상입니다.

06 예시답안

주어진 글을 바탕으로 회복적 생활교육의 필요성 5가지에 대해 말씀드리겠습니다.

① 첫 번째, **관계를 회복하기 위하여** 회복적 생활교육은 필요합니다. 응보적 생활교육으로는 범이와 원이의 관계가 더욱 악화될 뿐이며 행복한 학교생활을 누리지 못하게 합니다. 관계에서 비롯된 문제를 풀어주어야 교실에서 가해자도 피해자도 다시 학교생활을 잘 할 수 있을 것입니다.

② 두 번째로, **피해자의 상처를 회복하기 위하여** 회복적 생활교육은 필요합니다. 처벌 위주의 생활지도 방식에서 가장 소외되는 이는 피해자이며 피해자의 상처는 그대로 남아있게 됩니다. 학폭위를 통한 범이의 처벌도 원이의 마음을 풀어주지 못하고 있습니다. 피해자가 진정으로 자신의 상처를 회복하는 길은 가해자의 진심어린 사과일 것입니다. 또한 가해자 앞에서 당당하게 피해자가 입은 상처를 드러내어 자신의 잘못이 아니었다는 것을 말하는 것, 그 과정이 힘들겠지만, 그 과정을 거쳐 내야 피해자의 상처가 트라우마로 남지 않게 되기에 회복적 생활교육이 필요하다고 생각합니다.

③ 세 번째로, **자발적 책임을 지게 하기 위하여** 회복적 생활교육이 필요합니다. 범이는 이미 학폭위를 통해 처벌을 받았기에 마음 속에 아무런 반성이 없습니다. 가해자가 벌만 받으면 그만이라는 인식에서 벗어나 자신은 별로 생각 없이 했던 말과 행동이 누구에게 얼만큼 영향을 주었는지를 깨닫고 자신의 귀로 그 피해상황을 듣는 일이 야말로 잘못에 대한 가장 강력한 책임을 지는 방법일 것입니다.

④ 네 번째로, **공동체를 회복하기 위하여** 회복적 생활교육은 필요합니다. 피해자가 용기 내어 자신의 상처를 가해자 앞에서 이야기할 수 있게 하는 일, 가해자가 자신의 잘못을 솔직하게 인정하는 일은 공동체가 살아있어야 가능합니다. '우린 함께 살아가는 공동체이다.'라는 마음을 가지고 있어야 가해자의 자발적 책임도, 피해자의 상처회복도 가능해질 수 있습니다. 학생들이 자신을 비난하기 위해서 이야기하는 것이 아니라는 것을 안다면, 자신들을 공동체 안에 품어주고 그 구성원의 하나라는 것을 마음 깊이 느끼고 있다면, 교사와 학생 간의 소통과 교육도 한결 쉬워질 것입니다.

⑤ 마지막으로, **정의를 바로 세우기 위하여** 회복적 생활교육이 필요합니다. 잘못하면 잘못의 무게를 재서 그 무게만큼 벌을 주는 방식이 아니라, 자발적으로 자신의 잘못을 인정하고 책임지는 방법으로 문제를 해결할 때, 진정한 정의가 바로 설 수 있을 것입니다.

이상입니다.

07 예시답안

① 제가 담임교사라면 A 학생의 전교학생회장 입후보를 지지할 것입니다.
학생은 성별, 종교, 나이, 사회적 신분, 출신지역, 성적 등을 이유로 정당한 사유 없이 차별받지 않을 권리를 가지며 학교는 이러한 이유로 어려움을 겪는 학생의 인권을 보장하기 위하여 적극적으로 노력하여야 합니다. 거기에 학생은 지난 잘못을 깊이 반성하고 있다는 점 역시 학생의 입후보를 막을 수 없는 이유가 됩니다. 학생의 과거의 잘못으로 학생을 낙인 찍어 미래의 행동에 대한 제약을 하는 것은 학생의 진정한 성장을 막고 앞으로 나아가지 못하게 할 것입니다.

② 담임교사로서 학생에게 지난 잘못에 대한 반성을 토대로 더 나은 삶, 다른 학생을 위하여 노력하는 삶을 살 수 있는 계기로 삼게 돕겠습니다. 과거 잘못된 행동을 했을지라도 현재는 그 피해학생과 서로를 용서하고 친하게 지낸다는 점, 학생인권조례와 국가 인권위원회의 판례 등을 들어 다른 선생님들을 적극 설득하여 학생의 입후보를 돕겠습니다.

이상입니다.

08 예시답안

[학생 A의 견해에 찬성하는 경우]

저는 학생 A의 견해에 찬성합니다.

실제로 휴대폰은 지금 사회에서는 관계를 맺는 데 사실 필수적인 도구이자 기록수단입니다. 따라서 휴대전화를 아침에 걷어서 하루 종일 학교에서 사용할 수 없도록 하는 것은 인권을 침해하는 과도한 규제라고 할 수 있습니다. 학생의 자율권 등을 침해할 수 있는 처벌 등의 규정을 정하는 것보다 학생들이 자율적으로 통제할 수 있도록 해야 합니다. 이것이 보다 교육적인 차원에서의 접근이라 할 수 있습니다.

다음으로 학교 자치활동을 내실화하기 위해서는 다음과 같은 노력이 필요합니다.

① 첫째, 학생회 주관 학교행사를 추진합니다. 학생회 주관 입학식, 졸업식 등 학교행사를 추진하고, 학생회가 사용할 수 있는 예산을 학교예산에 편성합니다.
② 둘째, 학교구성원이 함께하는 소통·공감 토론회를 운영합니다. 학교 현안, 학교규칙, 학생회장 공약, 학생 자치활동 등에 대해 토론회를 진행할 수 있습니다. 또한 학교 규칙(정) 개정, 수학여행, 체험학습, 교복 구매 등의 교육활동 결정 시 학생의 의견을 수렴하고 각종 위원회에 학생 대표가 참여하도록 합니다.

마지막으로 인권 친화적 학교공동체 문화 조성을 위해서는 다음과 같은 노력이 필요합니다.

① 첫째, 상호 존중과 배려의 협력적 학교문화 만들기 운동을 확산시켜야 합니다. 교육주체가 함께 참여하여 만드는 생활협약 실천운동을 추진하고, 소통과 공감의 '행복한 교실 만들기 운동'을 확산시켜야 합니다. 예를 들면 존중어 사용하기, 등·하굣길 하이파이브 인사 등이 있습니다.
② 둘째, 교원 대상 연수 운영과 인권교육을 확대해야 합니다. 초·중·고 학년부장 대상 '헌법과 인권 연수'를 운영하고 학교로 찾아가는 인권교육을 통해 상호 존중과 배려의 인권 친화적 학교공동체 문화를 형성해야 합니다.

이상입니다.

[학생 B의 견해에 찬성하는 경우]

저는 학생 B의 견해에 찬성합니다.

학교 내에서 휴대전화기 사용을 제한을 인권침해를 이유로 반대하는 것은 교육적인 측면과 학교 현실을 철저히 외면한 너무 인권 친화적인 결정이라 할 수 있습니다. 지금 학교 교실이 휴대폰과의 전쟁을 벌이고 있다는 점을 고려했을 때, 휴대폰 사용을 허가한다면 휴대폰으로 인한 수업 방해뿐만 아니라 그로 인한 또 다른 학생들의 학습권은 물론 교사의 교권 부분까지도 상당히 심각하게 훼손될 수 있습니다. 또한 세계 여러 나라가 수업시간에 휴대폰 사용을 금지하고 있다는 것은 선생님의 수업권과 여타 학생들의 학습권을 방해하는 사례가 너무 빈번하다는 것을 입증하는 것입니다. 그리고 아이들끼리 집단 카톡을 통해서 서로 특정 친구를 비난하는 등의 사례를 통해 알 수 있듯이 학교 휴대폰 사용은 학교폭력의 원인이 될 수 있습니다. 이러한 근거를 종합하여 저는 교내 휴대전화 사용을 반대합니다.

다음으로 학교 자치활동을 내실화하기 위해서는 다음과 같은 노력이 필요합니다.

① 첫째, 학생회 주관 학교행사를 추진합니다. 학생회 주관 입학식, 졸업식 등 학교행사를 추진하고, 학생회가 사용할 수 있는 예산을 학교예산에 편성합니다.
② 둘째, 학교구성원이 함께하는 소통·공감 토론회를 운영합니다. 학교 현안, 학교규칙, 학생회장 공약, 학생 자치활동 등에 대해 토론회를 진행할 수 있습니다. 또한 학교 규칙(정) 개정, 수학여행, 체험학습, 교복 구매 등의 교육활동 결정 시 학생의 의견을 수렴하고 각종 위원회에 학생 대표가 참여하도록 합니다.

마지막으로 인권 친화적 학교공동체 문화 조성을 위해서는 다음과 같은 노력이 필요합니다.

① 첫째, 상호 존중과 배려의 협력적 학교문화 만들기 운동을 확산시켜야 합니다. 교육주체가 함께 참여하여 만드는 생활협약 실천운동을 추진하고, 소통과 공감의 '행복한 교실 만들기 운동'을 확산시켜야 합니다. 예를 들면 존중어 사용하기, 등·하굣길 하이파이브 인사 등이 있습니다.
② 둘째, 교원 대상 연수 운영과 인권교육을 확대해야 합니다. 초·중·고 학년부장 대상 '헌법과 인권 연수'를 운영하고 학교로 찾아가는 인권교육을 통해 상호 존중과 배려의 인권 친화적 학교공동체 문화를 형성해야 합니다.

이상입니다.

09 예시답안

제시문에서 언급된 학생들이 급식실과 체육관과 같은 특별시설을 이용할 때 발생하는 문제를 해결하기 위한 방안에 대해 말씀드리겠습니다.

① 첫 번째, 교사들의 관리감독 활동이 가장 중요합니다. 흔히 도서실은 사서나 도서실 전담 자원봉사자 등이 상주하며 관리감독을 하고 있기에 학생들의 이용에 별 문제가 없는 반면, 체육관이나 급식실은 그렇지 않은 경우가 많습니다. 그러나 이러한 시설들은 학생들의 이용률이 높은 만큼 안전사고와 각종 문제행동이 일어날 수 있는 위험성도 높은 교육활동의 장이며, 이 장소에서 학생들의 생활을 관리 감독하는 것은 교사의 당연한 책임입니다. 이러한 장소에서의 관리감독이 '모든 교사의 책임'이라는 점을 전 교사가 충분히 인식하는 것입니다. 학교의 여건에 따라, 교사의 직접적인 지도가 불가능한 경우에는 학생자치회나 자원봉사자, 배움터 지킴이를 활용하여 체육관과 급식실의 관리 감독을 하도록 합니다.
② 두 번째, 학생들의 주인의식과 자발적 참여가 필요합니다. 교사들의 철저한 지도 감독은 꼭 필요한 것이지만, 이에 못지않게 학생들의 자율적 관리 노력도 매우 중요합니다. 교사는 학생들을 감시하는 것이 아니라 안전하게 보호하기 위해 활동을 하는 것인데, 학생들이 이 부분을 이해하지 못하거나 참여하지 않게 되면 생활지도의 효율성이 낮아지는 것은 물론이고 학생들의 불만이 있을 수 있습니다. 따라서 학생들에게 관리감독의 의미와 필요성을 충분히 이해시키고, 학생자치회를 통해 자율적으로 학생들이 참여하여 활동하도록 합니다. 급식실의 경우에는 자원봉사 학생을 선발하여 봉사점수나 상점을 부여하며 급식실 도우미로 활용할 수도 있을 것입니다.
③ 세 번째, 시설 이용 학생 수를 적정 수준으로 유지할 수 있는 방법을 모색합니다. 도서실이나 체육관, 급식실을

넓고 쾌적하게 만들어서 전교생이 아무런 문제없이 사용할 수 있다면 가장 좋겠지만, 그렇지 못한 것이 대부분 학교의 실정일 것입니다. 따라서 시설 사용을 원활하게 하고 안전사고나 학생들 간의 갈등을 방지하기 위해서는 사용 인원을 적정 수준으로 유지할 수 있는 방법이 요구됩니다. 급식실의 경우 세 개 학년이 시차를 두고 오도록 시간 안내를 할 필요가 있으며, 이 경우 고학년 배식을 먼저 하는 것도 불필요한 후배 괴롭힘을 줄이는 방법이 될 수 있습니다. 이와 마찬가지로 도서실과 체육관에 학생들이 많이 몰려서 혼잡한 학교의 경우에는 학년별로 우선권을 가지는 요일이나 시간을 정해주거나 시설 이용 사전 예약 제도를 실시하여, 효율적이고 쾌적한 사용을 도모할 수 있습니다.

이상입니다.

[추가질문]

추가질문에 답하겠습니다. 효과적인 규칙 안내를 위한 유의점에 대해 말씀드리겠습니다.

① 다른 시설도 마찬가지이지만 도서실과 체육관, 급식실은 특히 많은 학생들이 이용하기 때문에, 사용 규칙을 지켜야 보다 안전하고 편리하게 이용할 수 있습니다. 따라서 학년 초에 모든 학생들을 대상으로 시설 사용 규칙에 대한 안내를 철저히 할 필요가 있습니다. 이러한 사용규칙은 교내 방송이나 게시판을 통하여 공지될 수 있으며, 학생들이 이를 숙지할 수 있도록 일정기간동안 집중적으로 안내되어야 합니다.
② 여기서 잊지 말아야 할 것은 규칙이 간단해야 한다는 것입니다. 홈베이스와 교과교실, 급식실, 도서실, 체육관, 운동장, 복도와 계단 등 모든 장소의 이용에 대해 지나치게 많고 다양한 규칙이 주어지면 오히려 어떤 규칙도 지켜지지 않을 가능성이 높기 때문입니다. 따라서 가급적 모든 장소에서 통할 수 있는 중요하고 보편적인 규칙을 3가지 정도 선정하여 이를 먼저 지도하고, 나머지 세부 사항을 추가적으로 다루는 것이 효과적일 것입니다.

이상입니다.

4. 학부모

01 예시답안

학부모의 참여는 학교교육과정에 교육주체인 학부모와 학생의 의견을 반영할 수 있는 기회가 되며 또한 자녀교육과 관련하여 가정과 학교 간에 원활한 소통 및 정보교환이 이루어질 수 있도록 돕는 역할을 합니다. 그러므로 학부모의 참여는 학교운영에서 큰 축을 이룬다고 할 수 있습니다.

이러한 관점에서 해당 제시문의 문제점과 그에 대한 해결방안을 말씀드리자면 다음과 같습니다.

① 첫째, 교육프로그램에 대한 충분한 홍보가 이루어지지 않았다는 것입니다. 해당 프로그램에 대한 목적과 필요성에 대하여 학부모에게 충분한 홍보가 이루어지지 않았기 때문에 학부모의 참여가 낮았다고 생각합니다. 그러므로 학교홈페이지 게시, 가정통신문 발송, SMS 등을 이용하여 프로그램에 대한 필요성을 알려 참여도를 높일 수 있도록 합니다.

② 둘째, 학부모의 구조적 상황을 고려하지 않았다는 것입니다. 학부모의 참여 가능한 일자, 시간 등을 고려하지 않고 학교 일정에 맞추어 급하게 프로그램을 실시하였기 때문에 학부모의 참여가 낮았다고 생각합니다. 그러므로 사전에 학부모와의 전화통화, 면담 등을 통하여 학부모의 구조적 상황과 일정을 고려하여 프로그램을 실시함으로써 학부모의 참여를 높일 수 있도록 합니다.

이상입니다.

02 예시답안

자녀를 객관적으로 보지 못하는 학부모에 대한 대응 방법에 대해 말씀드리겠습니다.

① 우선 갑작스럽게 아이의 문제행동을 알리기보다는 차근차근 하루 일과를 평이하게 이야기하듯 조금씩 아이의 상황을 인식시켜야 합니다. 아이의 단점과 더불어 장점도 함께 이야기해주어 교사가 아이에게 관심과 애정이 있다는 것을 보여주고 학부모가 정서적으로 교사의 조언을 받아들일 수 있는 분위기로 만듭니다.
② 교사 자신의 경험과 인상에 의지하지 말고 심리검사나 전문가의 평가와 같은 권위에 의지하여 아이의 문제를 학부모에게 조심스럽게 알려주는 과정 역시 필요합니다.

이상입니다.

03 예시답안

현재 학부모께서는 학교 축제 준비로 인해 학생들이 공부에 관심이 없고 노는 것처럼만 보인다며 축제를 없애달라며 학교에 방문하신 상황입니다. 이러한 상황에서 학부모님의 걱정을 불식시키기 위해 면접관님을 학부모로 가정하고 말씀드리겠습니다.

학부모님, 학생들이 축제 준비에 바빠 공부는 소홀히 하고 학생만 힘들어하는 것 같아 마음이 안좋으시죠? 우선 제 의견을 말씀드리고자 합니다.

① 첫 번째, 요즘의 축제는 단순히 놀고 자신의 스트레스를 푸는 과정이 아닙니다. 예전에는 축제가 그런 측면으로만 부각되었지만, 요즘의 축제는 학생들이 스스로 기획하고 실천하며 그 과정 속에서 학생의 삶에 필요한 성장과 발전을 이루어 내는 장으로 바뀌었습니다. 2015 개정 교육과정에서 강조하는 핵심역량인 공동체 역량, 자기주도 역량, 창의적사고역량, 심미적 감성 역량, 의사소통 역량, 지식정보처리역량을 모두 기를 수 있는 현실적인 체험과 성장의 장이기 때문에 교육적으로도 큰 효과가 있습니다.

② 두 번째로는 축제는 학생자치를 원칙으로, 학교의 역사와 이미지를 외부에 소개하여 학교와 지역사회에 대한 소속감을 함양하는 순기능을 합니다. 학교에 대한 소속감과 자부심은 학생들로 하여금 주변 친구들에 대한 애착과 바른 가치관, 생활태도를 갖게 할 수 있습니다. 또한 준비과정 속에서 소속감, 단결심을 기를 수 있는 좋은 수단이 될 수 있습니다.

학부모님, 학과 수업만으로 배울 수 없는 것이 있습니다. 체험과 스스로의 경험을 통해서만 배울 수 있는 것들이 분명 존재합니다. 이러한 무형의 자질과 역량을 키우기에 축제 준비 과정은 매우 필요한 활동입니다. 분명 자제분은 이러한 축제 준비를 계기로 한껏 성장할 것이라 예상합니다. 지켜봐주십시오.

이상입니다.

5. 교육과정운영

01 예시답안

'공교육 정상화'를 이루고 창의·융합형 인재를 양성하기 위해 교실 내에서 적용할 수 있는 방안에 대해 말씀드리겠습니다.

① **교수측면**에서는,
학생 참여·협력적 배움 중심의 협력학습을 실시하도록 합니다. 수업의 목표를 학생들 간 경청·배려의 학습문화, 한 명도 소외 없는 학습활동 등을 통해 협력적 인성 함양 추구로 하고, 수업 내용을 소통·공감·배려·자율·정직·책임 등 인성 덕목을 반영하여 교육과정 재구성을 하며, 수업 방법을 지식 전달 위주의 수업에서 토의·토론형, 프로젝트 학습, 협동학습, 액션러닝 등 협력 학습을 위한 다양한 전략 및 기법을 활용하도록 합니다.

② **평가측면**에서는,
과정 중심의 평가를 실시하도록 합니다. 단편적 지식 중심의 지필평가나 일제식 평가보다는 사고력 향상을 위한 수행평가를 실시하고, 수행 과정에 초점을 맞추어 학생참여활동의 영역을 확대하도록 합니다. 또한 토의토론 수업이나 프로젝트 수업 등 수업 특성에 따른 수행평가를 실시하며, 협력적 인성 및 시민성 등 인성요소를 반영한 과정 중심의 평가를 실시합니다.

이상입니다.

02 예시답안

학교와 교사는 성취기준에 근거하여 학교에서 중요하게 지도한 내용과 기능을 평가하며, 교수·학습활동과 평가가 일관성 있게 이루어져 학생의 인지적, 정의적, 심동적 능력에 대한 균형 있는 평가로 학생의 전인적 발달을 도와야 합니다.

이 중 논술형 평가로 인해 학생이 얻을 수 있는 효과는
① 개인의 생각과 주장을 창의적이고 논리적으로 설득력 있게 조직하는 과정 속에서 학생의 심층적인 이해, 고등사고능력을 함양할 수 있다는 것입니다.
② 또한 수동적 학습 태도를 능동적 학습 태도로 개선시켜 학생 성장을 도모할 수 있는 장점도 있습니다.

이때 객관성과 신뢰성을 높이는 방안에 대해 말씀드리겠습니다.
① 논술형 평가는 학생들의 반응이 다양하기 때문에 문항 출제 시에 학생들의 예상되는 반응을 면밀히 고려하여 정답, 인정답안, 부분 점수 부여 등 정교한 채점기준안을 마련해야 합니다.
② 또한 채점 시 교사(채점자)는 주관적 판단에만 의존하지 않도록 평가 요소와 채점기준을 명확히 하고, 학생의 이름을 가리고 학생이 작성한 답안만을 채점하여 객관성 및 신뢰성을 확보할 수 있도록 해야 합니다.

이상입니다.

03 예시답안

매년 반복 거론되는 부실한 학기말 학사운영은 자유학기제 우수프로그램들을 활용해 꿈·끼 탐색주간으로 운영하여 개선해 나가야 합니다.

제가 구상한 꿈끼 탐색주간에 운영할 프로그램을 말씀드리겠습니다.
① 저는 다양한 진로개발 역량 향상 프로그램을 운영하도록 하겠습니다. 다양한 프로그램에 참여함으로써 학생들은 자신의 꿈과 끼를 마음껏 펼칠 수 있으며, 자신의 가치를 바르게 발견할 수 있습니다. 우선 학생들에게 적성에 맞는 진로를 능동적으로 탐색하고 선택할 수 있도록 대학별 맞춤형 진로 상담을 실시합니다.
② 이 후 인문계열(사회복지, 작가, 심리, 법, 정치경제, 언론), 이학계열(의사, 약사, 수학과학, 기계공업), 미술, 스튜어디스, 공무원, 음악, 체육(음악, 춤, 체대입시) 등 진로유형별로 담당 교사가 부스를 운영하여 학생 맞춤형 상담을 진행하고, 대학 탐방으로 지역 인근 대학 캠퍼스 투어를 실시합니다.
③ 다채로운 프로그램으로 꿈·끼 탐색주간을 운영한다면 학생들에게 여러 가지 체험 활동을 제공할 수 있을 뿐만 아니라 진로에 대한 맞춤형 상담이 가능해 진로에 대한 명확한 목표를 설정할 수 있도록 도울 수 있을 것입니다.

이상입니다.

04 예시답안

학생의 잠재 능력을 계발·신장하고 자아실현의 기초를 형성하기 위한 효과적인 동아리 운영 방안에 대해 말씀드리겠습니다.
① 첫째, 학생의 흥미, 특기, 적성 등을 고려하여 미래 사회에 대응할 수 있는 동아리 부서를 다양하게 개설해야 합니다. 동아리 부서는 학생의 희망을 우선적으로 반영하여 개설하여야 하며, 학생의 흥미, 특기, 적성과 관련된 활동을 탐색하여 선택하는 기회를 제공하고 적극적인 참여를 도모해야 합니다.
② 둘째, 학생의 흥미와 적성에 맞는 취미 생활이나 특기를 기를 수 있도록 체험 중심으로 운영하되, 학생의 개별적 활동보다는 친구와 협력하여 공동으로 문제를 해결하는 경험을 제공해야 합니다. 동아리활동을 활성화시키기 위해 교내 및 학교 간 경연대회, 전시회, 발표회, 봉사활동과 연계 등을 적극 추진할 수 있습니다.
③ 셋째, 동아리활동의 각종 프로그램을 활성화시키기 위하여 교내·외의 인적 자원, 물적 자원을 적극 활용할 수 있습니다. 특히 지역사회 인사와 학부모의 자발적 봉사 협력을 통해 동아리활동이 이루어질 수 있도록 이를 장려해야 합니다.

이상입니다.

05 예시답안

[공감수업]
먼저, 공감수업이란 스티커, 상벌점 등을 통한 통제로 이루어지는 수업이 아니라 교사와 학생의 상호 존중에 바탕을 둔 경청과 개인의 성찰이 강조되는 수업, 창의적인 수업분위기 속에서 역동적이면서도 자존감이 형성되는 수업을 의미합니다.

['수업 속 대화성찰'과 '수업 속 내용성찰'의 예시]
다음으로, 수업성찰이란 날마다 이루어지는 수업에서 자신을 만나는 것으로 내가 수업에서 의미 있게 생각했던 배움은 무엇이었는지, 나는 왜 수업에서 머뭇거렸는지, 나의 가르침과 학생들의 배움은 어떻게 이루어 졌는지, 나의 고민은 무엇이었는지 등에 대하여 반성적 살핌을 스스로 하는 행위를 의미합니다. 수업성찰의 관점에는 수업 속 신념성찰, 수업 속 관계성찰, 수업 속 대화성찰, 수업 속 내용성찰 등이 있습니다. 그 중 '수업 속 대화성찰'과 '수업 속 내용성찰'의 예시를 제시하면 다음과 같습니다.

① 첫째, '수업 속 대화성찰'의 예로는 '수업 속에서 대화를 해야겠다는 의지가 있는가?', '학생들이 대화에 참여할 여백이 있는가?', '학생들의 말을 기다려주고, 들어주고, 공감해주고 있는가?', '수업 속에서 학생들의 생각이 서로 잘 연결되고 있는가?' 등에 초점을 두어 자신의 수업을 반성적으로 살필 수 있습니다.
② 둘째, '수업 속 내용성찰'의 예로는 '이 수업에서 학생들이 교과 지식의 의미를 발견하는 지점은 어디인가?', '이 수업에서 학생들이 의문을 품고 수업에 몰입하는 지점은 어디인가?', '이 수업에서 학생들이 배운 내용을 바탕으로 창의력을 발휘하는 지점은 어디인가?', '이 수업에서 학생들이 배운 내용을 바탕으로 삶을 돌아보는 지점은 어디인가?', '수업의 각 활동들이 하나의 목표로 유기적으로 연결되어 있는가?', '수업의 각 활동들이 학생들의 사고를 위계적으로 발전시키고 있는가?' 등에 초점을 두어 자신의 수업을 반성적으로 살필 수 있습니다.

이상입니다.

06 예시답안

플립드 러닝이란 기존 방식을 '뒤집는(flip)' 학습을 말하는 것입니다. 전통적으로 학생들이 집에서 과제로 하던 것 – 즉, 응용연습이나 심화학습 등 – 을 학교에서 하는 반면, 학교에서 하던 것 – 즉, 교사의 강의를 듣는 것 – 을 집에서 하는 방식을 말합니다.

다음으로 **플립드러닝의 지도방안**에 대하여 말씀 드리도록 하겠습니다.

① 첫째, **교실 – 밖 – 수업**에서는 자신의 기존 수업에서 어떤 부분을 온라인 수업에 배정할 것인지를 결정하는 과정을 통하여 가르쳐야 할 핵심적 이해를 확인하고 그 이해와의 연계를 고려하여 수업 내용을 재구성하여야 합니다. 이때 교실 – 밖 – 수업을 기획하는 교사는 반드시 그 수업과 교실 – 안 – 활동과의 관련을 염두해 두어야 하며, 또한 온라인 강의를 제작할 때에는 학생들로 하여금 배우고자 하는 내용에 관하여 기본적이고 핵심적인 사항을 알 수 있는 단서역할을 하도록 해야 할 것입니다.
② 둘째, **교실 – 안 – 활동**에서는 교사는 즉각적인 피드백과 개별적이고 실시간적인 상호작용이 가능한 면대면이라는 매체를 통하여 내용 이해에서 학생이 겪는 곤란이 교사에게 드러날 수 있는 통로를 마련하고, 수업이 목표로

삼는 사고의 시범을 보이는 역할을 해야 합니다. 이를 위해서는 학생들 개개인이 만들어내는 학습 상황에 대처하는 실시간의 분석 능력과 유연성이 요구되며, 교실을 걸어다니면서 학생들이 필요로 하는 정보를 적절할 때 제공하는 존재가 되어야 합니다. 더불어 학습 과정을 통해 학생들의 성취도를 꾸준히 측정하며 어수선한 교실 수업 환경에 대하여 적절한 통제를 해야 할 것입니다.

이상입니다.

07 예시답안

① 김 교사는 학습 목표와도 학습 내용과도 맞지 않는 내용을 평가하고 있습니다. 즉, 수업과 평가가 비분절적으로 이루어진 모습을 보여주고 있습니다. 또한 과정에 대한 고려 없이 자유투 성공 개수라는 결과만을 평가하려 하고 있습니다. 결국 이 학생은 지금까지의 학습활동과는 관계없이 평가를 받았으며, 앞으로 이 학생은 수업에 참여하지 않을 수 있으며 수업과 관계없이 평가 항목인 자유투 연습만을 열심히 하여 체육 점수를 좋게 받으려 할 것입니다.

② 이러한 문제점을 막고 올바른 평가가 되기 위해서는 교육과정 – 수업 – 평가 – 기록의 일체화가 이루어져야 합니다. 이 중 평가 측면에 대해 말씀드리겠습니다. 배운 것을 그대로 확인하는 평가, 즉 수업밀착형평가가 이루어져야 하며 수업시간 활동 자체를 평가해야 합니다. 이를 위해서는 수업 중 관찰, 조사, 게시 등을 통한 평가를 지향해야 합니다.

이상입니다.

08 예시답안

제시문에서 학생들의 의견을 종합하면 수업의 주체가 '학생'이 아닌 '교사'임을 알 수 있습니다.
그 결과 학생들이 배움에 주도적으로 참여하지 못하며, 수업에서 소외되고, 교사 및 다른 학생들과의 소통이 원활하게 이루어지지 못하고 있습니다. 이러한 수업은 2015 개정 교육과정에서 제시하는 창의융합형 인재 양성과 배움을 즐기는 행복교육에도 어긋나는 것입니다.

따라서 배움 중심의 교실 수업 혁신이 필요합니다. 먼저, 배움 중심 수업이란 교사와 학생이 끊임없이 질문과 토론을 통해 함께 지식을 창조하고 형성해 나가는 과정이 존재하는 수업을 의미합니다.

① 교사는 수업을 계획하고 준비해야 하지만 수업이 자신의 계획대로 진행되는 일련의 흐름으로 이해할 것이 아니라 학생의 다양한 사고 활동에 의해 변화와 발전이 일어나는 창조의 과정으로 이해해야 합니다.
② 또한 수업에서 학습소외가 일어나거나 배움의 질을 저하시키지 않도록 학생 – 학생, 학생 – 교사 간의 깊이 있는 관심과 신뢰 관계를 형성하기 위해 노력해야 합니다.

배움 중심 수업의 현장 적용을 위해서는 교사는 다음과 같이 노력해야 합니다.
① 첫째, 학생의 배움이 일어날 수 있도록 학교실정에 맞는 교육과정 재구성을 통해 수업계획을 세우고 실천해야 합니다. 학교 및 교사 수준에서 교육과정 재구성이 이루어진다면, 변화로 인한 영향이 그 학교에 한정되므로 교사와 학습자들은 보다 유연하게 변화에 대처할 수 있습니다. 또한 학교 교육과정에 학습자들의 실제 문제 사태를 반영할 경우 학습의욕을 높일 수 있고, 학습자에게 필요한 교과내용을 그들의 수준에 맞게 구성함으로써 교육과정 내용의 적합성을 용이하게 확보할 수 있게 됩니다.
② 둘째, 팀티칭, 공동수업, 표현학습, 협동학습, 체험학습, 주제통합학습, 프로젝트 학습 등 교육과정과 연계한 수업모델을 개발해야 합니다. 학생들이 배움을 즐길 수 있도록 자기주도적인 학습이 가능하도록 환경을 구성하며, 다른 학생들과 같이 공부할 수 있도록 해야 합니다. 또한 학습내용을 학생들이 살고 있는 실생활이나 상황을 기반으로 하여 맥락적 학습이 가능하도록 해야 합니다. 즉, 교사는 학습자 중심의 수업모델을 통해 학생들이 학습에 대해 재미와 즐거움을 찾을 수 있도록 노력해야 합니다.

이상입니다.

09 예시답안

[범 교사가 추구하는 수업의 방향과 이에 적합한 평가방식]
① 먼저, 범 교사는 첫째, 자율성과 다양성을 존중하고 질문과 토론이 살아있는 수업, 둘째, 경쟁대신 협력으로 서로의 개성과 잠재력을 키워주는 수업, 셋째, 활발한 상호 작용의 바탕 위에 배운 것을 서로 나누는 수업, 넷째, 다양한 수업 방법으로 배움의 즐거움을 깨닫는 수업, 다섯째, 사랑과 정성으로 보듬어 단 한 명도 포기하지 않는 수업을 추구하고 있습니다. 즉, 학생 참여 중심, 협력적 배움 중심, 경험 중심을 통해 활기차고 재미있는 수업을 구현하는 것이 범 교사가 추구하는 수업의 방향이라 할 수 있습니다.
② 다음으로, 이러한 수업 방향에 맞추어 과정 중심의 평가를 실시해야 합니다. '질문이 있는 교실' 수업 혁신을 위해 지성·인성·감성의 균형 있는 발달을 돕는 과정 중심의 평가를 실시해야 합니다. 이를 위해 프로젝트 수업, 토의·토론 수업 등 수업 특성에 따른 수행평가를 실시하고, 교육과정상의 성취기준 도달에 중점을 둔 평가를 실시해야 합니다. 또한, 협력적 인성 및 시민성과 같은 인성 요소를 반영하여 관찰평가, 자기평가, 상호평가, 포트폴리오 등과 같은 과정 중심의 평가를 실시해야 합니다. 이는 수행 과정에 초점을 맞춘 평가로서 단편적 지식 중심의 지필평가를 축소하고, 일제식 평가를 지양하는 특징을 갖습니다.

[교사의 전문성 신장을 위한 방안]
① 마지막으로, 이와 관련하여 교사의 전문성을 신장하기 위해서는 참여와 협력의 수업 나눔을 운영해야 합니다. 협력과 소통을 바탕으로 토론하고 질문하는 교실을 만들기 위하여 인권친화적인 문화를 조성하고 수업을 혁신하기 위해 참여·협력의 수업 나눔을 운영해야 합니다.
② 이를 위해 수석 교사, 학습공동체를 활용한 수업 나눔 및 교원 학습공동체(수업 동아리)운영, 수업성찰 나눔터, 수업 코칭, 수업컨설팅 및 수업 멘토링 등 다양한 방법의 수업공개·나눔을 전개할 수 있습니다. 참여·협력의 수업 나눔을 운영함으로써 '질문이 있는 교실' 수업 혁신을 위한 교사의 전문성이 신장되는 효과가 있습니다.

이상입니다.

10 예시답안

우선 A와 관련된 김 교사의 문제점을 2가지 말씀드리겠습니다.
A에서 플라톤은 강제로 습득한 지식은 마음에 남지 않는다고 했습니다. 이는 학생의 학습동기를 고취시키고 호기심을 이끌어 내고 스스로의 필요에 의해 공부하고 즐겁게 학습하는 것에 대한 중요성을 강조한 말씀입니다. 이와 관련한 김 교사의 문제점에 대해 말씀드리겠습니다.

① 김 교사는 자율성과 다양성을 존중하고 **질문과 토론이 살아있는** 수업을 시행하지 못하고 있습니다. 질문과 토론은 오직 교무실에서만 가능하며 학생은 모두 획일화되어 하나의 유인물을 통해 학습하고 있습니다.
② 또한 다양한 수업 방법으로 **배움의 즐거움을 깨닫는** 수업이 이루어지지도 못하고 있습니다. 거의 모든 수업이 강의식 수업으로만 이루어지며 심지어 중하위권 학생들은 수업을 따라가는 것을 버거워하며 큰 재미를 느끼지 못하고 있기까지 합니다.

이러한 문제점들을 개선하고 질문이 있는 교실을 만들기 위한 교육과정, 수업, 평가 방안에 대해 말씀드리겠습니다.

① 첫 번째, 교육과정의 측면에서 말씀드리겠습니다. 국가수준 교육과정과 교육청의 교육과정 편성 운영 지침을 바탕으로 학교 교육공동체의 요구 및 합의를 반영하고, 교과별 핵심성취기준을 달성할 수 있도록 해야 합니다.
② 두 번째로, 협력과 참여 중심의 수업을 실시해야 합니다. 이는 질문하고 토론하며 탐구하는 수업을 통해 지성을 함양하고, 표현하며 체험하는 수업을 통해 감성과 건강한 몸을 단련하고, 서로 협력하며 배려하는 활동을 통해 인성과 시민성을 키우는 수업을 의미합니다.
③ 마지막으로 과정 중심 평가를 실시해야 합니다. 학습과정에서 학생의 성장과 발달을 돕는 평가를 의미하며, 수업 과정에서 학생의 활동을 관찰하고 교사와 학생, 학생과 학생이 소통하는 가운데 다양한 방법으로 평가를 이루어야 합니다.

이상입니다.

11 예시답안

[범 교사의 행동의 이유]
범 교사가 배움중심수업을 거부한 이유에 대해 먼저 말씀드리겠습니다.
① 첫 번째로는 범 교사는 정년을 얼마 앞두지 않은 교육계의 큰 선배님이십니다. 오래 전부터 수업을 하시며 기존의 강의식 수업으로도 학생들에게 좋은 성적과 실력을 만들어 냈을 것이기에 교수법의 변화에 대해 생각하지 않을 것입니다.
② 두 번째로는 정년이 얼마 남지 않아 새로운 배움중심수업을 시도하는 것이 어렵고 낯설고 두렵기 때문일 것입니다.

[교사로서 부족한 역량 및 범교사가 소홀히 하고 있는 의무]
① 그러나 범교사는 교과내용 전문성과 팀워크 역량이 부족합니다. 교육의 흐름인 배움중심 수업을 할 줄 모르며 동료 교사들과 함께 하기 위한 진지한 태도와 동기 행동을 보이지 않고 자신의 주장만 펼치기 때문입니다.
② 또한 범 교사는 교사로서 지켜야 할 연찬의 의무를 이행하지 않고 있습니다. 범 교사 본인도 배움중심수업이

좋다는 것을 알고 있지만 자신에게 낯설다는 이유로 시행하려 하고 있지 않기 때문입니다.
③ 또한 퇴직을 얼마 남기지 않아 새로운 것을 공부하기 꺼려하는 모습 역시 연찬의 의무를 지키지 않는 모습입니다. 교육공무원법에 따르면 교원은 그 직책을 수행하기 위해 부단히 연구와 수행에 노력해야 하는 연찬의 의무를 수행해야 합니다. 그것이 바로 지속적으로 변화하는 교육의 패러다임에서 뒤처지지 않고 교육을 선도하는 방법일 것입니다.

[위와 같은 상황을 대처하기 위한 방안]
그래서 제가 경 교사라면 범 교사에게 다음의 이유를 들어 배움중심수업에 함께하기를 설득할 것입니다.
① 첫 번째, 배움중심수업은 학생과 교사 모두에게 성장을 가능케 한다는 것을 말씀드릴 것입니다. 배움중심 수업을 통해 학생과 교사는 만남이 이루어지고 전인적 성장이 발생하며 지속적인 상호작용을 통해 발전을 가능케 합니다. 배움중심수업을 통해 학생도 교사도 모두 성장하고 행복해지기를 건의드릴 것입니다.
② 두 번째, 낯설고 어려운 배움중심수업을 실행하기 위해 함께 전문적 학습공동체를 통해 수업에 대한 고민을 함께 나누고 노력한다면 배움중심수업의 실현이 어렵지 않을 것이라는 것을 말씀드릴 것입니다. 백지장도 맞들면 나은 것처럼 함께 부족한 점을 보완하기 위해 함께 고민하고 수업에 대한 지속적인 성찰과 나눔을 통해 함께 발전해 나갈 수 있다는 믿음을 실어드릴 것입니다.

이상입니다.

12 예시답안

우리사회가 매우 급속한 속도로 다문화사회로 진입함에 따라 각급 학교별로 다문화교육이 커다란 이슈가 되고 있습니다. 다문화교육 대상자에 대한 내실 있는 교육에 대한 교사의 전문성이 매우 필요한 시점이라고 할 수 있겠습니다.

이러한 관점에서 다문화 가정 학생에 대한 학업능력 증진방안에 대하여 말씀드리자면 다음과 같습니다.
① 첫째, 소집단 협동학습, 개별 지도, 1:1 질의응답 등을 통해 학생들이 모두 참여할 수 있는 학습, 학습자의 눈높이에 맞는 지도가 이루어지도록 합니다.
② 둘째, 수업방법 적용 시, 문화적 차이를 고려하여 지도함으로써 다문화 학생의 자긍심을 제고하고 일반학생의 다문화적 감수성을 제고할 수 있도록 합니다.
③ 셋째, 국어 수업뿐만 아니라 다른 교과 수업에서도 한국어 문법 및 언어 사용을 지도하는 일종의 이머전(몰입) 교수법을 적용하여 교과학습과 한국어학습을 동시에 수행하게 하도록 합니다.
④ 넷째, 또래 도우미를 정해, 수업 이해 및 과제 활동 등을 지원하게 합니다.

이상입니다.

13 예시답안

첫 번째 질문에 답변하겠습니다.
국제적 이슈가 등장하는 경우 다문화학생은 민감해질 수 있습니다. 학부모가 중국 또는 일본 출신인 다문화학생 중 학업성취도가 높고 교우관계도 좋더라도 '역사' 문제로 양국 간의 긴장이 생기거나 혹은 계기교육할 때 다른 사람이 뭐라 하지 않아도 '급우들이 놀리거나 마음 아프게 하면 어떻게 하나?'하는 걱정을 하기도 합니다.

이러한 점을 고려하여 첫 번째 문제인 <u>다문화학생이 있는 학급에서 역사, 계기교육을 할 때 주의할 점</u>에 대해 답변하겠습니다.

① 첫 번째, 교사의 개인적인 감정을 배재하고 객관적인 사실만 전달하도록 합니다. 교사의 특정 국가에 대한 편견이나, 무시하는 말을 무의식중에라도 언급한다면, 이는 전체 학생들에게 편향된 가치관을 주입시킬 위험성이 있으며 다문화학생을 더욱 힘들게 할 것이기 때문입니다.

② 두 번째, 바른 역사인식과 과거와 현재 그리고 나아갈 미래를 진지하고 바르게 가르쳐야 합니다. 학교에서 역사교육(계기교육)을 시켜야 할 경우 과거 우리나라와 일본과 중국 및 몽골 사이에 좋지 않은 일도 있었지만 그 이전에는 문화적 교류를 통해 원만한 관계를 유지했으며 현재 이들 국가는 우리나라에게 없어서는 안 되는 중요한 협력 국가라는 사실을 학생들이 인식하도록 합니다.

③ 마지막으로 전 세계 모든 시민이 서로 협력하고 돕고 살아야 전 지구촌 가족이 행복해진다는 것을 강조하며 모든 학생이 화합할 수 있는 '세계시민의식'을 기르는 방향으로 안내해야 합니다.

두 번째 문제에 대한 답변 드리겠습니다.
<u>제가 담임교사라면 다른 교과 선생님들께 사실대로 말씀드릴 것입니다.</u>

① 여러 반의 수업을 맡고 있는 교사의 경우 개별 학생의 특성을 일일이 파악한다는 것은 매우 어렵습니다. 교과 선생님들이 학생의 배경을 알아야 학생을 이해할 수 있을 것이며 더 나아가 어느 정도 그 학생을 배려한 수업을 할 수 있게 될 것입니다. 1대 1 수업이 아니기에 다문화가정 학생에게 맞춤 수업을 할 순 없지만 수업을 진행하는 과정에서 그 학생의 한국어 능력과 인지 수준을 고려한 발문이나 학습활동 요구가 가능해집니다.

② 또한 교과 수업 진행 과정에서 다문화와 같은 수업 제재가 등장하였을 때 학습자의 긍정적인 다문화정체성을 형성하는 방향으로 수업 진행을 유도할 수 있습니다. 만약 다문화학생 또는 학부모의 특성상 이러한 부분을 매우 꺼린다면 교과담당 교사가 이를 유념하여 자신이 이해하고 배려하는 차원에서 수업을 진행하되, 이를 학생들 앞에서 공개적으로 언급하지 않는 지혜를 보일 수 있습니다.

이상입니다.

14 예시답안

자유학년제 실시과정에서 발생하게 된 문제점과 그에 대한 해결방안은 다음과 같습니다.

① 첫째, 이 교사의 발문을 통한 문제점은, 교점사 간 소통이 부족하고, 수업 시수 조정의 어려움이 있다는 것입니다. 이를 해결하기 위하여 교사 간 협의와 소통이 이루어질 수 있도록 교사협의회와 같이 교과별로 모여서 의견을 조율하고 의논할 수 있도록 기회를 가져야 합니다.

② 둘째, 정 교사의 발문을 통한 문제점은, 새로운 수업방식에 대한 전문성이 부족하다는 것입니다. 이를 해결하기 위하여 자율적 교사협의회, 자율연수 등을 통하여 교과 간 통합 또는 융합교육, 학습자 참여·활동 중심 수업 등과 같이 과목별, 단원별 특성에 적합한 교수·학습 방법에 대한 이론·실제적 지식을 습득하고 적용할 수 있는 기회를 가져야 합니다.

③ 셋째, 학부모의 발문을 통한 문제점은, 시험 중심의 전통적 사고와 학력 저하에 대한 우려가 있다는 것입니다. 이를 해결하기 위하여 평가 방안을 구체화(내용별 평가 영역 및 단계 구성)시킴으로써 학생 역량에 맞는 평가방식(과정중심의 평가)을 적용하고, 학부모 설명회, 공개 수업 등을 개최하여 학부모의 신뢰와 만족도를 증진시켜야 합니다. 이러한 과정을 통해 학생 참여형 수업을 통해 핵심역량을 기르고 자기주도적 학습능력을 길러줌으로써 미래사회에 대비하는 인재육성을 위한 효과적인 학습이 이루어지고 역량이 키워지는 것이라는 점 역시 강조할 것입니다.

이상입니다.

6. 상황별 학생지도

01 예시답안

청소년 자살은 놀라운 속도로 증가하고 있으며, 이에 따라 사회적 지원의 필요성이 대두되고 있습니다. 따라서 교사는 자살위험학생, 자살 징후를 보이는 학생에 대한 지원체제를 확립하여야 할 것입니다.

이러한 관점에서 제시문의 해당 학생에 대한 대처방안에 대하여 말씀드리자면 다음과 같습니다.

① 첫째, 개별적인 상담을 통하여 학생에 대한 사례를 파악하도록 합니다. 학생과의 신뢰관계를 형성하고, 학생 내면의 심리적 상태를 파악하도록 합니다.
② 둘째, 사인요인을 파악하도록 합니다. 학생과의 심층면담, 관찰, 교우·가족 관련 평가를 통하여 자살징후를 점검하고, 자살 시도에 대한 태도, 살고자 또는 죽고자 하는 희망의 강도, 자살 후에 주변의 반응이 어떨 것이라는 예상과 기대 등을 파악하여 위험도를 평가하도록 합니다.
③ 셋째, 전문가·전문기관과의 협조관계를 통하여 심리적, 의료적 지원을 제공합니다. 전문상담교사, Wee센터, 전문상담기관 등 전문가·전문기관과의 협력을 통하여 개인상담, 집단상담, 심층적인 심리검사 및 평가 서비스를 제공하도록 합니다.
④ 넷째, 학부모와의 상담을 실시합니다. 학부모와의 상담을 통하여 자살의 원인에 대한 이해와 증상이 나타날 때 자살에 대해 솔직한 태도로 함께 이야기를 할 수 있도록 이에 대한 교육을 함께 실시하며, 도움을 주기 위함을 충분히 알리고 설득하도록 해야 하며, 고지하면서 학부모의 태도에 대해서도 함께 교육이 이루어지도록 합니다.
⑤ 다섯째, 생명존중교육을 실시합니다. 교육과정과 연계하여 자존감 고취를 위한 생명존중교육을 실시하거나 자존감 향상을 모색하는 민주시민교육프로그램을 실시함으로써 자살을 예방할 수 있도록 합니다.

이상입니다.

02 예시답안

① A 선생님, 학생들을 지도하시느라 많이 힘드시죠? 강압적인 방식이 우리 교사들에게 익숙한 지도방식이라 학교 현장에서 보편적으로 활용될 수 있겠지요.
② 하지만, 선생님. 학생들은 타인의 지도에 수동적으로 행동하는 존재가 아닌, 자신의 행동에 스스로 책임을 질 수 있는 자율적 존재입니다. 즉, 교사와 학생은 대결과 강요의 관계가 아닌, 상호의존성을 지닌 관계적 존재로서 필요에 따른 상호지원과 협력자라 할 수 있지요. 이러한 점에서 비난과 처벌의 방식이 아닌 조정과 화해의 방식으로 문제를 해결하는 '회복적 정의'를 학교에서 실천하는 접근방식으로 학교문화를 평화적으로 변화시킬 수 있는 회복적 생활교육이 필요하다고 봅니다. 또래 상담이나 비폭력 대화와 같은 회복적 생활교육을 통하여 자아존중과 타인배려를 위한 내적 능력을 기를 수 있으며, 표면적 해결보다 회복적 서클 방식을 통하여 학교 내 갈등 및 분쟁을 통해 성장과 배움의 기회로 삼고 상호존중과 책임이행의 방법을 배울 수 있지요.
③ 이러한 회복적 생활교육의 철학을 반영하여 학생 자치 활동과 연계하여 학급 규칙을 선정하고, 비폭력 대화를

적용할 수 있겠습니다. 평화의 공동체의 일원으로서 성장하는 기회로 삼고 평화롭고 안전한 학교를 만들도록 노력합시다.

이상입니다.

---

* 답변의 조건은 아리스토텔레스의 3요소인 에토스(ethos), 파토스(pathos), 로고스(logos)를 반영해야 함을 잊지 말아야 한다. 에토스(ethos)는 화자가 갖춰야 할 특징을 의미하고, 파토스(pathos)는 청자의 심리적 경향, 정서 등을 의미하며, 로고스(logos)는 논증 또는 논거의 방식을 의미한다. 즉, 적절한 답변은 A 교사에 대한 공감, 친밀감을 반영하여야 하고, B 교사가 갖춰야 할 신뢰, 책임감 등을 반영하며, 논리와 근거에 따른 방식으로 구성되어야 할 것이다.

03 예시답안

[학생의 일탈 행동에서 회복적 대화가 필요한 이유]

회복적 대화는 제시문이 교사와 같이 교사 본인이 생각하기에 공동체의 가치에 어긋나는 행동을 목격했을 때 사용할 수 있습니다. 때에 따라서는 어떤 말이나 행동에 의해 본인이 자극을 받아 당황스럽거나 화가 날 때에도 활용할 수 있습니다.

회복적 가치에 입각해 대화한다는 것은 문제를 일으킨 사람을 가르치거나 교정을 하려하지 않고, 일탈 행위를 한 사람의 마음과 연결하려는 의도로 듣는 행위를 뜻합니다. 이러한 연결하기를 통해 자신의 행동에 대한 책임감과 함께 이를 해결하고자 하는 마음이 자발적으로 일어나게 되기 때문에 일탈 행동에서 회복적 대화가 필요합니다.

[A 학생과의 회복적 대화 진행]

다음으로, A 학생과의 회복적 대화를 '대화 열기'부터 진행하도록 하겠습니다.

"지난번에 이야기 한 대로, 오늘은 교실에서 있었던 일과 관련해서 이야기를 나누고 싶어. 너를 비난하려는 의도는 아니야. 너를 이해하고 싶고 또 나 자신도 그 일로 얼마나 상처를 받았는지 이야기하고 싶기도 해. 물론 네가 듣고 싶다면 말이지. 오늘 대화가 너를 처벌하거나 바꾸려는 데 있는 게 아니라, 우리가 관계를 회복하고 그저 깊이 대화하는 데 전부라는 걸 알아주었으면 해. 내가 내 마음을 잘 전달했는지 확인하고 싶어서 그러는데 네가 들은 대로 다시 이야기해 줄 수 있을까? 들은 대로 이야기 해줘서 고마워. 이젠 네 이야기를 듣고 싶어. 그때 일을 네가 지금 어떻게 생각하고 있는지에 대해서 이야기해 줄 수 있니? 네 마음을 이야기해줘서 고마워. 혹시 내가 도울 일이 있을까? 잘 생각이 나지 않는다면, 내가 생각하는 방법을 한번 들어보겠니?"

이상입니다.

04 예시답안

아이들이 깊은 고민이나 괴로움을 안고 도움의 손길을 원할 때, 교사는 이에 대해 민감하게 반응하고 도움을 제공해야 합니다. 제시문에서 학생은 모둠 학생들과의 갈등으로 인해 '정말 죽고 싶어요.' 등의 언어표현을 보이며 자살징후를 보이고 있습니다.

담임으로서 자살징후를 보이는 학생에 대한 위기관리 방안에 대해 말씀드리겠습니다.
① 먼저, 학생에게 심층적인 공감과 정서적 지지를 보내야 합니다. 자살 충동을 느끼고 있다는 것을 알 수 있는 행동 리스트를 참고하여 정서적 지원의 방안에 대하여 계획하고 실행하도록 합니다. 또한 인지하고 편안한 태도로 학생을 대하고 학생이 한 말을 잘 이해했다고 말하며, 사소한 일로 여겨지더라도 학생의 생각과 감정을 인정하는 노력이 필요합니다.
② 다음으로, 학교체제 및 전문가와의 협력을 통한 지원을 제공해야 합니다. 교사가 우려하는 내용을 학교장에게 알려야 합니다. 전문상담교사, 생활지도 담당교사, 사회복지사 역시 학생 또는 학부모와 상담할 수 있으며 상담전문기관을 학생 측에게 소개하여 상담치료 등을 받을 수 있도록 해야 합니다.

회복적 정의에 입각한 회복적생활교육은 학교폭력 속에서 울고 있던 피해 학생의 상처 치유를 돕고, 가해 학생에겐 진심어린 반성으로 또 다시 잘못을 저지르는 일을 줄일 수 있도록 하고 피해 학생에겐 두 사람의 진정한 화해로 학교가 더 이상 위협의 공간이 아닌 안전한 공간이 되도록 해야 합니다.

가해학생과 피해학생이 모두 회복되고 치유될 수 있는 생활교육을 위한 방안을 2가지 말씀드리겠습니다.
① 첫째, 잘못된 행동과 피해를 해결할 수 있는 관계 회복시스템을 고안해야 합니다. 이 시스템(학교정책)을 고안하는 일엔 모두가 참여하도록 하고, 이 시스템은 학생 생활교육 시에 발생하는 현상적 문제만이 아니라 그 근본 원인을 다루어야 합니다. 잘못된 행동의 원인은 다양할 수 있으며, 그에 걸맞게 다루어져야 합니다.
② 둘째, 변화와 성장이 가능하도록 해야 합니다. 학생들이 변화하고 성장할 수 있게 하려면, 학생들로 하여금 자기들의 요구를 인식하게 하고, 그런 요구를 충족시키는 생활 방식과 대안을 찾아갈 수 있도록 도와야 합니다. 또한 문제를 해결하는 과정이 경청과 성찰, 문제 해결방식 공유, 신뢰와 책임 등을 통해 관계를 바로 세우는 데 맞춰져 있다면, 갈등은 변화를 위한 좋은 기회가 될 것입니다.

이상입니다.

05 예시답안

제시문에서는 A에 대한 집단 따돌림이 발생하고 있습니다. 집단 따돌림이란 다수의 학생들이 특정 학생을 대상으로 2주 이상의 기간에 걸쳐 심리·언어적 폭력, 금품갈취 및 괴롭힘과 신체에 위해를 가하는 행위로, 특정 학생이 주변의 힘센 다수의 학생에게 일방적으로 상해를 당하는 병리적 현상을 말합니다. 그 결과 A는 정신적 피해를 심하게 입었으며, 학교에 나오지 못하고 있습니다.

이러한 집단따돌림 문제를 사전에 예방하여 행복한 학교 환경과 회복적인 학교 문화를 조성하기 위한 구체적인 방안은 다음과 같습니다.
① 첫째, 교사는 학교부적응 성향을 보이는 학생에 대한 생활태도와 교우관계 등을 파악하며 지속적인 관리가 필요

합니다.
② 둘째, 또래상담을 실시할 수 있습니다. 상담자 역할을 할 수 있는 또래 연결을 통해 학급 내에서의 생활 모니터링을 통해 징후군을 인식할 수 있습니다.
③ 셋째, 학교 부적응 현상을 보이는 학생에 대해서는 학부모와 협의하여 전문상담기관이나 지역사회복지관 및 전문 의료센터 등에 심리상담 및 치료의뢰 등을 통해 원인을 진단하고 파악하며, 치료 방안을 강구해야 합니다.

이상입니다.

06 예시답안

[A 학생에게 필요한 미래 핵심 역량]
① A 학생은 우선 자기 관리 역량이 부족합니다. 자아정체성과 자신감을 가지고 살아가지 못하고 있으며 자신의 삶과 진로에 필요한 기초 능력과 자질을 갖추어 자기주도적으로 살아가지 못하고 있기 때문입니다.
② 또한 심미적 감성 역량 역시 부족합니다. 인간에 대한 공감적 이해와 문화적 감수성이 부족하여 삶의 의미와 가치를 발견하고 향유하지 못하여 불행한 삶을 살아가고 있습니다.

[무기력한 학생을 지도할 수 있는 구체적인 지도방안]

그 결과 학습된 무기력의 모습을 보이고 있기에 학생의 무기력을 해결할 수 있는 방안에 대해 두 가지 말씀드리겠습니다.
① 첫 번째로 무기력증의 행동 배경을 분석해야 합니다. 교우관계, 학업, 가정에서의 문제점과 같은 다양한 원인들이 존재할 수 있기에 원인을 정확히 파악하여 그에 맞는 해결책을 찾도록 도와야 합니다.
② 두 번째, 성취 가능한 범위에서 역할을 부여합니다. 성공 경험은 학생에게 자신감을 불러일으키고 그에 따라 무언가를 하려는 욕구를 불러일으킬 수 있습니다. 학생에게 도달 가능한 목표를 제시하고 성공경험을 제공해주어야 합니다.
③ 세 번째로 학생이 잘 하는 분야를 공식적인 자리에서 부각시켜야 합니다. 마찬가지로 자신감과 긍정적 자아의식을 갖게 해주어 능동적이고 자신 있는 삶을 살 수 있게 도울 것입니다.

이상입니다.

07 예시답안

학교처럼 집단적 활동을 하는 곳에서 발생한 친구의 자살사건은 그 파급효과가 클 수 있습니다. 자살사건이 일어난 것은 매우 안타깝고 슬픈 일이지만, 모방 범죄나 그 영향을 최소화하기 위해서는 신속한 개입과 적절한 노력이 필요합니다.

이를 위해 각 담임교사가 반 학생들에게 자살 소식에 대해 전달할 때의 유의사항에 대해 말씀드리겠습니다.
① 첫 번째, 학교의 공식입장 이외의 개인적인 사견이나 느낌에 대해서 전달하지 않도록 해야 합니다. 교사의 개인적인 생각이나 죽음의 이유 등에 대한 억측은 학생들로 하여금 오해를 불러 일으킬 수 있습니다.
② 두 번째, 모든 담임교사가 사실적 정보에 대해, 동일한 내용을 조회시간에 안내해야 합니다. 갑작스러운 친구의 죽음에 당황스러울 아이들입니다. 이때 각 담임마다 각기 다른 내용을 안내한다면 학생들의 혼란은 더욱 커질 것입니다. 또한 같은 시간에 전달하는 것이 필요할 것입니다.
③ 세 번째, 애도를 표하는 동시에, 자살은 절대 문제를 해결하는 수단이 아니라 남겨진 사람을 힘들게 하는 잘못된 선택이라는 것을 강조해야 합니다. 청소년 자살사건은 동조나 모방이 일어나기 쉽습니다. 남아 있는 아이들이 극단적인 선택을 하지 않도록 말해주어야 할 것입니다.
④ 네 번째, 자살 사건으로 걱정이 되거나 힘든 학생은 학교에서 도와줄 수 있다는 사실을 전달하고, 특별 상담실 운영을 안내합니다. 남은 학생들의 빠른 회복과 정상적 생활을 위하여 학교가 도와주고 있다는 사실을 전달하고 전문 상담실 이용을 할 수 있도록 정보를 제공하여야 합니다.
⑤ 마지막으로 학생들 사이에 유언비어가 퍼지지 않도록 강조합니다. 확인되지 않은 억측이나 소문으로 고인의 가까운 친구나 가족들을 힘들게 하거나 비난하지 않아야 된다는 것에 대해서 설명해야 합니다.

이상입니다.

08 예시답안

우선 긴급 상황에서의 대피 요령에 대해 말씀드리겠습니다.
① 지진의 예후를 느끼자마자 학생들로 하여금 방석, 책가방, 손 등으로 머리를 보호하거나 책상 아래로 피난을 지시합니다. 이를 위해서는 평소 충분한 훈련이 필요합니다.
② 이 후 출입문을 개방하고 학급의 전원을 차단합니다. 이는 흔들림 후 화재 등 2차 재난을 방지하기 위함입니다.
③ 흔들림이 멈추면 지정된 대피경로에 따라 신속한 대피를 지시합니다. 교사는 피난경로의 안전을 확보하여야 하며 머리를 보호한 상태로 신속하게 정해진 대피경로 이동을 지시하여 안전한 곳으로 이동하여야합니다.

대피 후에는
① 인원을 점검하여 혹시 빠져나오지 못한 학생이 있는지 확인하여야 합니다.
② 또한 부상자 여부를 확인하여 환자를 응급처치 및 이송 조치합니다.
③ 대피 후 학생 안전조치 및 보호자 조치사항을 전파하고 학생 불안 증세에 대응해야 합니다. 신속하고 정확한 학교 진행 상황 안내를 통해 학생의 동요를 방지해야 하며 불안증 호소 학생에 대한 선조치(상담교사 인계 등)를 실시해야 합니다.

이상입니다.

참고문헌

- 강원도교육청, 2020 강원도 생활교육 기본 계획
- 강원도교육청, 2020 강원 특수교육 운영 계획
- 강원도교육청, 2019 모두를 위한 다문화교육 계획
- 강원도교육청, 2020 주요업무계획
- 경기도 교육청, 2020 민주시민교육 정책 추진 계획
- 강원도교육청 중등진로교육길라잡이
- 경기도 교육청, 2018 학업중단 숙려제·학생지원 매뉴얼
- 경기도 교육청, 2019 경기2030미래교육 포럼 자료집
- 경기도 교육청, 2019 경기교육 주요 업무 계획
- 경기도 교육청, 2019 경기다문화교육 기본 계획
- 경기도 교육청, 2019 경기 자유학년제 운영 계획
- 경기도 교육청, 2019 기초학력 보장 추진 계획
- 경기도 교육청, 2019 학교 독서교육 추진 계획
- 경기도 교육청, 2019 학교 민주시민교육 국제포럼 자료집
- 경기도 교육청, 학교 예술교육 종합계획, 2019
- 경기도 교육청, 2019 학부모회 운영 매뉴얼
- 경기도 교육청, 2020 경기교육 주요 업무 계획
- 경기도 교육청, 2020 중등교육과정 정책 추진 계획
- 경기도 교육청, 2020 학생생활인권 정책추진 기본 계획
- 경기도교육청, 경기교육발전계획 2017-2022
- 경기도 교육청, 고등학교 더불어 사는 민주시민 교사용 지도서, 2015
- 경기도 교육청, 교육과정 연계 독서수업 사례
- 경기도교육청, 교육과정-수업-평가 일체화의 이해
- 경기도교육청, 담임교사를 위한 학생 상담 가이드
- 경기도교육청, 배움중심수업 2.0의 이해와 실천
- 경기도교육청, 보건실무 매뉴얼
- 경기도교육청, 새로운 미래를 열어가는 학교혁신, 2018
- 경기도 교육청, 진로교육 생태계, 2016
- 경기도 교육청, 중학교 더불어 사는 민주시민 교사용 지도서, 2015
- 경기도 교육청, 특수교육 가이드북, 2015
- 경기도교육청, 평화로운 학급공동체 워크북
- 경기도교육청, 학교 안 전문적 학습공동체 운영계획, 2016
- 경기도교육청, 혁신학교, 2016
- 경기도교육청, 회복적 생활교육 매뉴얼, 2014
- 경기도교육연구원, 경기도 학업중단 위기 청소년 지원을 위한 지역사회 연계 방안, 2015
- 경기도교육연구원, 학교 교육과정과 연계한 실천중심의 독서교육 활성화 방안
- 경기도교육연구원, 학교 안 전문적 학습공동체 운영 실태 분석 및 제안
- 경기도교육연수원, 행복한 미래를 꿈꾸는 학생 상담
- 경기도의회, 4차산업혁명시대 학교 진로교육 어떻게 대비할 것인가?, 217
- 경기도의회, 경기도 마을교육공동체 활성화 방안 연구, 2019
- 교육과학기술부, 다문화학생을 위한 교사용 매뉴얼
- 교육과학기술부, 전문상담교사 운영 및 활동 매뉴얼
- 교육과학기술부, 학교규칙 운영매뉴얼
- 교육부, 2016학생 감염병 예방·위기대응 매뉴얼, 2016
- 교육부, 2017 교육활동 보호 매뉴얼
- 교육부, 2018 교원능력개발평가 온라인시스템 사용자 매뉴얼
- 교육부, 2019 다문화교육 지원 계획
- 교육부, 2019 주요 업무계획
- 교육부, 2019 학교인성교육 추진 계획
- 교육부, 2019 학교진로교육 추진 계획
- 교육부, 2019 학교특수교육 추진 계획
- 교육부, 2020 주요 업무계획
- 교육부, 2020 학교생활기록부 기재요령
- 교육부, 각급학교 개인정보 활용 가이드, 2016
- 교육부, 고농도 미세먼지 대응실무매뉴얼, 2019
- 교육부, 고등학교 학사운영 우수 자료집
- 교육부, 교과연계 진로교육 교수·학습 매뉴얼, 2017
- 교육부, 교과에서 인성교육, 인권을 만나다, 2018
- 교육부, 교원의 다문화역량 제고를 위한 가이드라인 개발 연구, 2018
- 교육부, 교육개혁 6대 과제, 교육부 홈페이지
- 교육부, 교육부 개인정보보호 업무사례집, 2020
- 교육부, 교원행정업무 경감 매뉴얼(고), 2016

- 교육부, 다문화교육 직무연수
- 교육부, 당뇨병 학생 지원 가이드라인, 2019
- 교육부, 인성교육 5개년 종합계획 수립 방안 연구, 2015
- 교육부, 자유학기제 평가, 어떻게 하나요?, 2015
- 교육부, 전국 시·도교육청 교원행정업무경감 우수 사례집, 2018
- 교육부, 지능정보사회에 대응한 중장기 교육정책의 방향과 전략
- 교육부, 진로교육 5개년 기본계획, 2016
- 교육부, 진로교육 기반 학교교육과정 실무도움서, 2018
- 교육부, 진로체험 교육과정 길잡이(중학교용)
- 교육부, 중도입국청소년 진로탄력성 프로그램 진로탄탄, 2019
- 교육부, 중도입국청소년 진로탄력성 프로그램 진로탄탄캠프, 2019
- 교육부, 초·중등학교 교육과정 총론
- 교육부, 초·중등학교 통합교육 실행가이드북 Ⅰ, Ⅱ
- 교육부, 학교공간혁신사업 가이드라인, 2019
- 교육부, 학교규칙 운영 매뉴얼, 2014
- 교육부, 학교안전사고 예방에 관한 기본 계획, 2015
- 교육부, 학교자체해결제 시행을 위한 학교폭력 사안처리 가이드북, 2019
- 교육부, 학교폭력 관계회복 프로그램 중등용, 2020
- 교육부, 학교폭력 사안처리 가이드북, 2018
- 교육부, 학생주도 봉사활동 길잡이, 프로젝트 봉사활동, 2013
- 교육부, 학업중단 위기 학생을 위한 길라잡이, 2015
- 교육부, 혁신교육지구 사례 분석을 통한 마을교육공동체 체제 구축 방안 연구, 2019
- 교육부, 행복스토리북, 2017
- 교육부 설명자료, 학교의 수행평가는 교육과정의 범위 내에서 정규시간에 이루어지는 것이 원칙입니다, 2019
- 교육행정연수원, 교실 수업 개선을 위한 컨설팅 장학 방안
- 다문화 학습부진학생의 기초학력 향상을 위한 교수학습 지원 방안, 한국교육과정평가원, 2013
- 다문화학생을 위한 교사용 매뉴얼, 교육과학기술부, 2013
- 문화관광부, 지역연계 학교축제 활성화를 위한 학교축제 매뉴얼
- 문화관광부, 지역연계 학교축제 활성화 방안 보고서
- 부산시교육청, 중등 모두다 진로독서교육계획, 2018
- 상벌점제, 대안을 찾는다, 좋은교사운동, 2013
- 서울시교육청, 서울미래교육 상상 프로젝트 토론 지원 읽기 자료
- 서울특별시교육청, 2015~2018 토론이 있는 교직원 회의
- 서울시교육청, 2019 민주시민교육 논쟁 학교 안내 리플릿
- 서울시교육청, 2019 방과후학교 길라잡이
- 서울시교육청, 2019 인성교육 시행 계획
- 서울시교육청, 2019 주요업무계획
- 서울시교육청, 2020 독서·토론·인문소양교육 기본계획
- 서울시교육청, 2020 서로 성장하는 서울중등교육
- 서울시교육청, 2020 서울인성교육 시행계획
- 서울시교육청, 2020 주요업무계획
- 서울시교육청, 교복 입은 시민, 학생자치활동, 2019
- 서울시교육청, 마을과 학교! 서울과 경기! 마을교육공동체로 서로 물들다, 2016
- 서울시교육청, 중등 평가 시행 계획
- 서울시교육청, 중등교사용 상담 매뉴얼, 2008
- 서울시교육청, 진로교육 활성화 계획, 2015
- 서울시교육청, 학생 자치활동 활성화 지원 계획, 2015
- 서울시교육청, 협력종합예술활동 안내서, 나도 뮤지컬 스타, 2017
- 서울시교육청, 협력종합예술활동 운영 기본 계획, 2019
- 서울특별시교육청, 2016학년도 안전하고 평화로운 학교문화 조성을 위한 학생 생활교육 내실화 계획
- 성낙종, 학교 조직 사회의 갈등과 해소 방안
- 세종특별자치시교육청, 2019 학교도서관 진흥 및 독서교육 기본계획
- 세종특별자치시교육청, 2020 주요업무계획
- 세종특별자치시교육청, 2020 학교폭력 예방 기본계획
- 세종특별자치시교육청, 세종교육비전 2030
- 세종특별자치시교육청, 세종 미래교육 발전방안
- 세종특별자치시교육청, 세종 학교혁신 기본 문서
- 세종특별자치시교육청, 수학여행수련활동 등 현장체험학습 운영 매뉴얼
- 세종특별자치시교육청, 스마트교육 교과별 수업 가이던스, 2017
- 신동면, 자기주도학습 촉진을 위한 교수자 스캐폴딩 가이드라인 개발, 교육과학연구, 2012
- 영어듣기 능력향상에 관한 연구, 영화를 중심으로, 영어영문학연구 제37권 제3호
- 왕영선, 교사를 위한 학부모 상담법
- 우리교육, 교실 속 갈등상황 100문 100답
- 이경범, Why to How 교육학 논술, 배움, 2019

참고문헌

- 이경범, Why to How 교육학 논술, 배움, 2020
- 이근호, 핵심역량 중심의 교육과정 재구조화 방안 연구
- 이범응·허숙, 교사와 교직 생활, 2015
- 이윤식 외, 교직과 교사, 학지사, 2007
- 이재선, 초등학교 '질문이 있는 교실' 수업 혁신을 위한 실태분석 및 개선방안, 2016
- 이준 외, 공감교육 교사연수프로그램 개발을 위한 기초연구
- 인천광역시교육정책연구소, 미래교육에 대한 교사역량 개발 방안 연구, 2018
- 인천광역시교육정책연구소, 학교혁신으로 모두가 행복한 인천교육 – 사례로 알아보는 학교혁신
- 인천광역시교육청, 2019 다문화교육 지원 계획
- 인천광역시교육청, 2019 주요업무계획
- 인천광역시교육청, 2019 학교 민주시민 교육포럼
- 인천광역시교육청, 2020 주요업무계획
- 인천광역시교육청, 인천광역시 중학교 교육과정, 2020
- 인천광역시교육청, Wee Class 업무 매뉴얼, 2013
- 임규혁·임웅 공저, 교육심리학, 학지사, 2010
- 용인시교육청, 혁신학교의 이해
- 울산광역시교육청, 학생의 성장과 발달을 돕는 학생평가 자료집, 2019
- 자녀 진로지도에 있어서 부모의 자세와 역할, 참교육학부모회
- 전라북도교육연구정보원, 학생자치활동 활성화 방안, 2015
- 전라북도교육청, 2018 중등 교육과정 담당자 연수자료
- 전라북도교육청, 2018 중등 학교교육과정 운영 계획 수립 연수
- 전라북도교육청, 2018 학생생활교육 계획
- 전문적 학습공동체, 교육부, 교직과 교사
- 전제상, 교원의 전문성 개발을 위한 교원능력개발평가 결과의 활용방안 연구
- 정창우, 인성교육의 원리와 실천 방안
- 좋은교사운동, 학교폭력예방 및 대책에 관한 법률, 상벌점제, 대안을 찾는다, 2013
- 주제별 동아리 활동을 통한 창의적 재량활동 운영 방안
- 중등 학교안전 교육자료, 2015
- 중등교사용 상담 매뉴얼, 서울시교육청, 2008
- 중등교직실무, 교육행정 및 경영
- 중등학교 교사들의 교직생활 회고를 통한 바람직한 교사상, 인천대학교 교육대학원, 2011
- 중등학교 담임교사 역량 탐구, 강석주
- 중등학교 담임교사 역량 탐구, 교육학연구, 2004
- 중앙선거관리위원회, 18세 선거권 부여에 따른 정치관계법 사례 예시
- 중앙선거관리위원회 선거연수원, 만 18세, 대한민국 유권자가 되다, 2020
- 중학교 7대 안전교육 표준안 – 총론
- 중학교 자기주도 학습 장학자료, 서울시교육청, 2009
- 중학교 자유학기제 시행 계획 시안 요약, 교육부
- 진로교육 기본 계획, 경기도교육청, 2016
- 진로교육법의 해설, 교육부
- 창의 공감 교육을 위한 인천시 교육과정의 개발방향
- 청렴연구시범학교운영사례모음집, 국민권익위원회, 2010
- 청렴교육 중학교 교사용 지도서, 국민권익위원회
- 청소년 언어문화 개선을 통한 인성교육 강화 방안, 한국교육정책연구소
- 푸른등대 한국장학재단, 다문화·탈북학생 멘토링 가이드북, 2017
- 학교 응급활동체계 및 처리요령, 한국교원단체총연합회
- 학교규칙 운영매뉴얼(중등용)
- 학교폭력 예방 교원용 핵심 매뉴얼, 법무부 및 교육과학기술부, 2012
- 학교폭력 예방 및 대책에 관한 법률 Q&A, 법무부, 2013
- 학교폭력 예방을 위한 또래상담 및 또래조정 활동 운영계획, 충청남도연구정보원
- 학교폭력사안처리가이드북, 교육과학기술부, 2012
- 학교현장 안정화를 위한 인성교육 방안, 한국교육개발원, 2012
- 학급경영과 교사의 지도성, 경기도교육정보연구원
- 학급체험의 날 가정통신문, 서천중학교
- 학부모 상담의 이해와 기법, 2014 분당초 학부모 상담관련 연수 자료
- 학부모 학교참여 길라잡이, 교육과학기술부, 2013
- 학생자치활동 이야기, 경기도교육청, 2014
- 학업중단 위기 학생을 위한 길라잡이, 교육부, 2015
- 한국교원교육연구 제31권 제4호
- 한국교원단체총연합회, 교직윤리헌장
- 한국교육과정평가원, 2015 개정 교과 교육과정 시안 개발 연구 환경 교육과정, 2015
- 한국교육과정평가원, 과정을 중시하는 수행평가 어떻게 할까요?, 2017
- 한국교육과정평가원, 문답식으로 알아보는 성취평가제, 2014
- 한국교육과정평가원, 성취평가제 적용, 이렇게 하세요, 2014

- 한국교육과정평가원, 수업과 연계한 수행평가, 어떻게 할까요?, 2017
- 한국교육과정평가원, 지능정보사회 대비 학교 교육의 방향 탐색, 2016
- 한국교육과정평가원, 창의인성교육을 위한 학생평가 이렇게 하세요!, 2016
- 한국교육개발원, 4차산업혁명시대에서 교육의 방향과 교원의 역량에 대한 탐색적 연구, 2017
- 한국교육개발원, 교육과정-수업-평가-기록의 일체화에 대한 고찰, 2017
- 한국교육개발원, 창의·인성교육 확산을 위한 교사 전문성 제고 방안 연구, 2012
- 한국백혈병어린이재단, 소아암 학생 지도 가이드,
- 한국직업능력개발원, 4차 산업혁명시대를 대비한 진로교육 정책과 진로교육의 방향
- 혁신학교 이해자료 재발행본(2015.9.)
- 혁신학교에 대한 교육학적 성찰, 한국교육연구네트워크
- 환경부, 문·이과 통합형 교육과정에의 환경교육 강화 방안, 2015
- DSL, 학교급별 독서교육 모범 사례안, 2007

MEMO

MEMO

이경범

고려대학교 대학원 졸업(교육심리 전공)
서울대, 한국교원대, 부산대 외 다수 대학교 초빙교수
2011 EBS 교육학 대표 교수
전) 이그잼, 아이티칭 교육학 교수
전) 박문각 임용고시학원, 티치스파 교육학 교수
현) 임용단기 교육학 논술 대표 교수
현) 공단기 교육학 대표 교수

정석원

청주여자고등학교 교사

Why to How 교직적성 심층면접

ISBN 979-11-90700-78-8

발행일 · 2017年 11月 23日 초판 1쇄
　　　　　　 12月 14日 　　 2쇄
　　　 2018年 11月 23日 2판 1쇄
　　　 2019年 11月 22日 3판 1쇄
　　　 2020年 11月 20日 4판 1쇄
저　자 · 이경범, 정석원 | 발행인 · 이용중
발행처 · 도서출판 배움 | 주소 · 서울시 영등포구 영등포로 400 신성빌딩 2층 (신길동)
주문 및 배본처 | Tel · 02) 813-5334 | Fax · 02) 814-5334

본서의 無斷轉載·複製를 禁함 | 본서의 무단 전재·복제행위는 저작권법 제136조에 의거 5년 이하의 징역 또는 5,000만 원 이하의 벌금에 처하거나 이를 병과할 수 있습니다. | 파본은 구입처에서 교환하시기 바랍니다.

정가 22,000원